KB186318

한국현대정치사연구 3

한국의 민족주의론

진덕규

지식산업사

이 책의 저자 진덕규(陳德奎)는 연세대학교 정외과를 졸업하고 같은 대학교 학원에서 석사, 박사를 받았다.
이화여자대학교에서 정치외교학과 교수, 법정대학장, 한국문화연구원장, 대학원장, 이화학술원장 등을 역임했다.
현재 이화여자대학교 명예교수, 대한민국학술원 회원이다. 지은 책으로는 〈현대민족주의 이론구조〉, 《한국현대정치사 서설》, 《한국정치의 역사적기원》, 《현대 정치학〉, 〈현대 정치사회학이론》, 《글로벌리제이션 그리고선택》, 《민주주의의 황혼》, 《한국정치와 환상의 늪〉 등이 있다.

한국의 민족주의론

제1판 2쇄 발행 2022. 10. 17.

지은이 진덕규
펴낸이 김경희
펴낸곳 (주)지식산업사
본사 • 10881, 경기도 파주시 광인사길 53
전화 (031)955-4226~7 팩스 (031)955-4228
서울사무소 • 03044, 서울특별시 종로구 자하문로6길 18-7
전화 (02)734-1978 팩스 (02)720-7900
한글문패 지식산업사
영문문패 www.jisik.co.kr
전자우편 jsp@jisik.co.kr
등록번호 1-363
등록날짜 1969. 5. 8.

책값은 뒤표지에 있습니다.

ⓒ 진덕규, 2021
ISBN 978-89-423-9095-3 (93340)

이 책을 읽고 저자에게 문의하고자 하는 이는
지식산업사 전자우편으로 연락 바랍니다.

한국현대정치사연구 3

한국의 민족주의론

진덕규

지식산업사

머리글

1.

햇수로 37년 전에 《현대 민족주의의 이론구조》를 펴냈다.[1] 그때는 세월이 지나면 세상도 달라지고 민족주의도 조금은 변할 것으로 생각했다. 그 시절에도 민족주의는 지구촌 여기저기에서 자유와 독립 그리고 평등을 외치면서 혁명의 깃발을 휘날리고 있었다. 그래도 강대국이 일방적으로 약소국을 지배하고 약탈하는 제국주의의 만행도 사라질 것이고, 비록 국력이 약한 나라라 해도 국제사회에서 독립국가로 당당하게 존립할 수 있는 민족주의, 민족국가의 세상이 와야 하고 또 올 것이라고 기대했었다. 그러나 기대는 허망했다. 강대국의 침략은 예사로 자행되고 있으며 약소민족은 여전히 세계의 방랑자로 떠돌고 있다. 물론 변한 것도 없지는 않다. 미소 양대 진영의 지배체제가 무너졌고, 유럽연합은 그런대로 그 기능을 행사하고 있으며, 중국은

1) 이때 간행된 것이 다음의 책이다. 진덕규 (1983) 《현대 민족주의의 이론구조》 지식산업사.

'일대일로一帶一路'를 내걸고 그들의 영향권을 확대해 가고 있다. 아무리 지구촌 시대가 되었다 해도 부당한 처지에 놓인 민족이 존재하는 한, 더구나 대다수 국가가 민족국가로 지속되는 한, 강대국과 약소국이 어지럽게 펼쳐져 있는 한 민족주의는 사라지기는커녕 오히려 그 열기를 더 높이게 될 것임이 분명하다.

그런데도 그 사이에서 변하지 않은 것 하면 바로 떠오르는 것이 놀랍게도 한반도의 민족분단 문제이다. 1970년대부터 80년대까지 대한민국에서는 박정희–전두환의 군부 권위주의 통치가 자행되었고, 북한에서는 김일성 일가의 세습제적 권위주의 통치가 김정일의 등장을 예고했다. 그럼에도 대한민국은 산업화와 민주화의 양대 과제를 이룩했다. 물론 그 속에는 적지 않은 사정들이 들어 있다. 급속한 경제성장에 따른 부의 과도한 편중으로 "한 세상 두 세계"로 나눠졌으며 여기에서 비롯된 "불만의 계절"이 사회를 갈등으로 몰아넣었다. 오래전부터 이어져 온 포퓰리즘, 우리 식으로 말하면 "광장의 정치" 또는 "시위문화"가 "더 나은 삶을 위한 민주주의"를 외치면서 대도시의 차도를 군중으로 가득 메웠다. 민족은 뒤로 밀렸고 군중의 세상으로 여겨질 정도였다. 그러나 군중도 민족이고 그 군중이 공박하는 상대방도 함께 살아야 할 민족이기에 그들이 주창하는 민주주의의 속살은 민족주의였는데, 이는 곧 민주주의와 민족주의의 합일체의 함성이었다.

2.

한국의 민족사는 언젠가는 영광으로 채색될 수 있겠지만 고난의 기간이 더 길었다. 아픈 역사에서 흘린 눈물은 민족의 후예들을 손잡게 했으며 힘든 고난도 극복하게 했는데, 이것은 억눌림에서 벗어남이며, 흩어짐에서 어울림이요, 고통에서 해방이었다. 그 과정에서 민족의 분열과 고난을 극복하기 위한 방법이 강구되기도 했지만 강대국의 제국주의는 끝내 민족을 침탈했고 분열시켰다. 더욱 심각한 사실은 이렇게 분열된 민족이 서로를 적대시하면서 전쟁까지 치렀다는 사실이다. 민족사의 이런 비극이 남의 나라 이야기가 아니라 바로 우리 한국 민족의 일이고 보면 그저 막막해질 뿐이다. 왜 이렇게 되었을까? 그 이유는 자명하다. 민족은 있었지만 민족의식이 약했고 민족주의도 제대로 마련하지 못했기 때문이다. 민족, 민족의식 그리고 민족주의를 정확하게 정립하고 이를 제대로 실천했다면 그 뒤의 민족사의 흐름은 사뭇 달라졌을 것이다.

민족, 민족의식, 민족주의가 올바로 자리 잡지 못했기에 제국주의 세력에 연계된 외세주의자들의 활거로 급기야 분단체제로 귀착되고 말았다. 이것이야말로 한국 민족주의의 비극으로, 여기에 더하여 1950년 6월 25일 북한군의 남침은 "용서받을 수 없는 반민족주의적 폭거"였다.

그런데도 최근에 우리의 가슴을 아프게 한 것은 1995년에서 2000년 사이에 북한에서 아사자가 무려 30만 명 (또 다른 통계는 60만 명 이상으로 밝히고 있다.)이나 발생했다는 사실이다. 김일성-김정일-김정은의 '부-자-손' 3대 세습체제가 그럴듯한 구호를 내걸면서도 이처럼 비극적인 세상을 겪게 했다니 더는 할 말이 없다. 게다가 더 기막힌 것은 "같은 하늘 아래 사는 하나의 민족"이라면서 북한 동포들이 그처럼 굶어 죽어 가는데도 남한의 지도자나 사람들은 어떤 특단의 조치도 취하지 못했다는 사실이다. 북한 동포의 고통을 함께 나누지 못한 채 이를 그대로 방치해서는 안 되는, 같은 민족의 차원에서 접근해야 할 것이다.

어떠한 이념도 민족을 넘어설 수 없다. 민족을 위한 이데올로기, 즉 민족주의를 받침대로 삼아 그 위에 자유주의도 자본주의도 자리 잡아야 한다. 그러나 불행하게도 한국에서는 민족주의는 역사의 잔형殘型처럼 여겨졌으며 지난날의 영웅적인 무용담이나 특이한 이변을 논의하는 것으로 인식되었다. 민족주의는 어제의 역사도 소중하지만 오늘의 통합과 내일의 발전적인 지향에 더 큰 의미를 두게 된다.

3.

민족주의를 말할 때면 곧장 몇몇 사람들이 떠오른다. 그 가운데 한 사람은 리비아의 카다피(Muammar Gaddafi)인데 여기에다 그의 인물평전을 쓰려는 것은 아니다. 그는 민족주의를 내걸고 집권했으며 끝내 민족주의자로 죽었던 민족주의와는 유별난 연관성을 보여준 인물이었다. 젊은 청년 장교로 쿠데타를 일으켜 왕정을 무너뜨리고는 1969년에 27살의 나이로 정권을 장악했다. 아랍 사회주의와 민족주의는 그가 평생 지녀왔던 이념의 푯대였다. 카다피는 젊은 열혈 청년답게 아랍의 여러 민족과 나라들이 영국과 미국을 비롯한 서구 제국주의 세력으로부터 오랫동안 침탈당했으며, 이 침략자들의 의도에 따라 중동의 아랍지역이 분할, 점령 또는 통치되는 것에 크게 분노했다.

리비아의 지배자였던 카다피는 이집트의 나세르(Gamal Abdel Nasser Hussein)의 뒤를 좇아 오랫동안 아랍 연합의 꿈을 키워왔다. 그러나 리비아의 해방과 민족주의를 내세웠던 그도 그만 장기집권의 유혹에 빠져 그처럼 아꼈던 조국 리비아의 시민군에게 분노의 표적이 되고 말았다. 그러고는 끝내 2011년 10월 20일 그의 고향이자 마지막 거점이었던 시르테(Sirte)에서 나토군의 공습과 시민군의 공격으로 사망했다. 그의 장기 독재를 붕괴시켰던 나토군은 그가 평생 숙적으로 투쟁했던 “제국주의 침략군”이었고, 그의 통치에 항거했던 시민군은 그 자신의 정치적 희망이었던 리비아의 민족이었다. 민족주의는 특정 지도자의 독재를 합리화하는 이념이 아니라 그 독재를 무너뜨리는 민중의 열망임을 그의 죽음은 증언하고 있다. 그가 죽음을 맞았던 때 그의 나이는 69세였다.

우리 시대 우리나라에서도 평생을 민족주의자로 살면서 온갖 고통을 겪은 분은 한둘이 아니다. 이 책에서 언급한 분들은 제외하고 대한민국 정부 수립 이후 대표적으로 기억되는 분으로는 심산心山 김창숙金昌淑 선생, 일석一石 최능진崔能鎭 선생 그리고 황용주黃龍珠 선생을 떠 올릴 수 있다. 이 세 분은 한국 민족주의 정치사의 "힘든 세월"을 직접 겪으시면서 투사로 또는 지사로 활동하셨다. 여기서 위의 세 분 가운데 가장 젊으셨던 황용주 선생에 대해서 개괄적으로라도 살펴보기로 하자. 황용주 선생은 그 시대에 앞장서서 통일을 위한 민족문제를 주장했으면서도 그것 때문에 책벌을 받아야 했다. 선생은 1919년 3.1운동이 일어났던 해 밀양에서 태어나 대구사범을 다녔으며 일본 와세다대를 졸업했다. 1960년대 초에는 부산일보 편집국장으로 군수기지사령관이었던 박정희와도 어울렸다. 그 뒤 월간 《세대》 1964년 11월호에 〈강력한 통일 정부에의 의지: 민족적 민주주의의 내용과 방향〉이라는 논설에서 "국토 양단의 현실을 타개하기 위해 ……남북한의 적대 상황의 해방작업"부터 해야 하며, "남북한의 군사적 대치 해소 방안 강구", "남북한의 상호 불가침과 군비 축소", "남북한의 유엔 동시 가입 및 대화" 등을 주장했다. 지금으로는 별것도 아닌 이 글 때문에 그는 구속되었고 옥고도 치렀다. 그 시절 민족주의자는 집권세력의 편을 들지 않으면 온갖 수모와 탄압을 받아야 했다. 박정희의 대구사범 동창이자 막역한 친구였던 그였지만 남북통일을 이룩하기 위해 민족주의를 주장했다고 수형생활을 하게 했다. 실로 민족주의자에게는 더할 수 없는 "잔인한 계절"이었다.

신생국가나 비서구 사회의 민족주의는 다른 이데올로기보다 그 부침이 심한 파장을 일으킨다. 그러나 민족주의를 제외하면 그 어떤 이데올로기도 그 땅에 쉽게 뿌리를 내릴 수가 없다. 이 점에서 민족주의는 다른 이데올로기와 함께 어울려서는 그 이데올로기를 아름답게 꽃피우고 탐스러운 열매를 맺게 하는 역할을 수행한다. 민족주의는 그 사회의 바탕이 되는 기반 이데올로기이기에 이념적으로나 논리적으로 한층 더 단단해야 한다. 그렇지 못하면 그 사회의 수다한 이데올로기의 극심한 경쟁장에서 곧바로 밀리고 만다. 1945년~1948년의 3년 동안 강대국의 한반도 점령과 그들이 내건 이데올로기 때문에 분단된 민족이고 보면 결코 외면할 수 없는 이데올로기가 민족주의인데도 그것 역시 그렇게 밀쳐지고 말았다.

4.

이 책은 제I부, 제II부, 제III부로 구성했는데, 그 가운데 제1부는 대한민국학술원 논문집(인문사회과학편) 가운데 제5집 1호(2019년)에 게재된 것을 부분적으로 고치고 다듬었다. 여기에서는 18세기 이후 서유럽에서 민족주의의 전개와 성격을 중심으로 그것의 개념적인 인식논리를 "역사적 특정성을 지닌 민족이 자유와 독립, 통합과 발전, 평화와 평등의 세상"을 이룩하려는 기반적 이데올로기로 전제하였다. 이런 이념의 민족주의가 한국에서는 어떻게 인식되었는가를 시기별로 몇 단계로 나눠서 살펴보았다. 이 책의 제II부와 제III부는 그 뒤 별도로 집필했는데, 제II부에서는 한국 민족주의의 역사적인 전개과정을 크게 두 갈래로 살펴보았다. 그 하나는 "민족→민족의식→민족운동→민족주의"의 단계로 전개된 과정을 다루었다. 특히 고려시대 중후반부터 농민의 저항의식으로 잠재潛在되었던 민족의식이 19세기에 이르러 "동학농민혁명→3.1운동의 민족운동→4.19혁명으로 승계"되었음을 논의했다. 다른 하나에서는 조선왕조 말기에 개화세력과 구미 유학파에 의한 애국 계몽운동과 독립협회를 거쳐 3.1운동의 지도부, 1920년대의 물산장려운동 등을 주도했던 계몽적-문화적 민족운동과 민족주의를 살펴보았다.

제III부에서는 해방 이후 민족주의의 이데올로기화 현상을 고찰했다. 1945년 미소 강대국의 한반도 분할점령이 끝내 냉전 이데올로기의 분단체제로 고착되는 민족적 비극을 겪게 되었음을 다루었다. 남북한 분단체제는 한국 민족의 비극이었고 한국전쟁은 한국 민족의 반역이었다. 이러한 시대사를 배경으로 한국에서 주장되었던 신민족주의를 비롯해서 중도통합론, 근대화 민족주의, 민중민족주의 등을 비교했다. 그리고 한국 민족주의의 미래를 민족공동체 민족주의의 관점에서 논의했다.

5.

이 책의 집필 과정은 항상 그렇듯이 생각대로 잘 진척되지 않았다. 꾀부리는 자신을 달래가면서 책상머리에 앉아 자판을 두드리면서 그런대로 얼추 일을 마칠 수 있었음은 여러분의 도움에 힘입었기 때문이다. 그러나 이 과정에서 빚어진 모든 잘못은 전적으로 필자만의 몫임을 밝혀둔다. 책의 출간을 앞두고 처음에는 이들 고마운 사람들의 이름만이라도 기록하려 했지만 그렇게 하는 것이 오히려 그분들께 누가 될 수 있겠다는 생각 때문에 그렇게 하지 않기로 했다. 그러면서도 함께 책을 읽었던 [글방모임], [이파리 모임] 친구들에게 고맙다는 인사를 꼭 전하고 싶다. 그래도 몇 사람의 이름은 거명하기로 한다. 한국 고대-중세사에서 민족의식을 필자와 함께 논의하셨던 서울미디어대학원대학교 김석준 총장님께 고맙다는 인사를 드린다. 또한 집필 과정에 의문이 들 때마다 함께 토론했던 연세대 명예교수 박순영 선생님께도 감사를 표한다. 초고를 몇 차례나 읽어준 여러 선생님과 자료를 모아준 제자들, 잘못된 사실을 바로 잡아준 동료들에게도 깊은 사의를 드린다. 그리고 자료 수집 등 온갖 어려움을 맡아 고생한 석하림 선생과 잘못된 글을 꼼꼼하게 바로 잡아준 이혜민 선생에게도 고맙다는 인사를 전한다. 누구보다 꼭 명기해야 할 분은 지식산업사의 김경희 사장님으로, 집필 과정에서 문제가 생기거나 의문이 있으면 자주 만나 의견을 나눌 수 있었기에 이렇게 한 권의 책으로 출간할 수 있게 되었다. 거듭 깊이 감사드린다. 항상 깊은 사랑으로 격려해 준 가족에게도 이 책 출간의 기쁨을 함께 나누고 싶다. 벌써 세월도 연치도 저물었기에 일모도원日暮途遠의 심정으로 발걸음을 재촉할 수밖에 없다.

2021년 5월

진덕규 쓰다.

차 례

일러두기

1. 이 책에서 인명, 지명 등 고유명사는 원음으로 적었다.
2. 이들 고유명사는 처음에만 한자, 영문 등으로 표기했다.
3. 각 편마다 참고문헌을 게재했지만 다른 편에 참고한 경우도 이를 포함시켰다.

제I부

한국 민족주의의 인식 논리

1. 서설: 격랑에 휩쓸린 민족주의

지금 한국에서 민족주의는 백가쟁명의 시대를 맞고 있다. 민족주의라고 이름 붙인 수많은 말들이 마구 사용되고 있다. 인민 민족주의, 권력 민족주의, 시민 민족주의, 사회 민족주의, 자유 민족주의, 전통적 민족주의, 통일 민족주의 등 각기 그 나름대로 주장의 깃발을 매달고 있다. 그러면서도 모두가 절박하고 강한 열망을 담은 채 시대의 격랑 속으로 휩쓸려가고 있다. 민족과 시민, 민족과 국가, 민족과 사회, 민족과 문화 등 민족주의의 차원에서 응답해야 할 것을 고스란히 남겨둔 채 그렇게 흘러가고 있다.

민족과 민족주의의 이런 한계를 바로 잡는 것이야말로 우리 시대의 중요한 과제이다. 이 일을 위해서는 무엇보다 먼저 민족과 민족주의의 의미 그리고 그 개념부터 찾아야 하고 바람직한 민족주의를 바탕으로 통합된 민족–시민사회의 길도 모색해야 한다. 민족주의가 정치사회에서 강고한 터전으로 자리 잡지 않은 강대국은 어디에도 없다.

대영제국의 영광이나 프랑스의 자유 시민사회, 통일을 이룩한 독일과 미국, 중국 등 각 정치사회의 밑바탕에는 민족주의가 받침대가 되고 있다. 그러면서도 이들 국가들은 다른 나라에 대해서는 민족주의는 사악한 것이니 버리라고 권고한다. 물론 아직도 잘못된 국수주의적 민족주의로 침략의 군가를 노래하는 국가도 없지 않지만 이런 국가는 그런 민족주의 때문에 전락의 궤도를 달리는 열차에 올라탄 신세가 되고 말았다. 자유시민의 생활문화인 민족주의가 더없이 소중한 기반 이데올로기인데도 이를 무시하면서 그렇게 살고 있다.

또 다른 한편에서는 가까운 미래 국가도 소멸하고 민족주의도 사라질 것이라는 주장이 제기되고 있다. 글로벌리즘을 말하고, 최첨단 과학기술의 발전을 논하면서 민족주의는 이제 역사의 퇴적물이 될 것이라고 주장한다. 그러나 완전한 평등 세계가 이룩되지 않는 한 민족주의는 사라지지 않는다. 다시 말하면 불균등과 차별이 지속되는 한 국가 사이의 경쟁은 불가피하고 민족주의는 알게 모르게 그 바탕에 자리 잡게 된다. "민족주의를 버려라!"라고 외치는 민족주의 종언론자의 주장은 마치 빗발치는 총탄 속으로 두 손 들고 들어가라는 투항주의자들의 외침과 같다. 제대로 된 민족주의는 통합된 민족사회와 시민문화를 위한 합리적이고도 효율적인 민주주의의 기반 이데올로기라고 규정할 수 있다.

이런 관점에서 한국사회를 되돌아보면 "제대로 된 민족주의가 없었거나 잘못된 민족주의를 주장했다."는 비판을 받게 된다. 민족주의가 있었는데도 한국은 왜 분단국가로 나눠져 민족을 전쟁의 포화 속으로 몰아넣었을까? 이는 한국의 정치사회에서 민족주의가 오용되었거나 악용되었음을 의미한다. 같은 민족에게 총격을 가한 세력이나 집단은 더는 민족주의를 말할 자격이 없다. 민족과 민족주의를 말하면서 독재와 권위주의 체제를 자행했던 정치세력도 그것을 오남용한 세력일 뿐이다. 이 점에서 오늘 한국사회가 당면한 민족주의의 과제는 올바른 민족주의에 입각한 민주주의 시민사회로의 지향이다.

이를 위한 하나의 전제로 여기서는 민족과 민족주의의 개념부터 살펴보기로 하자. 민족과 민족주의의 개념은 시대와 지역에 따라 차이를 보여주지만, 먼저 보편적인 기준을 중심으로 그 의미와 성격을 찾아보기로 한다. 이를 위해서는 민족주의 주창자나 집단도 눈여겨봐야 한다. 민족주의는 그 자체가 일정한 정치적 지향성을 갖기 때문에 민족주의의 개념에는 그 주창자의 정치 사회적인 욕구가 담겨 있다. 민족주의는 그것을 말하는 사람이 어느 계급, 어느 계층, 어느 지역인가에 따라 그 내용도 달라지는데 때로는 민족주의 주창자나 세력들끼리도 대립한다. 심지어 정치권력과의 근접관계가 민족주의에 영향을 미치고, 소외된 피억압 집단의 저항의 깃발로 민족주의를 올릴 때도 있다. 민족주의는 하나의 민족이 지역으로 흩어진 경우에도 연대의 이념으로 주장되지만, 이와는 달리 국가로부터 떨어지려는 일부 소수민족의 분리운동에도 활용된다. 이처럼 민족주의는 특정 사회의 세력에 따라 그 지향이나 성격을 달리한다.

실제로 분열된 민족사회에서는 민족적 정통성과 주도권을 잡기 위해 서로 대립할 때가 많다. “민족사회의 대결”은 참담한 역사를 불러오기 때문에 민족이나 민족주의의 깃발이 휘날려도 그 “분열”을 극복하지 못한다. 이처럼 민족주의는 민족을 위한 결속과 연대의 이념이고 그것을 이룩하려는 함성이지만 그 속에는 갈등과 분열과 대결과 투쟁으로 치달리는 속성도 들어 있다.

이런 사실을 전제로 하면서 이 글에서는 지난날 한국에서 “민족주의라고 알려졌던 그 민족주의”를 살펴보면서 그것이 한국 민족에게 무엇을 가져다주었는지를 밝혀 보려고 한다. 이는 곧 한국의 민족주의가 침탈적인 외세에 맞서서 민족투쟁의 핏자국을 얼마나 짙게 남겼는가에 대한 인식일 수도 있다. 그런가 하면 일부 인사들은 민족을 위한다면서 민족주의를 주장했지만 어느 때는 그 민족주의를 외면한 채 자신들의 이익을 위해 민족에게 위해를 안겨 주기도 했고, 어느 때는 민족을 "탈주하는 기관차"에 태우기도 했다. 이것이야말로 한국의 민족주의가 연대와 통합의 이데올로기인지 아니면 분열과 대결의 논리였는지를 밝혀야 할 이유이기도 하다.

이 책에서는 접근 방법으로 사회구조주의적 방법을 활용하려고 한다. 이 방법에 따라 민족주의의 특정 문제를 (1) 시대 상황 (2) 사회구조 (3) 양자 사이의 관계 설정 (4) 문제의 도출과 정립 (5) 논증의 전개 (6) 귀착의 논리로 진행하려 한다.

민족주의는 국제적인 관계와 국내적인 성격이 연계되면서 빚어지기 때문에 특정 시기의 민족주의에 영향을 미친 국제적인 요소들, 즉 강대국의 정책과 그것이 국내 사회에 미친 영향에 대해서도 살펴보아야 한다. 민족주의의 대두와 전개는 국내의 정치, 경제, 사회, 문화 등의 영역과 연계해야 민족주의의 주도적 인물이나 집단, 사회세력의 논리를 종합적으로 살펴볼 수 있으며, 민족주의가 미친 영향도 평가할 수 있다. 동시에 특정 시대에 민족 구성원의 욕구가 민족주의적 열망 속에 어떻게 함유되었으며 그것에 따른 입법화나 제도화의 진척이 어떻게 되었는가를 살펴봐야 할 것이다. 민족주의의 실천 목표는 그것이 의도했던 정치사회를 창출하는 것이며, 법과 제도로 그 사회의 기대치를 실현하는 것이다. 그러므로 제대로 된 민족의 통합과 발전하는 민족사회를 이룩했을 때 비로소 정상적인 민족주의의 작동을 말

할 수 있게 된다.[2)]

이러한 사실을 전제로 제II부에서는 민족과 민족주의의 개념과 그 주창자들의 논리를 몇 단계로 나누어 살펴보았다. 이렇게 하는 것이 한국 민족주의에 대한 총체적인 인식이 될 수 있기 때문이다. 근대 민족주의를 최초로 주장했던 서유럽에서 나폴레옹 전쟁 전후 민족주의 이론가들의 주장을 다루었다. 그 시기에 민족주의는 자주 독립을 위한 해방의 이념으로 활용되었다. 그러나 민족주의도 시대의 흐름과 개별 민족사회의 성격에 따라 다양하게 분화되었다. 심한 경우, 파시즘의 전체주의적 민족주의로부터 자유 민족주의에 이르기까지 개별 민족국가의 시대 상황에 따라 그 기반 이념으로 작용했음을 찾아 볼 수 있다.

제III부에서는 결론적으로 '민족 없는 민족주의'의 한계적 현상을 지적하였다. 민족을 위한 민족주의이면서도 정작 그 당사자인 민족은 실종된 채 한낱 지식인의 관념적 논리로만 시종된 한국의 민족주의를 살펴봤다. 한국의 민족주의는 민중의 열망을 민족의 의지로 담아낸 이데올로기라기보다는 지배세력이나 지식인의 관념론으로 시종했음도 지적했다.

민족주의는 민족을 위한 이데올로기이다. 민족의 열망을 담아 이를 현실 속에서 실천함으로써 현재의 한계를 극복할 수 있는 구체적인 실천 논리라야 한다. 적어도 민족주의 값을 하는 이념이라면 무엇보다 먼저 침탈적인 제국주의적 외세 배격을 위한 구체적인 실천성을 제시해야 한다. 한국 민족, 그것도 하나로 이어져 온 그 민족을 제국

2) 한때는 민족주의와 연관된 어휘의 사용 빈도 및 그 내용과 성격을 중심으로 하는 내용 분석(content analysis)적 접근도 있었다. 이 점에 대해서는 다음 책을 참고할 수 있다. Karl W. Deutsch (1966) *Nationalism and Social Communication: An Inquiry into the Foundations of Nationality*, Cambridge: MIT Press.

주의적인 외세와 결탁해서 분단체제로 만들었던 정치세력을 배격하고 다 함께 민족으로 어울릴 수 있어야 한다. 그러고는 민족의 주체인 민중의 생활 욕구도 충족시킬 수 있어야 한다. 이는 곧 민족주의가 외세에는 대항적이면서도 같은 민족은 뜨겁게 포용하는 현실 극복의 대안적이고 미래 지향적 실천논리이기 때문이다.

2. 민족과 민족주의의 개념적 기반

한국에서 민족과 민족주의의 개념은 관점에 따라 대단히 다의적으로 사용되었다. 때로는 이데올로기와 연계하여 정치적인 편 가르기의 논리로 활용되고 있다. 그러나 불행하게도 민족주의를 특정 이데올로기로 덮어 버리면 그 민족주의는 참모습에서 비켜나게 된다. 한국의 지배세력이 그들의 통치행위를 합리화하고자 민족주의라는 표현을 쓸 때도 있었는데, 이는 "민족주의의 이름을 차용"했을 뿐이다. 그 때문에 한국의 권위주의나 반민주적인 통치체제도 민족주의적이라고 주장하는 모습이 나타나기도 했다.

엄밀한 의미에서 한국의 민족주의는 몇 차례나 "버림"받았다. 한 번은 민족주의의 오용에 따른 버림이었으며, 다른 한 번은 그렇게 오용된 민족주의를 한국 민족주의의 기본 속성으로 규정하면서 이를 "반역의 논리"라고 비판하는 지적 모욕을 당한 것이다. 한국 정치사에서 민족주의는 권위주의 통치체제와는 무관했거나 대립적인 위치에 놓여 있었다. 한국에서 민족주의는 기반 이데올로기적인 성격에서도 밀려났으며, 비슷한 형태의 이데올로기 가운데 하나로 여기는 한계적인 모습도 겪어야 했다. 가령 국가 민족주의가 주장되었는가 하면 백신 민족주의가 주장되기도 했는데 혼돈과 남용도 이러한 성격에서 연유되었다.[3)]

이처럼 혼돈으로 떨어진 민족주의를 바로잡기 위해서는 그것의 정확한 개념부터 살펴봐야 한다. 근대민족주의가 발생했던 서유럽에서 민족과 민족주의의 개념을 각 시기의 대표적인 이론가들의 주장을 통해 알아보기로 하자. 민족주의가 본격적으로 등장한 시기는 나폴레옹 전쟁기인 1800년대 이후이다. 이때부터 독일에서는 "우리 민족"이라는 표현을 사용했으며 그 대표적인 주창자가 요한 고트프리트 헤르더(Johann Gottfried Herder)였다. 그가 활동했던 시대는 유럽 대륙이 오랜 전쟁으로 시달렸기 때문에 "우리 민족"이라는 말 속에는 중세 기독교의 천년왕국과 신성동맹의 반反 시대성에서 벗어나려는 자기 민족 만의 집단적 열망이 들어 있었다. 여기에 더하여 반反 봉건제와 반反 로마 교황체제를 주창하면서 개인의 행복추구권을 인정해야 한다는 주장도 스며들고 있었다. 특히 자유주의와 민족주의의 흐름을 받아들여 반동적인 빈체제(Congress of Vienna)에 맞섰던 독일의 진보적 지식사회는 "민족을 기반으로 새롭고 의미 있는 새 생활을 이룩하자"고 주장했는데, 헤르더도 그런 생각을 지니고 있었다. 이 시대의 사상가였던 임마누엘 칸트도 독일인의 일상에서 이성의 중요성을 강조하면서 실제

3) 이데올로기는 그 활용의 범주를 기준으로 다른 이데올로기의 바탕이 되는 경우를 기반 이데올로기로, 그리고 실제 정책적인 효과를 추구하는 경우를 정책 이데올로기로 구분할 수 있다. 이 구분에 따르면 민족주의는 기반 이데올로기로 다른 정책 이데올로기를 그 속에 포용 또는 떠받치게 된다. 즉 기반 이데올로기로 민족주의가 정책 이데올로기인 다른 이데올로기와 접합하는 현상을 보여준다.

생활에서도 이성을 따르는 것이 독일 민족다운 실천이라고 여겼으며, 헤르더도 이성이야말로 "독일 민족문화의 뿌리"라고 주장했다.[4)]

특히 헤르더는 민족은 독일인에게 혈연이나 생활양식에서 일체감을 가지게 하는 문화적 토양이기 때문이며, 여기에 바탕을 둔 민족주의는 이성과 합리주의를 지향하는 창의적인 독일인의 생활양식을 구성한다고 주장했다.[5)] 그는 국가도 그 구성원인 민족의 열망을 실현함으로써 행복을 누릴 수 있게 해야 하며, 이렇게 해야만 개인도 국가를 위해 애국심을 발휘하게 될 것이라고 믿고 있었다. 특히 그는 애국심을 민족주의의 핵심 요소로 여겼는데, 때로는 민족주의와 애국심을 동일시하기도 했다. 독일 사람이라면 먼저 민족의 역사를 제대로 알아야 하고 독일 문화를 지켜야만 독일인다운 애국심도 지닐 수 있다는 것이다. 이처럼 헤르더의 민족주의는 반反 독재 체제와 반反 제국주의를 전제로 한 자유민의 애국심에 그 의미를 두고 있었다.[6)]

헤르더는 1792년부터는 "혁명이나 개혁으로" 부패 무능한 권력자를 몰아내야 하며, 그래야만 성직자도 옳은 교지를 전파하고, 청년들도 발전된 미래로 달려갈 수 있다고 낙관했다. 이러한 성격 때문에 그의 주장을 흔히 낭만적이며 문화적인 민족주의로 규정하기도 한다. 그는 민족주의 실현의 가능성을 교육과 문화에서 그 가능성을 찾았는데, 독일의 "아름다운 전통"을 다듬어서 젊은 세대에게 물려주는 것이

4) Robert R. Ergang (1966) *Herder and the Foundations of German Nationalism,* New York: Octagon Books, Inc., p. 49.

5) 헤르더의 문화적 민족주의를 정치적 민족주의와 구분하면서 휴머니티의 이념을 인간적 보편성으로 설정하는 논의는 다음 글에서 읽을 수 있다. 박순영 (1992) 〈문화적 민족주의, 그 의미와 한계〉《철학》 제37집 p. 79~90.

6) 헤르더의 이러한 인식은 프랑스 혁명의 하나의 계기로 작용했는데 여기에서 그는 개인과 제도와 국가에 대한 새로운 인식을 마련할 수 있었다. 앞의 글, p. 406.

야말로 민족 교육의 중요한 과제라고 주장했다.[7] 그가 "독일의 젊은 이들이여, 아름다움과 전통을 지닌 독일의 산하에 입맞춤하라!"고 외쳤던 것도 바로 이런 인식 때문이었다.

민족주의 이론의 두 번째 발전적 계기는 1차 세계대전과 2차 세계대전을 전쟁터에서 직접 겪었던 한스 콘(Hans Kohn)에서 비롯되었다.[8] 그의 "민족주의는 민족사회 구성원 사이의 호혜적인 연대를 위한 역동적인 논리지만 그것을 지나치게 표현하면 자유에 파괴적인 충격을 미칠 수도 있다."[9]면서 민족주의를 다음과 같이 규정했다.

첫째, 민족주의는 윤리적이고 문화적이며 비정치적일 때 사회와 시대에 호혜 발전적인 영향력을 미칠 수 있다. 둘째, 윤리적이거나 문화적인 민족주의만이 개인과 공동체의 갈등을 최소화할 수 있다. 마지막으로 민족주의의 "메시아적인 희망은 세계인이 서로 손잡고 분열과 대립을 해소할 때라야 가능하다."고 주장했다.[10]

한스 콘에게 민족주의의 최고 이상은 "하나 되는 세계"였다.[11] 그는

7) Susanne Wiborg (2000) "Political and Cultural Nationalism in Education: The Ideas of Rousseau and Herder", *Comparative Education*, Vol.36, No.2, May, p. 239.

8) 그는 1891년에 출생해서 1971년에 사망했는데 이 시기는 전쟁, 혁명, 폭동, 내전으로 얼룩진 혼돈의 시대였다. 그는 체코의 프라하에서 출생했으며 1904년의 러일전쟁, 1914년의 제1차 세계대전, 1939년~1945년의 2차 대전의 참상을 군인으로 전선에서 직접 목도 했다. 특히 제1차 대전 때에는 오스트리아 군인으로 참전했으며 러시아에 포로로 잡혀가 그곳에서 5년 동안 고통을 겪어야 했다. 그는 프라하로 돌아오지 않고 팔레스타인으로 가서 그곳에서 1925~1933년까지 살았다. 그 뒤 미국으로 건너갔으며 그곳 대학에서 민족주의에 대한 주요저서를 출간했다. 이 시기에 그는 유럽의 파시즘, 스탈린주의 그리고 2차 대전의 소용돌이에서 민족주의가 어떻게 연계되는가를 바라봤으며 이를 통해서 그의 학문적인 연구도 구체화할 수 있었다.

9) Klemens von Klemperer (1971) "Hans Kohn: 1891-1971" *Central European History*, Vol.4, No.2. p. 188.

10) Ken Wolf (1976) "Hans Kohn's Liberal Nationalism; The Historian as a Prophet" *Journal of the History of Ideas*, Vol. 37. No. 4, p. 653.

11) 그의 이런 관념은 그의 자서전 후반에 이렇게 적고 있다. "이 모든 성향은 분명하게 국

무엇보다도 먼저 유럽의 민족국가들이 하나의 통합된 공동체를 이루어야 한다고 말했다. 그가 이런 희망을 피력했던 시기는 유럽의 제국주의가 비서구 사회를 침탈했던 암담한 시대였다. 놀랍게도 이때부터 서구 제국주의의 침탈에 맞서서 비서구 사회에서도 민족주의의 열풍이 강하게 불기 시작했다. 비서구 지식인의 관점에서 보면, 유럽 민족주의에 대한 한스 콘의 인식은 서구 제국주의의 침탈을 간과하는 논리일 수도 있으며, 서유럽 중심주의라는 비판을 받을 수도 있다.

그러면서도 그의 주장이 그 나름의 의미를 지니는 것은 세계가 민족주의와 자본주의 그리고 합리주의의 문화공동체를 이룩해야 한다는 희망을 가지고 있었기 때문이었다. 그는 자신의 이런 생각은 미국 자본주의가 '코카콜라' 부류의 양키문화 전파와는 다른 것이며, 인간주의적 관점에서도 미국의 상업적인 양키문화는 배격되어야 마땅하다고 생각했다. 그러면서 오늘날 개별국가는 자기 국가만의 이익을 최고로 여기는 것에서 벗어나 인간주의로 나아가야만 혼돈의 시대를 넘어 설 수 있고, 경이적인 미래도 기대할 수 있다고 주장했다. 그는 민족주의란 인간 개개인의 행복 추구의 정치체제인 민주주의의 이념이어야 한다고 확신했다.[12)]

그는 또한 민족주의야말로 파시즘과 소비에트의 반인간적인 도전에도 강력하게 반격할 수 있는 이념이라고 믿었다. 이를 위해 그는 민족주의를 "좋은 민족주의(good nationalism)"와 "나쁜 민족주의(bad nationalism)"로 구분했다. "좋은 민족주의"는 서구형 민족주의로 (1) 중산계급이 폭넓게 발전된 사회에서 (2) 18세기 계몽주의의 지적 기반

제연합(UN)에서 볼 수 있다. 이 기관이야말로 우리 시대 전 세계에 혁명적인 새 희망을 보게 하는 거울과도 같다." Hans Kohn (1964) *Living in a World Revolution*, New York: Trident Press, p.207-208.

12) Ken Wolf, op.cit. p. 660.

인 합리성과 자유주의를 추구하고 (3) 미래지향적인 성격을 지니며 (4) 사회의 통합적 발전을 이룩하고 (5) 국가의 통치권이 최소로 행사되며 (6) 메시아적이면서도 보편적인 세계를 추구하는 것으로 설명했다. 이와는 달리 "나쁜 민족주의"는 동유럽의 민족주의로 (1) 중산계급이 발전되지 못한 사회에서 (2) 계몽주의에 대립적인 비합리성과 집단주의적인 성격이 강하며 (3) 영웅주의적인 역사관으로 과거를 신비롭게 미화하면서 (4) 서구 민족주의를 저평가하고 (5) 강한 국가의 권력을 찬양하면서 (6) 자기 민족의 배타성을 지지한다.[13] 이러한 이분론은 서구형 민족주의를 이상형으로 설정한 서구 제일주의적인 관점이라고 비판받을 수도 있다. 그러나 민족주의는 과거의 영광을 찬양하면서도 미래를 위한 통합적인 이념이라는 그의 주장만은 의미 있게 받아들일 수 있다.

민족주의 논리의 세 번째 인식은 1980년~2000년대 초까지로, 이 시기에는 비서구 사회에서도 경제성장을 급속하게 이루기 위해 민족주의를 국민 동원의 이념으로 활용했는데, 이는 곧 민족주의를 권위주의적 국가발전의 논리로 전용했음을 의미한다. 이처럼 비서구 사회의 국가들은 국가발전과 사회통합이라는 두 가지 과제를 민족주의를 통하여 일거에 해결하려 했다. 그 결과 과거로부터 그들 사회에 존속했던 전통적 성격을 재해석했으며, 시대적 욕구에 따른 민족주의의 활용에도 관심을 두게 되었다. 이러한 성격을 보여준 이 시대의 대표적인 민족주의 이론가로는 겔너(Gellner, Earnest)[14], 케두리에(Kedourie, Elie), 스미스(Smith, Anthohy D.), 홉스봄(Hobsbawm, E. J.), 리아 그린

13) Ibid., p. 666.

14) 겔너에 대한 논의로는 다음 글을 인용할 수 있다. "많은 이들은 겔너의 *Thought and Change* (1964)가 민족주의에 대한 현대적인 연구의 시작이며 획기적인 저서"라고 논평했다. Graham Day and Andrew Thompson, op. cit., p. 8.

펠드(Liah Greenfeld), 베네딕트 앤더슨(Benedict Anderson) 등을 들 수 있다. 이들 가운데 특히 주목해야 할 인물은 베네딕트 앤더슨과 리아 그린펠드다. 여기서는 먼저 베네딕트 앤더슨의 《상상의 공동체》에 대해 살펴보기로 한다.[15)]

그는 1983년에 간행된 《상상의 공동체》에서 소규모 공동체—이들 공동체는 대부분 가족공동체 수준이었다.—중심의 민족주의를 논의했다. 이들 공동체의 구성원들은 오래전부터 서로 떨어져서 생활했기 때문에 일정 영역 이외의 사람들과는 잘 모르고 지냈다. 그는 멀리 떨어져 살고 있었던 사람들이 서로를 공동체 구성원으로 여기게 된 것은 18세기 이후 다음 세 가지 영향 때문이라고 설명했다. (1) 특권층의 전유물로 여겼던 라틴어 사용의 뚜렷한 감소 현상. (2) 교황에 따른 "신의 지배"와 국왕에 따른 군주제도의 폐지. (3) 자본주의 체제에서 출현한 인쇄술의 발전으로 새 시대가 열렸기 때문이다. 이 세 가지 가운데서 그가 역점을 둔 것은 인쇄술의 발전인데, 이것으로 말미암아 광범한 지역에 걸쳐서 소설, 잡지, 신문 등이 출간되어 대량으로 판매 유통될 수 있었다. 먼 지역 사람들도 이제는 이들 신문이나 잡지 때문에 연대감을 가지게 되었다. 게다가 문학에서 소설은 그들의 역사에 비어 있었던 시간적 공백에 그럴듯한 사건과 인물을 집어넣어 마치 실존했던 것처럼 서술했는데, 이것은 서로 잘 몰랐던 사람들에게 그들이 하나의 공통된 역사를 가졌다는 정서적 공감대를 형성시켜 마침내 같은 민족의식으로 발전할 수 있는 계기가 되었다.

그의 논리에 따르면, 결국 민족주의는 18세기 이후 인쇄 매체에 따

15) 이 책에 대한 상세한 소개로는 다음 글을 들 수 있다. 김다원 (2015) 〈민족은 상상의 공동체인가?-베네딕트 앤더슨, 상상의 공동체-민족주의의 기원과 전파에 대한 성찰〉 《인간연구》 28호.

라 "만들어진 창작품"이며, 민족의 역사도 현실과는 무관한 "상상의 관념"에 지나지 않는다는 것이다. 그러므로 민족주의는 문화적 환상인 동시에 가공품이고 정치적으로는 "화려하게 꾸며진 전시품"일 수도 있다. 그 때문에 그는 민족주의는 지배세력이 그들만을 위해 만들어낸 것이며, 배격해야 할 낡은 이데올로기라고 몰아붙였다.

베네딕트 앤더슨의 이 논리는 마치 돌개바람처럼 지식사회에 휘몰아쳤으며, 그의 책자는 30여 나라에서 번역 출간되었다. 특히 당시 반反 자본주의적 논리 설정의 한계에 직면했던 일부 지식인들에게는 이 논리야말로 하나의 "대안적 논리"로 받아들여졌다. 베네딕트 앤더슨은 영국계 아일랜드인 아버지와 잉글랜드인 어머니 사이에서 1936년 8월 중국 쿤밍에서 태어나 미국에서 성장했으며 동남아시아를 주 전공으로 연구했던 비교적 "덜 알려진" 인물이었으나, 이 논리는 그를 일약 세계적인 대학자의 반열에 올려놓았다.

그러나 베네딕트 앤더슨의 논리에도 적지 않은 문제점이 담겨 있다. 그는 민족주의는 단순히 지배세력에 따라 의도적으로 만들어진 것이라고 규정했는데, 이런 논리는 고대로부터 존속해온 종족적인 민족을 무시하고 있다는 이론적인 한계를 보여주었다. 다시 말하면 18세기 이전에도 민족과 민족적인 성격은 존재했기 때문이다. 이 점에서 그의 주장은 특정 이데올로기적인 편향성을 보여준다는 비판을 받기도 했다. 그의 "상상의 공동체"는 동남아시아의 몇몇 부족사회에서는 그럴 수 있는 개연성을 지녔지만, 이를 전 세계적인 보편 현상처럼 여기는 것은 몰역사적이거나 탈 역사적인 인식이라는 비판에서 벗어날 수 없기 때문이다.[16)]

16) 한국에서 베네딕트 앤더슨의 논리에 대한 비판으로는 신용하 교수의 다음 글을 들 수 있다. 그는 "앤더슨의 상상의 공동체론은 사회사적 인과관계(론)부터 잘못된 것"이라

베네딕트 앤더슨의 《상상의 공동체》로부터 10년이 지난 뒤 민족주의 연구에서 획기적인 작업으로는 리아 그린펠드의 《민족주의: 근대성으로의 5가지 길》을 들 수 있다.[17]

이 저서는 16세기 영국의 민족 형성을 사회 유동성의 관점에서 분석했다. 당시 봉건사회였던 영국에서는 장미전쟁을 계기로 상층계층의 상당수가 전쟁으로 사망했기 때문에 수적인 공백 상태가 빚어졌다. 그 결과 유례없는 사회 유동성의 상승화가 활발하게 전개되었고, 이전까지 봉건적인 신분의식에 젖어 있었던 하층민들은 이런 사회변동을 일종의 경이감으로 받아들였다. 이전에는 민족(nation)이라는 말은 상층 신분의 엘리트 계층을 의미했고, 이 말과 대비되는 인민(people)은 하층민을 뜻했다.[18]

그러나 앞에서 말한 급격한 사회 유동화로 민족주의(nationalism)라

고 지적하면서 민족주의가 먼저 형성되고 민족이 출현한 것이 아니라 먼저 민족이 형성되고 그다음에 민족주의가 출현하였음을 지적했다. "민족은 인간이 동일한 언어, 지역, 혈연, 정치, 경제생활, 역사, 민족의식을 공동으로 하여 오랜 기간 사회생활을 하는 과정에서 공고하게 결합하여 형성된 구체적인 명칭까지 가진 실재의 인간 공동체이다. 인쇄자본주의가 지방어로 쓴 서적을 대량 공급하기 이전에 이미 먼저 기본민족 (proto-nation), 즉 전 근대 민족 또는 근대 민족이 있었다. 민족주의적 문필가들의 서적이 '민족'을 형성한 것이 아니라 이미 형성된 민족의 민족의식을 더욱 강렬하게 강화해서 '민족주의 형성'에 일정한 역할을 했다고 보아야 할 것이다."라고 비판했다. 신용하 (2006) 〈민족의 사회학적 설명과 '상상의 공동체론' 비판〉 《한국사회학》 제40권.

17) 이 저서는 저자인 리아 그린펠트의 가족사만큼이나 그의 민족주의의 역사관을 생각하게 한다. 그녀는 1954년 러시아의 블라디보스토크에서 유태계 가문의 딸로 태어났다. 그녀의 조부와 부모는 시베리아 유형지에서 살았는데 그녀는 끝내 예루살렘으로 이주해서 그곳 대학에서 사회 인류학 박사학위를 받았다. 그 뒤 그녀는 미국의 시카고 대학을 거쳐 하버드 대학의 교수가 되었으며 현재는 보스턴 대학의 교수로 재직 중이다. 그녀의 이 저서에서 서구에서 민족국가로 발전했던 영국, 프랑스, 러시아, 독일, 미국을 대상으로 그것에 대한 역사적인 사실을 연구했으며, 특히 이들 국가에서 민족주의가 국가체제와 국민적 열망에 어떻게 부응했는지에 관심을 기울였다.

18) Liah Greenfeld (1992) *Nationalism: Five Roads to Modernity*, Cambridge: Harvard University Press, pp. 31-32.

는 말은 점차 인민들에게 민족으로 진입하는 상승화의 과정으로 쓰이게 되었다. 급속하게 전개된 상승적인 사회 유동화로 영국 사회의 전통적인 위계체계도 상당 부분 무너졌는데, 이것은 결과적으로 상층 계급과 하층민에게 모두를 민족으로 여기게 하는 일체감을 갖게 했다. 그 때문에 엘리트들이 누렸던 신분적인 존엄성을 인민들도 누릴 수 있게 되었다. 모두를 민족 구성원으로 여기는 이런 변화는 '영국인은 모두 하나'라는 사회통합의 관념으로 발전할 수 있었다. 즉 영국인은 모두 하나의 민족으로 대등한 권력을 누릴 수 있어야 하고 인간적인 존엄성도 지닐 수 있어야 한다고 생각하게 되었는데 여기에서 민족주의의 성장이라는 획기적인 발전이 이루어 질 수 있었다. 그 결과 사람들은 전통적인 신분의 제약을 넘어 민족이라는 통합적인 구성원이 될 수 있었으며, 이 사실을 소중하게 지키려는 의지도 갖게 되었다. 귀족 엘리트들만이 오랫동안 점유했던 사회구조에서 상층은 실적과 업적 중심의 사회 유동성으로 중하층에게도 그 문을 열게 되었다. 그 결과 모든 인민이 정치에 적극적으로 참여하는 정치문화도 조성될 수 있었고, 주권의 실제적인 보유자로 올라설 수 있었으며, 이전에는 국왕과 성직자들만 차지했던 정치사회의 중요한 결정에도 참여할 수 있게 되었다. 이렇게 해서 기존 엘리트와 인민은 서로 손을 잡았으며 (1) 사회구성원으로서 일체감 (2) 인민주권 개념의 수용 (3) 세속화 등이 영국 민족주의의 3대 요소로 자리 잡을 수 있었다.[19)]

영국에서 민족주의를 이룩했던 이들 요소는 영국 사회를 열린사회로 발전시켰으며 사회구성원 모두에게 주권의 행사자로서 대등하게

19) 영국 국내에서는 이러한 현상이 선거법 개정에 따른 참정권 확대와 외국과의 전쟁에서 표출될 수 있었다. 대표적으로 제1차 대전과 제2차 대전은 영국인들을 계급이나 신분의 구분이 없었던 하나 된 영국 민족으로 그 전쟁에서 승리할 수 있었다.

활동할 수 있게 했다. 역사가 발전함에 따라 형성된 민족 공동체는 신에 따라 창조된 신분제 사회나 군주 소유의 국가로는 더 이상 공동체 구성원의 열망을 수용할 수 없었는데, 이는 신분제 사회에서 벗어나 이전의 통치형태와는 달리 사회구성원 모두의 국가로 재편하게 되었음을 의미했다.

특히 영국에서는 인민주권과 평등성이 민주주의의 원칙으로 수용되면서 민족주의의 발전이 근대국가를 민주주의체제로 변모시키는 계기가 되었다. 리아 그린펠드는 민족 구성원이 개별적인 일체형(entity)인가 집합체인가를 하나의 기준으로 삼고, 사회구성원을 시민형인가 임의형인가 아니면 종족적인가를 또 하나의 기준으로 삼은 다음 이들 두 가지를 연계시켜 다음 세 가지 이념형을 설정했다. 개인주의적-시민 민족주의(individualistic-civic nationalism), 집합적-시민 민족주의(collective civic nationalism) 그리고 집합체적 종족 민족주의(collectivistic-ethnic nationalism)가 그것이다.[20)]

리아 그린펠트는 근대 정치사에서 개인주의적-시민 민족주의와 집합적-시민 민족주의는 자유 민주체제로 발전했는데, 여기에 해당되는 국가가 영국, 미국, 프랑스이며, 집합체적-종족 민족주의 국가는 독일과 러시아인데 이들 국가는 권위주의 체제로 나아갔다고 주장했다. 이처럼 그는 민족주의가 18세기 전후의 근대성을 바탕으로 전개되었음을 개별국가의 사례로 설명했다.

2000년대로 들어서자 민족주의에 대한 논의는 한층 더 활발해졌다. 민족주의는 "지배세력이 의도적으로 만든 것"이라는 논의를 넘어 역사에서 전개되었던 민족주의를 설명하려는 연구들이 등장했다. 이 시기 이런 성격의 대표적인 저자로는 스미스(Smith, Anthony D.)를 들 수

---

20) Ibid., p. 11.

있다.[21] 그는 《민족주의의 종족적 기원*The Ethnic Origins of Nations*》(1986)에서 종족 상징론적 접근 방법(ethnosymbolic approach)으로 이를 다루었다.[22] 그는 민족과 민족주의를 "시민적인 것"과 "종족적인 것"으로 구분했으며 모든 민족주의는 "종족적인 요소"를 포함한다면서 그 기원을 근대 이전에서 찾고 있다. 그의 민족주의 논리는 "종족 상징주의(ethnosymbolism)"로 집약할 수 있는데, 여기에는 근대적인 사회와 근대 이전의 전통적인 성격을 종합적으로 연구해야 한다는 그의 주장이 반영되어 있다. 그는 민족과 민족주의를 네 가지 패러다임, 즉 원초주의(primodialist), 다년주의(多年主義, perennialist), 근대주의(modernist) 그리고 종족적 상징주의(ethnosymbolic)로 정리했다. 그리고 어떤 특정 집단이 일체감과 연대의식, 공유된 역사 인식을 가지고 공통된 미래지향을 추구할 때 이를 민족이라고 규정했다. 여기서 A. D. 스미스의 민족과 민족주의의 개념을 인용해 보기로 한다.

> "민족이란 … 역사적으로 일정한 영역이나 고향 땅을 차지하고는 공동의 신화와 기억을 공유한다. 또한 하나의 대중적 또는 공통적인 문화

21) A. D. 스미스(1939-2016)는 런던 정치경제대학(LSE, London School of Economics and Political Science)에서 어네스트 겔너(Ernest Gellner)와 엘리 케두리에(Elie Kedourie)와 함께 민족주의 연구의 계보를 이어갔다. 그는 1939년에 런던의 유태인 가정에서 태어났는데 외가는 폴란드에서 나치에 학살당하는 비극을 겪었다. 그는 옥스퍼드에서 공부했으며 LSE에서 민족주의 연구로 어네스트 겔너의 지도를 받아 박사학위를 받았다. 1980년부터 LSE의 사회학과에서 강의했는데 민족주의에 대한 그의 연구 저서는 20여 권에 이른다. 특히 민족과 민족주의 연구회(Association for the Study of Ethnicity and Nationalism)를 조직했으며 학술 계간지 《민족과 민족주의*Nations and Nationalism*》의 주간으로 활동했다.

22) ethno, ethnic을 일본에서는 발음에 따라 애스닉으로 그대로 사용하고 있다. 우리나라에서는 (족류, 인종) 등으로 사용하기도 한다. 최근에 A. D. Smith (1988) *The Ethnic Origins of Nations* 한국어판 번역이 출간되었다. 이재석 옮김 (2018) 《민족의 인종적 기원》, 그린비. 그러나 이 글에서는 ethnic을 종족으로 표기한다. 이는 고대 사회의 인간 집단이 특정 종족의 공동체였다는 의미를 전제하기 때문이다.

를 보유하며 구성원 모두를 위한 평등한 권리를 지니고 의무를 수행하면서 하나의 이름으로 불리는 사회집단을 의미한다. 민족주의의 개념은……현실적으로나 잠재적으로 '민족'을 구성했거나 할 것으로 여겨지는 거주민을 위해 독립, 단결 그리고 일체감을 확보 유지하려는 이데올로기적인 운동이다."[23)]

이 개념에 따르면, 하나의 영역에서 공통된 역사를 공유하는 집단을 민족이라고 불렀으며, 같은 언어와 문자의 사용, 같은 관습과 역사의 보유야말로 민족 구성의 기본요소라고 지적했다. 민족이 특정 이념에 따라서 미래를 추구할 때 이를 민족주의라고 부를 수 있는데, A. D. 스미스의 논지에 따르면 이런 성격의 민족주의는 아래와 같이 요약할 수 있다.

1. 세계는 민족으로 구성되었으며, 민족은 그 나름의 독자적인 역사를 갖고, 미래를 추구한다.
2. 개인은 자유로운 공동체를 이룩하기 위해 자신을 민족의 구성원으로 일체화하려 한다.
3. 모든 민족은 민족국가를 이룩하고 완전한 독립성을 확보하고자 부단하게 투쟁한다.
4. 세계 평화와 정의는 독립된 민족국가로 구성된 자율적-공존적 세계에서만 이룩할 수 있다.[24)]

---

23) Anthony D. Smith (2000) *The Nation in History : Histriographical Debates about Ethnicity and Nationalism*, University Press of New England, p. 3.

24) Ibid., pp. 72–73.

위의 사실을 종합하면 민족은 종족–문화–역사를 기반으로 한 "우리 의식의 구현"이며, 민족주의는 민족을 위한 이념의 바탕이자 기반 이데올로기이다. 그러므로 민족주의는 독립된 민족국가를 이룩해서 민족 구성원의 자유와 독립과 통합을 이룩하려는 이데올로기로 귀착된다. 이러한 전개과정에서는 민족발전의 미래를 위해 고난의 민족사까지도 되새기게 된다. 민족주의의 지향은 과거의 역사를 미화하기보다 미래를 위한 이념적인 가치 실현에 중점을 두게 된다. 특히 민족주의는 민족 구성원의 자유와 평등을 전제로 한 자율적인 참여를 중시하기 때문에 민주주의 정치제도 안에서 그 의미를 실현할 수 있다. 민족주의를 주장하면서 독재나 권위주의 정치를 하는 것은 순수한 의미에서는 민족주의로부터 이탈이며 파시즘이나 "타락된 민족주의"일 뿐이다. 이 점에서 민족주의는 민주주의를 위한 이념적인 바탕으로 영향력을 미치게 된다.

3. 한국 현대 민족주의의 단계적 인식

한국에서 현대 민족주의는 서유럽보다 거의 한 세기나 늦은 19세기 후반에야 그 모습을 드러냈다. 이 시대는 민족주의가 제국주의와 뒤엉켜 전 세계를 휘몰아쳤던 "민족주의 일탈의 시대"였다. 그 시대에 제국주의적 성격을 지녔던 민족주의가 일본을 거쳐 한국으로 유입되었다. 한국의 지식인들도 처음에는 "일본화된 민족관념과 민족주의"를 받아들였기 때문에 민족을 이전부터 사용했던 동포와 같은 의미로 이해했다. 특히 민족을 혈연적인 역사 공동체로 여겼고, "민족의 독립"을 최상의 목표로 추구했기 때문에 민족주의의 중요한 지향가치인 "자유, 독립, 통합"에서 비켜나는 모습도 보여주었다. 특히 그 시대의 성격 때문에 민족주의를 침략자인 일본에 맞서는 애국계몽운동으로 생각하기도 했다.

18세기 유럽에서 민족은 중세적인 왕조체제에 맞섰던 민중혁명의 주체였으며, 민족주의는 이를 위한 민족혁명의 이념이었다. 그러나 한국에서는 민족주의를 수용했던 초기부터 "충군애국 사상"이나 "외세 배격의 이념"으로 여겼다. 다시 말하면, 조선왕조를 위한 충군론이나 부국강병론과도 별 차이가 없었다. 그 때문에 민족이나 민족주의는 그 당시 억압받고 있었던 민중의 마음속으로 쉽사리 비집고 들어가기가 힘들었다. 심지어 그 당시 한국의 일부 지식인들은 민족이나 민족주의를 조선왕조를 위한 "왕조개혁의 이념이나 복벽운동"으로 여기기도 했다. 그들 나름의 민족 논리로 조선왕조를 다시 일으키려 했으며, 이를 위해 일본과 서구 강대국의 근대화를 모방하거나 수용하는 데 그 의미를 두기도 했다. 그러므로 이 시기의 민족과 민족주의는 민족의 핵심층인 농민과 민중의 욕구 및 민족의 당면 과제 해결이라는 발전적인 지향과는 거리가 있었다.

한국에 유입된 민족주의의 이러한 성격을 전제한다면, 다음과 같은 물음을 제기할 수 있다. "이 시기 한국의 민족주의는 누구를 위한 이념이었는가? 그것은 어떤 결과를 가져다주었는가?" "한국은 민족과 민족주의를 주장했으면서도 왜 일본의 침탈을 겪어야 했고, 한국 민족이 주도하는 투쟁으로 해방을 쟁취하지 못했으며, 끝내 민족 분단으로 귀착되고 말았는가?" "왜 같은 민족끼리 전쟁까지 치르는 반反민족적인 비극을 겪게 되었는가?" 이들 물음에 대해서는 한국의 지식사회가 처음부터 민족과 민족주의를 잘못 수용했고 정상적으로 발전시키지 못했기 때문에 그와 같은 일이 벌어졌다고 답할 수도 있다. 이제 이러한 관점에서 한국에서 민족과 민족주의에 대한 논리적 성격을 살펴보기로 한다.[25]

25) 이런 주제로 연구한 선행연구도 많이 있다. 이들 논의 가운데 이 글에서 많은 도움을 받은 것으로는 다음 책을 거명하고 싶다. 박찬승 (2010) 《민족. 민족주의》 소화.

1) 제1단계: 근왕주의와 애국 계몽운동

한국에서 "민족"이라는 말은 1890년대 말에서 1900년대 초에 사용되었다. 그 이전에는 이와 비슷한 말로 족류族類, 동포同胞, 국인國人, 형제兄弟 등과 같은 말을 쓰고 있었다. 사실 이들 말은 엄격한 의미에서는 민족이나 민족주의와는 그 개념이 달랐는데도 동질적인 개념으로 여겼다. 즉 족류나 동포, 국인, 형제 같은 말은 하나의 핏줄로 이룩된 혈연 공동체로 다른 족속과는 구분된다는 의미를 지녔기 때문에 민족과 같은 뜻으로 이해할 수는 없다. 민족을 구성하는 핵심 주체는 피지배층인 농민이나 민중이기 때문에, 이들이 주도하는 정치사회의 지향이념은 민족주의로 이해할 수 있다. 그러므로 왕조체제에서는 민족주의가 혁명적인 저항집단의 투쟁을 의미하게 된다.[26)]

민족국가는 민족을 기반으로 민족주의를 추구하게 된다. 민족주의를 발전시키지 못한 민족은 "민족주의 불임不姙의 종족"이 되기 때문에 같은 민족일지라도 내분으로 시달리게 된다. 따라서 민족을 단지 같은 피, 같은 언어, 같은 문화를 공유하면서 함께 생활하는 집단으로만 이해할 수는 없다. 이런 요건은 필요조건은 될 수 있어도 충분조건은 될 수 없다. 제대로 된 민족이라면 그 민족에 합당한 민족주의를 발전시켜서 민족국가를 이룩할 수 있어야 한다. 만일 민족이 있으면

---

26) 민족은 곧 민족주의 이데올로기를 실현하는 주체며, 민족주의라는 이데올로기를 위한 터전이다. 달리 말하면 민족은 민족주의를 싣고 다니는 함선과도 같다. 민족주의를 성취하지 못한 민족은 한낱 관념적인 명사로 그 말을 사용하고 있을 뿐이다. 심한 경우 그것은 "민족의 발전 의지가 상실된 단순 명사"에 지나지 않게 된다. 민족과 민족주의의 이러한 관계를 전제한다면 이들 개념은 근대성과 연계되었음을 알 수 있다. 이 점에서 18세기 이후의 민족주의, 근대성, 자본주의, 국민국가는 근대사를 이끌었던 사륜구동체임을 알 수 있다. Anthony D. Smith (2009), *Ethnosymblolism and Nationalism*, Routledge, p. 6.

서도 제대로 된 민족주의를 발전시키지 못했다면 이는 곧 "민족주의 불임의 종족"임을 의미할 뿐이다.

다시 말하지만, 1900년대 초에 한국에서 사용되었던 민족이라는 말은 민족주의를 위한 민족과는 거리가 있었다. 민족을 단지 "같은 핏줄을 가진 사람들"로 이해했을 뿐이다.[27] 이런 성격은《대한매일신보》 1908년 7월 30일 기사에 실린 글, 즉 "민족이란 것은 동일한 혈통을 가지며 동일한 토지에 거주하며 동일한 역사를 가지며 동일한 종교를 섬기며 동일한 언어를 사용하면 이것을 동일한 민족이라 칭하는 바이어니와……"에서도 찾아볼 수 있다.[28] 이 글에서도 알 수 있듯이 그 당시 민족은 민족주의를 지향하기보다는 어떤 특정한 혈연적 종족 집단만을 의미했을 뿐이다.[29]

여기서 이 시기 한국의 지식인에게 민족을 "역사에서 이루어진 혈연 집단"으로 여기게 했던 두 외국인 사상가에 대해 살펴보기로 하자. 한 사람은 중국의 량치차오(梁啓超)로 그가 쓴《음빙실문집飮氷室文集》은 그 시대 한국 지식인의 "필독서"였다. 그의 신민론新民論에는 이런 구절이 있다. "민족이 우매하고 나약한데 올바로 설 수 있는 나라는 없다. 나라가 부강하고 영화롭기를 바란다면 신민新民의 길로 나가야 한다." 이 책의 주장에 따라 그 당시 한국의 지식인들은 량

27) 한 연구자에 따르면 한국에서 최초로 "민족"이라는 말이 사용된 것은 1904년《황성신문》 10월 7일에 "사천여 년 전해져 내려온 민족[四千餘年傳守之民族]"이라는 표현에서 찾을 수 있다고 했다. 백동현 (2004)《대한제국기 민족의식과 국가구상》 고려대 박사학위 논문. 참조.

28) 박찬승, 앞의 책, p. 66. 재인용.

29) 민족과 민족주의의 불가분의 관계를 생각하면 다음의 논리를 설정할 수 있다. "특정의 정치적 지향성을 표출하는 민족주의는 민족이라는 기반 위에서만 성장한다." Thomas Hylland Eriksen (2010) *Ethnicity and Nationalism; Anthropological Perspectives*, Pluto Press, p. 119.

치차오의 "신민"의 개념을 받아들였다. 이 말은 "민족을 새롭게 한다."는 의미로 "새로운 민족으로 변해야 한다."는 뜻을 담고 있다. 그는 민족의 자각과 실천을 통해서 신민의 길로 나아가는 것이 국가발전의 방도라고 여겼다. 민족주의로서 민족이 아니라 민족을 다듬어서 또 다른 민족적인 성격, 즉 신민으로 발전해야 한다고 주장했는데 이는 결과적으로 민족에서 민족주의로의 발전이 아닌 또 다른 민족으로의 변화를 의미했다. 그런데도 한국의 지식인들은 그의 이 논지를 한국사회의 미래를 위한 지침으로 여기고 적극적으로 받아들였다.

량치차오의 주장은 중국 청대 말에 정치개혁의 논리였다. 그의 논리는 당시 중국에서 새로운 혁명 체제를 요구했던 시대성에서 벗어난 면도 일부 있었다. 량치차오는 한때 청조를 이은 위안스카이(袁世凱) 참모로 일본의 도움을 받는 등 "계몽론적 개혁론자"로 자처했다. 특히 그가 쓴 《조선망국사략朝鮮亡國史略》, 《조선멸망지원인朝鮮滅亡之原因》, 《조선귀족지장래朝鮮貴族之將來》 등은 한국 지식인에게 던지는 충고였다. 《조선망국사략》에서 그는 조선인은 세계에서 개인주의 성향이 가장 강한 민족이라면서, 국가의 안녕보다 일족一族의 영화만을 추구하는 관리들의 안이한 자세에서 조선 망국의 원인을 찾았다.[30)]

이 시대 한국의 지식사회에 영향을 미쳤던 또 한 사람은 일본인 후쿠자와 유키치(福澤諭吉)였다. 그는 량치차오보다 한국의 지식사회에 더 큰 영향을 끼쳤다. 후쿠자와 유키치의 《문명론지개략文明論之概略》은 한국의 개화파 지식인, 특히 일본에 유학했던 한국 청년들에게는 필독서였다. 실제로 그는 개화파의 김옥균金玉均, 박영효朴泳孝,

30) 량치차오는 이 책에서 이렇게 써놓았다. "이번 합방조약 발표를 둘러싸고 주변국 사람들은 그들을 위해 눈물을 참지 못했다. 그러나 정작 당사자인 조선인들은 흥겨워하고 있고, 고관들 역시 기뻐하며 날마다 새로운 시대에 영광스러운 지위를 얻기 위해 분주하게 지내고 있다."

유길준兪吉濬, 서재필徐載弼 등을 지원했다.

후쿠자와 유키치는 민족주의보다는 문명발전론, 즉 서구 문명의 받아들임, 즉 수용을 더 강조했다. 그의 논리는 민족주의를 바탕으로 한 근대 국민국가로 발전과는 달랐다. 그는 서구 문명의 발전을 세계적인 대세로 여기면서 이를 시급하게 받아들이는 것이 국가의 중요 방책이 되어야 한다고 강조했다. 그의 탈아입구론脫亞入歐論은 서구의 근대화를 적극적으로 받아들여야 한다는 주장이다. 그는 이 논리에 근거해서 한국의 급진 개화파를 지원했으나 한국이 식민지로 전락할 수 있는 위험은 외면했다. 그러나 그의 주장이 "일본 주도의 아시아론"으로 옮겨지면서 한국의 친일 개화파 지식인들이 그에게 걸었던 기대도 무산되고 말았다. 그는 처음부터 순수하게 조선 민족을 위한 지원에는 별로 관심이 없었다. 그보다는 일본을 위해 조선을 지원했다는 사실은 그가 쓴 1885년 8월 《지지신분(時事新聞)》 사설에도 나타났다. 그는 "조선 인민을 위하여 조선왕국의 멸망을 기원한다."고 공공연히 말했으며, "인민의 생명도, 재산도 지켜주지 못하고, 독립 국가의 자존심도 지켜주지 않는 그런 나라는 차라리 망해버리는 것이 인민을 구제하는 길"이라면서 "어떤 나라가 조선을 점령하든 조선왕국의 멸망은 조선 백성을 속박에서 풀어줄 수 있는 지름길"이라고 극언했다. 이처럼 후쿠자와 유키치는 겉으로는 "병든 조선을 돕는다."고 말하면서도 속으로는 일본의 조선 침략을 숨기고 있었다.

결국 후쿠자와 유키치는 한국의 민족운동에 (1) 탈아입구론과 같은 문명 개화론으로 외세 추종의 입지를 제공했고 (2) 국민 개념으로서 민족 개념과 혼돈을 빚게 했으며 (3) 한국의 지식 청년들에게는 시급하고도 당면한 과제에서 벗어나게 했고 (4) 민족 주체로서 농민 등의 존재를 경시했으며 (5) 심지어 외세에 대한 종속과 지배를 문명사의 전개과정으로 호도하기도 했다. 이 시기만 해도 점차 민족의식을 자각하게 된 백성들의 봉기로 조선왕조와 부패 척신 및 고위 관직자를 제압하고, 궁극적으로는 조선왕조를 무너뜨리고 민족에 입각한 공화국을 수립하는 것이 민족주의의 올바른 길일 수도 있었다. 그러나 대다수 지식인은 백성을 계몽하는 데 중점을 둔 채 세계의 사정을 알리는 일에 힘을 쏟고 있었다. 그러므로 백성을 계몽해서 애국심을 갖게 하고 그 애국심을 바탕으로 신민을 이룩하려는 애국 계몽주의 운동은 민족, 민족주의적 지향과는 거리가 있었다.[31]

이런 상황에서도 애국 계몽기에 '민족과 민족운동에 앞장섰던 지식인'[32]으로는 《황성신문皇城新聞》과 《독립신문獨立新聞》 등 각종 언론과 서책을 통해 자신들의 논리를 전개했던 이상재李商在, 유길준兪吉濬, 박은식朴殷植, 남궁억南宮檍, 서재필徐載弼, 장지연張志淵, 양기탁梁起鐸, 이승만李承晩, 신채호申采浩 등을 들 수 있다. 애국 계몽기에 활동했던 이들의 성격은 아래와 같이 정리해 볼 수 있다.

---

31) 여기서 말하는 애국 계몽운동은 1910년 일본의 조선 침탈이 자행되었던 시기를 전후해서 전개되었던 독립운동의 이념과 운동을 총칭하는 것으로 그 뒤 1920년대에 행해졌던 독립운동의 한 양식을 표현하는 애국 계몽운동이나 자강론 등과는 차이가 있다. 애국계몽운동에 대한 광의적인 설명으로는 다음 책을 참고할 수 있다. 박찬승 (1992) 《한국 근대정치사상사 연구》 역사비평사 p.17

32) 이 시기의 이들 지식인을 앞에서 논의했던 민족과 민족주의의 개념에 따라 민족주의 지식인으로 여길 것인지 아닌지는 좀 더 구체적으로 검토해봐야 한다. 즉 서구문물에 대한 소개와 그 수용을 강조하거나 백성을 각성시키기 위해 신문명을 받아들여야 한다는 주장 및 서구문물을 왕조체제가 추진할 것을 요구하는 활동만으로 이를 민족주의적인 운동으로 여길 수 있는지는 문제의 여지가 있다.

〈표 1〉 한말 애국 계몽기에 활동했던 주요 지식인의 성격 분석

이름	생존기	본관	출생지	최종 관직	활동기관	대표논저
이상재	1851–1927	한산	서천	의정부 참찬	독립협회	《靑年爲國家之基礎》
김옥균	1851–1894	안동	공주	외아문 협판	개화당	《甲申日錄》, 《治道略論》
유길준	1856–1914	기계	서울	내무협판	개화당	《西遊見聞》
박은식	1859–1925	밀양	황주	능참봉	신한혁명당	《韓國痛史》
박영효	1861–1939	반남	수원	판의금부사	개화당	《使和記略》
남궁억	1863–1939	함열	서울	토목국장	대한협회	《東史略》
서재필	1864–1951	대구	보성	중추원 고문	독립협회	《독립신문》 논설
장지연	1864–1921	인동	상주	내부주사	《황성신문》	《조선풍속의 변천》
이승만	1875–1965	전주	평산	중추원 의관	임시정부 대통령	《독립정신》
주시경	1876–1914	상주	봉산	국문연구소 위원	조선어강습원	《국어문법》
신규식	1880–1922	고령	청원	육군 참위	박달학원 설립	《韓國魂》
신채호[33)]	1880–1936	고령	재덕	성균관 입학	독립협회, 신민회	《의열단선언》

위에서 열거한 지식인 대부분은 양반 출신으로 조선왕조에서 관직을 맡기도 했다. 이들 가운데 애국 계몽운동기에 논설을 집필했던 대표적 인물로는 박은식을 들 수 있다. 그의 주장은 이 시대의 근왕주의적인 성격과는 달리 일본의 침탈을 공박하는 데 초점을 맞추고 있었다. 특히 그는《한국통사》에서 일본에 병탄된 대한제국의 운명을 통탄했으며 나라를 되찾는 방도를 개진했다. 그는 나라를 되찾기 위해서는 백성이 나라의 역사를 바로 알아야 한다고 전제했다. 이 점에서 그의 책은 "민족사관에 입각한 통사痛史"라는 평을 받기도 했으며, 그 역시 "한말 최고의 애국 계몽운동의 주창자"라는 평가를 받았다. 그는

33) 신채호의 활동기는 한말 애국 계몽기에 속하지만 실제적인 민족주의 논술은 그다음 시기에 해당된다.

애국 계몽운동에 대해서 다음과 같이 언급했다.

> 그렇다면 모두가 나라가 망하는 것을 구해내지 못했다고 하는 것은 민족 전체가 문약해서 저들의 힘을 대적하지 못한 것이니, 그렇다면 우리나라의 무력이 약해진 것은 어느 때부터란 말인가! 본조 5백 년간은 문치를 숭상하고 무를 물리침이 몹시 심하여 약하게 되었다고 하는 것은 모두가 알고 말하는 것이나 내 자신은 우리 조상의 교화가 바뀌어 무력이 쇠퇴하게 된 것이라 하겠다. …어찌 우리 민족이 무가 없었다고 하겠는가? 아! 우리 선조의 교화가 바뀌어 상무정신이 보존되지 못했으니 지금에 이르러 누구의 허물이라 하겠는가?[34)]

그의 논의는 "본조 오백년"이란 말에서도 읽을 수 있듯이 조선왕조에도 관심을 표명하고 있었다. 그는 망국에서 벗어나려면 문약한 나라에서 문무겸전의 나라로 나아가야 한다고 주장했는데, 이는 망국의 조선왕조를 전제로 한 논의였다. 그러면서 앞으로 과제인 국권 회복에 대한 자신의 신념을 아래와 같이 피력했다.

> 대개 국교, 국학, 국어, 국문, 국사는 혼魂에 속하는 것이요, 전곡, 군대, 성지, 함선, 기계 등은 백魄에 속하는 것으로 혼의 됨됨은 백에 따라서 죽고 사는 것이 아니다. 그러므로 국교와 국사가 망하지 아니하면 그 나라도 망하지 않는 것이다. 오호라! 한국의 백은 이미 죽었으나 소위 혼이라는 것은 남아 있는 것인가, 없어진 것인가.[35)]

---

34) 이 글은 朴殷植, 李章熙 역 (1996)《韓國痛史, 下》pp. 259~260에서 나오는 '민족'이나 '우리 민족'은 원문에서는 '吾民'으로 되어 있다.

35) 같은 책, p. 288.

박은식은 국권 회복은 국혼國魂을 잇는 것에서 시작하는데 여기에다 국백國魄을 더하면 빼앗긴 국가를 되찾을 수 있다고 확신했다. 그의 이 논리는 일종의 국가 유기체적인 인식을 느끼게 한다. 즉 국가도 생명체와 같아서 생, 노, 병, 사의 순환과정을 거치는데 이는 자손을 출생해서 혈육을 잇는 것과 같다는 것이다. 그는 잃어버린 나라를 되찾아 이를 잇는 일은 온 나라 사람들의 깨어난 정신에서 비롯되는데 이를 위한 노력이 바로 애국 계몽운동이라고 믿었다. 그리고 백성이 한 번 깨어나 일어나면 잃어버린 국가의 주권도 되찾을 수 있다고 확신했다. 따라서 그에게 국권 회복은 "자각된 백성"에 의해서만 이룩될 수 있다는 것이다.

그러나 이 시기의 애국 계몽운동에는 두 가지 문제가 있었는데 그 하나는 척사위정론자들의 복벽론적인 근왕주의였다. 이들 척사파는 조선왕조의 한계적 성격은 뒤로 미룬 채 조선왕조의 복국을 강력하게 추구했다. 이들은 주로 조선왕조에 충성을 다짐했으며 애국 계몽운동에서도 강한 충군 의식을 보여주었다. 그러나 박은식의 애국 계몽운동론은 이들 복벽주의자들과는 달리 반일 투쟁론에 더 큰 의미를 두고 있었다. 이런 사실을 전제로 할 때 애국 계몽운동론은 민족을 바탕으로 민족주의로 넘어가는 또 다른 성격을 지닌 것으로 이해할 수 있다. 그러나 이마저도 제대로 이룩될 수는 없었다.

2) 제2단계: 민족 개조론과 민족진영의 분열

일본의 조선 통치는 1910년대~1920년까지 무력적인 폭압 통치였다.[36] 여기에 맞서서 반일투쟁도 격렬했는데, 이 시기 민족투쟁의 또 다른 기폭제는 바로 1919년의 3.1 독립운동이었다. 3.1 독립운동은 일본에 유학했던 젊은 지식인들이 주도했는데, 그 지도부는 (1) 손병희孫秉熙와 최린崔麟 등 천도교 세력 (2) 송진우宋鎭禹와 김성수金性洙 등 중앙고보 관계자 (3) 기독교와 불교계 등 종교인 (4) 기타 사회 유지 등으로 구성되었다. 이들은 그 시대를 풍미했던 민족자결주의와 무저항 투쟁을 지향했다. 그러나 이 운동은, 방법론은 물론이고 지도부의 구성과 후속적인 연계 투쟁 등으로 일반 민중과 지도부 사이에 상당한 괴리 현상이 빚어지기도 했다.

3.1운동의 독립선언서에 서명한 지휘부는 비폭력 무장투쟁을 명분으로 시위 군중과는 별도로 태화관에 모였으며, 오후 4시경에는 일본 총독부 정무총감 야마가타 이사부로(山縣伊三郎)에게 전화로 이 사실을 통보했다. 그러자 60여 명의 일본 헌병과 순사들이 들이닥쳐 이들을 곧바로 연행했다. 이날 3.1운동 집회 장소인 파고다 공원의 정시 모임에 참가했던 민중은 독립선언서를 읽고 조선독립 만세를 외친 뒤 즉시 가두시위로 돌입했다. 그 여파는 전국으로 퍼져나갔으며, 이 시

36) 일본 제국주의의 한국 침탈은 1910년 8월 16일의 한일합방 각서 수교와 8월 22일의 한일합방조약 체결 이후에 이루어졌다. 당시 조선총독부 경무총장은 한국인의 정치 단체에게 일주일 이내에 자진 해산할 것을 명령했으며, 8월 29일에는 이것을 공표했다. 초대총독인 데라우치 마사타케(寺內正毅) 취임 뒤 "조선 사람들은 우리의 법을 지킬 것인가 아니면 죽음을 택할 것인가를 결정해야 한다"면서 고압적인 포고령을 내렸는데 이때부터 헌병과 경찰에 의한 무단통치가 자행되었다. 일본은 한반도에 일본군 2개 사단의 육군과 2개의 해군 분견대를 주둔시켰으며 각 군청 소재지에는 수비대를 배치했다. 헌병과 경찰에게는 ('범죄 즉결권'과 '강제 집행권')을 부여했다. 형사령, 감옥령 등의 제령이 공포되었으며 각지에 24개의 감옥을 설치하는 등 전국을 헌병 경찰제도의 그물망으로 옭아매었다. 여기에다 1910년 3월부터 1918년 11월까지는 토지조사사업을, 1910년에는 조선 회사령을, 1911년에는 조선교육령을 공표하면서 철저하게 동화정책에 따른 노예화 정책을 펼쳐나갔다. 市川正明 編 (1996) 《朝鮮半島 近現代史年表, 主要文書》 原書房.

위 이후 천안의 아우내 장터와 경기도 수원시 제암리 학살사건 등과 같은 비극적인 사태가 전국 곳곳에서 잇따라 일어났다.

이때부터 애국 계몽운동에서 무장투쟁에 이르기까지 투쟁노선의 분화가 일어났으며 백성, 인민, 동포, 국인이라는 말 대신 민족이라는 말이 상용어처럼 사용되었다. 특히 민족주의라는 말은 많은 사람들로부터 관심을 불러일으키자 대부분의 반일투쟁은 예외 없이 민족주의 투쟁으로 자처했다.

한편 3.1 민족운동을 계기로 조선총독부의 통치는 이전의 무단통치에서 "문화통치"로 바뀌었다.[37] 이어 1919년 8월 12일 일본 내각에서는 예비역 해군 대장 사이토 마코토(齋藤實)를 조선 총독으로, 미즈노 렌타로(水野練太郎)를 정무총감으로 임명했다. 그해 9월 서울로 부임했던 사이토 총독은 "문화의 발달과 민력民力의 충실에 따라 정치적 사회적으로 내지인內地人과 동일하게 대우할 궁극의 목적"을 제시했다. 조선 총독은 이를 위한 시정강령으로 치안 유지, 민의 창달, 행정 쇄신, 국민 생활 안정, 문화 발전 및 복리 증진 등을 내걸었다.[38] 조선 총독은 한국인의 민심을 수습한다는 명목으로 총독부 산하 모든 기관의 직원들의 제복을 폐지했으며 언론, 집회 및 출판을 부분적으로 허용했다. 그리고 《동아일보》, 《조선일보》, 《시사신문》 등의 발행을 허가하고 일부 사회단체도 조직할 수 있게 했다. 그러나 조선총독부의 이런 정책은 오히려 한국의 독립운동 진영을 분열시키는 계기가 되었

37) 이런 개혁안은 1919년 일본의 내각 수상인 하라 다카시(原敬)에게서 비롯되었다. 그는 1896년에 조선 주재 일본공사를 역임했기 때문에 한국을 비교적 잘 알고 있었다. 3.1 민족운동이 일어났던 4월에 그는 일본 육군 대신 다나카 기이치(田中義一)와 협의한 뒤 조선 통치법 개혁안으로 (1) 문관 통치제로 전환 (2) 조선과 일본에서 동일한 교육제도 실시 (3) 헌병에서 일반경찰제로 변경 (4) 동화정책 추진방법 등을 마련했다.

38) 朝鮮總督府 (1935) 《施政25年史》 pp. 314~315.

다. 이광수李光洙가 상해에서 귀국한 일이라든가 최린崔麟과 최남선崔南善의 가출옥 등도 분열의 전조현상으로 여겼다. 조선총독부의 이러한 조치로 문필가로 다시 활동할 수 있었던 이들은 1920년대 민족운동의 새로운 분파를 형성했는데 이것이 이른바 실력양성론자들의 등장이었다.[39)]

당시의 이러한 변모를 이해하기 위해서 민족운동에 앞장서서 활동했던 대표적인 지식인들의 성격을 아래와 같이 분석해 보기로 한다.

〈표 2〉 3.1운동 이후 민족운동에 참여한 지식인의 성격 분석[40)]

이름	생존기	본관	출생지	학력	민족운동	논저.활동	기타
이 갑	1877–1917	전주	평원	일본육사	서북학회, 신민회	《正教報》 발행	만주 무관 학교 설립
최 린	1878–1958	해주	함흥	메이지대	3.1운동 33인	친일강연	국민동원촉진회 고문
한용운	1879–1944	청주	홍성	불교	3.1운동 33인	신간회 활동	《님의 침묵》 저술
이돈화	1884–1950	전주	고원	평양일어 학교	《개벽》 편집인	신인철학	1944년 친일 활동
안 확	1886–1946	순흥	서울	니혼대 정치과	조선국권 회복단	《조선문명사》	한국정치사 연구
장지영	1887–1976	인동	서울	사립 精理舍	흰얼모 (白英社) 활동	《조선어전》	조선어학회 이사장
조소앙	1887–1958	함안	파주	메이지대	임정 외무부장	삼균주의	납북

39) 이 시기를 다룬 저술에서는 이런 흐름을 "부르주와 민족주의", "부르주아 민족운동", "부르주아 민족주의 우파", "부르주아 민족주의 좌파" 등으로 구분하고 있다. 그러나 이런 논의를 위해서는 먼저 "부르주아"라는 개념과 민족주의가 1920년대에 어떻게 접합될 수 있었는지 그리고 접합에 대한 실증적인 구체성과 이를 주장한 인사들이 부르주아였으며, 부르주아의 이익을 위해서 어떤 영향력을 미쳤는가를 논의되어야 할 것이다.

40) 여기서는 민족 및 민족주의에 관한 논설과 저서를 간행했던 인물들을 중심으로 선정했다.

이름	생존기	본관	출생지	학력	민족운동	논저.활동	기타
문일평	1888–1939	남평	의주	메이지 학원	博達學院 청년교육	《한미50년사》	《朝鮮心》
홍명희	1888–미상	남양	괴산	다이세이 중학	신간회 부회장	《임꺽정》	북한 부수상
최남선	1890–1957	동주	서울	와세다대	「독립선언서」 기초	《불함문화론》	조선사편수회 관여
안재홍	1891–1965	순흥	평택	와세다대	신간회 총무	《신족주의와 민주주의》	《조선일보》 사장
이광수	1892–1950	전주	정주	메이지대 중학부	「2.8 독립선언」	〈민족의 경륜〉	조선문인 협회장
정인보	1893–미상	동래	서울	한학 수학	同濟社 활동	《朝鮮史研究》	연희전문 교수
현상윤	1893–미상	연주	정주	와세다대	3.1운동 48인	《조선유학사》	보성전문 교장
최현배	1894–1970	경주	울산	교토대	어학회사건구감	《民族更生의 道》	한글학회 이사장

위의 도표에서도 알 수 있듯이 이 시기 국내의 민족운동은 (1) 정통 민족운동론 (2) 실력양성론 등으로 분화되었다. 실력양성론은 준비론, 자치론 등으로 전개되었는데 이와 함께 좌파 진영인 공산주의자들의 조직적인 활동도 나타났다. 특히 조선총독부는 "문화통치"를 내세우면서도 일본에 부족한 식량을 공급하기 위해 산미증식계획과 농지개량사업을 추진하는 등 경제적인 침탈을 자행했다. 이와 동시에 한국 농민이 소유한 경작지를 한국에 거류하던 일본인들이 염가로 구매할 수 있도록 조치했다. 토지조사사업에 이어 1924년에는 산미증식계획도 실시했는데 이 과정에서 토지를 수탈당한 약 50여 만 호의 한국 농민들은 춘궁기를 초근목피로 연명하는 비참한 상태로 내몰렸다.

농촌사회의 궁핍으로 대다수 농민은 사실상 잠재적인 실업자로 전락했으며 도시의 임금 노동자가 되거나 만주 등지로 떠날 수밖에 없었다. 이러한 형편은 농민들의 의식에도 변화를 가져와 급진적 민족운동과 사회주의 등 진보적인 이데올로기 투쟁으로 달려가게 되었다. 해외에 조직된 전로한인공산당과 국내의 대동단의 영향력 증대도 이러한 성격을 고조시켰다. 그 연장선 위에서 1921년 초에는 상해에서 이동휘李東輝, 여운형呂運亨등이 고려공산당을 조직했고, 국내에서는 1920년대 초에 북풍회, 서울청년회, 화요회, 조선노동공제회 등이 등장했다.[41]

이보다 앞서 1919년 4월 13일에는 상해에서 이승만, 이동휘, 안창호安昌浩, 김구金九 등이 대한민국임시정부를 선포했다. 국내도 노동쟁의, 소작쟁의 등 계급투쟁이 빈발했으며 애국 계몽운동 계열의 민족운동도 활발하게 전개되었다.[42]

바로 이 시기에 이광수는 이러한 흐름과는 달리 〈민족개조론〉과 〈민족의 경륜〉을 발표했다.[43] 1922년 《개벽》 5월호에 실린 54페이지 분량의 그의 글을 살펴보기 위해 여기서는 이 글 서두의 원문을 그대

41) 이 점에 대해서는 다음 책에서 자세하게 설명하고 있다. 신용하 (2017) 《신간회의 민족운동》 지식산업사 p. 35. 특히 화요회 등에 대한 설명은 같은 책, p. 38에서 읽을 수 있다.

42) 박찬승의 다음 글에서도 "한국 민족의 국권 회복 운동과 민족해방운동 내에는 여러 정치사상과 운동론의 존재"가 있었다고 밝혀 놓았다. 박찬승 (1992) 《한국 근대정치사상사 연구》 역사비평사 p. 15.

43) 여기서 그의 개인사를 살펴보기로 한다. 그는 어린 시절 사고무친의 고아로 농민과 노동자 등 하층민의 피폐한 일상을 절감하면서 내팽개쳐진 민중의 일상을 늘 자신의 생활과 일체화시켰다. 그는 당시 한국의 상층 지배층의 부패와 무능이 뭇 사람들에게는 분노의 대상이었음도 잘 알고 있었다. 그는 이들 상층 지배세력 대부분은 당시 일본 통치자와 연계되어 있다는 사실과 이들 집단의 신념체계였던 조선의 성리학에 대해 절망감을 느끼고 있었다. 나라가 망했는데도 총독부의 작위를 왕조시대의 관직처럼 여겼던 상층 지배세력의 작태를 한심하게 여겼다. 그는 이런 시대를 극복하기 위해서는 반드시 조선 민족이 획기적으로 깨어나야 한다고 믿었다. 그래서 그의 글은 "조선 2천만 민족의 일대 변혁"을 목마르게 기다리는 호소로 자처했다. 그러나 그는 침탈자인 일본의 억압과 약탈을 올바르게 인식하지 못했을 뿐만 아니라 그들의 억압체제 안에서 민족의 미래를 전제한다는 것 자체가 문제 인식의 한계라는 비난에서는 벗어날 수 없었다.

로 옮기기로 한다.[44)]

나는 만흔 희망과 끌는 정성으로, 이 글을 朝鮮民族의 장래가 어떠할가, 어찌하면 이 民族을 현재의 쇠퇴에서 건져 행복과 繁榮의 장래에 인도할가, 하는 것을 생각하는 형제와 자매에게 들입니다.

이 글의 내용인 民族改造의 思想과 計劃은 在外同胞 중에서 發生한 것으로서 내 것과 일치하야 마츰내 내 일생의 目的을 이루게 된 것이외다.

나는 朝鮮 내에서 이 思想을 처음 전하게 된 것을 無上한 榮光으로 알며, 이 귀한 思想을 先覺한 위대한 頭腦와 共鳴한 여러 先輩 同志에게 이 기회에 또 한 번 尊敬과 感謝를 들입니다.

원컨대 이 思想이 사랑하는 靑年 兄弟姉妹의 純潔한 가슴 속에 깁히 뿌리를 박아 꼿이 피고 열매가 매쳐지이다.

辛酉 十一月 十一日 太平洋會議가 열리는 날에 春園 識

그러면서 그는 처음부터 끝까지 "지금은 改造의 時代다!"라는 말을 되풀이했다. "제국주의 세계를 민주주의 세계로 개조 하여라, 자본주의 세계를 공산주의 세계로 개조 하여라, 생존경쟁의 세계를 상호부조의 세계로 개조 하여라, 남존여비의 세계를 남녀평권의 세계로 개조 하여라" 등등의 주장을 내세웠다. 또한 "오늘날 조선 사람으로 시급히 하여야 할 개조는 실로 조선 민족의 개조"라면서 "민족개조란 무엇인가. 일 민족은 다른 자연현상과 같이 시시각각으로 어떤 방향을 취하야 변천하는 것이니 한 민족의 역사는 그 민족 변천의 기록"이라고 언급했다.

한편 문명인의 최대 특징은 "자기의 목적을 정하고 그 목적을 달성

44) 이광수 (1922) 〈민족개조론〉《개벽》 5월호.

하기 위하여 계획된 진로를 밟아서 노력하면서 시각마다 자기의 속도를 측량해야 한다."면서 "고도의 문명을 지닌 민족의 목적 변천이야말로 의식 개조의 과정"이라고 주장했다. 민족의 목적과 계획과 성질이 민족적 생존 번영에 적합하지 아니함을 자각하는 경우 "이를 그대로 두면 민족은 멸망하고 만다."면서 여기서 벗어나기 위해서도 "새로운 진로, 새로운 목적과 계획을 정하는 등 민족 생활의 침로針路를 정하도록 의식적이고도 조직적인 노력이 그 민족 갱생의 유일한 길"이 되어야 하는데 이는 오직 총명하고 용단 있고 활기 있는 민족에게만 가능한 일이라고 주장했다.

그 자신은 조선 민족의 운명을 늘 비관하는 사람이라면서 "조선은 순탄하지 않은 환경에 놓여있고 정신적으로나, 물질적으로나 피폐하다. 이를 고치는 방도는 문화 운동뿐인데 개조야말로 문화 운동 그 자체"라고 주장했다. 그러면서 자신이 주장하는 "개조 운동"은 특정 이데올로기나 이념과는 무관하게 오직 민족성과 민족 생활에만 한정된 것이며 그 목적은 지덕체知德體 삼육의 교육에 있다고 주장했다. 그는 조선 민족이 쇠퇴하게 된 원인을 도덕의 타락에서 찾았으며 서재필, 안창호, 이승만과 같은 선각자들이 민족개조 운동의 "첫 주창자"로 활동했다고 말했다.

그는 〈민족개조론〉에서 일본인들은 한민족의 쇠퇴 원인을 "이조의 악정" 때문이라고 했으나 실제로는 조선인 모두의 도덕적 쇠퇴 탓이라면서 의식개혁의 중요성을 거듭 강조했다. 특히 민족쇠퇴의 책임은 지도자와 민중이 함께 져야 하며 악정을 보면서도 이를 고치지 못한 연유는 다음 3가지 때문이라고 주장했다. (1) 민중의 나태로 말미암은 실행 정신의 결여 (2) 개혁을 감행하려는 용기가 없는 비겁함 (3) 신의와 사회성 결여에서 나온 동지들 사이의 단결 불가능성 등을 지적했다. 그러면서 민족의식 개조방안으로 다음 8개 조목을 제시했다. (1) 거짓말과 속이는 행실의 개조 (2) 공리공론에서 벗어나 옳은 것의 즉각적인 실천 (3) 의리를 지킬 것 (4) 정한 일은 반드시 실천하기 (5) 공공정신과 봉사 정신의 함양 (6) 일인일기의 전문기술 적극 습득 (7) 근검절약 (8) 생활환경의 청결 등이다.

이광수는 자신의 주장은 한국인의 민족성에 대한 분석인 동시에 단점을 극복하기 위한 실천 방안이라고 주장했다. 그러나 그는 이 논설에서 일본의 침탈을 한국인 모두의 잘못으로 여김으로써 일본의 침탈행위를 묵과하는 큰 잘못을 저질렀기에 유림을 비롯한 여러 사회 지도층으로부터 비난의 표적이 되었다. 특히 일본의 한국 침탈에 대해서는 별로 언급하지도 않은 채 오직 우승열패의 논리에 따라 일본의 침탈이 그 시대 한국인의 잘못에서 연유된 것으로 전제했기 때문에 그에 대한 비난은 고조될 수밖에 없었다.

그러나 그는 이런 반응에는 별로 대응하지 않았으며 오히려 《동아일보》에 1924년 1월 2일부터 5회에 걸쳐서 〈민족적 경륜〉을 발표함으로써 자신의 주장을 더욱 구체화했다. 그는 이 글에서 "지금 민족 백년대계가 필요한데도 조선에는 이것이 없다"면서 조선의 현실을 아래와 같이 언급했다.

> 진실로 우리 民族의 處地는 一民族的一生에 한 번이나 遭遇할 것이오 두 번도 遭遇하지 못할 그러한 危機이다. 그러면서 현실적으로 조선에는 정치가 없다고 지적하면서 그 이유는 "日本이 韓國을 併合한 以來로 朝鮮人에게는 모든 政治的 活動을 禁止한 것이 第一因이오 併合以來로 朝鮮人은 日本의 統治權을 承認하는 條件밋헤서 하는 모든 政治的 活動, 卽 參政權·自治權의 運動 갓흔 것은 勿論이요 日本 政府를 對

手로 하는 獨立運動조차도 願치 아니하는 强烈한 節介 意識이 잇섯던 것이 第二因이다.[45]

이 주장은 '조선에서 전 민족적인 정치 운동을 전개해야 할 필요성'을 강조한 것으로 비록 식민지라는 여건 아래 있을지라도 이런 운동은 얼마든지 가능하며, 이를 위해서 노력하는 것이야말로 더없이 필요하다는 것이다. 그리고 '許하는 範圍內에서 一大 政治的 結社를 組織'해야 한다면서 그 목적은 '(정치)結社 自身으로 하야금 모든 問題를 스스로 決定케 할 것'이라고 주장했다. 산업적 결사를 위해서는 먼저 '物産獎勵'와 함께 '産業 機關을 니르킬 資金의 出資者를 엇기 爲하야 一大 産業的 結社를 組織'해야 한다고 역설했다. 이어 교육적 결사에서는 '全民衆에게 科學的 知識을 普及하는 大運動'을 제의했다. 그는 자신의 이런 제의, 즉 '政治的 結社와 産業的 結社와 教育的 結社가 朝鮮 民族을 救濟하는 三位一體의 方策'이라면서 그 의미를 다음과 같이 밝혀 놓았다.

"첫째 農民 中에 知識을 普及하는 것이 必要하다. 그런데 이 일을 하는 것이 教育的 結社의 使命이다. 教育的 結社에서는 一邊 科學的 知識을 普及하면서 他一邊 農村 自治를 中心으로 하는 政治的 生活의 方式을 가르쳐 政治 生活의 準備를 줄 것이다. ……商業的 結社도 그 最後의 目的은 全朝鮮 內의 모든 産業의 統御에 잇을 것이니 ……이 大産業組合의 基礎는 都市의 住民에게보다도 農村의 住民에 잇슬 것이요 또 잇서야 할 것이다. 그럼으로 産業的 結社를 爲해서도 農民을 本位로 하는 教育的 結社는 重要한 補助機關이 되는 것이다."

45) 《동아일보》 1924년 1월 2일자.

그리고 아래와 같이 결론을 내렸다.

"朝鮮人으로 누근들 朝鮮人의 運命을 근심하지 아니하는 이가 잇스랴. 또 朝鮮人의 運命을 근심하는 이는 반드시 朝鮮人의 生途를 窮究할 것이다. 그러하거늘 只今까지에 朝鮮의 民衆的 經綸이 確立하지 못하야 全民族이 去就를 찾지 못함은 甚히 慨嘆할 일이다. 이에 우리는 우리의 確信하는 바를 披瀝하는 것이니 이것이 機會가 되어 民族的 經綸에 關한 熱烈하고 深刻한 討究가 생기고 아울러 今年內로 그 經綸에서 나오는 諸事業이 緖에 就하기를 바란다."

이 논설은 앞의 글과 함께 이광수에 대한 비판을 더욱 고조시켰으며 나아가 민족진영을 양분시키는 하나의 계기가 되었다. 한편에서는 무력적인 민족투쟁만이 국권을 되찾는 방책이라는 확신이 퍼져나갔고, 다른 한편에서는 이광수의 민족개조론과 실력양성론을 지지하는 친일적인 움직임도 나타났다. 앞에서도 밝혔듯이 이런 형태의 분화는 당시 식민지 사회의 변화와도 연관되어 있었다. 친일적인 일부 중소 상공인들은 이광수를 지지했으나 점점 몰락으로 내몰리고 있었던 농촌의 유림 출신 지주나 자작농들은 그의 주장은 일본의 침탈을 기정화한 것이라면서 격렬하게 비난했다. 특히 이광수의 글에서 공격을 받았던 유림은 더욱 치열하게 반격했다. 이처럼 이광수의 글은 민족진영에 대한 또 다른 도전이었으며 민족진영을 양분시키는 계기로 작용했다.

바로 이 시기에 민족과 민족주의의 이념으로 한국 역사를 인식하면서 한층 더 이론적이고 실천적인 무력 투쟁을 주창했던 신채호申采浩

의 등장은 한국 민족주의의 전개에 중요한 의미를 던져 주었다.[46] 그는 민족과 민족주의를 이전처럼 단순히 백성과 같은 "우리 동포"라는 의미보다는 민족 구성원인 민중으로 여겼다. 실제로 한국의 민족주의는 신채호로 말미암아 실천적인 투쟁 논리로 전환될 수 있었는데, 이런 흐름은 그의 「조선혁명선언」에서도 찾아볼 수 있다. 이 저서야말로 한국 민족주의의 지향과 실천적 투쟁을 제시했던 길잡이였다. 그는 일본의 식민지로 전락한 "(조선은) 각 방면의 속박束縛, 편태鞭笞, 구박驅迫, 압제壓制를 받아서 환해環海 3천리가 일개 대감옥이 되어 우리 민족은 아주 인류의 자각을 잃을 뿐 아니라 곧 자동적 본능까지 잃어 노예부터 기계가 되어 강도 수중의 사용품이 되고 말뿐"이라며 강한 분노를 표시했다. 이런 인식에서 "우리는 일본의 강도强盜 정치 곧 이족異族 통치가 우리 조선 민족 생존의 적敵임을 선언하는 동시에 우리는 혁명수단으로 우리 생존의 적인 강도 일본을 살벌함이 곧 우리의 정당한 수단임을 선언한다."고 천명했다.[47]

---

46) 신채호(1880-1936)는 충남 대덕군 정생면 익동 도리산리의 양반 가문 출신으로 어릴 때부터 성리학의 고전을 읽었으며 성균관에서 수학했고 독립협회에도 참가했다. 젊은 나이에 《황성신문》에 논설을 발표했으며 《대한매일신보》의 주필로 활동했다. 1910년 그의 나이 30세 때 한국이 일본의 식민지로 전락하자 중국, 러시아로 망명했으며 1913년에는 상하이의 同濟社에도 참여했다. 이어 문일평, 박은식, 정인보, 조소앙 등과 博達學院을 세우는 등 청년교육에 힘을 기울였다. 그 뒤 만주와 베이징에서 항일 논설과 국사 연구에 매진했으며 1919년 4월에는 대한민국 임시정부 수립에 참여했으나 노선의 차이로 탈퇴했다. 1922년에는 의열단장 김원봉金元鳳의 요청으로 1923년 조선혁명선언朝鮮革命宣言으로 불리는 〈의열단 선언〉을 집필했다. 그는 이 선언에서 폭력적인 민중 직접혁명을 주창했다. 1925년에는 무정부주의동방연맹無政府主義東方聯盟에 가입했으며 1930년 5월 대련지방법원에서 10년형을 선고받은 뒤 여순감옥旅順監獄에서 1936년에 순국했다. 그의 일생은 민족투쟁 그 자체라고 할 수 있다. 그는 조선총독부 관변학자들이 사상해버린 한국 고대사 부분을 민족사의 차원에서 그 지평을 넓히는 작업에 심혈을 기울였다. 신용하 (2004) 《증보 신채호의 사회사상연구》 나남출판. 최홍규 (2005) 《신채호의 역사학과 민족운동》 일지사. 참고.

47) 丹齊申采浩先生紀念事業會 편 (1977) 《丹齊 申采浩全集 下卷》 p. 36.

그러면서 그는 식민지 극복을 위한 여러 논의를 비판적으로 성찰했다. 그는 "내정 독립이나 참정권이나 자치를 운동하는 자 -누구이냐"고 따지면서 이들을 공박했다. 특히 "일본 강도 정치 하에서 문화 운동을 부르는 자-누구인가?"라고 묻고는 "강도 일본의 입에 물린 조선 같은 데서 문화를 발전 혹 보수한 전례가 있더냐?"라고 반문하면서 일본의 구축驅逐을 주장하는 몇몇 논리의 잘못을 비판했다. 또한 외교론外交論으로 나라를 건지려는 일이 얼마나 허망한가를 다음과 같이 지적했다.

"우리 조선의 '조국을 사랑한다, 민족을 건지려 한다'하는 이들은 一劍一彈으로 昏庸貪暴한 관리나 國賊에게 던지지 못하고 公函이나 열국 공관에 던지며 長書나 일본 정부에 보내어 국세의 孤弱을 哀訴하여 국가 존망, 민족 사활의 대문제를 외국인 심지어 적국인의 처분으로 결정하기만 기다렸도다. ……그리고도 國亡 이후 해외로 나아가는 모모 지사들의 사상이 무엇보다도 먼저 '外交'가 그 제1장 제1조가 되며 국내 인민의 독립운동을 선동하는 방법도 '미래의 日美戰爭, 日露戰爭 등 기회'가 거의 천편일률의 문장이었고 최근 3.1운동에 일반인사의 '평화회의, 국제연맹'에 대한 過信의 선전이 도리어 2천만 민중의 奮勇前進의 의기를 打消하는 媒介가 될 뿐이었도다."[48]

그리고 "준비론"도 비판했다. 그는 준비론이란 "'금일 금시로 곧 일본과 전쟁한다는 것은 망발이다. 총도 장만하고 돈도 장만하고 대포도 장만하고 將官이나 士卒감까지도 장만한 뒤에야 일본과 전쟁한다 함이니 이것이 이른바 준비론 곧 독립전쟁을 준비하자 함"이라면서

48) 같은 책, pp. 38~39.

국내외에서 준비론만 외친다고 비판했다.

신채호는 이 두 가지 논리, 즉 무력투쟁론과 준비론은 모두 "미몽迷夢"에 불과하며 "민중 직접혁명의 수단"만이 유일한 방법이라고 주장했다. 그는 민중 직접혁명은 "민중이 곧 민중 자기를 위하여 일으키는 혁명"이므로 '민중혁명, 직접혁명'으로 불렀으며 이를 위한 제일보는 바로 "민중각오民衆覺悟"라고 규정했다. 그가 말한 민중각오란 "민중이 민중을 위하여 일체 불평, 부자연, 불합리한 민중 향상의 장애부터 먼저 타파함이 민중을 각오케 하는 유일한 방법"인데 이는 폭력적이어야 한다고 단언했다. 이런 인식에 따르면 과거의 혁명은 혁명일 수 없으며 갑신정변도 특수 세력 간의 궁중 활극이고, 의병도 충군애국으로 궐기했던 독서계급의 사상일 뿐이며, 3.1운동 역시 민중적 일치의 의기는 있으나 폭력적인 중심이 없었다고 비판했다. 그는 폭력—암살, 파괴, 폭동—의 목적물로 (1) 조선총독부 및 각 관공리 (2) 일본천황 및 각 관공리 (3) 탐정노와 매국적인 인사 (4) 왜적의 시설물 등을 열거했다. 이들 조직체와 기관을 파괴하는 것은 거시적으로는 (1) 이족異族 통치의 파괴이며 (2) 특권 계급의 파괴이고 (3) 경제를 약탈하는 제도의 파괴이며 (4) 사회적 불평등의 파괴이고 (5) 노예적 문화사상의 파괴인데 이 5대 파괴는 반드시 성취해야 한다고 주장했다. 그는 이렇게 해서 이룩하게 될 나라, 그가 구상했던 나라를 다음과 같이 묘사했다.

"'고유적 조선'의, '자유적 조선'의, '민중적 경제의', '민중적 사회'의, '민중적 문화'의 조선을 건설하기 위하여 현상을 타파함이니라. ……나아가면 파괴의 칼이 되고 들어오면 건설의 기가 될지니 ……조선 민중이 한 편이 되고 일본 강도가 한 편이 되어 네가 망하지 아니하면 내가 망하게 된 '외나무다리 위'에 선 줄을 알진대 우리 2천만 민중은 일치로 폭력 파괴의 길로 나아갈지니라."[49]

신채호는 이 글에서 한국 민족주의의 지향을 제시했으며, 민족은 혈연적, 문화적 공동체로서 일체감을 바탕으로 자유와 독립의 민족주의를 이룩해야 한다고 강조했다. 그는 민족을 지키기 위한 민족주의를 역설하면서 한국 민족주의는 한국 민족을 침탈하는 제국주의에 맞서서 민족투쟁을 전개할 때 비로소 참 의미를 구현할 수 있다고 선언했다.

그러나 불행하게도 신채호의 민족과 민족주의는 1920년대 식민지 아래 조선에서는 뿌리 내릴 수 없었다. 이미 일제는 그들의 간악한 조선 식민지 통치를 정당화하고자 신식 교육제도까지 확산시켰다. 한편 이들과 손잡았던 조선왕조의 잔존세력은 신채호의 민족, 민족주의론을 제치고 한일 연대론을 주장하는 희한한 모습까지 보여주었다. 이들의 친일파적 논의는 한국의 민족과 민족주의론에 대한 일탈이며 반역이었다. 이런 현상은 조선총독부의 문화통치기인 1919년부터 1931년까지 이어지고 있었다. 새로운 귀족적 위치를 점하고 있었던 친일세력과 이들에 연계된 일부 새로운 상공업세력이 한 편을 이루고, 이들의 지배 아래 놓여 있었던 노동자와 농민 등 민중세력이 다른 한 편을 이루면서 계급과 이념의 양분 현상은 점점 심화되었다. 이로 말미암아 민족주의론도 전자를 기반으로 한 실력양성론과 후자를 기반으로 한 무력투쟁론으로 양분되었다.

---

49) 앞의 책, p. 44~45.

3) 제3단계: 삼균주의와 신민족주의

일제의 조선총독부는 1925년에 제정된 치안유지법에 따라 극심한 탄압을 자행했지만 공산주의 열성분자들은 여기에 맞서 끈질기게 활동했다. 그러나 1928년으로 접어들면서 더 이상 활동하기가 힘들어지자 이들의 활동도 줄어들었다. 그에 앞선 1926년의 6.10만세운동은 민족 개조론자를 제외한 일부 비타협적인 민족세력과 사회주의 인사들이 손잡고 활동하는 계기가 되었는데, 이들은 조선물산장려운동을 펼치고자 위해 힘을 모았다.

한편 이 시기에 좌파는 조선청년동맹, 조선사정연구회, 조선민흥회 그리고 「정우회政友會 선언」 등으로 그들의 이념을 표명했다.[50] 이런 시대적인 분위기에 영향을 받았던 일부 공산주의자들은 「정우회 선언」에 따라 민족 협동전선으로 나아가기도 했다. 그러다가 1927년에는 민족 협동전선인 신간회를 창립했는데 그 간부 진영에는 이상재, 허헌, 홍명희, 신채호, 안재홍 등 좌우익 인사들이 포진했다.[51]

신간회는 국내는 물론이고 만주와 일본에도 지회를 두었는데 1928년에는 141개의 지회와 4만여 명의 회원을 확보하면서 민중으로부터 큰 지지를 받을 수 있었다. 또 민중 계몽을 위해 지방 순회 강연회도 개최했으며 1929년에는 원산 노동자 총파업을 비롯하여 노동쟁의와 소작쟁의, 동맹휴학 등의 사회운동도 적극적으로 지원했다. 그러나 신간회는 곧이어 발생한 노선문제로 간부 진영 사이에서 분열이 일어

50) 안광천, 하필원 등이 주도했던 「정우회 선언」은 "경제투쟁을 넘어서 정치투쟁으로 나아갈 것과 비타협적 민족주의자들과의 통일전선 구축"을 핵심으로 삼고 있었는데, 이는 일본에서 공산주의 운동의 방향전환론을 주창했던 후쿠모토 가츠오(福本和夫)의 영향을 받은 것으로 주장되기도 한다.

51) 신간회를 이룩했던 여러 단체에 대한 대표적 연구는 다음 저서에서 읽을 수 있다. 신용하 (2017) 《신간회의 민족운동》 지식산업사 pp. 44~54.

나 결국 1931년에 해체되었다.

이 시대에는 조선총독부의 억압과 사회 지도층의 분열 및 "시대사조" 등으로 민족문제를 최대의 과제로 여겼으면서도 이를 이어갈 민족투쟁은 어려움을 겪고 있었다. 이들 문제를 중심으로 식민지 통치 후반기에 민족과 민족주의를 논의했던 주요 인사들은 다음과 같이 정리해 볼 수 있다.

〈표 3〉 식민지 후반기를 대표하는 민족주의 논 저자에 대한 분석

이름	생존기	출생지	학력	활동단체	중요활동	주요논저	기타
이만규	1882–1978	원주	경성의전	배화여고 교장	건국동맹 참가	《조선교육사》	월북
백관수	1889–1961	고창	메이지대	동아일보 사장	한국민주당 총무	《동방평론》 간행	납북
권덕규	1890–1950	김포	휘문의숙	조선어연구회	조선유기	《조선어큰사전》 편찬	
김약수	1892–1964	동래	니혼대	조선공산당	제헌국회 부의장	《대중》 잡지 발간	월북
이극로	1893–1978	의령	훔볼트대	조선어학회간사장	조선어사전편찬위원	《조선어사전》	월북
김준연	1894–1971	영암	베를린대	동아일보 기자	ML당 당수	《독립노선》	법무부장관
백남운	1894–1979	고창	도쿄상대	연희전문 교수	남조선 신민당	《조선민족의 진로》	월북
전영택	1894–1968	평양	아오야마학원	감리교신학대 교수	한국문협 이사장	《순국처녀유관순전》	기독교
배성룡	1896–1964	성주	니혼대	조선중앙일보 기자	정우회 소속	《자주조선의 지향》	김규식계
최익한	1897–미상	울진	와세다대	조선일보논설위원	ML당 이론가	《조선사회정책사》	월북
이순택	1897–미상	경기	교토대	연희전문 교수	노동, 소작운동	대한민국기획처장	납북

이름	생존기	출생지	학력	활동단체	중요활동	주요논저	기타
정석해	1899–1996	평북	파리대학	연희전문교수	파리에서 독립운동	학문과 진리의 문제	4.25 교수 대표
이여성	1901–미상	대구	릿쿄대학	《조선복색원류고》	건준 조직부장	미술.문화민족운동	월북
이상백	1904–1966	대구	와세다대	서울대 교수	체육회 활동	《한국사,근세후기편》	여운형계

또한 해방 전후의 시기에 민족주의론의 대표적인 주창자로는 조소앙趙素昻, 안재홍, 백남운白南雲 등을 들 수 있다. 이들은 한국 민족이 처한 정치사회를 집중적으로 분석–논의했다. 시기적으로 이들보다 앞서 활동했던 조소앙은 대한민국 임시정부의 이념적 주창자였으며, 백남운은 민족주의를 마르크스주의의 관점에서 논의했다. 이 두 사람의 논리는 그 시대 좌우파의 주장을 대표했다. 이들과는 달리 안재홍은 이들보다 먼저 활동했으며 해방 전후에 주창한 신민족주의론은 민공협동론民共協同論의 위치를 점하고 있었다. 이러한 사정을 고려하여 여기서는 먼저 조소앙의 삼균주의三均主義부터 살펴보기로 한다.[52)]

조소앙의 삼균주의는 민족주의를 진보적인 사회 사조와 결부시켰으며 이를 한국사회가 나아가야 할 이념으로 제시했다. 그가 말한 삼균주의는 다음 세 가지 주요 영역에서 균등화를 이루어 사회 구성원

52) 조소앙의 본명은 용은鏞殷이고 호는 소앙素昻인데 이를 사용했다. 메이지대학 법학부에서 수학했고 1913년 중국으로 망명하여 독립운동에 투신했다. 1919년 4월 상해 대한민국 임시정부에서는 민주 공화제 헌법 등 이론 정립에 진력했다. 1930년에는 한국독립당 창당에 앞장섰는데 이때 삼균주의의 정강 정책을 마련했다. 이것은 1934년에 「대한민국 임시정부 건국강령」으로 채택되었다. 해방 후 귀국한 뒤에는 반탁투쟁에 앞장서기도 했으며, 1950년에는 5.30 선거에 당선되었으나 납북되고 말았다.

모두에게 발전의 결실을 누리게 하자는 주장이었다. 즉 "개인과 개인, 민족과 민족, 국가와 국가를 균등"하게 하자는 것이 삼균주의의 기본 이념이었다. 이를 위해서는 가장 먼저 개인과 개인의 균등화가 이루어져야 하는데, 그 요체는 정치의 균등화, 경제의 균등화, 교육의 균등화라고 주장했다. 정치에서는 보통선거로 모든 국민이 정치에 참여하는 균정均政을 확립하고, 경제의 균등화를 위해서는 국가자산의 근원인 토지의 국유화로 균부均富를 확립하며, 교육의 균등화는 국비로 의무교육을 실시하여 균육均育의 기회를 확립해야 한다고 강조했다. 아울러 민족은 민족자결주의로 나아가야 하며, 국가와 국가 사이의 균등은 식민정책과 자본주의를 물리치고 전쟁을 막아 세계 일원으로 참여하여 평화로운 세상을 이룩해야 한다는 것이다.

그는 민족주의야말로 민족독립의 필수 불가결의 이념임을 거듭 강조했다. 민족주의도 잘못된 관점에서 벗어나 올바른 민족주의로 지향해야 하는데, 잘못된 민족주의로 나아가면 "자기 민족만 자존 망대하고 다른 민족을 능멸[傲慢自大淩蔑他族]"하거나 "다른 민족을 소멸시켜서 이웃나라를 통제[殺伐他族統制隣國]"하고, "다른 민족에게 원수를 갚고 설욕[對他族之報仇雪恥]"하며, "국가 평등을 위해 대외 투쟁을 전개하고, 민족의 평등을 목적으로 대내 투쟁을 전개[國家平等爲目的之對外鬪爭及民族平等爲目的之對內鬪爭]"하는데, 이는 결코 올바른 민족주의가 아니라고 단언했다.[53]

그는 민족이라면 공통된 언어, 문자, 국토, 주권, 경제, 문화, 민족정기民族正氣를 가져야 하며, 여기에 덧붙여 민족적인 자각성自覺性과 단결력도 갖추어야 한다는 것이다. 그는 한국 민족은 이런 성격을 단군조선 때부터 갖추었으며 이를 수천 년 동안 발전시켜 왔다고 했

53) 《소앙선생문집》 상권 p. 293.

다.[54] 신라의 화랑 시절에 민족의 뿌리를 내렸고, 고려 태조 시절에 줄기가 형성되었으며, 조선왕조의 세종 시절에 열매를 맺었다고 했다. 그는 "임시정부의 민족문제 해석은 명백하다."면서 이를 "삼균제도의 실행"이라고 말했다. 여기에 더해 「한국 혁명운동의 체계」에서는 한국 역사에서 "근대혁명"으로 꼽을 수 있는 사건은 대원군의 집권, 갑신정변, 갑오동학혁명, 독립협회, 3.1운동 등 다섯 가지인데 이것은 모두 정치에서 균등을 위한 "혁명운동"이었다고 지적했다.[55]

특히 "제1기 혁명"인 대원군의 집권은 개혁의 효과도 있었고, 이웃 나라의 원조도 받지 않았으며, 민중의 힘에 의지하지도 않았고, 조직적인 당원도 없었던 것이 특징이라고 지적했다. "제2기 혁명"인 갑신정변은 청년 귀족들이 외국의 힘을 빌려 개혁을 서둘렀으나 청국의 개입으로 실패했으며, "제3기 혁명"인 갑오동학혁명은 11개월 동안 투쟁했으나 조선군과 청국군의 연합으로 패배했지만 그 연장선 위에서 갑오개혁이 이룩될 수 있었음도 밝혀 놓았다. 독립협회의 "제4기 혁명"은 사람들에게 민권 사상과 독립의식을 불어넣고, 황제의 권한을 제한하는 등 몇 가지 개혁을 시도했지만, 그 핵심인사들은 정부 고문으로 취임하고 미국의 힘에 의존하는 등 한계를 드러내다가 끝내 정부의 탄압으로 자진 해산했다. "제5기 혁명"인 3.1운동은 민족독립을 위한 민족 혁명이었지만 투쟁 방식이 지나치게 화평했고 민중조직도 제대로 이루어지지 않았기 때문에 실패했다고 주장했다. 이와 같은 "한국의 근대혁명관"은 조소앙의 정치사상의 핵심으로 "전민적 정

54) 조소앙의 삼균주의는 홍익인간의 지향이념을 중시하면서 이를 단군 민족주의로 개념화했다고 분석한 다음 논문은 조소앙의 "삼균주의의 역사적 근거는 단군 시대의 국가 조직원리이거나 고유의 정치이념이었을 것으로 간주 된다."고 주장하고 있다. 정영훈(2018) 〈조소앙의 단군 민족주의와 삼균사상〉《단군연구》 p. 38.

55) 《소앙선생문집》 상권 pp. 71~73.

치균등론全民的 政治均等論"으로 주창되었다. 또한 자본주의 경제정책의 한계를 비판하면서 그 대안으로 경제정책의 균부를 제시했다. 그는 "생산의 국가체제, 사회적 지도와 계획 경제, 조정과 분배에 대한 민족적 합리성의 실현을 경제 균등의 길"로 여겼으며 이를 위해 토지와 대기업의 국유화를 내걸었다.[56)]

조소앙은 삼균주의에서 특히 균육均育을 강조했다. 그는 사람들은 누구나 학교에서 배울 권리, "인민수학권"으로 갖고 있다고 규정했다. 즉 일정한 나이에 이르면 누구나 다 각급 학교에서 무상교육을 받을 수 있어야 하는데, 의무교육제도야말로 전체 국민의 교육 수준을 획기적으로 높일 수 있는 시급한 과제라고 했다.

조소앙의 삼균주의는 한국의 민족운동론에서는 획기적인 주장이었다. 삼균주의를 기반으로 대한민국임시정부도 그 지향이념을 구체화할 수 있었고, 국가건설의 미래도 도모할 수 있었다는 점에서는 민족주의의 구체적인 정책이었다. 그러나 그의 주장이 1948년 대한민국 정부에서 경원시되었음은 "민족적 지향이념의 한계"로 지적할 수 있다.

삼균주의에 이어 등장한 것이 안재홍의 신민족주의와 신민주주의론이다. 이 논리도 한국사회의 과거와 현재를 총체적으로 고찰하면서 민족발전을 위한 이념에 역점을 두고 있다.[57)] 안재홍의 논리는 다음

---

56) 이런 주장만으로 조소앙을 공산주의자로 인식할 수는 없다. 조소앙은 1935년에 통일전선인 조선민족혁명당에 동참했지만 "민족주의 독립운동은 원칙상 사회주의자의 국가관과는 판연히 다른 감정과 이론을 갖는 것이다. 민족의 경제문제만을 중심으로 하여 국가를 말살시키고 주권을 포기하며 자기 민족사회의 발전 과정을 무시하는 공산주의자와는 더욱 빙탄상용氷炭相容할 수 없는 혈분적血分的 상반성相反性을 가지는 것이다."라고 말함으로써 공산주의자와는 분명하게 선을 긋고 있다.

57) 안재홍의 신민족주의를 이해하기 위해서는 그의 개인사를 개관해볼 필요가 있다. 그는 1891년 경기도 평택에서 출생했으며 일본 와세다대 정경학부에서 수학했고 일찍부터 항일 독립운동에 뛰어들어 동제사에 가입했으며 중앙학교 학감, 기독청년회 간사, 시대일보 기자, 조선일보 사장, 신간회 총무 간사 등을 역임했다. 식민지 시절에는 9차

몇 가지로 구분해 볼 수 있다.

첫째, 한민족의 역사는 식민지 통치기에도 일본이나 조선총독부 관변학자들의 주장과는 달리 사대주의와는 무관하게 독립적이고 주체적이었음을 입증했다. 그는 한민족의 기원, 즉 조상을 밝힘으로써 일본 관변학자들이 주장하는 식민지 조선사의 논리를 반박했다. 특히 기자동래설箕子東來說을 논박하면서 기자는 중국 은殷나라에서 온 특정인 기자가 아니라 그 지역에 거주했던 집단의 우두머리를 일컫는 말로써, 그 시대 거주 집단의 우두머리를 "크치"라고 불렀던 것이 "기자"로 음변音變된 것이라고 설명했다. 이어 총독부 관변 학자들의 임나일본부설의 잘못도 지적했다.

둘째, 안재홍은 1930년대 중반 이후부터 "조선학 운동"에 온 힘을 기울였다. 그는 식민지로 전락한 한국의 독립은 먼저 정신사에서 그 초석을 닦아야 하며, 역사를 바르게 익히는 것에서 시작해야 한다면서 조선학 정립의 중요성을 강조했다. 그는 조선학이란 "조선의 고유한 것, 조선 문화의 특색, 조선의 독특한 전통 등을 천명하는 것이며 학문적으로 체계화해야 할 것"으로 규정했다.[58)]

셋째, 그가 주장했던 신민족주의와 신민주주의는 그의 핵심적인 정치 이념이었다. 이 책은 해방 전후 다망했던 시기에 저술했기 때문에 그는 이 책의 말미에다 "忽忽한, 충분한 참고서도 아니 갖고, 또 俗務와 來客에서 피로와 心緖의 錯亂을 힘들여 가다듬으면서 쓴 것이기에

례나 구금되었으며 총 7년 3개월의 옥고를 치렀다. 말 그대로 불요불굴의 민족투쟁으로 일관했던 일생이었다. 해방된 다음에는 건국준비위원회 부위원장과 미군정 민정장관을 역임했다. 제2대 국회의원으로 당선되었으나 1950년 한국전쟁으로 납북되어 평양에서 1965년에 75세로 별세했다. 그는 뛰어난 문필력으로 수준 높은 업적을 이룩했다. 그가 쓴 민족주의에 관한 주요저서로는 《신민족주의와 신민주주의》, 《조선상고사감》, 《한민족의 기본진로》 등을 들 수 있다.

58) 김인식 (2006) 《중도의 길을 걸은 신민족주의자 안재홍의 생각과 삶》 역사공간 p. 145.

양해를 구한다."고 덧붙이고 있다. 그리고 서언에서는 "천하의 일은 반드시 常道가 있고 역사의 진전에도 꼭 先進 緩急이 있는 것이다. 오늘날의 최대 급무는 신민족주의와 신민주주의를 목표로 삼는 통일 민족국가의 결성에 있나니 이제 그 논술의 붓을 잡는다."고 언급하고 있다.[59)]

이렇게 시작된 이 책의 제1장에서는 국제적인 개관과 신민족주의를 논하면서 "같은 피, 같은 지역, 같은 문화를 공유하는 역사적인 운명공동체"로서의 한민족은 국제사회에서 다른 민족과 공존해야 한다고 전제했다. 그는 민족주의는 세계의 다른 민족과 공존하면서 발전을 추구해야 하는데 자기 민족만을 위해 배타적인 태도를 보이는 것은 민족주의를 오염 전락시킬 수 있다고 경고했다. 그러면서도 사회주의에 대한 생각을 명확하게 밝혔는데 이는 다음 글에서도 읽을 수 있다.

> "민족주의와 사회주의는 영원히 대립 평행할 양개의 線은 아니요, 조만에 통과하여야 할 역사의 행진 途程에서의 양개의 點이다. 민족주의와 사회주의 이념과의 적정한 조합은 각각 그 境域과 문화전통 및 기타 구체적인 객관 諸情勢에 따르는 엄숙 면밀한 실천도정에서 결정될 것이니 急燥한 喧騷는 도리어 대중의 厭忌를 촉성하는 것이다."[60)]

그는 역사적인 연원에서 민족주의의 의미를 다루면서 민족주의는 한국의 고대 정치사상에서 연유했으며 세계관적인 철리哲理라고 설명했다. 한국 고대 사상에서 연유된 철리의 핵심은 '비'요, '씨'요, '몬'이

---

59) 安在鴻選集刊行委員會 編, (1983)《民世安在鴻選集 2》지식산업사 pp. 15~16.

60) 앞의 책, p. 29.

라고 풀이했다.[61] 여기서 '비'는 우주 만유가 허공에서 출발했음을 의미하는데 비로소, 빌미 등에도 이런 의미가 있으며 '불', '벌', '비'와 같은 의미를 지닌다. 이전에 성시城市를 나타내는 '불'에서는 도시국가의 고대 형태를 '불'이라는 말로 불렀고, 광명한 신의 치세治世를 '붉의 누리'로 표현했음에서도 알 수 있다. 또한 '씨'는 종자를 뜻하는데 고조선 아사달사회阿斯達社會에서 아사달은 '씨'의 뜻이 담긴 '아씨땋'의 표현이었다. 마지막으로 '몬'은 물질을 뜻하는데, 이는 모음, 모둠으로 쓸 수 있다. 조선민족은 상대上代에 '백' 또는 '발'로 불렸던 부여종족이 후세에 '한' 종족이 된 것인데, 이는 숫자에서도 그 철리哲理를 알 수 있다. 수의 첫 시작을 알리는 '一'은 '한'이라고 불렀는데 이는 '한울'의 의미로 수數의 원시元始요 대세계大世界의 뜻을 담는다. '二'는 '둘'이라고 불렀는데 누리, 대지, 땅을 가르친다. '셋'은 '씨', 즉 종자를 말한다. 위의 사실에서 고대 조선 철학에 관유하는 '一天', '二地', '三種'이 나왔으며 이는 우주 생성의 삼원三元을 뜻한다. 이어 '四'는 '나'를, '五'는 '다사리'를 의미한다. 특히 '다사리'는 "섭리攝理의 치리治理"를 의미하며, 하늘은 말할 것도 없고 지상에서도 만물의 일대섭리를 뜻하는 것으로 구성원 모두가 합일체를 추구해야 한다는 의미이다. 이에 대한 설명을 그의 다음의 글에서 인용해 볼 수 있다.

---

61) 여기서 '비', '씨', '몬'의 개념은 다음 연구논문의 설명을 인용할 수 있다. 김인식(1998) 〈안재홍의 신민족주의 이념의 형성 과정과 조선정치철학〉《韓國學報》93 p. 215. "안재홍은 조선 정치철학을 바탕으로 신민족주의와 신민주주의를 체계화시키려 하였는데, '物心兩元의 朝鮮哲學'이라고 규정한 '비', '씨', '몬'의 哲理와 '數의 哲理'가 핵심을 이룬다. 그런데 그가 주장하는 조선 철학은 우리말의 쓰임을 분석함으로써 시작한다. 이는 그의 역사연구방법론이 비교언어학에 바탕을 두고 있다는 데에서도 말미암지만 그가 지니고 있는 언어관에서도 말미암는다. 그는 '수의 철리'를 말하면서 '말 그대로가 큰 哲理요 宇宙觀이다.' '말 그것이 그대로 道義요 哲學이요 그지없는 가르침이다'라고 하였다. 이 말은 안재홍 자신의 역사연구 방법론은 물론 그의 사상을 구축하는 방법론을 가리켰다고 할 수 있다."

"新羅 건국이 六部人民의 閼川岸上의 회의에서 성립된 露天會議의 유래는 학자 잘 알거니와 이것도 신라의 문헌이 古記錄을 자세히 전하여 준 一端이요, 上代 震方諸國 공통한 법속이다 그 회의, 후대까지 존속하였나니 한자로는 誠이며 吏讀로는 和白이다. ……화백은 다사리의 表義로…… 萬民을 모두 생활 및 생존하도록 하고 萬民共生의 道念을 표현함이니 정치의 이념이 본대 萬民總言 大衆共生이라는 민주주의적 지도 원리에서 나온 것이다. 다사리의 -治理의 原義가 强暴 僭越과 跋扈, 亂動을 禁制하고 平靜 安寧한 국가가 사회로서 萬民共生, 大衆共榮의 理想境을 목표로 삼는 것은 분명하다. 다만 이 다사리주의는 上代에서 하층계급을 무시한 公民階級만에 독점되었던 민주주의인고로 현대에서는 마땅히 全民衆的인 新民主主義로 앙양 발전되어야 하는 것이다.[62]

다섯 다음의 육六은 '여섯'으로 '여어서'의 의미로 지속을 뜻한다. 칠七은 '일곱'으로 일을 일으켜 끝낸다는 뜻이며 정치 목적의 도달을 의미한다. 팔八은 '여덟'이니, 곧 열고 닫는다는 뜻이다. 구九는 '아홉'으로 會通의 의미인 '아우름'을 말하고, 열[十]은 '열어서 나타냄'을 의미한다. 백百은 '온'으로 완전함이나 원통圓通을 의미하며, 천千은 'ᄌᆞᄆᆞᆫ'으로 '참'을 좇는 진眞의 뜻을 지닌다. 만萬은 '골'이니 완성된 미美의 이름이다.

그는 이처럼 숫자풀이를 통해 그 속에 담긴 한국의 고유한 민족 정서와 의지를 밝히면서 '나라'라는 말의 본래 의미는 '누리'인데 이는 인류대동사회로의 지향이라고 설명했다. 결국 "圓, 眞, 美, 善은 宇宙究竟의 가치 세계요, 인생 사회의 종국적인 목표"라는 것이다. 그리고

62) 《民世安在鴻選集 2》 p. 37.

미래에 인류가 맞게 될 최종 귀착은 하나의 국가, 하나의 민족으로서 통합인데 지금 이러한 기운을 고조시킬 기본 이념이 바로 신민주주의적 민족주의라고 결론지었다.

안재홍은 자신의 신민족주의는 민족과 민족 사이의 대결을 넘어서는 것이며, 이전의 민주주의가 보여주었던 특정 계급적 정치에서 벗어나 모두가 하나로 연계되는 새 정치, 즉 현실적으로 극좌와 극우의 두 극단을 극복하는 민공협동民共協同이라고 강조했다.[63] 이런 성격은 다음 글에서도 찾아볼 수 있다.

> 지금까지의 민족주의는, 왕실과 귀족과 지주 또는 資本閥과 혹은 군벌, 종파 등이 富, 權, 智 등을 독점 지배하고 勤勞力作 등을 저희들 홀로 면제받는, 지배와 피지배, 압박과 피압박, 이른바 착취와 피착취가 참으로 존재하는 계급분열 및 대립적인 독점지배계급 本位的인 국가주의 또는 민족주의이었던 까닭에 이것을 具全한 민족주의라고 일컫기 어려웠던 것인데 均等社會, 共榮國家를 지향 완성하는 신민주주의 즉 진정한 민주주의의 토대 위에 존립되는 全民族的인 동일 운명의 민주주의는 이것이 신민족주의인 것이다.
>
> 신민족주의의 특색은 폭력에 호소하는 계급투쟁을 止揚 淸算시키며 또는 赤色支配를 도입하는 공산 모략을 방지 극복하고 동포와 조국과 자유 때문에 全民族 協同하는 진정한 민주주의 민족자주 독립 국가로서 민족문화를 앙양 심화하면서 국제협력의 노선에 竝行 雙進하는 것이다.[64]

63) 김인식, 앞의 글, p. 207.

64) 《민세안재홍선집 2》 p. 242.

안재홍은 조소앙의 삼균주의에 대해서도 이렇게 평했다. "삼균주의는 공산주의의 낭자한 戰跡과 자연 붕괴의 途程에 들어있는 자본주의의 漸減的 쇠퇴과정에서인지라 문득 실천의 위력을 擁有하면서 씩씩하게 등장하게 된 것"이라면서 자신의 신민족주의와 삼균주의는 같은 것이라면서 다음과 같이 덧붙였다. "국내적으로는 大衆共生의 全민족단결의 유대를 짓고 국제적으로는 38선 장벽에 좇아 일어나는 허다한 정치상 思想上의 魔障을 극복하고…… 新機軸을 만듦을 요한다. 여기에서 삼균제도는 우리 (국민당의) 건국강령으로서 그 사상적 主軸될 수 있는 것이요, 그를 주축으로 하는 신민주주의 국가의 건설이 약속되는 것이다."라고 말함으로써 그의 신민족주의, 신민주주의는 삼균주의와 같은 지향을 추구하는 것이라고 밝혀 놓았다.[65]

안재홍은 한국의 전통문화 속에 연면했던 흔적을 추적하면서 한국의 전통문화에 내재하는 민족주의 사상을 현대적인 이념체계로 재정립한 것이 그의 신민주주의요 신민족주의라고 말했다. 그러면서 유물론적인 공산주의는 민족관념에서 벗어났다면서 그것과는 확연하게 선을 그었다. 안재홍의 이런 주장은 한국사상의 전통과 근대적인 민족논리와의 접합이며 동시에 앞으로 나아가야 할 한국 민족주의의 이념적 기반의 필요성을 강조한 것이다.

한편 이 시기를 전후하여 좌파 진영에서도 민족주의에 두 가지 흐름이 나타났다. 하나는 박헌영이 자처했던 조선공산당 정통파로 이들은 민족이나 민족주의를 낡은 부르주아 논리라고 치부하면서 오직 계급론에 따른 프롤레타리아 혁명론만이 올바른 사상이라고 주장했다. 이들은 민족주의론을 백안시했고 배격했다. 그러나 일부 좌파 인사들은 민족주의론도 그 나름의 선진적인 일면을 갖고 있으며 공산주의

65) 앞의 책, p. 235.

를 위해서 무엇인가 도움이 될 수도 있을 것으로 생각했다. 앞의 논리는 주로 박헌영朴憲永의 화요계 인사들의 주장인데, 이들은 당시 조선 공산주의 운동의 헤게모니를 장악한 주도세력이었다. 후자는 홍명희, 백남운 등으로 특히 백남운의 좌파 민족주의 이론은 많은 이들의 관심을 불러 모으기도 했다.[66)]

이 점에서 여기서는 백남운의 민족주의론을 살펴보기로 한다. 백남운은 1933년에 간행된 《조선사회경제사》에 이어 1937년에 《조선봉건사회경제사(상)》을 출간했다. 이들 저서에서 그는 자신의 논리는 "원시 공산사회로부터 자본주의로 이어지는 '마르크스주의론의 일원론적 역사법칙'을 이 연구에 그대로 적용했다."고 압축해서 서술했다.[67)] 그는 이 책은 마르크스주의의 관점에서 서술했지만 마르크스주의의 아시아적 생산양식론에서는 벗어난 그 나름의 독자적인 논리라고 강조했다. 그는 마르크스주의의 유물사관에 바탕을 두고 있었지만 "조선사회의 정체성론"에서는 다른 면을 보여주었다.

특히 백남운은 최남선과 신채호의 저서에서는 사회과학적인 접근법(마르크스주의 접근법)이 전제되지 않았기 때문에 그들의 고대사 연구는 학문적인 차원에서는 무시해도 좋은 "한낱 신화적인 데 불과한

---

66) 백남운은 1894년에 전북 고창에서 태어났다. 수원고등농림학교를 마치고 강화보통학교에 근무했으며, 도쿄상과대학을 졸업했다. 그 뒤 연희전문학교에서 상과 교수로 활동했다. 그는 조선역사를 마르크스주의의 관점에서 접근했으며 《조선사회경제사》와 《조선봉건사회경제사》 및 《조선민족의 진로》 등을 저술했다. 일제 치하에서 2년여의 옥고를 치렀으며 해방 뒤에는 조선독립동맹 경성특별위원회 위원장으로 활동했다. 남노당의 박헌영과는 대립적이었으며 1947년에 자진 월북했다. 북한에서 김일성의 지우를 얻어 북한의 초대 교육상, 최고인민회의 의장 등의 고위직을 역임했다. 한 가지 덧붙일 것은 그는 김일성의 지시로 남한의 지식인을 다수 월북하게 했는데 그 가운데 역사학자인 김석형, 박시형과 섬유 분야의 계응상, 물리학의 도상록, 예술인인 문예봉, 황철, 박영신 등이 있다.

67) 우대형 (2016) 〈일제하 사회경제사학과 백남운〉 《사회와 역사》 No. 110권 p. 52.

것을 지나치게 신성하게 다룸으로써 로맨틱한 특수 문화적 사관"으로 떨어졌다고 비판했다. 그러면서도 민족주의 진영의 인사들, 예를 들어 정인보鄭寅普 등과는 지적 교분을 맺고 있었다. 해방을 맞게 된 시기에 《조선민족의 진로. 재론》을 간행했는데 이 책에서는 해방의 시점에서 바라본 조선 민족의 정치적 지향을 논의했다. 그의 주장에 따르면 한국사회의 경제적 성격과 발전 정도를 전제할 때 "조선의 현 단계에 있어서 소위 '자유 민주주의'를 정치 강령으로 규정한다면 어떠할까?"라고 반문했다. 그러면서 그 체제는 프랑스 혁명의 산물인 만큼 봉건세력을 타도한 시민이 정치적 주체가 되어 자신들의 자본주의를 배양한 것이며, 역사의 주도세력으로 등장했던 그들 자신의 '정치 강령'에 불과하다고 규정하면서 다음과 같이 그 자신의 견해를 밝혀 놓았다.

> 18C의 불란서 혁명 당시와 오늘날의 조선과는 사회발전의 내용과 역사발전의 특수성이 다르므로 저 시대의 정치 강령이었던 '자유 민주주의'를 우리 사회의 현 단계에 그대로 적용할 수 없을 뿐만 아니라 자칫하면 반동주의로 전락되기 쉽다. 왜냐하면 '자유 민주주의'는 시민 본위, 즉 유산층 본위의 민주주의인 까닭이다.[68)]

그는 자유 민주주의나 박헌영이 주장했던 "부르주아 민주주의 단계론"도 모두 적실치 않으며 프롤레타리아 민주주의론도 맞지 않는다고 주장했다. 그리고 자신의 "연합성 신민주주의連合性新民主主義"만이 이 시대의 적실성을 지닌다면서 이를 다음과 같이 설명했다.

---

68) 백남운 (2004) 《조선민족의 진로. 재론》 범우 p. 21.

'연합성 신민주주의'의 이론적 기반은 —민족해방, 즉 자주독립이 실현되는 순간까지는 양심적인 일부 유산계급도 민족해방을 위한 혁명세력의 일부를 대표하고 있는 만큼 무산계급과 연합하는 과도적 형태를 취할 수 있게 된다. 그것은 유산 독재의 민주주의도 아니고 무산 독재의 프로 민주주의도 아니다. 조선사회의 역사발전의 특수적 현 단계에 조응한 자연스러운 신민주주의인 것이니 그것은 우리 사회 혁명세력의 역사적 성격과도 부합되며 조선민족의 공통 목표인 민족해방 자주독립의 수행과 적용되는 민족적 민주주의인 것이다. 그러한 의미의 '연합성 신민주주의'만이 진정한 건국의 임무를 수행할 것이다.[69]

그가 말한 "연합성 신민주주의"는 결국 "좌우익의 정치연합"을 의미한다. 그는 이것만이 한국사회에서 "민주경제"와 "민주정치"에 부합하는 "민주독립"의 자주 국가를 이룩할 수 있는 길이라고 생각했다. 그러면서 자주독립의 준비단계는 민족의 당면 문제인 연합정권의 수립인데 이는 공산주의자와 민족주의자 모두의 공통과제로 수용해야 한다고 강조했다. 그런데도 조선의 민족주의자들은 민족문제를 민족주의자의 독단 사항으로 여기며, 공산주의자들은 정치의 목표를 오직 "사회해방"에서만 찾고 있으나 이것은 모두 지나친 단견이라고 비판했다. 그는 조선 민족의 당면 과제인 민족해방의 문제는 공산주의자와 민족주의자가 연합해서 해결해야 할 과제이기에 "지금이라도 양 주의에 관한 상호 간의 이해가 절실하다."고 말했다. 이 일을 위해 공산주의자는 "민족의식"을 이해해야 하고 민족주의자는 "계급의식"을 이해해야 한다는 것이다.

이 논리와 함께 그는 한국 민족은 아직도 시대에 맞는 민족의식을

69) 같은 책, p. 29~30.

갖지 못했고 바람직한 민족주의도 육성하지 못했다고 한탄했다. 그는 청일전쟁 이후 싹트기 시작했던 민족주의도 봉건국가적인 양반국가의 한계로 말미암아 수세적이고 소극적인 태도만 취하는 "내적 민족주의"로 정착되었는데, 이러한 성격은 일제 침탈기까지 이어졌다고 주장했다. 그러면서 민족혁명을 위해서는 민족주의자는 무엇보다도 그 맹우인 공산주의자와 동맹 관계를 맺어야 한다고 주장했다. 19세기 후반부터 세계는 "내적 민족주의"에서 "외적 민족주의"로 옮아가고 있는데, 이는 (1) 자주적인 독립국가 건설 (2) 자유 민주주의의 대표국인 미국식 정부 형태 모방 (3) 자본주의 체제의 재현 (4) 전통적 민족문화의 강조와 건전 사회문화로의 지향이다. 그러나 한국의 민족주의는 여전히 "내적 민족주의"에 머무른 채 국수적인 국민문화를 강화하는 데만 매달리고 있는데, 이러한 한계를 극복하기 위해서는 한층 고양된 민족주의를 발전시켜야 한다고 주장했다. 이를 위해서는 계급대립의 개념이 민족통일의 개념을 포섭해야 하며, 그래야만 한국 민족도 민족국가를 완성할 수 있다면서 "연합성 신민주주의"의 필요성을 거듭 강조했다.

4) 제4단계: 분단체제에서 민족 논리의 변용

1945년 8월 한국 민족은 해방을 맞았으나 곧이어 전승국인 미국과 소련에 따른 한반도 분단으로 제2의 민족적 시련에 처하게 되었다. 제1의 민족적 시련은 일본 식민지의 침탈이었고, 제2의 시련은 한반도 분단인데, 이것은 한국 민족에게는 더할 수 없는 비극이었다. 미-소 강대국이 임의로 38선을 기준으로 한반도를 둘로 나누어 군사 점령지로 만든 뒤 각기 그들 체제로 편입시켜 버렸다. 그런데도 분단된 한반도의 남과 북에서는 미군과 소련군이 일본을 물리쳤다는 사실만으로도 그들을 적극적으로 환영하는 "웃지 못 할 소극笑劇"을 연출했다.

미국과 소련이 한반도를 각기 그들의 종속적인 영향권으로 편입시킨 것은 한국 민족에게는 더할 수 없는 치욕이었다. 제대로 된 민족의지와 민족주의가 있었다면 전 민족이 하나가 되어 분단체제를 무너뜨리는 민족적 항쟁을 전개해야 했고, 식민지 아래에서도 한국의 주권 확립을 위해 민족적인 국가기구를 조직해서 투쟁했어야 했다. 그런데도 수다한 독립투쟁 단체들이 서로 경쟁하는 모습만 보여주었다. 그리고 그 연장선 위에서 한반도는 끝내 분단되었으며, 심지어 남북이 적대적으로 대결하는 더할 수 없는 민족적 비운으로 좌초되고 말았다.

이러한 형편에도 남과 북의 통치체제는 서로 자기들만이 한반도의 유일한 합법 정부이며 한국 민족의 정통적 계승자라고 주장했다. 38선 이남의 대한민국에서는 북한의 친소 정권을 반민족적인 것으로 배격하면서 대한민국만이 한국 민족의 합법적이고 정통적인 계승자임을 천명했다. 38선 이북의 북한은 해방 뒤 3년 동안 계급혁명을 주창하면서 공산주의 체제를 강제로 수립했다. 이런 흐름은 1945년의 해방으로부터 1948년의 대한민국 출범, 그리고 1950년 6월 25일 북한군의 기습 남침으로 말미암은 한국전쟁은 한국 민족주의에 제3의 시련을 안겨 주었다. 북한의 남침이야말로 북한 정권의 반민족적인 성격을 그대로 드러냈다. 한국전쟁은 1953년의 휴전까지 이어졌는데 이 힘든 과정을 겪으면서도 신생 대한민국의 체제는 공고해졌다.

1953년 종전 이후부터 한국은 전후 복구와 1960년의 4.19혁명 그리고 5.16 군사쿠데타를 거치면서 다음의 과정, 즉 (1) 국가체제의 정비 (2) 전후 경제 사회의 복구 (3) 민주화를 요구하는 학생들의 시위 (4) 경제성장을 위한 산업화로 나아갔다. 이처럼 혼돈과 대결의 과정을 겪어가면서도 한국의 민족주의는 그 시대를 논의하는 이념적인 논리로 주창되었다. 이 시기 민족주의에 대한 논저를 출간했던 지식인들은 아래와 같이 정리해 볼 수 있다.

〈표 4〉 1945~1970년대 민족주의 논저자의 성격 분석

이름	생존기간	출신지	학력	소속기관	주요저술	기타
이범석	1900–1972	서울	중국원난 강무학교	민족청년단	《민족과 청년》	초대 국무총리
손진태	1900–미상	동래	와세다대	서울대 교수	《조선민족문화의 연구》	납북
안호상	1902–1999	의령	독일 예나대학	서울대 교수	《한백성주의의 본바탕》	초대 문교부 장관
박종홍	1903–1976	평양	경성제대	서울대 교수	《한국민족론》	대통령 특보
김두헌	1903–1981	장흥	도쿄제대	서울대 교수	《민족원론》	숙명여대 총장
송석하	1904–1948	울산	도쿄상대	진단학회	《한국민속고》	국립민족박물관
양우정	1907–1975	함안	와세다대	《연합신문》 창간	《이대통령 건국정치이념》	정국은사건 연루
김성식	1908–1986	평원	규슈대	고려대 교수	《역사와 우상》	신사참배 거부
이홍직	1909–1970	이천	도쿄제대	고려대 교수	《한국고문화논고》	문화재 반환운동 주도
양호민	1910–2010	평양	서울대	서울대	《한국민족주의와 민주주의의 시련》	서울대 교수
유홍렬	1911–1995	장단	경성제대	서울대 교수	《한국독립사상사고》	한국사학회장
이인영	1911–미상	평양	경성제대	서울대 교수	《국사요론》	납북

이름	생존 기간	출신지	학력	소속기관	주요저술	기타
신태환	1912–1993	인천	도쿄상대	서울대학교	《한국인의 숨소리》	서울대 총장
홍이섭	1914–1974	서울	연희전문	연세대 교수	《한국정신사 서설》	역사학회장
최문환	1916–1975	경산	와세다대	서울대학교	《민족주의의 전개 과정》	서울대 총장
이용희	1917–1997	서울	연희전문	서울대학교	《한국민족주의》	통일원 장관
장준하	1918–1975	의주	니혼신학교	《사상계》 사장	《민족주의자의 길》	광복군 활동
조지훈	1920–1968	영양	동국대	고려대학교	《한국민족운동사》	고려대 민족문화 연구소장
김준엽	1920–2011	강계	타이완대	고려대학교	《장정》, 전5권	고려대 총장
차기벽	1924–2018	신의주	서울대	성균관대	《한국민족주의의 이념과 실태》	학술원 회원
천관우	1925–1991	제천	서울대	《동아일보》 주필	《근세조선사연구》	한국사상사학회장
이규호	1926–2002	진주	튀빙겐대	연세대	《민족적 정체성을 위한 투쟁》	대통령 비서실장
송건호	1927–2001	옥천	서울대	《동아일보》 편집국장	《민중과 민족》	《한겨레신문》 발행인

위의 도표에서도 알 수 있듯이 이 시기 한국의 민족주의는 크게 다음 사실을 강조했다. 첫째, 민족주의가 대한민국의 건국이념임을 주장하면서 이를 중심으로 북한 공산주의의 제압과 국민적인 일체감을 추구했다. 둘째, 민족주의를 민주주의와 연계시켰으며 서유럽의 민족주의로 발전하자고 설명했다. 그 당시 제3세계의 민족주의는 권위주의 체제를 합리화하는 "변형된 민족주의"라며 배격했다. 셋째, 한국의 민족주의는 통일을 최고의 목표로 내걸고 있었다. 그러면서도 이 시대의 민족주의는 정파에 따라 서로 다른 주장을 내놓기도 했다.

해방으로부터 한국전쟁을 전후한 시기에 대한민국의 정당성을 강조하면서 북한을 비판했던 민족주의의 논리로는 안호상의 일민주의가 앞장서 있었다.[70)] 일민주의는 처음에는 정치적 구호로 사용했기 때문에 국민, 특히 청년층의 주목을 받을 수 있었다. 그 당시 일민주의는 이범석의 민족청년단에서도 널리 받아들여지고 있었다.[71)]

이승만 대통령도 한때는 안호상의 일민주의를 대한민국의 통치 이데올로기로 활용했는데 특히 1948년부터 1953년 휴전 때까지 이를 대한민국의 국시처럼 주창했다. 이승만은 일민주의야말로 한국의 민족 이념이며, 민족 구성원 모두가 일민, 즉 "한겨레"로 공고하게 결속해서 북한 공산주의를 물리쳐야 한다고 역설했다. 이승만은 이런 의도로 1949년 9월에 일민주의 보급회도 조직했으며, 안호상은 일민주의를 설명하는 책자인 《일민주의의 본바탕》을 간행했다.[72)]

---

70) 최근에는 학계의 몇몇 논자들이 일민주의의 최초 주창자로 이승만을 거명하기도 한다. 그러나 이승만이 일민주의를 말했다 하더라도 그 논리는 안호상에 의해 마련된 것으로 볼 수 있다. 그 시대 이승만의 정치 관념은 "반공"으로 집중되었으며, 일민주의는 안호상에 따라 처음에는 정치 강령의 형식으로 제창되었다. 이 점에 대해서는 다음 글을 참고할 수 있다. 선우현 (2015) 〈일민주의 철학의 정립자, 이승만인가 안호상인가– 자생적 실천철학의 맹아적 형태 여부에 관한 '시론적' 탐구〉《시대와 철학》 제26권 4호 참조.

71) 해방된 그 시점의 정치와 사회는 혼돈과 암담함으로 가득 차 있었다. 해방을 맞았으나 민족은 분열되었고, 외세의 영향력은 가중되었다. 일제 식민통치기에 만주와 중국 등지에서 독립군 지휘관으로 투쟁했던 이범석은 귀국하자마자 곧바로 민족청년단을 조직했다. 민족청년단의 이념은 "민족 제일, 국가 제일"이었는데 이 운동은 해방정국에서는 민족운동 그 이상의 정치 운동으로 여겨졌다. 미군정청은 민족청년단이 파시즘적인 성격을 갖고 있다면서 활동을 경원시했다. 그러나 대한민국 초대 내각에서 이범석이 초대 국무총리로 선임되자 한때나마 그의 주장을 신생 대한민국의 청년운동으로 여겼다.

72) 이 시기에는 일민주의에 대한 주장과 논의도 활발하게 이루어졌는데 이 점에 대해서는 다음 글을 인용할 수 있다. "일민주의에 대한 자부심의 원천은 과거의 영광된 역사와 보편성을 지녔다는 고유한 종교와 철학에 있었다. 이승만 이후의 그의 글과 활동은 대부분 잃어버린 조국 강토와 잃어버린 조상과 역사, 잃어버린 민족의 고유한 종교와 철학을 되찾는 데 집중되어 있다." 이병수 (2008) 〈문화적 민족주의의 맥락에서 본 안호상과 박종홍의 철학〉《시대와 철학》 제19권 2호 p. 177.

일민주의의 중요한 성격으로는 다음 몇 가지를 들 수 있다. (1) 공산주의를 철저하게 배격했다. 공산주의는 한국을 소비에트 러시아의 위성국으로 만들려는 소련 제국주의의 침탈이라면서 공산주의를 막기 위한 한국민의 공고한 표명이 곧 일민주의라고 선언했다. (2) 한국의 전통사상인 단군의 홍익인간을 현실에 맞게 해석해서 실천을 강조했다. 즉 홍익인간의 이념은 화랑정신인데 이것에 바탕을 둔 화랑주의는 반공적이라고 주장했다. (3) 일민주의의 실천적 정책은 남녀 상하를 차별하지 않는 균일적인 민주정치의 실현임을 내세웠다. 이는 민족 중심의 민주정치로의 지향이므로 개인이나 계급, 종파와 무관하게 "민족"을 피로써 지켜야 한다고 호소했다. (4) 교육을 통해 국민에게 민족과 민주주의를 널리 알려야 하며 지역과 파당의 차별 의식을 타파하고 반공 교육을 강화했다. (5) 경제에서는 민생경제를 내세워 "다 같이 일하고 함께 잘 살자"고 역설했다. 일민주의의 민생경제는 자본주의나 공산주의와는 다르다면서 "자본주의는 계급 갈등을 가져오고, 공산주의는 모두를 가난뱅이로 만든다. 오직 일민주의야말로 모두를 부자로 평화롭게 살게 하는 이념"이라고 주창했다.[73)]

안호상의 일민주의는 애국관념을 고양하기 위해서 단군을 조상으로 섬기는 "한겨레"의 대단합도 역설했다. 그러나 일부에서는 일민주의의 이러한 논리에 국가주의적인 국민동원이기 때문에 반민주적이고 반시대적이라는 비판도 제기했다. 그뿐 아니라 한국의 정치사회가 가야 할 자유주의적인 민족주의의 지향에 역류하는 흐름이 들어 있다고

73) 이러한 주장에 대해서는 다음과 같은 평가도 제기되고 있다. "일민주의는 자유 민주주의가 아닌 제3의 이념을 택하였다. … 결국 일민주의는 이탈리아나 독일의 파시즘이 그러하였듯이 처음에는 자본주의를 비판하고 '국가사회주의'의 틀을 쓰고 나왔지만 결국은 자본주의를 용인하고 자본가들과 결탁하는 결과가 되어 버린 것과 같은 전철을 밟을 운명에 처해 있었다." 박찬승 (2010) 《민족. 민족주의》 소화 p. 231.

비판했다.

안호상의 일민주의와 대립적인 주장, 즉 한국의 민족주의는 민주주의와 연계되어야 한다는 논리도 강하게 제기되었다. 민족주의의 전개를 서유럽 민족주의의 발전 과정에서 찾음으로써 자유주의적 민족주의가 한국사회에서도 실천되어야 한다고 주장하는 책자도 간행되었다. 이런 성격의 책자는 주로 대학가에서 읽혔는데 그 대표적인 저서로는 최문환의《민족주의의 전개과정》을 들 수 있다.[74]

그는 이 책에서 서유럽에서는 시민의 자유 보장과 번영을 이룩하기 위해 민족주의가 이념적으로 어떻게 실현되었는지를 설명하면서 그 발전 단계에서 "민족 지식인"이 크게 기여했다는 점을 강조했다. 그는 "민족 지식인"이야말로 시민의 자유와 경제적 번영, 민족사회의 통합에 앞장선 자유 민족주의자라고 역설했다. 또한 자유주의와 자본주의의 경제발전은 깊은 연관을 맺고 있는데 자유로운 시장경제는 국가발전을 주도한다면서 이는 "민족 지식인"의 활동에서 비롯된다고 했다. 특히 비서구 사회는 경제를 급속하게 발전시켜야만 국민의 욕구를 충족시킬 수 있으며 그렇게 해야 자유로운 시민사회로의 발전도 기대될 수 있다. 이러한 민족적인 과업은 지식인들의 책임이며 한국도 그 예외일 수 없다고 역설했다. 그는 "민족 지식인"은 '데마고기'로 작용하는 공산주의의 계획 경제의 논리에서 벗어나 비판적인 활동을 진행해야 한다고 말했다.

"지식 계급은 모든 정치적 학문적 '데마고기'를 배척하여야 한다. 그리고 학문의 영역을 계급적 편견에 의한 투쟁의 전항戰巷으로서 난투

74) 최문환 (1958)《민족주의의 전개과정》박영사.

하지 않고 공동으로 협조하는 경작지가 되도록 협동하여야 한다."[75)]

최문환의 논의, 즉 민족주의는 자유주의적인 "민족 지식인"의 지향 가치로 자유와 발전에서 궁극적인 의미를 찾아야 한다는 주장은 그 시대 지식 청년에게 큰 영향을 미쳤다.

1960년대로 접어들면서 이승만의 권위주의 체제가 4.19 혁명으로 무너지자 한때 통일을 위한 민족주의의 기운도 고조되었다. 그러나 5.16 군사쿠데타는 자유주의적인 민족주의의 논리나 주장을 철저하게 금지시켰다. 그 대신에 군부세력은 "위로부터의 혁명"을 내세우고 한국의 민족주의적 지향을 조국 근대화와 일치시켜 버렸다. 그 때문에 자유주의적 민족주의는 사실상 질식 상태로 떨어졌다.[76)]

이러한 시대에도 민족주의와 민주주의의 일체성을 강조하면서 문민정치로 지향을 촉구했던 글이 주요 일간지인 《동아일보》, 《조선일보》와 월간지인 《사상계》, 《씨알의 소리》 등에서 개진되었다. 이러한 논리에 앞장섰던 인물로는 함석헌咸錫憲, 장준하張俊河, 김성식金成植, 양호민梁好民, 이극찬李克燦, 김준엽金俊燁, 차기벽車基璧 등을 들 수 있다.

한편 자유주의적 민족주의와 국가주의적 민족주의를 넘어서 민족의 통일 문제 해결이 한국 민족주의의 당면 과제라고 주장하는 장준하의 《민족주의자의 길》이 1972년 9월호 《씨알》에 게재되었다. 잘 알

---

75) 앞의 책, p. 479.

76) 박정희는 1962년 발간된 《조국과 혁명과 나》에서 "5.16혁명의 목표는 정신적, 사회적, 경제적 근대화를 통해 민족중흥을 이룩하는 것"이라고 적었다. 여기서 말한 "민족중흥"은 민족주의에 대한 박정희 식 표현이었다. 그리고 1972년에는 "10월 유신"으로 장기 집권체제를 구축하면서 남북통일과 민족문제도 논의했다. 그러나 박정희 통치기의 이러한 성격은 자유주의적 민족주의에서 이탈이었으며, 이때 주장된 그의 민족주의적 논의는 국가주의적 민족주의의 전형적인 모습을 보여주고 있다.

려진 것처럼 장준하는 기독교 청렴주의 신앙인으로 젊었을 때부터 반일감정을 지니고 있었다. 그는 1944년에 일본군 학도병으로 입대한 뒤 곧바로 탈출해서 광복군에 참여했다. 그의 일관된 사상적 지향은 반일감정과 반공주의였는데 이런 흐름은 그의 민족주의적 표현으로 주장되었다.[77)]

장준하는 1953년에 창간한 《사상계》에서 민주주의를 세계사적인 보편성으로 받아들였으며 이를 바탕으로 한국의 민주주의를 위한 논설도 다수 게재했다. 그에게는 박정희의 군부 통치야말로 반드시 극복해야 할 대상이었다. 1964년의 한일회담은 반일 민족주의자였던 장준하에게는 "굴욕" 그 자체였고 투쟁의 대상일 수밖에 없었다. 이때부터 그의 민족주의적 지향은 박정희의 군부세력과 전면적인 대결로 치달렸다.

그러나 1972년의 7.4 남북공동성명을 계기로 장준하는 민주주의와 민족통일이야말로 한국 민족주의의 2대 실천과제라고 주장했다. 이런 생각은 그의 글 《민족주의자의 길》로 발표되었는데 여기서 그는 반공의식을 넘어서서 남북화해와 협력을 강조하는 논지를 펼치고 있다. 그는 "통일 이상의 지상명령은 없다."면서 민족주의자로서 자신의 위치가 좌우의 이념을 넘어섰음을 분명하게 밝히고는 한국 민족이 겪었던 과거의 불행을 이렇게 적어 놓았다.

"우리 민족의 지난날, 더욱 가까이 최근에는 정말 험난의 연속이었다. 세계의 시궁창이 이리로 흘러들어 왔고, 세계의 모순, 세계사의 범

---

77) 일부 평자들은 그를 "친미주의자, 반공주의자"라고 규정했다. 해방에서 1970년대까지만 해도 "공산주의는 친소주의"로, "반공주의는 자유 진영인 미국을 지지하는 것"으로 여겼다. 이 점에서 그를 단순히 친미주의자로 규정하는 것은 민족주의자로서 장준하와 그 시대에 대한 객관적 인식을 결여한 것으로 보인다.

죄가 이 땅을 무대로 일어났다. 산 곱고 물 맑은 강토에 살던 착한 우리 백성들은 홍수처럼, 악마의 불길처럼 밀려드는 이 세계사의 시궁창 물에 휩쓸리지 않을 수 없었다. 세계사의 악 중의 악인 제국주의가, 악마 중의 악마인 군국주의가 그 가장 표독한 이빨을 우리 민족에 들이댔던 것이다. …하건만 이 표독한 이빨 앞에서도 끈질긴 항쟁이 있었다. 비록 총칼 든 전투, 이름난 의사, 열사가 아니더라도 들판에서, 공장에서, 낯선 이국땅에서 끊임없이 싸웠다. 이 싸우는 민중에게는 바로 민족적인 삶이 자기의 개인적인 삶이었고, 국토가 뺏기는 것은 생활의 터전이 뺏기는 것이었다. 그렇기에 광복은 생활의 터전과 자기의 인간적인 삶을 되찾는 길이었다.[78)]

그는 한국 민족은 장구한 민족투쟁으로 광복을 맞았으나 외세의 개입으로 강토가 양분되었다고 한탄했다. 한국전쟁을 거론하면서 "도대체 우리에게 언제 그토록 불구대천의 원수로 갈라진 무슨 주의가 있었고, 그 주의에 따라 나라와 민족을 두 동강 내어 살기를 원했는가? … 그 가장 더러운 동족상잔을 우리가 청부 맡아 했다니 오천 년 민족사 앞에, 아니 인류의 역사 앞에 무슨 낯을 들 수 있으랴."고 탄식했다. 그러고는 "전쟁에 평화보다 이긴 승자는 없다."면서 한반도에서 민족이 둘로 나눠진 이상 어느 한쪽도 주체적일 수 없다고 단언했다.

그는 한국 민족이 나아갈 길은 "갈라진 하나를 다시 하나의 자리로 통일하는 것"이라면서 이를 위해서는 "분단의 외적 조건부터 거부해야 한다."고 주장했다. 그러면서 일관되게 "민족적 양심에 살려는 사람 앞에 갈라진 민족, 둘로 나누어진 자기를 다시 하나로 통일하는 것

78) 《씨알의 소리》 1972년 9월호. 장준하선생추모문집 (1974) 《민족주의자의 길》 백범사상연구소 pp. 12~13.

이상의 명제는 없다."면서 "통일 이상의 지상명령은 없다. 모든 진리, 모든 도덕, 모든 선이 통일과 대립하는 것일 때 그것은 거짓 명분이지 진실이 아니다."라고 역설했다.

그는 이 시기의 남북공동성명과 적십자회담에 대해 "자주 평화 통일이라는 전체 민족의 염원"이 방해받는 것은 국제 정세 탓이었는데, 국제정세와 주변 열강도 이제는 긴장 완화를 요구하고 있다고 말했다. 그러면서 "전쟁으로 통일을 말하는 것은 반시대적"이라고 주장했다. 특히 분단체제를 지속시킨 책임은 "집권층과 지식인들까지 포함된 우리 사회의 상층부에 있다"고 지적하면서 통일의 길에 대해서 아래와 같이 결론을 내리고 있다.

> "통일을 향한 전진이 이루어져야 한다. 통일을 향하여 경제구조가 바뀌어야 하고, 국토계획이 마련되어야 하고, 민족의 동질성을 함양하는 문화구조가 세워져야 한다. …통일에의 길은 아직도 멀고 험난하다. 그렇지만 그 길은 기필코 우리가 가야 할 길이다. 우리 한 사람 몇 사람의 재산과 지위와 명예가 희생되어서라도 가야 할 길이다. 그리고 이것은 이기고 지는 싸움이 아니다. (희생과 설사 있을지 모르는, 지는) 것이야말로 보다 영광스러운 일감이다."[79]

장준하는《민족주의자의 길》에서 남북한의 통일이야말로 민족의 지상과제라고 거듭 명시하고 있다. 그의 주장은 현실을 뛰어넘어 민족의 지향 과제를 제기했기 때문에 실현 가능성보다는 당위에다 그 의미를 두고 있다. 그러나 이 주장도 그 시대의 지배 이데올로기인 "조

79) 앞의 책, p. 26.

국 근대화론"에 밀려 일반 국민의 관심에서 멀어질 수밖에 없었다.[80) 그뿐 아니라 정치의 현실성, 즉 분단체제의 한계를 그대로 덮어둔 채 통일로 달려 나가자는 그의 주장에는 비현실적인 면도 없지 않았다.

한국의 민족주의는 민주주의를 근간으로 한 민족통일에 의미를 두고 있어야 했다. 그러함에도 현실은 분단체제와 사회적 계급 갈등으로 이념적인 분열이 점점 더 깊어지는 모습만 보여주었다. 이러한 사실을 그대로 덮어두고 마냥 민족 통일로만 나아갈 수 없었던 것이 그 시대의 현실이기도 했다.

해방 이후 1970년대 초까지 한국에서 민족주의에 대한 논의는 그 직전의 논의들, 가령 조소앙의 삼민주의라든가 안재홍의 신민족주의, 신민주주의보다는 이념으로나 실천적인 정책에서 뒤로 밀리는 한계를 드러냈다. 이렇게 된 이유는 그 시대는 권위주의 통치기로 국가 지향의 우선순위를 체제 안정과 경제성장에 두었기 때문이다. 따라서 민족주의는 이념적인 논의에서도 뒤로 밀렸거나 밀리는 어려움을 맞게 되었다. 특히 그 시대의 통치세력은 그들이 필요로 하는 정책이나 논의만 수용했기에 민족문제나 민족주의에 대한 논의는 오히려 이전 수준보다 뒤로 밀리고 말았다. 다시 말하면 표면적으로 주장된 민족주의는 대부분 국가주의적인 성격을 갖고 있었기 때문에 "진정한 의미의 민족주의"가 추구했던 독립, 자유, 통합의 지향논리는 "반체제적인 것"으로 배격당하기도 했다.[81)]

80) 박의경 (2015)《한국민족주의 전개-그 예외성과 특수성을 중심으로》- 전남대 5.18연구소《민주주의와 인권》vol. 15(3) 12 p. 203.

81) 한국은 경제성장은 이루었으나 국민 생활의 만족도는 높아지지 않고 있다. 적지 않은 사람들이 일상생활에서 패배자로 전락했다는 비교론적 사고에 사로잡혀 있다. 이런 현상이 민족의식이나 민족주의의 결여에서 비롯된 현상이라고 말할 수는 없으나 그렇게

4. 결론: "민족 없는 민족주의"의 한계

지금까지 한국의 근현대 민족주의의 논리와 그 전개과정을 살펴보았다. 거의 120여 년 동안 지속된 한국의 근현대 민족주의의 전개를 다루면서 떠나지 않는 의문은 "왜 한국에서 민족주의는 정치사회의 갈등과 분열을 해소하지 못했을까"라는 물음이다. 곧 한국에서는 민족주의가 그 지향가치인 독립, 자유, 통합을 제대로 이룩하지 못했기 때문에 이런 아픔도 빚게 되었을 수도 있다.

한국에서 민족문제가 본격적으로 논의되었던 1890~1900년대부터 1920년대 초반까지도 한쪽에서는 여전히 근왕주의적 애국운동이 민족운동의 흐름 속으로 스며들고 있었다. 이런 성격의 민족운동은 조선왕조를 위한 복벽운동의 일면도 보여주었다. 그러다가 1920년대는 그보다 더 전도된 논리가 민족이라는 이름으로 발표되었는데, 그것이

된 하나의 요인일 수는 있다. 민족의식이나 민족주의가 소진되거나 약화된 사회에서는 사회통합이 이루어질 수 없다. 이런 사회는 해방 뒤 한국 정치에서 "민족주의의 이념적 한계" 때문에 빚어졌다는 사실도 지적되어야 할 것 같다.

이광수의 〈민족개조론〉과 〈민족의 경륜〉이었다. 이 두 개의 글은 한국 민족의 반일투쟁에 패배적이고 투항적인 성격을 안겨 주었다. 여기에 맞섰던 민족과 민족주의는 신채호의 「조선혁명선언」과 조소앙의 삼균주의, 안재홍의 신민족주의와 신민주주의 등인데, 이들의 논리에서 한국 민족투쟁의 논리와 토대를 마련할 수 있었다. 그 뒤 민족의 독립을 위한 민족주의적 주장은 민족주의 정통론, 실력양성론 그리고 민족주의를 배격하는 계급론 등으로 3분 되었다.

이렇게 분열과 대립 과정을 겪으면서도 한국 민족은 민족적 투쟁으로 독립을 쟁취하지 못한 채 분단체제로 전락함으로써 한국 민족주의는 중대한 위기를 맞게 되었다. 그리고 분열된 남북한의 분단체제는 민족적 정통성의 시비, 대결로만 치달았다. 한국 민족주의의 주도적 위치를 점하고 있는 대한민국에서도 한때는 조국 근대화라는 국가주의적 성격이 민족주의의 이름으로 주장되기도 했다. 그로부터 민주주의를 위한 자유주의적 민족주의는 점점 더 뒤로 밀려나고 말았으며 마침내 민족주의는 남북한의 통일 논리로만 주장되었다. 그 대표적인 사례가 "하나 된 민족"을 강조했던 장준하의 〈민족주의자의 길〉이었다. 이 주장은 민족주의가 갖는 민족 감성의 논리를 보여줌으로써 치열하게 빚어지는 남북한 대결의 현장에서는 "환상적인 논리"라고 비판받기도 했다. 민족주의는 환상적이거나 감성적인 논의로는 당면 과제를 해결할 수 없다. 그런데도 한국에서 민족과 민족주의의 120여 년은 "현실에서 벗어난 주장"으로 되풀이된 한계적인 모습을 보여주었다.

이런 결과를 맞게 된 가장 큰 이유는 한국의 민족주의는 첫 시기부터 "민족 없는 민족주의"로 시작했기 때문이다.[82] 일반적으로 민족주

82) 여기서 "민족 없는 민족주의"는 서구의 식민지로부터 해방된 비 서구, 특히 아프리카

의는 민중–시민이 앞장서서 전 근대적인 왕조체제를 무너뜨리고 민주주의적인 시민 정치를 추구하는 것에서 시작되었다. 이런 관점에서 생각할 때 한국에서 제대로 된 민족주의가 있었다면 먼저 민중–시민이 앞장서서 사대종속적인 왕조체제부터 무너뜨리고 공화정의 시민적 민주정치체제를 이룩해야 했었다. 그렇게 했어야 민족주의와 민주주의가 하나로 접합된 민족주의적 민주주의를 정초시킬 수 있었을 것이다.

그러나 한국의 현대 정치사는 이와는 다르게 전개되었다. 근대적 민족주의가 유입된 초기만 해도 그 주도세력은 양반 유림을 비롯한 일부 계몽적 지식인들이었다. 그들의 민족관념에서 민중이나 시민은 부수적인 존재였기 때문에 민족운동도 민중–시민에서 벗어난 상층 지식인의 "계몽적"인 논리로 시종되었다. 그러면서도 이들 지식인은 민족과 민족주의를 강조했다. 따라서 백성—또는 민중—이 주도하는 민족운동이나 민족주의에서 벗어나고 말았다. 이러한 모습은 민족주의가 발흥했던 서유럽의 18세기나 19세기와는 사뭇 대조적일 수밖에 없었다.

한국의 민족과 민족주의에 대한 논의는 대부분 지난날의 역사로부터 민족적인 자긍심을 이끌어내는 데 치중하고 있다. 과거의 역사 속에서 민족적 자긍심을 찾음으로써 현실적인 민족문제를 극복하려 했다. 역사에서 찾아낸 민족적 위업을 내세우면서 민족의 당면 과제도 헤쳐 나갈 수 있을 것으로 자신했다. 그러나 민족주의의 초점은 과거

의 신생국에서 민족적인 일체감을 형성하지 못한 채 민족국가를 수립함으로써 정치적 혼돈을 겪게 되는 경우를 일컬었다. 그러나 이 글에서 의도한 "민족 없는 민족주의"는 이와는 달리 민족의 이념이 아닌 지배층의 이념으로 그것이 시작되었다는 뜻을 함유하고 있다. 앞의 논리에 대해서는 다음 글을 참고할 수 있다. 차기벽 (1976) 〈한국 민족주의의 특성〉《차기벽저작집》 2권 한길사. p. 103.

가 아니라 현재와 미래다. 한국의 민족주의는 과거를 미화하는 옛이야기를 지나치게 강조하다 보니 오히려 현재나 미래와는 간격을 두게 되었다. 또 민족사의 과거가 현재로도 곧장 확장될 수 있다고 믿음으로써 때로는 국수주의적 성향까지 드러내기도 했다. 실제로 "존재했던 역사"에서는 지난날의 과거가 모두 다 아름다울 수는 없다. 그보다는 오히려 백성의 고통과 분노에 찬 경우가 비일비재했을 것이다. 아무리 과거의 역사라 할지라도 "존재했던" 그대로를 알려 주어야 한다. 그래야만 현실에 대한 정확한 분석과 객관적인 평가도 가능할 수 있다.[83)]

한국에서 민족이나 민족주의에 대한 논의는 현실 문제의 해결을 위한 실천적인 내용이나 정책으로는 별로 진행되지 않았다. 비록 구체적인 정책을 제시할 수 없을지라도 그것에 버금가는 해결방안만은 모색할 수 있어야 했다. 다시 말하면 현실적으로 민족주의자로 살아 갈 수 있는 제도나 정책도 마련해야 했다. 민족주의자의 일상을 단순히 구호로만 끝낼 수는 없다. 일상생활에서도 민족적 지향가치를 실현하는 데 주력할 때 비로소 민족주의자로 자처할 수 있을 것이다.

이제는 지난날의 민족과 민족주의적 한계에서 벗어나 민족주의 본래의 논리와 이념으로 체화해야 한다. 민족주의는 더 좋은 정치의 이데올로기를 위한 기반, 즉 받침대의 구실을 제대로 수행할 수 있어야

83) 이제는 한국의 민족이나 민족주의도 특정 인물이나 특정 사건을 미화하는 논리에서는 벗어나야 한다. 예를 들면 식민지 통치기에 민족운동에 앞장섰던 몇몇 지도자나 그들의 투쟁을 기린다고 해서 민족의 투쟁사가 찬란했다거나 민족운동이 성공적으로 이루어졌다고는 말할 수 없다. 민족의 수난기에 민족운동에 헌신했던 이들의 기여는 위대하고 기림받아 마땅하나 여기에도 객관적인 평가가 뒤따라야 한다. 민족투쟁에 헌신했던 이들을 기리는 것은 그들이 꿈꿔온 명실상부한 자주독립의 민족사회를 이룩하는 것으로 귀착되어야 한다. 이제는 그들을 신화나 영웅으로 만들기 위해 수많은 동상을 세우고 다수의 기념공원을 만들고 거리에다 그 명칭을 붙이는 일을 민족적인 것으로 여길 수 없음도 인식해야 할 것이다.

한다. 그 민족주의를 발판으로 민주주의와 복지체제 및 통일사회도 그 나름의 실천적 의미를 가질 수 있을 것이다. 그러나 불행하게도 한국에서는 민족과 민족주의가 처음부터 정치 이데올로기의 토대이기보다는 현실정치의 구호로 활용되었기 때문에 때로는 정치적 분열을 일으키기도 했다. 이제는 한국의 민족주의도 이런 모습에서 벗어나 민족적인 의지의 결집으로 자주독립, 통합과 번영, 자유와 평등의 가치를 지향하는 자유주의적 민족주의로 나아가야 할 것이다.

참고문헌

Anderson, Benedict (1983) *Imagined Communities : Reflections on the Origins and Spread of Nationalism*, Verso. (윤형숙 옮김 (2002) 《상상의 공동체: 민족주의의 기원과 전파에 대한 성찰》나남.)

Anderson, Malcolm (2013) *States and Nationalism in Europe since 1945*, Routledge.

Billing, Michael (1995) *Banal Nationalism*, Sage Publication.

Breuilly, John (1994) *Nationalism and the State*, University of Chicago Press.

Brubaker, Rogers (1996) *Nationalism Refraimed*, Cambridge University Press.

Calhoun, Craig (1997) *Nationalism*, University of Minnesota Press.

Carr, E. H. (1945) Nationalism and After, Macmillan. (진덕규 옮김 (1978) 《민족주의와 그 이후》 학문과 사상사.)

Deutsch, Karl (1953) *Nationalism and Social Communication,* MIT press.

Diamond, Lany, and Marc Plattner, eds. (1994) *Nationalism, Ethnic Conflict and Democracy,* Johns Hopkins University Press.

Ergang, Robert Reinhold (1966) *Herder and the Foundations of German Nationalism,* Octagon Press.

Gellner, Ernest (1983) *Nations and Nationalism*, Cornell University Press. (이재석 옮김 (1988) 《민족과 민족주의》 옮김, 예하.)

Gentile, Emilio, *The Struggle for Modernity: Nationalism, Futurism, and Fascism*, Praeger.

Giddens, Anthony (1984) *The Nation State and Violence,* Polity Press. (진덕규 옮김 (1991) 《민족국가와 폭력》 삼지원.)

Greenfeld, Liah (1992) *Nationalism: Five Roads to Modernity,* Harvard University Press.

Eriksen, Thomas Hylland (2010) *Ethnicity and Nationalism: Anthropological Perspectives.* Pluto Press.

Hearn, Jonathan and Antonsich, Macro (2018) "Theoretical and Methodological Considerations for the Study of Banal and Everyday Nationalism" *Nation and Nationalism*, 24 (3).

Hechter, Michael (2000) *Containing Nationalism*, Oxford University Press.

Hobsbawm, Eric (1990) *Nations and Nationalism since 1780,* Cambridge University Press, (강명세 옮김 (1994) 《1780년 이후의 민족과 민족주의》 창작과비평사.)

Klemperer, Klemens von (1971) "Hans Kohn: 1891-1971" *Central European History,* Vol.4, No.2.

Kohn, Hans (1945) *The Idea of Nationalism*, Macmillan.

Kohn, Hans (1964) Living in a World Revolution: My Encounter with History, Trident Press.

Roshwald, Aviel (2006) *The Endurance of Nationalism,* Cambridge University Press.

Schmid, Andre (2002) *Korea Between Empires, 1985-1919,* Columbia University Press.

(정여울 옮김 (2007) 《제국 그 사이의 한국 1895−1919》 휴머니스트.)
Skey, Michael and Antonsich, Macro ed., (2017) *Everyday Nationhood : Theorizing Culture, Identity and Belonging after Banal Nationalism*, Palgrave.
Smith, Anthony D. (1986) The Ethnic Origins of Nationalism, Blackwell. (이재석 옮김 (2018)《민족의 인종적 기원》 그린비.)
Smith, Anthony D. (2000) *The Nation in History : Historiographical Debates about Ethnicity and Nationalism,* University Press of New England.
Smith, Anthony D. (2009) *Ethno-Symbolism and Nationalism: A Cultural Approach*, Routledge.
Smith, Anthony D. (2010) *Nationalism: Theory, Ideology, History,* Polity.
Wells, Kenneth (1990) *New God, New Nation: Protestants and Self-Reconstruction Nationalism in Korea 1896-1937,* University of Hawaii Press.
Wiborg, Susanne (2000) "Political and Cultural Nationalism in Education; The Ideas of Rousseau and Herder" *Comparative Education,* Vol.36, No.2.
Wolf, Ken (1976) "Hans Kohn's Liberal Nationalism; The Historian as Prophet" *Journal of the History of Ideas,* Vol. 37. No. 4.

강만길 (1991) 《조선민족혁명당과 통일전선》 화평사.
권혁범 (2000) 《민족주의와 발전의 환상》 솔.
권혁범 (2014) 《민족주의는 죄악인가》 아로파.
금인숙 외 (2010) 《한국 민족주의와 변혁적 이념체계》 나남.
김경일 (1992) 《일제하 노동운동사》 창작과비평사.
김동노 (2009) 《근대와 식민의 서곡》 창작과비평사.
김동택 (2018) 《근대한국의 정치변동과 담론: 이행의 구조적 특이성》 오름.
김석준 (2020) 《바로 찾는 한국 고대 국가학: 고조선의 국가와 행정》 대영문화사.
김용구 (2004) 《임오군란과 갑신정변: 사대질서 변형과 한국 외교사》 원.
김용구 (2009) 《거문도와 블라디보스토크: 19세기 한반도의 파행적 세계화과정》 서강대학교출판부.
김용구 (2013) 《약탈제국주의와 한반도: 세계외교사 흐름 속의 병인 신미양요》 원.
김용구 (2018) 《러시아의 만주·한반도 정책사, 17~19세기》 푸른역사.
김인식 (2006) 《중도의 길을 걸은 신민족주의자 안재홍의 생각과 삶》 역사공간.
김인중 (2014) 《민족주의와 역사: 겔너와 스미스》 아카넷.
김준엽·김창순 (1986) 《한국공산주의 운동사》1~5권, 아세아문제연구소.
김창수 (1987) 《한국 근대의 민족의식 연구》 동화출판공사.
김혜승 (2010) 《한국민족주의: 발생 양식과 전개과정》 비봉출판사.
김홍우 감수, 서울대 정치학과 독립신문 강독회 (2004) 《독립신문 다시 읽기》 푸른역사.
노승윤 (1999) 《박은식의 민족교육 사상》 양서원.

노태돈 (1997) 〈한국민족형성 시기론〉《한국사시민강좌》 20집.
량치차오, 최형욱 옮김 (2014)《량치차오, 조선의 망국을 기록하다》 글항아리.
량치차오, 최형욱 옮김 (2015)《음빙실문집》 지식을 만드는 지식.
마루야마 마사오, 김석근 옮김 (2007)《'문명론의 개략'을 읽는다》 문학동네.
문중섭 (1998)《한말의 서양 정치사상 수용》 경성대학교출판부.
박은식 (1996)《한국통사》 박영사.
박의경 (2015) 〈한국민족주의 전개: 그 예외성과 특수성을 중심으로〉《민주주의와 인권》 전남대 5.18연구소 15권 3호.
박찬승 (1992)《한국 근대정치사상사 연구 : 민족주의 우파의 실력양성 운동론》 역사비평사.
박찬승 외 (1994) 〈신채호〉《한국의 역사가와 역사학》 상, 하, 창작과비평사.
박찬승 (2007)《민족주의의 시대: 일제하의 한국 민족주의》 경인문화사.
박찬승 (2010)《민족. 민족주의》 소화.
박태균 (2006)《우방과 제국, 한미관계의 두 신화: 8.15에서 5.18까지》 창작과비평사.
백남운 (2007)《조선민족의 진로.재론》 범우사.
백동현 (2004)《대한제국기 민족의식과 국가구상》 고려대 박사학위 논문.
삼균학회 편 (1979)《소앙선생문집》 상, 하. 횃불사.
서중석 (1991)《한국 현대 민족운동 연구: 해방 후 민족국가 건설 운동과 통일전선》 역사비평사.
선우현 (2015) 〈일민주의 철학의 정립자, 이승만인가 안호상인가 : 자생적 실천철학의 맹아적 형태 여부에 관한 '시론적' 탐구〉《시대와 철학》 26권 4호.
송건호 (1984)《한국현대인물사론: 민족운동의 사상과 지도노선》 한길사.
손세일 (1970)《이승만과 김구》 일조각.
신기욱 지음, 이진준 옮김 (2009)《한국 민족주의의 계보와 정치》 창비.
신용하 (2001)《한국근대의 민족운동과 사회운동》 문학과지성사.
신용하 (2001)《일제 강점기 한국 민족사》 상, 중. 서울대학교출판부.
신용하 (2004)《한말 애국계몽 운동의 사회사》 나남.
신용하 (2004)《단재 신채호의 사회사상연구》 나남.
신용하 (2006) 〈민족의 사회학적 설명과 '상상의 공동체론' 비판〉《한국사회학》 40집 1호.
신용하 (2010)《신간회의 민족운동》 지식산업사.
신일철 (1980)《신채호의 역사사상 연구》 고려대학교출판부.
신채호 (1982)《단재 신채호 전집》 단재 신채호선생 기념사업회.
신형기 (2003)《민족 이야기를 넘어서》 삼인.
안병준 (1983) 〈민족주의와 한반도〉《국제정치학 논총》 23집.
안병직 (1981) 〈단재 신채호의 민족주의〉《자유》 106.
안재홍 (1981)《민세 안재홍 선집》 지식산업사.

안호상 (1950) 《일민주의의 본바탕》 일민주의연구원.
오수창 (2002) 〈조선 시대 국가, 민족체의 허와 실〉 《역사비평》 58호.
우대형 (2016) 〈일제하 사회경제사학과 백남운〉 《사회와 역사》 110호.
유길준 (1976) 《서유견문》 김태준 역 (1895) 박영사.
유미림 (2002) 《조선 후기의 정치사상》 지식산업사.
이광수 (1971) 《이광수전집》 삼중당.
이기백 (1979) 〈단재사학에서의 민족주의 문제〉 《문예진흥》 48호.
이만열 (1990) 《단재 신채호의 역사학 연구》 문학과지성사.
이병수 (2008) 〈문화적 민족주의의 맥락에서 본 안호상과 박종홍의 철학〉 《시대와 철학》 19권 2호.
이범석 (1999) 〈나의 청년운동〉 《민족과 청년》 백산서당.
이선민 (2008) 《민족주의, 이제 버려야 하나》 삼성경제연구소.
이승만 (1949) 〈일민주의란 무엇〉 《주보》 3, pp. 2~5.
이승만 (1949) 《일민주의 계술》 일민주의 보급회.
이정복 외 (2000) 《21세기 민족통일에 대한 사회과학적 접근》 서울대학교출판부.
이정복 편 (2009) 《21세기 한국 정치의 발전 방향》 서울대학교출판부.
이지원 (1994) 〈1930년대 초반 민족주의 문화운동의 성격〉 《국사관논총》 51집.
市川正明 編 (1996) 《朝鮮半島 近現代史年表, 主要文書》 原書房.
임마누엘 칸트, 이한구 역(2008) 《영구 평화론: 하나의 철학적 기획》 서광사.
임지현 (1994) 〈한국 사학계의 '민족' 이해에 대한 비판적 검토〉 《역사비평》, 26호.
임지현 (1999) 《민족주의는 반역이다: 신화와 허무의 민족주의 담론을 넘어서》 소나무.
전복희 (1996) 《사회진화론과 국가사상: 구한말을 중심으로》 한울.
전상숙 (2018) 《한국 근대 민족주의와 변혁이념, 민주 공화주의》 신서원.
정병준 (2005) 《우남 이승만 연구: 한국 근대국가의 형성과 우파의 길》 역사비평사.
정영훈 (1995) 〈단군과 근대 한국민족운동〉 《한국의 정치와 경제》 8집, 정신문화연구원.
정진석 (1995) 《인물 한국언론사: 한국언론을 움직인 사람들》 나남출판.
조민 (1994) 《한국 민족주의 연구》 민족통일연구회.
조지훈 (1963) 〈한국민족 운동사〉 《한국문화사 대계》 1권. 고려대 민족문화연구소.
지수걸 (1988) 〈1930년대 초반기(1930-33) 사회주의자들의 민족개량주의 운동비판〉 《80년대 한국인문사회과학의 현단계와 전망》 역사비평사.
진덕규 (1982) 〈1920년대 민족운동에 대한 고찰〉 《한국민족주의론》 창비.
진덕규 (1983) 《현대 민족주의 이론구조》 지식산업사.
진덕규 (1988) 〈한국에서의 사회주의 지식인과 농민, 노동자 문제〉 《동아연구》 13집. 서강대 동아연구소.

진덕규 (1995) 〈민족주의의 역사성과 미래〉《오늘의 한국지성 그 흐름을 읽는다》 문학과지성사.
진덕규 (2010) 〈한국민족주의의 이념적 전개와 그 지향에 대하여〉 대한민국 학술원 국제학술교류보고서 제1집
차기벽 (2005) 〈한국 민족주의의 이념과 실태〉《차기벽 저작집》 2. 한길사.
차기벽 (2005) 〈민족주의 원론〉《차기벽 저작집》 4. 한길사.
차남희 외 (2010)《한국 민족주의의 종교적 기반》 나남.
최기영 (2003)《한국 근대 계몽사상 연구》 일조각.
최기영 (2003)《식민지시기 민족지성과 문화 운동》 한울.
최문환 (1958)《민족주의의 전개과정》 백영사.
최현배 (1971)《조선 민족갱생의 도》 정음사.
최홍규 (1983)《신채호의 민족주의 사상: 생애와 사상》 단재 신채호선생기념사업회.
坪江汕二 (1966)《朝鮮民族獨立運動史》 巖南堂書店.
한스 콘, 진덕규 옮김 (1974)《민족주의 시대》 박영사.
한영우 (1987) 〈안재홍의 신민족주의와 사학〉《한국독립운동사연구》 제1집.
한영우 (1994)《한국 민족주의의 역사학》 일조각.
홍선희 (1975)《조소앙 사상: 삼균주의의 성립과 이론체계》 태극문화사.
후쿠자와 유키치, 정명환 옮김 (2012)《(후쿠자와 유키치의)문명론》 기파랑.

제II부

한국 민족주의의 역사적 기반

1. 서설: 민족주의의 의미

민족은 “우리”와 다른 “그들”과의 차별에서 싹을 틔운다. “우리”는 함께 어울리고 기댈 수 있는 집단으로 “우리”의 일체감, 즉 “그들”과 다른 “우리다움”을 갖게 된다. 그 때문에 “우리”와 “그들” 사이에는 경쟁과 대결이 일어날 수 있다. 물론 이런 차이나 다름이 호기심을 일으켜 서로 손잡는 경우도 없지 않지만 현실적으로는 대단히 드물다. 다름이 차별로 이어지고 끝내 경쟁과 대결을 불러올 때가 더 흔하다. “우리”라는 집단의식은 겉으로는 얼굴 색깔이나 비슷한 체형에서 한 걸음 더 나아가 동일 혈통이나 종족에서 오는 문화적, 심리적인 동일체 의식을 갖게 한다. 즉 같은 언어, 같은 문화, 같은 습관을 간직하면서 같은 조상을 가졌다는 생각에서 “우리”라는 동질적인 집단의식, 곧 민족으로 이어진다.

이런 의미에서 민족을 “혈연 공동체”나 “문화의 공유 집단”으로 설명하기도 한다. 그러나 이들 개념은 지나치게 넓기에 다양한 해석을 불러올 수도 있다. 그런가 하면 "우리"라는 집단의식도 분화와 분열을 가져오는 사소한 대립, 이를테면 단순한 의견 충돌이 사회적으로나 지역적으로 분열의 불씨가 될 때도 있다. 심한 경우 이들 분열은 상대방을 넘어뜨리거나 복속시키려는 피비린내 나는 싸움으로 이어져 끝내 자멸의 비극을 안겨주기도 한다.

집단의식의 결집체인 민족은 강한 통합을 이룩하기도 하지만 때로는 극심한 분열의 요소로 작용할 때도 있다. 이런 한계를 넘어 "민족이 자주 자립을 위한 민족운동으로 민족주의를 이룩할 때" 비로소 민족사회나 민족국가로 결집될 수 있다. 같은 민족으로 민족운동은 제대로 펼쳐보지도 못하고 민족 분열과 갈등 때문에 투쟁의 빌미가 될 때도 있다. 이렇게 되면 민족주의는 물론이고 민족조차 소멸될 위기에 처하게 된다. 민족은 민족성원의 올바른 열망을 결집해서 민족주의를 이룩할 때 비로소 민족국가로 발전할 수 있다.

민족이 있어도 민족의식이 결여되어 민족주의를 올바른 민족운동으로 발전시키지 못하면 민족국가로의 지향도 어려워진다. 이러한 논의가 다른 나라의 이야기가 아니라 바로 한국의 근, 현대 정치사라면 문제는 심각해진다. 여기에서 다음과 같은 물음을 제기할 수 있다. 한국의 정치사에서 민족이나 민족운동은 언제부터 어떤 내용의 민족주의를 이룩했을까?

이 물음에 대한 대답은 관점에 따라 다를 수 있는데 다음과 같은 가설적인 주장도 설정할 수 있다. "민족과 민족운동이 제대로 된 민족주의로 발전하지 못했기 때문에 민족국가로의 발전에도 어려움을 겪었다." 한국의 민족주의는 식민지의 치욕에다 반민족적인 전쟁까지 겪었던 "분열된 민족주의"의 깊은 상처를 안고 있다. 이제라도 민족운동과 민족주의를 바른 자리로 되돌려 옳게 다듬고 다독여서 민족의 오랜 상처를 치유해야 한다. 그래야만 민족주의를 말할 수 있고 민족국가의 발전적인 미래도 기대할 수 있다.

이러한 전제를 바탕으로 민족, 민족운동, 민족주의의 흐름이 한국사를 어떻게 채색했는가를 살펴보기로 한다. 시기적으로는 한국의 전근대적 전통사회에서 민족과 민족의식을 다루었다. 씨족사회였던 고대 왕국에서는 혈연 공동체를 통해 민족을 이룩했는데 그 민족은 다른 민족과의 적대관계에서 "우리 편"이라는 운명적–동질감의 민족의식을 갖게 되었다. 민족에서 민족의식을 거쳐 그다음 단계인 민족주의로 발전하는 것이 일반적인 전개과정인데도 한국의 전통사회에서 민족은 민족의식으로 발전했지만 민족주의로 나아가지 못한 채 고착되고 말았다. 그러면서도 그 민족의식은 고조선에서 삼국시대, 고려, 조선왕조에 이르기까지 외향적 민족의식과 내향적 민족의식으로 표출되었다. 그러나 고려 중반기 이후에는 외향적 민족의식은 전개될 수 없었고 내향적 민족의식은 지배층에 의해 사대주의로 변모되고 말았다. 때로는 외향적 민족의식이 피지배층에 의해 민중적 저항인 민란으로 이어지기도 했다.

18세기 후반부터 "우리"와 다른 "그들", 즉 제국주의 세력이 "고요한 아침의 나라"로 쳐들어왔던 그때부터 "우리"는 "민족"으로 결집해서 민족운동을 일으켜야 했다. 그런데도 "우리"의 조선왕조는 청국에 대한 사대종속으로 민족의식에서 벗어났을 뿐 아니라 마치 "우리" 안의 "그들"처럼 청국을 등에 업고 "우리"를 통치했다. 그 시대에 백성은 나라를 침탈하는 외세도 막아야 했고 사대 종속의 조선왕조도 극복해야 하는 이중적인 과제를 안게 되었다. "우리"가 민족으로 결집해서 그 힘으로 이를 극복하고 정치 사회의 일대 개혁을 이룩할 때 비로소 근대 민족국가로 발전하게 된다. 그러나 불행히도 백성은 이를 추구할 형편은 아니었으며, 스스로를 되돌아볼 여유조차 없었다. 더구나 저항하는 민중으로 결집해서 외세의 침탈에 맞서는 민족으로의 변모와는 거리가 너무도 멀었다.

이런 흐름이 민족과 민족운동의 차원에서 어떻게 전개되었는지 다음 몇 단계로 구분해서 살펴보기로 한다.

(1) 고조선에서 고구려를 거쳐 통일신라를 이어서 고려와 조선으로 민족의식이 어떻게 이어져 왔는가를 찾아보기로 한다.

(2) 18세기를 전후한 외세의 침탈기에 외세는 겉으로는 통상을 내걸고 조약을 체결하려 했다. 그러나 조선은 천주교도의 신앙 활동조차 억압하는 등 고식적으로 대응했기에 "자각된 민중"으로 외세에 맞설 수 있는 민족으로의 탈바꿈과는 그 거리가 요원했다.

(3) 18세기 후반부는 농민의 봉기에 따른 농민 투쟁기로 접어들었다. 일부 농민은 저항적이며 조직화된 민중으로 외세에 맞서려는 민족 투쟁의 일면도 보여주었다. 그러나 현실은 여전히 왕조체제 아래의 신민적 속성을 유지하고 있었다.

(4) 조선을 침탈했던 일본제국에 맞서 국내외에서 투쟁했던 시기에도 민족이라는 말을 사용하기는 했지만 민족의 개념이나 민족의 역할 및 책임에 대해서는 논의하지 않은 채 그저 일부 지식인이 상투어처럼 이 말을 사용했을 뿐이다.

(5) 해방 전후의 정치 사회적 혼란 속에서 민족, 민족운동, 민족주의는 자기 집단만을 위한 주장으로 활용된 결과 끝내 민족 분열의 시대를 맞게 되었다.

이러한 시대 구분은 인식의 편의를 위한 것이기 때문에 정치사의 전개가 그렇듯이 시기구분에서 중첩된 경우도 있을 수 있다. 그래도 이 구분에 따라 한국에서 민족과 민족운동 그리고 민족주의의 형성과 전개를 연관시켜 가며 논의하기로 한다.

2. 한국 민족주의의 기원

한국 고대사에서도 민족은 부족사회로부터 단일 민족의 결집체라는 의미를 지니게 되었다. 다음 글은 이것에 대한 대표적인 주장이다.

"지금으로부터 약 5천 년 전 또는 그보다 더 이전인지 알 수 없으나 중국 북방을 거쳐 원시 퉁구스(Proto-Tungus) 일족 수백만이 동쪽으로 이동하였다. 그 가운데 한 무리는 중국 동북부에서 남하하여 중국 동부 지방에 거주하고 다른 한 무리는 더욱 동진하여 남만주와 조선반도에 도달한 종족들이 지금 조선 민족의 선조였다. 그들은 한漢민족과 몽골 민족 등에 귀화로 약간 혈통이 섞이기는 하였으나 대체로 비교적 단일 순수한 동일 혈족으로서 동일한 지역에서 동일한 언어와 문화를 가지고 공동 운명 하에 4-5천 년의 역사 생활을 하였다. 그러므로 그들은 극히 강한 민족의식을 가지고 있었다."[84]

84) 손진태 지음, 최광식 엮음 (2012) 〈조선역사 개설〉《남창 손진태 선생 유고집, 우리나

위의 글에서도 알 수 있듯이 한국 민족의 선조들은 신석기 시대부터 만주와 한반도에 씨족사회로 수렵과 목축 그리고 원시적인 경작으로 생활했다.[85] 기원전 3,4세기에 이들은 여러 씨족이 모여 부족으로, 다시 몇몇 부족을 합쳐 부족연맹인 군장사회를 이룩했으며 여기에서 왕국도 건설할 수 있었다.[86] 손진태孫晋泰 교수는 한국사에서 한국 민족 최초로 형성된 과정을 아래와 같이 단계적으로 구분했다.[87]

1. 신석기시대-씨족 공동사회시대-민족의 태동기
2. 부족 국가 시대-민족 형성의 시초기
3. 삼국 내쟁시대-귀족국가 확립기-민족통일의 추진기
4. 신라 통일시대-귀족국가 융성기-민족의 결정기

위의 구분을 보면 만주와 한반도는 씨족사회 때부터 민족의 결집체로 왕조체제가 존재했음을 알 수 있다.[88] 그렇다면 민족과 민족의식은 어떻게 규정했을까? 한국 고대사회에서는 민족을 "하나의 특정적인 혈연집단으로 공동체의식을 갖고 있는 무리"라고 규정했다. 이 시대

라 역사와 민속》 지식산업사, p. 75.

85) 인류는 가족, 씨족, 부족, 민족의 순서로 발전했으며 이 과정에 고대국가와 고대문명을 형성한 것으로 설명되고 있다. 부족 단계에서 특정 지역에 정착해서는 문화공동체로 전환하면서 군장사회를 형성하게 되었다. 여기에서 최초의 민족을 형성할 수 있었다. 김석준 (2020) 《바로 찾는 한국 고대 국가학; 고조선의 국가와 행정》 대영문화사, p. 337.

86) 이 시기의 민족은 일반적으로 원민족(proto-nation), 전근대 민족(pre-modern nation), 민족(modern nation)의 단계를 거치며 최초의 고대국가는 원민족 또는 전 근대 민족에 해당된다는 설명도 이 시대의 형편을 이해하게 해준다. 신용하 (2010) 《한국민족주의 형성과 민족사회학》 지식산업사, pp. 20~21.

87) 손진태 (1948) 《한국민족사개론》 을유문화사. 참고.

88) 김태식 (2003) 〈초기 고대 국가론〉 《강좌 한국고대사 제2권》 가락국사적개발연구원, p. 2.

에 민족구성원들은 다른 잡단이나 종족과는 구분되는 특정적인 존재로 외부 세력의 침탈에 맞서 민족을 지키려는 의지와 욕구를 보여 주었는데 이를 민족의식으로 이해할 수 있다. 또한 민족의식이 일정한 이념적 가치를 추구하는 정치사회의 활동을 전개할 때 이를 민족주의로 규정할 수 있다. 그러나 위의 논리에 따르면 한국에서는 고대사회로부터 18세기에 이르기까지 민족이 민족의식을 갖고 있었지만 민족주의로는 발전하지 못했다. 그 뒤 빚어진 "민족주의 없는 민족운동"은 한국정치사의 한계점으로 지적될 수 있다.

19세기로 들어서면서 한국의 정치사회에도 서구의 민족개념이나 민족주의 사상이 유입되었지만 사실은 그보다 훨씬 이전부터 한국의 역사에서 그런 성격이 존속해 왔음을 전제하게 된다. 특히 한국의 고대국가에서는 민족의식이 국가형성의 바탕이 되었는데, 그 시기는 다음과 같이 설정할 수 있다. 삼국시대 고구려는 태조왕(53~136) 때, 백제는 고이왕(234~286) 때, 신라는 내물왕(356~402) 때로 삼고 있다.89) 이 시기의 고대국가도 각기 그 나름의 국가체제를 완성했는데 고구려는 소수림왕(371~384), 백제는 근초고왕(346~375), 신라는 법흥왕(514~539) 시기로 보고 있다. 이들 국가는 각기 민족의식을 기반으로 삼아 외부의 강대국에 맞서 국가체제를 지켰는데, 이 경우 이들 국가의 민족의식은 주로 외향적 민족의식과 내향적 민족의식의 두 가지 형태로 표출되었다. 여기서 말하는 외향적 민족의식과 내향적 민족의식의 의미는 다음과 같이 구분할 수 있다.

---

89) 김영하 (2012)《국고대사의 인식과 논리》성균관대학교출판부 p. 27.

〈표 5〉 외향적 민족의식과 내향적 민족의식의 비교

	외향적 민족의식	내향적 민족의식
1) 활동지역	외적 방위를 위해 빈번하게 이동	한번 정주한 지역에 장기간 정착
2) 대외관계	주변 왕국 정복과 전쟁 감행	주변 강대국과의 화해 지향
3) 통치체제	특정 가문이나 인물의 독재체제	귀족연합에 의한 통치체제
4) 사회구조	지배귀족과 피지배세력의 결속력	지배세력과 피지배세력의 구분
5) 문화양식	상무주의적인 군사문화	숭문주의적인 종교문화

위의 구분에서도 알 수 있듯이 외향적 민족의식은 왕조의 독립을 중시하면서 국외로 국력을 펼침으로써 외부의 침탈을 방어하고 필요하다면 대외원정으로 이들 지역을 복속시키는 데 중점을 두었다. 이 경우 강력한 지도자에 의한 독재체제가 행해졌다. 사회구조도 지배하는 귀족과 여기에 복종하는 피지배계급으로 양분되었다. 지배세력과 피지배층은 전쟁에 함께 참전한 전우애로 결속되었기 때문에 그들 사이에서는 혼연 일체감이 이루어질 수 있었다.

외향적 민족의식이 주도한 시기의 왕조는 다음과 같은 성격을 보여주었다.

(1) 강력한 군사체제의 성격이 주도했다.
(2) 해외 원정으로 영토 확장에 치중했다.
(3) 해외의 점령지역으로 자기 민족 성원의 이주와 정착을 장려했다.
(4) 해외의 우월한 문물을 선택적으로 수용, 활용했다.
(5) 정치 사회적으로 숭문주의를 넘어서 상무주의로 나아갔다.

한편 내향적 민족의식은 외향적 민족의식의 대칭개념으로 기존의 왕조체제를 수호하고 보전하는 데 역점을 두면서 온 나라 사람들의 강한 결속으로 외세의 공격을 막는 것에 우선적인 의미를 두고 있었다. 결국 전쟁보다는 화해와 양보로 평화로운 관계를 이룩함으로써 국내의 통합과 안정에 주안점을 두면서 안정된 정치체제를 확립하고 사회 문화를 발전시키는 데에 힘을 쏟았다. 따라서 내향적 민족의식은 일정 영역에서 강대국 중심체제가 이룩되면 그 강대국과 사대적인 친선관계를 맺기도 했다. 국제정치사에서 내향적 민족의식은 약소국가가 취하는 대외 정책의 전형적인 형태였다.

이런 사실을 고려하면 내향적 민족의식을 다음과 같이 정리해 볼 수 있다.

(1) 국내적으로 중앙집권적인 체제를 이룩하고 있었다.
(2) 왕실이나 통치자를 보필하는 유능한 관료가 주도했다.
(3) 전국적으로 통일된 율령을 집행함으로써 국가의 통합적인 성격을 강화하려 했다.

역사적으로 국가는 시대와 형편에 따라 어느 때는 외향적 민족의식으로 통치하기도 하고 또 다른 시점에는 내향적 민족의식으로 바꾸기도 했다. 이처럼 통치양식의 전환은 그 왕조의 형편과 시대에 대한 지배세력의 대응이요 지향이었다. 이러한 전환이 이루어지지 않는 것, 즉 한번 외향적이거나 내향적이면 그것을 바꾸지 않고 계속 유지하는 것은 통치체제가 시대변화에 대한 대응력을 상실한 것이기 때문에 결국 그 왕조는 종언으로 내리닫고 만다.

삼국시대에는 중국의 수와 당이 고구려를 장기간 지속적으로 침범했다. 여기에 맞서 외향적 민족의식도 뒤로 물러서지 않았지만 결과적으로는 패전으로 끝나고 말았다. 고구려는 수와 당의 침략에 오래 맞서 싸웠던 외향적 민족의식으로 끝까지 대응했다. 그 과정에서 전쟁에 지친 사람들을 위무하고 약해진 국력을 되살리기 위해서 적절한 기간 동안 내향적 민족의식으로 전환해야 했지만 그럴 기회를 가질 수 없었다. 고구려의 패전 피해는 참담했다. 수와 당의 침략에 70여 년간 줄기차게 맞섰던 고구려의 패전은 한국 민족사에도 크나큰 유한을 남기게 되었다.

고조선으로부터 나라를 이어 온 한민족은 한반도 안으로 갇혀서 주로 내향적 민족의식으로 지속했으며, 상무주의에서 벗어나 숭문주의에 터한 사대주의로 나아갔다. 여기에 더하여 외국에서 유입된 불교나 성리학을 관인, 지식인 등 지배층 다수가 앞장서서 신봉함으로써 이전의 상무주의의 강건함도 종교적인 화평과 화해로 나가게 되었다.

그 뒤 한민족은 국가의 독립과 발전을 위한 대외적인 투쟁 지향의 외향적 민족의식에서 점점 벗어났으며 대내적으로는 통합과 평화 지향의 내향적 민족의식이 주도하는 정치사회로 변모했다. 그러나 대외세력과 화해 평화를 추구했던 관인 등 지배세력의 내향적 민족의식과는 달리 피지배계급의 의식 속에는 민족 본연의 자주적이며 대외 발전적인 지향, 즉 외향적 민족의식이 이어지고 있었는데 그런 의지는 때로는 왕조의 통치세력에 맞서는 피지배계급의 민중 저항과 투쟁으로 표출되기도 했다.

고조선에서 고구려로 이어졌던 외향적 민족의식의 자주성과 대외적인 발전의지는 점차 피지배 민중의 의식 속으로 침잠되어 갔다. 피지배계급의 외향적 민족의식이 지배층의 통치관념과 일치할 때는 대외적인 민족 발전을 추구하는 역사의 큰 흐름을 이룩할 수 있었다. 그렇지 못했을 때, 즉 지배계급은 내향적 민족의식으로 나아갔지만 피지배계급이 외향적 민족의식으로 침잠했을 때는 정치 사회적인 혼돈과 분란이 일어나기도 했다. 이러한 성격을 전제로 한국 정치사를 아래와 같이 구분해서 살펴보기로 한다.

(1) 고대의 민족과 민족의식의 초기 단계: 고대로부터 삼국통일까지
(2) 사대관념과 탈 민족적인 한계: 고려 중기에서 고려 말기까지
(3) 혼돈과 변용의 민족의식: 조선 왕조 개국 이후

1) 고대의 민족과 민족의식

역사적으로 씨족 사회는 같은 종족끼리 서로 군집을 이루어 생활했으며, 제의-군장체제를 거쳐 고대 왕국으로 발전했다. 군장체제에서 사람들은 서로를 "함께 살아야 할 집단"으로 받아들였으며 서로 강한 연대의식으로 민족을 이룩할 수 있었다.[90] 이 과정에서 중요한 역할을 하는 것은 제의와 전쟁이었다. 제의는 말 그대로 수렵이나 수확 또는 외부와의 전쟁에서 승리했을 때 천신天神에게 감사의 제사를 바치는 것인데 고조선의 무천舞天, 고구려의 동맹東盟, 부여의 영고迎鼓 등이 그러했다. 제의를 통해 구성원들은 서로를 운명적인 관계, 즉 민족으로 강한 연대의식을 갖게 되었다.

또한 군장체제에서는 다른 종족의 침입을 막고 나아가 그들을 징벌하는 전역의 책임자인 군장에게 충성을 다짐하는 출진 행사도 거행했다. 이들 제의와 군장체제는 집단 구성원들로 하여금 단합의 일체감을 갖게 했는데 이것은 민족의 결속을 강화시킨 핵심적 요인이 되었

90) 진덕규 (2002) 《한국 정치의 역사적 기원》 지식산업사, p. 107.

다. 고대 동아시아의 지배체제는 기원전 3세기에 예濊, 맥貊, 한韓의 종족 가운데 예 종족(부족)에서 시작되었으며 이는 고조선에서도 찾아볼 수 있다. 고조선은 민족 구성원의 강한 결속을 이룩하고자 홍익인간弘益人間을 이념으로 내걸었다는 후대 사람들의 주장도 있다.[91)]

고조선의 뒤를 이은 기자의 「8조법금八條法禁」도 고조선에서 유래했다. 고조선의 구성원들도 이를 지킴으로써 집단적인 결속체로 민족의 연대를 강화할 수 있었다. 고조선의 민족의식, 즉 같은 피를 이은 "혈연 집단"인 동족에 대한 관념은 단군조선, 기자조선을 거쳐 위만, 부여, 고구려로 이어졌다.[92)]

고대 왕국의 통치는 중앙집권적인 지배체제로 주변의 다른 종족이나 집단과의 전쟁에서 자기편 구성원에게 같은 "혈연 집단"이라는 민족의식을 강화하는 계기가 되었다. 이를 살펴보기 위해 고조선을 이은 고구려와 신라, 백제 등 삼국의 외향적 민족의식과 내향적 민족의식의 전개에 대해 살펴보기로 한다.

고구려는 작은 성읍국가에서 한반도와 만주지역을 포괄하는 큰 영역국가로 성장했는데, 그 영역에 살았던 예, 맥, 한계韓系의 여러 집단과 일부 한인漢人과 말갈인도 포용하고 있었다. 비슷한 시기에 한

---

91) 《삼국유사》에서 홍익인간을 이렇게 적고 있다."고기古記에 이르기를 옛날에 환인桓因의 아들 중에 환웅桓雄이 있었는데, 자주 천하에 뜻을 두어 인간세상을 탐냈다. 아버지 환인이 아들의 뜻을 알고 삼위태백을 내려다보니 홍익인간 할 만하거늘, 천부인 세 개를 주어 내려가 다스리게 하였다. 환웅이 삼천무리를 이끌고 태백산 꼭대기 신단수 아래로 내려가니 이를 신시神市라 하였다. 홍익인간은 고조선 사람들의 소망을 담고 있다. 홍익인간의 의미가 "널리 세상 사람들에 유익하게 하라"는 것으로 집단의 구성원 사이의 깊은 연대의식을 강조하고 있다. 홍익인간에 대해서는 다음 책을 참고할 것. 정영훈 등 (1999) 《홍익인간 이념 연구》 한국정신문화연구원.

92) 고조선에 대한 체계적인 분석으로는 다음 저서의 제3장 《고조선의 건국》에서 읽을 수 있다. 김석준 (2020) 《바로 찾는 한국 고대 국가학; 고조선의 국가와 행정》 대영문화사 pp. 117~119.

반도의 남동부에서는 신라가, 남서쪽에서는 백제가 등장하여 삼국시대를 이루었다. 이들 가운데 고구려는 기원전 1세기 중반에 주몽朱蒙이 고구려연맹 체제로 건국했으며, 그 뒤 3세기 말 봉상왕烽上王까지를 초기로, 4세기의 미천왕美川王에서 6세기 중반 안원왕安原王까지를 중기로, 6세기 중반의 양원왕陽原王에서 668년 보장왕寶臧王까지를 후기로 구분할 수 있다.93) 이 기간 가운데 전기는 연맹체제적인 성읍국가로, 중기는 중앙집권체제의 영역국가로 후기는 중앙집권체제에다 귀족연립체제를 이루었다.

고구려도 제의의 거행으로 국가통합을 강화했으며 매년 10월에는 추수감사제로 동맹제東盟祭를 시행했는데, 이 제의를 주관하는 최고 사제가 바로 국왕이었다. 국왕은 나라 사람들의 감사와 기원을 천신에게 상달하고 천신의 약속을 인간 세계에 하달하는 사제였다. 국왕은 이런 제의를 집행함으로써 자신의 위상을 강화할 수 있었으며 지배층을 결속시키고 피지배층의 충성까지 확보하여 나라 사람들 모두로 하여금 민족의 구성원임을 기쁘게 받아들이게 했다.[94)]

또한 고구려는 건국 초기부터 전쟁에서 승리했을 때는 물론이고 패전했을 때도 사람들의 집단의식을 곧장 민족의식으로 고양시킬 수 있었다. 특히 소수림왕小獸林王은 외부의 침공을 막고 내부를 결속하기 위해 일대 개혁을 단행했다.[95)] 그는 왕실 계보의 정립과 율령 반포,

93) 노태돈 (1999) 《고구려사연구》 사계절출판사 p. 489.

94) 진덕규 (2002) 《한국 정치의 역사적 기원》 지식산업사 p. 107.

95) 먼저 국가통합을 위해 건국 설화와 왕실 계보를 체계화했다. 고구려 건국 신화는 하백河伯 즉 강의 신의 딸인 유화柳花가 햇빛을 받아 임신하여 낳았던 주몽이 부여에서 박해를 받아 남하하여 고구려 지역에서 건국하였고, 그 아들인 유리琉璃가 뒤에 아버지를 찾아 부여에서 와서 왕위를 계승하였으며, 손자인 대무신왕大武神王이 부여를 격파하여 강대국이 되었다는 내용이었다. 이점에 대해서는 노태돈, 앞의 책, pp. 28~30.

태학 설립, 불교 공인 등 중앙집권적인 지배체제를 확립했다. 또한 광개토왕廣開土王은 외향적 민족의식을 발판으로 대외정복을 추진했으며 거란을 성공적으로 공략해서 피랍된 고구려인들을 귀환시켰다.[96) 고구려는 스스로를 천손국天孫國으로 자처했으며 주변의 나라들을 복속시켜 조공관계를 맺었다.

이 시기에 중국을 통일한 수隋나라는 고구려를 네 차례나 침공했다. 특히 612년(영양왕嬰陽王 23년)에는 수양제隋煬帝가 고구려의 국도 평양성을 공격하기 위해 별동대를 압록강 서쪽에 집결시키자 을지문덕乙支文德은 수나라 군사를 평양성 부근으로 유인해서 극도로 지치게 만든 뒤, 수나라 양제에게 영양왕 알현을 제시하는 등 수나라 군에게 퇴각의 명분을 제공했다. 식량 부족과 피로에 지친 수나라 군사도 이를 받아들여 회군했다. 을지문덕은 살수를 건너 회군하는 수나라 군사를 기습 공격해서 압도적인 승리를 거두었고, 이에 수의 양제는 군을 총퇴각시킴으로써 고구려는 살수대첩薩水大捷을 이룩했다. 또한 6세기 후반부터 고구려는 귀족연립정권으로 나라를 통치했는데, 당시에는 신흥 귀족인 연개소문淵蓋蘇文 집안이 정권을 독점하고 있었다. 연개소문은 자신을 반대하는 귀족들을 제압하기 위해 군병을 동원해서 다수의 귀족을 처단했으며 영류왕을 죽이고 보장왕을 옹립함으로써 국가의 통치권을 장악할 수 있었다.

한편 6세기 후반에는 신라도 크게 약진하면서 삼국통일을 이룩할 수 있었다.[97) 신라도 삼국통일 이전까지는 상무주의적인 일면을 보여

96) 광개토대왕의 생전의 호칭은 영락대왕이고 412년 왕이 죽자 시호를 국강상광개토경평안호태왕國岡上廣開土境平安好太王으로 이는 '국강상에 능이 있는, 크게 땅을 넓히고 세상을 평안하게 한 좋은 태왕太王'이란 의미였다. 김영하 (2012) 《한국 고대사의 인식과 논리》 성균관대학교출판부 p. 103.

97) 삼국통일 전쟁의 역사적 시기 구분을 노태돈 교수는 아래와 같이 구분하고 있다. 제1

주었으며 통치 영역을 확장하고자 한반도의 통일과 만주 등으로 뻗어 나가기위한 국가 발전정책을 추진했는데 이는 곧 외향적 민족의식의 획기적인 실천이었다. 신라는 중반기를 지나면서 안으로는 체제 정비에 힘을 쏟았고 밖으로는 중국의 당과도 연계를 맺었다. 당시 국왕을 비롯한 지배세력에서는 대외적으로 국가발전을 이룩하지 못하면 고사하고 말 것이라는 절박감이 감돌고 있었다. 안온한 왕조체제에서 벗어나 외부로 지향하려는 국가 발전의 길, 즉 외향적 민족의식의 국가발전도 이런 시대성 때문에 가능했다.

이 시대는 신라 23대 법흥왕法興王, 24대 진흥왕眞興王을 거쳐 29대 태종무열왕太宗武烈王에 이르는 시기로 이들은 외향적 민족의식을 추구하였는데 30대 문무왕文武王의 삼국통일로 외향적 민족의식은 그 나름의 결실을 맺을 수 있었다. 그 과정에 선진 강대국과 친교를 맺었으며 때로는 사대주의로 대하기도 했다. 그러나 그것은 일시적이었으며, 필요하다면 그 강대국과 과감하게 맞서는 등 신라는 발전을 위해 모든 수단을 강구했고 내정개혁 같은 외향적 민족의식을 과감하게 추진했다.

이러한 성격의 외향적 민족의식의 정책적 추진은 신라의 법흥왕 때부터 본격화 되었는데, 법흥왕 재위 27년은 삼국통일의 기반을 조성했다. 그 때문에 정치사회의 분위기는 외향적 민족의식에 기반을 둔 강대국 지향으로 달려갔으며 이를 지원하는 내향적 민족의식의 실현에도 힘을 모았다. 즉 국가 제도도 새롭게 정비했으며, 율령을 공포했

기(641~659): 전쟁의 서막/ 제2기(660~663): 사비성 함락, 백제 부흥전쟁-주류성 공략전과 백강구 전투/ 제3기(664~668): 신라와 당의 대 고구려 전, 평양성 함락./ 제4기(668~676): 신라와 왜의 관계개선, 고구려 부흥운동, 신라-당 전쟁/ 제5기(676~700): 전쟁의 여진~676년 이후 신라의 대외관계와 국내 정세의 구분이다. 노태돈 (2009) 《삼국통일전쟁사》 서울대학교출판부 p. 53.

고, 상대등의 활용, 불교의 공인, 금관가야의 병합 등 내향적-외향적 민족의식을 동시에 추진함으로써 신라 발전의 초석을 마련할 수 있었다.[98] 법흥왕의 이러한 외향적 민족의식은 한반도에서 후진적이고 소국이었던 신라를 새로운 위치로 올라서게 했다.

법흥왕의 뒤를 이은 진흥왕도 외향적 민족의식에 힘입어 획기적인 국가발전을 이룩했다. 그는 먼저 이사부異斯夫를 병부령으로 삼아 군사적인 조직과 그 활동을 체계화했다. 특히 진흥왕은 17세가 되자 태후의 10년간 섭정에서 벗어나 그 자신이 앞장서서 대외 영토를 확장하는데 힘을 기울였다. 특히 한강 하류를 점령해서 이곳의 인적, 물적 자원을 확보하고 중국과의 교통로도 마련했다. 그는 가야를 정복했고 고구려 영역 일부와 백제 땅을 점령하는 등 신라의 영역 확대에 온 힘을 다했다. 또한 545년 이사부의 건의를 받아들여 거칠부居柒夫로 하여금 《국사》를 편찬하게 했으며 화랑도를 적극 지원했다. 진흥왕은 576년에 종래의 여성 중심의 원화源花를 남성 중심의 화랑도로 개편했다. 화랑도는 15세~18세의 청소년을 선발해서 이들 가운데 신망이 높은 진골 귀족 출신을 화랑으로 삼고 그 밖의 소년들을 낭도로 삼았다. 이들은 높은 산에 올라 무술을 연마했고, 유학을 학습하는 등 원광법사圓光法師의 세속오계를 실천하는 데 힘을 기울였다.[99]

신라는 29대 태종무열왕 김춘추金春秋와[100] 김유신金庾信 등의 주

98) 상대등은 최고의 관직으로 상신相臣으로 부르기도 했다. 이러한 관직의 정비와 신설은 국왕을 정점으로 한 군신체제에서 신하의 위치를 설정했으며 국왕을 귀족보다 우월한 존재로 규정했다. 김기흥 (2000) 《천년의 왕국 신라》 창작과비평사 p. 103.

99) 원광법사가 수나라에서 돌아와 운문산 가실사에 있을 때 가르친 것으로 사군이충事君以忠, 사친이효事親以孝, 교우이신交友以信, 임전무퇴臨戰無退, 살생유택殺生有擇 등 다섯 가지 계율이다. 박남수 (2013) 《신라 화백제도와 화랑도》 주류성출판사 p. 434.

100) 신라 제29대 왕 김춘추는 신라 29대 왕으로 이찬 김용춘金龍春의 아들이다. 어머니는 진평왕의 딸 천명공주天明公主이고, 부인은 김유신의 여동생 문희, 곧 나중의 문명

도적인 활동으로 삼국을 통일할 수 있었다. 김춘추는 국왕이 되기 전부터 삼국 통일을 위해 혼신의 힘을 다했다. 먼저 백제를 멸하기 위해 당나라로부터 지원을 받았으며 고구려와 군사동맹을 맺기도 했다. 김춘추는 642년 말 평양에서 연개소문을 만나 백제와의 전투에서 신라를 도와줄 것을 요청했다. 그러나 연개소문은 신라가 점령한 죽령 이북 고현高峴 이남의 한강 유역을 고구려에 되돌려줄 것을 요구했기 때문에 이 담판은 실패로 끝났다.

한편 백제는 민족의식의 흐름에서 외향적이면서도 내향적인 성격을 동시에 보여주었다. 외향적 민족의식은 내향적 민족의식의 외적 표현이기도 했다. 백제는 기원전 18년에 부여족의 온조왕溫祚王 집단이 현재의 서울 지역에서 건국했다. 백제는 678년 동안 존속했는데, 이 기간은 수도를 기준으로 한성도읍기: 기원전 18~기원후 475), 웅진도읍기: 475~538), 사비도읍기: 538~660)로 구분할 수 있다.

한성도읍기는 온조왕 집단이 위례성에 정착해서 국호를 '십제十濟'로 정했던 때부터다. 이 시기에 초고왕肖古王은 하남위례성으로 수도를 옮기고 국호를 '백제'로 고쳤다. 고이왕古爾王 때는 영토를 넓혀 북으로는 예성강, 동으로는 춘천, 남으로는 안성, 성환, 서로는 서해에 이르는 한반도의 중부지역을 차지했다. 이어 근초고왕近肖古王 때는 내외의 정사를 제도화하는 등 크게 번영기를 누렸다. 이때 관등제를 일원화했으며 지방의 행정을 일정 영역으로 구분하고 중앙에서 관리를 파견하는 담로제를 실시했다. 근초고왕은 기원 371년(근초고왕 26)에 평양성전투에서 고구려의 고국원왕을 전사시키며 승전을 거뒀다.

부인이다. 선덕여왕 때부터 고구려와 당에 외교 임무를 띠고 활동했다. 진골 신분으로 51세에 국왕이 되었으며 재위 7년째인 660년, 당나라 군대를 끌어들여 백제를 정벌했으며 삼국통일의 기반을 마련했다. 왕위를 아들인 문무왕에게 물려주고 이듬해 세상을 떠났다.

또한 중국의 동진에 사신을 파견, 동진으로부터 진동장군영낙랑태수鎭東將軍領樂浪太守 작호를 받았다. 백제는 왜에 학술·기술 등 선진 문물을 제공했고, 왜는 백제를 군사적으로 지원했다.

위의 사례는 백제가 영역을 넓히면서 중국과 통교하는 등 외향적 민족의식으로 적극 활동했음을 의미한다. 또한 일본에 학술과 기술을 제공한 것은 외향적 민족의식에서 비롯된 선린관계로 이해할 수 있다. 이 시기에 백제는 내정을 정비하고 제도화했으며 이를 바탕으로 때로는 고구려와 때로는 신라와 맞겨루는 등 외향적 민족의식을 적극 추구했다. 그러나 이러한 흐름은 오래 계속되지 못한 채 왕권 장악을 위한 지배집단 내의 권력 갈등으로 내향적 민족의식의 기반 정립, 즉 새 제도의 효율적 기능화에 한계를 보여주었다.

또한 4세기 말, 고구려 광개토왕의 남진정책으로 백제는 58성을 빼앗겼고 왕제와 대신 등 10여 명을 인질로 보내야 했다. 이어 고구려 장수왕長壽王의 남진에 대항하기 위해 백제는 신라와 나제동맹을 맺었다. 이어 475년에 고구려 장수왕이 3만여 명의 군대로 백제를 공격, 왕도를 함락했으며 개로왕蓋鹵王은 죽음을 당했다. 그 뒤 백제는 수도를 웅진으로 옮겼다.

개로왕을 이은 문주왕文周王–삼근왕三斤王–동성왕東城王의 뒤를 이은 무령왕武寧王은 왕권을 안정시키고 고구려를 선제 공격했다. 또 금강 유역과 영산강 유역을 개발해서 주민의 생활 안정에 주력했다. 무령왕의 이러한 정책은 외향적 민족의식에서 내향적 민족의식으로의 지향이었다. 그는 먼저 백제 사람들을 하나의 민족으로 의식하게 함으로써 건실한 내정과 백성들의 안정된 생활을 위해 진력했다. 그러고는 무령왕은 백제가 다시 강국이 되었음을 밝히는 "갱위강국更爲强國"을, 중국의 황제에는 제후의 예를 표하면서도 대내적으로는 황제로 군림하는 "외왕내제外王內帝"를 표방함으로써[101] 사실상 외향적 민족의식과 내향적 민족의식을 효과적으로 활용했다.

백제는 551년에 가야와 연합해서 고구려를 공격, 한강 하류를 차지했고, 신라는 한강 상류를 점령했다. 그 뒤 신라는 중국과 교류하기 위해서 고구려와 손잡고는 백제가 차지했던 한강 하류 영역을 차지했다. 신라의 이런 행동에 격분한 백제의 성왕聖王은 신라를 공격했지만 관산성에서 대패했다. 백제는 그 뒤 위덕왕威德王, 법왕法王을 거쳐 익산에서 마[薯]를 캐며 살던 몰락한 왕족 무왕武王에게로 왕권이 넘어갔다. 무왕은 익산을 세력 기반으로 삼기위해 그곳으로 천도하려 했지만 귀족들의 반대로 실현할 수 없었다. 무왕을 이은 의자왕義慈王은 귀족 세력을 약화시키고 왕권중심의 정치운영체제를 확립했지만 후기로 갈수록 탐락과 부패로 백제사회를 혼돈으로 몰아넣었다. 게다가 신라와 빈번하게 전쟁하면서 국력이 급격하게 위축되었다.

군사동맹을 맺은 신라와 당은 660년 6월 김유신의 5만의 신라군과 소정방蘇定方의 13만 명의 군대로 백제를 공격했다. 의자왕의 명을 받은 계백階伯 장군은 결사대 5천 명으로 황산벌전투에서 신라군의 공격에 맞섰지만 끝내 분사했다. 백강 하구에 상륙한 당나라 군대는 신라군과 합세하여 사비성으로 진군했고 다급해진 의자왕은 태자와 더불어 웅진성으로 피난을 갔다. 이에 왕자 태泰가 사비성을 지키면서 스스로 왕위에 올랐지만 당군에 항복하고 말았다. 사비성이 함락되자 웅진에 머물렀던 의자왕도 당군에 항복했다.

이어 644년 7월에 당은 고구려를 침공했으나 교외의 안시성 접전에서 고구려 병사와 안시성 주민들의 끈질긴 저항으로 장기간의 공방전을 벌여야 했다. 이렇게 시작된 당과의 오랜 전쟁으로 고구려도 점점

101) 노종국 (2020)《역사의 맞수; 백제 성왕과 신라 진흥왕》 지식산업사 pp. 26~27.

피폐해졌다. 661년 당나라 군대는 평양성을 포위했지만 겨울철부터는 오히려 고구려 군대가 당나라 군대를 격파 포위하는 등 전세가 역전되었다. 포위된 당나라 군대는 식량마저 떨어졌고, 본국의 보급선도 차단되는 등 위기 상황으로 내몰렸다. 이때 신라군의 도움으로 당나라 군대는 이 위기에서 빠져 나올 수 있었다.

고구려와 당나라의 전투가 지속되었던 665년에 연개소문이 사망하자 고구려의 정치는 곧장 혼돈으로 떨어졌다. 또한 연개소문의 장남 남생男生, 차남 남건男建 삼남 남산男産 사이의 권력투쟁으로 고구려는 끝내 패망으로 접어들고 말았다. 이러한 어려움 속에 고구려 남부를 지켰던 연개소문의 동생 연정토淵淨土는 666년 12월에 그의 관할 지역 12개의 성을 들고 신라로 투항했다. 고구려 집권층의 분열과 배신, 투항은 고구려인들의 투지를 급속하게 약화시켰다. 오랜 전란으로 피폐해진 고구려는 점점 패배주의의 그림자로 뒤덮이기 시작했다. 667년 2월, 당나라의 대규모 침략군은 다시 요하를 건너 평양성으로 들이닥쳤고 신라군도 평양으로 북진해서 당나라 군대와 연합하여 평양성을 포위 공격함으로써 끝내 668년에 패망하고 말았다.[102)]

고구려의 패망은 외향적 민족의식에만 치중했던 통치체제의 한계일 수도 있었다. 앞에서도 말했지만 외향적 민족의식은 국가의 대외발전을 추구하면서도 통합의 정치를 이룩해야 한다. 대외영역을 확보하기 위해 때로는 외국과 전쟁도 해야 하며, 외국으로부터 공격을 받았을 때는 결사항전의 끈질긴 투쟁력을 발휘해야 한다. 이 점에서 외향적 민족의식은 그 나름의 특정적인 신념체계에 따라 국민의 결속을

102) 당나라는 고구려를 멸망시킨 평양에 안동도호부를 설치, 2만의 병력을 주둔시켰다. 점령지 고구려를 재편하고는 당에 투항하거나 협력한 자를 도독, 자사, 현령으로 임명했으며, 당나라에 비협조적인 고구려인 2만 8천여 호를 당의 내지에 대거 강제 이주시켰다.

바탕으로 삼아야 한다. 그것은 내향적 민족의식에 따른 체제의 안정과 통합일 수도 있다. 사람들의 일상생활을 안돈하게 하고 문화를 진작시켜 전쟁의 피로감도 해소시켜야 한다. 외세와 전쟁만 치를 것이 아니라 때로는 서로 화해해가면서 국력 진작의 기회를 가질 수도 있어야 한다. 외향적 민족의식을 주로 하면서도 종으로는 내향적 민족의식으로 국내의 안정과 발전을 이룩함으로써 외향적 민족의식의 의도를 실현할 수 있게 해야 한다. 여기에는 유능한 통치세력의 헌신적인 기여와 피지배층의 적극적인 지지가 뒤따라야 한다. 그러나 불행하게도 고구려는 외향적 민족의식에서 내향적 민족의식으로 또는 내향적 민족의식과 외향적 민족의식이 적절한 균형과 보완을 이룩하지도 못했다.

실로 고구려는 건국 초기부터 주변국과 전쟁을 치러야 하는 외향적 민족의식으로 나아갈 수밖에 없었다. 이러한 형편에서는 지배세력과 피지배세력 사이의 통합적인 관계는 물론이고 지배세력의 합의와 연대도 확고해야 했다. 그러나 고구려는 중후반기로 넘어서면서 연개소문의 권력 장악과 그 일문의 대립으로 끝내 나라가 위기에 빠졌으며 패망으로 끝맺게 됐다. 668년에 멸망하기 직전까지 고구려는 수와 당과의 70여 년에 걸친 전쟁으로 병사들과 백성이 모두 크게 지쳐서 결국 패망의 운명을 맞았는데 이것이야말로 한국 민족사의 더할 수 없는 통한의 기록으로 남게 되었다.

한편 신라는 668년에 삼국을 통일했지만 만주 일대를 비롯한 고조선-고구려의 고토를 잃어버린 유한을 한국 민족사에 고스란히 넘겨주었다. 사실상 이때부터 고조선과 고구려의 웅대한 외향적 민족의식도 한반도에서 점점 사라졌다. 특히 삼국을 통일했던 신라 왕조는 불교의 유입 이후 불연국가佛緣國家를 자처하면서 평화 위주의 일상을 추구했으며, 이전의 화랑도 등 상무주의의 외향적 민족의식의 기풍도 사라졌다. 그렇다고 건전한 내향적 민족의식이 주도했던 것도 아니고, 한낱 문약한 골품제 계급사회로 변모했을 뿐이다. 이러한 현상은 지배세력의 부정과 부패로 신라사회에 구조적-지역적인 이완 현상을 가져왔는데 그 실증적 사례가 지방 호족의 반란이었다. 먼저 신라 하대에서는[103] 왕위계승을 위한 지배층의 분열과 성골 귀족의 반란이 빈번하게 일어났는데 822년 김헌창金憲昌의 반란과 841년 장보고張保皐의 반란도 여기에 해당된다.[104]

이 시기 신라의 지배세력은 향락적인 생활에 빠져들었으며, 그들 사이의 권력 쟁탈전은 신라 왕실을 해체기로 몰아넣었다. 억압과 약탈에 지친 민중의 반란이 전국적으로 일어나면서 신라는 점차 국가붕괴로 다가서고 있었다. 이러한 현상이 나타난 것은 내향적 민족의식으로 국가의 체제 정비와 민족적 기풍을 새롭게 일으켜야 했는데도 그렇게 하지 못했기 때문이다.

신라 말기로 접어들면 토지 소유의 불균형에다 과중한 수취로 농민의 생활이 궁핍해졌고, 거듭되는 자연재해로 농민들은 식량을 찾아 도적이 되어 떼 지어 몰려다녔다. 이들 가운데는 조직적인 체제를 갖

103) 102) 《삼국사기》 신라본기에 따르면, 시조 혁거세로부터 진덕여왕까지 28대를 상대上代로 무열왕에서 혜공왕까지 8대를 중대로, 선덕왕에서 경순왕까지 20대를 하대下代로 구분했다.

104) 웅천주熊川州 도독인 김헌창이 822년 3월 자신의 아버지가 왕이 되지 못하자 반란을 일으켰다. 김헌창은 국호를 장안長安으로 연호를 경운慶雲 원년으로 정했다. 김헌창의 반란에 인근 지역의 5주 3소경이 동조했다. 그러나 정부군의 신속한 토벌로 곧바로 진압되었다. 또한 장보고의 경우는, 그가 중국에서 무술을 연마한 뒤 828년 흥덕왕의 허락을 받아 청해진을 설치 신라 중국 일본 등 3각 무역으로 부를 축적했으며 자기 딸을 문성왕과 혼인시키려다 실패하자 반란을 일으켰다. 정부에서 반란군을 진압했다. 〈신라천년의 역사와 문화〉 (2016) 《신라왕권의 쇠퇴와 지배체제의 동요》 경상북도문화재연구원 pp.82~89. 152~156.

추고 국가를 수립하는 인물도 있었는데 견훤과 궁예가 그러했다. 견훤은 백제 의자왕의 원한을 갚겠다면서 백제의 부흥을 선언했고, 궁예는 고구려의 부흥을 주창하면서 후고구려를 건국함으로써 후삼국 시대로 접어들었다. 후삼국 시대는 신라에서 고려로 옮겨가는 과도기로 918년 6월 왕건은 홍유, 배현경, 신숭겸, 복지겸 등의 도움으로 궁예를 몰아내고 고려 왕조를 건립했다.[105] 왕건은 936년에 후백제를 멸함으로써 후삼국을 평정했으며 마지막으로 신라 경순왕敬順王이 귀부歸附하면서 고려는 단일국가체제를 한반도에서 이룩할 수 있었다.[106]

2) 고려시대 민족의식의 소진

고려 왕조는 고대로부터 중세로의 이행기, 즉 중세 천년의 전반기에 경주의 신라를 대신한 개경 중심의 신흥세력이었다.107) 시대 전환기에는 민족이나 민족의식도 시대 변화의 새 논리를 구축하고 이를 실천해야 했다. 종전의 민족의식이 자기 민족에 적대적인 세력에 대한 배격과 극복에 치중했다면 중세의 민족의식은 적대세력과 타협하

105) 〈신라천년의 역사와 문화〉(2016)《신라에서 고려로》경상북도문화재연구소 p. 233.

106) 935년 경순왕은 신하들과 회의해서는 고려에 항복하기로 결정했다. 그해 11월 왕건은 경순왕의 항복문서를 받고는 그를 맞아들이기로 했다. 경순왕은 백관을 이끌고 왕건에 귀의했는데 이때 그 수레와 사람이 30리에 뻗쳤다. 왕건은 교외까지 마중 나갔으며 그에게 궁궐 동쪽의 좋은 집을 내렸고 경주를 경순왕의 식읍으로 삼게 했다. 이로써 천년왕조 신라는 끝을 맺었다. 앞의 책, p. 251.

107) 여기서 의미하는 중세는 서양사의 시대구분을 그대로 차용한 것이 아니라 한국사의 전반적인 전개를 전제로 인식의 편의에 따른 시대구분일 뿐이다. 서양의 중세가 봉건제와 가톨릭교회를 중심으로 한 일정한 시대적 특징성을 보여준 것과는 달리 한국의 정치사에서는 이른바 하부구조로서의 생산양식이나 상부구조로서의 정치체제의 일체성과 같은 구분을 전제하기보다는 정치 지배세력의 변동을 기본으로 한 구분이다.

면서 공존도 중시했기 때문에 자주 자립을 위한 민족적 관념에서는 그만큼 선택의 폭이 넓어졌다. 민족의식은 외향적인 것과 내향적인 구분을 전제로 하면서도 실제로는 보완적인 성격도 보여주는 양면적인 정책으로 추진되어야 했다. 가령 국내 정치세력의 통합과정에서는 내향적 민족의식을 실현하면서도 이를 외향적 민족의식의 차원에서도 추구할 수 있어야 했다. 이러한 전제에서 고려의 정치사를 다음 몇 단계로 나눠서 살펴보기로 한다.

(1) 초기 집권 체제기

(2) 문신벌족의 지배기

(3) 무신 집정기

(4) 부용왕조附庸王朝 시기

(1) 초기 집권체제기

태조 왕건으로부터 11대 문종까지는 초기 집권 체제기다. 고려를 건국한 왕건은 후삼국 시대 50여 년의 혼란을 수습했으며 지방호족을 포섭하기 위해 결혼 정책,[108] 사심관 제도, 기인제도 등으로 국가통합을 이룩했다.[109] 그는 유력한 지방 세력을 받아들여 중앙집권적 귀족정치를 실시했다.[110] 특히 왕건은 유교적인 정치 이념에 당과 송의 제

108) 왕건은 고려의 건국초기에 지방 호족을 포섭하기 위해 그 호족의 딸과 결혼했으며 그 때문에 29명의 후비를 두었다. 진덕규, 앞의 책, p. 281.

109) 고려의 창건을 호족연합정권으로 주장하는 견해에 따르면 고려의 건국은 왕권의 주도적인 권력 창출이 아니라 지방의 유력 지배가문의 연합정권으로 통치권은 미약하며 심지어 지방분권적인 성격을 전제하게 된다. 그러나 이러한 논의를 고려 창건의 시기에 적용에는 어려움을 갖게 된다. 이 점에 대해서는 다음 책을 참고할 것. 沈載錫 (2014) 《고려 초기 정치사 연구》 미주 pp. 16~19.

110) 민현구 (2004) 《고려정치사론; 통일국가의 확립과 독립왕국의 시련》 고려대학교출판부 p. 15.

도를 모방했다. 왕건은 고려는 고구려의 계승국가로 대외 관계에서도 고구려의 외향적 민족의식을 추구하려 했지만 현실적으로는 어려움에 놓여 있었다. 왕건은 죽기 전에 훈요십조訓要十條에서 고려 건국의 의미를 밝히고 있다.[111]

제2대 혜종과 제3대 정종은 일찍 죽었고 제4대 광종에 와서야 비로소 과감한 개혁정치로 고려를 통일왕조로 확립할 수 있었다. 광종은 노비안검법을 제정해서 다수의 노비를 양민으로 살게 했으며 후주에서 귀화한 쌍기雙冀의 건의로 과거 제도를 시행하는 등 문치주의로 왕권 중심의 지배층을 안정시켰으며 위계질서도 제정했다. 또한 제6대 성종은 최승로의 「시무 28조」에 따라 통치했다.[112] 이어 11대 문종

111) 「훈요십조」는 다음 내용으로 되어 있다. 1조: 국가의 대업은 여러 부처의 호위를 받아야 하므로 선禪·교敎 사원을 개창한 것이니, 후세의 간신이 정권을 잡고 승려들의 간청에 따라 각기 사원을 경영, 쟁탈하지 못하게 하라. 2조: "정해놓은 이외의 땅에 함부로 절을 세우면 지덕을 손상하고 왕업이 깊지 못하리라." 3조: 왕위계승은 맏아들로 함이 상례이지만, 만일 맏아들이 불초할 때에는 둘째 아들에게, 둘째 아들이 그러할 때에는 그 형제 중에서 중망을 받는 자에게 대통을 잇게 하라. 4조: 우리 동방은 예로부터 당의 풍속을 숭상해 예악문물을 모두 거기에 좇고 있으나, 풍토와 인성이 다르므로 반드시 같이할 필요는 없다. 거란契丹은 금수의 나라이므로 풍속과 말이 다르니 의관제도를 본받지 말라. 5조: …… 서경의 수덕은 순조로워 우리나라 지맥의 근본을 이루고 있어 길이 대업을 누릴 만한 곳이니, 사중마다 순수하여 100일을 머물러 안녕을 이루게 하라. 6조: 나의 소원은 연등과 팔관에 있는 바, …… 군신이 동락하면서 제사를 경건히 행하라. 7조: 임금이 신민의 마음을 얻는다는 것은 매우 어려우나,…… 간언을 좇으면 어진 임금이 되고, 참소가 비록 꿀과 같이 달지라도 이를 믿지 아니하면 참소는 그칠 것이다. 또, 백성을 부리되 때를 가려하고 용역과 부세를 가벼이 하며 농사의 어려움을 안다면, 자연히 민심을 얻고 나라가 부강하고 백성이 편안할 것이다. …… 8조: 차현車峴 이남, 공주강 외의 산형지세가 모두 본주를 배역해 인심도 또한 그러하니, …… 비록 양민이라도 벼슬자리에 있어 용사하지 못하게 하라. 9조: 무릇 신료들의 녹봉은 나라의 대소에 따라 정할 것이고 함부로 증감해서는 안 된다. …… 10조: 국가를 가진 자는 항상 무사한 때를 경계할 것이며, 널리 경사를 섭렵해 과거의 예를 거울로 삼아 현실을 경계하라." 《고려사》 태조 세가 26년 4월조, 《고려사절요》 26년 4월조. 김갑동 (2002) 〈왕건의 '훈요 10조' 재해석-위작설과 호남지역 차별-〉 《역사비평》 60.

112) 최승로崔承老는 신라 6두품 최은함崔殷諴의 아들이다. 최승로의 「시무 28조」는 현

은 일련의 개혁적 입법으로 왕조체제를 공고하게 다졌다.

(2) 문신 벌족의 지배기

인종으로부터 고종 즉위 직전까지 약 90년은 문신 벌족의 지배기였는데, 이들의 부정과 부패로 온갖 분규가 분출했다. 특히 역대 국왕은 대부분이 어렸기 때문에 외척이나 문벌 귀족이 권력을 전횡했다.[113] 제8대 현종 때부터는 근기 지역의 호족인 안산김씨安山金氏, 인주이씨仁州李氏, 해주최씨海州崔氏, 파평윤씨坡平尹氏, 이천서씨利川徐氏, 평산박씨平山朴氏, 경주김씨慶州金氏, 강릉김씨江陵金氏 등이 핵심 세력이었다. 이들 문벌 가운데 으뜸은 경원이씨慶源李氏로 11대 문종에서 17대 인종까지 7대 80여 년을 외척으로서 세력을 크게 떨쳤다. 이 가문 출신인 이자의李資義와 이자겸李資謙은 국왕의 승계에 관여하여 끝내 난까지 일으켰는데, 이자의의 난[114], 이자겸의 난[115]이

재 22조의 내용만 전해지는데, 주요 내용은 다음과 같다. 그는 중앙집권 체제를 강조했으며 지방 호족 세력의 억제, 유교와 불교의 기능에서 유교는 국가 통치의 이념인 반면 불교는 수신의 근본이며 내생을 위한 것으로 구분했다. 불교 승려에 대한 지나친 예우를 삼가고 연등회·팔관회의 철폐와 유교의 왕도 정치를 주장하였다. 왕의 군대와 궁중 노비를 줄이고 귀족 관료의 특권을 예우해야 한다고 하였다. 중국에 보내는 사신의 수를 줄이고 사무역을 금하고, 양인과 천민에 대한 법 등을 확립하여 엄격한 신분 제도를 강조했다. 沈載錫, (2014) 앞의 책, pp. 252~255.

113) 朴龍雲 (1987)《高麗時代史, 下》一志社 p. 397.

114) 이자의는 중추원사의 직에 있으면서 13대 선종이 상서 이석李碩의 딸로 후를 삼아 14대 헌종을 낳고 또 이자의의 여동생 원신궁주가 한산후 왕윤을 낳았는데, 왕윤을 즉위시키려고 모의하였다. 이때에 왕의 숙부 계림공이 이를 탐지하고 진압했다. 이 일로 그 일파는 숙청되었고 계림공이 왕위를 이어 15대 숙종이 되었다. 앞의 책, pp. 398~399.

115) 이자겸은 예종과 인종에게 자신의 딸을 왕후로 삼게 했으며 막강한 권력을 장악하자 인종은 여기에 반발해서 이자겸을 제거하려 하자 오히려 이자겸이 척준경의 군사력을 동원하여 난을 일으켰다. 그는 왕궁을 침범, 왕을 유폐시켰다. 그러나 인종은 척준경을 이자겸과 갈라서게 했으며 이자겸은 척준경의 군사들에게 포박되어 유배되었으며 인주이씨의 발호도 종식되었다. 척준경도 정지상의 탄핵으로 제거되었다. 앞의 책, pp.

그것이다.

한편 이 시기에 묘청妙淸의 서경 천도운동이 일어났다. 묘청은 풍수지리설을 내세워 서경 천도를 주장했으며 개경의 문벌 귀족 세력을 제압하고 칭제건원稱帝建元의 혁신 정치를 주창했다. 그러나 김부식金富軾의 서경 정토로 정지상鄭知常, 백수환白壽翰 등 묘청 일파를 죽이고 1136년(인종 14년) 2월에 평양성을 함락함으로써 1년 만에 평정했다.

이 시기에 거란의 요나라가 고려를 침략했지만 서희徐熙의 담판으로 위기를 모면하고 강동 6주江東六州를 확보했다. 그러나 1010년에 거란은 이듬해까지 수도 개경開京을 비롯한 서북부 지역을 침공했으며, 고려 현종은 전라도 나주羅州로 피난을 가야 했다. 그 가운데에도 양규楊規의 고려군은 요나라 군을 일시 물리쳤으나 1018년에 다시 침략을 받았다. 이때 강감찬姜邯贊의 고려군은 회군하는 요나라 군대를 귀주에서 물리쳐 귀주대첩龜州大捷을 이룩했다. 1107년 윤관尹瓘은 천리장성을 넘어 여진족을 북방으로 쫓고는 동북 지방 일대에 9성을 쌓았다. 그러나 그 뒤 여진족이 만주 일대를 장악하면서 금나라를 세운 뒤 고려를 굴복시키고 군신관계를 맺게 하는 등 치욕을 안겨주었다.

(3) 무신 집정기

1170년 정중부鄭仲夫, 이의방李義方 등은 무신정변으로 정권을 잡은 뒤 많은 문신을 죽이고 의종을 폐하고 명종을 세우는 등 통치권을 행사했다. 그 뒤 이들은 치열한 권력투쟁 끝에 1196년에 최충헌崔忠獻과 그의 아들 최우崔瑀의 무신 집정기를 맞았는데 이들은 무인정권의 기구로 정방政房, 서방書房을 설치했다. 또한 이들 무신정권은 극

401~402.

도의 사치와 유락遊樂으로 왕조의 재정을 파탄으로 몰고 갔으며 심한 과세에 분개한 농민들은 반란을 일으켰다.

1172년(명종 2년)에는 창주(昌州, 창성), 성주(成州, 성천), 철주(鐵州, 철산) 등지에서 농민 반란이 일어났고, 1176년(명종 7년)의 공주 명학소鳴鶴所에서 망이亡伊 망소이亡所伊의 난, 경상도에서는 손청孫淸과 이광李光 등의 반란, 1182년(명종 12년)에는 전주에서 군인과 관노官奴의 난이 일어났다. 특히 1193년(명종 23년)에 일어난 명주(溟州, 강릉)의 농민 반란군은 동경(東京, 경주)의 반란군과 합세했고 진주晋州의 노비 반란군은 합주(陜州, 합천)의 부곡 반란군과 연합하여 공동 전선을 폈다. 이처럼 이 시기에 고려는 부패 무력한 왕조로 전락하고 말았다.

(4) 부용왕조의 시기

13세기 초 중국에서 몽골족이 통일 국가를 형성한 뒤 북중국을 점령했다. 이후 몽고는 고려에 갔던 사신 저고여著古與가 귀국 길에 국경 지대에서 거란족에게 피살되자, 이를 구실로 원나라 군대가 고려로 진공(1231년)했다. 여기에 맞서 집권자인 최우는 강화도로 도읍을 옮기고 장기 항전으로 들어갔다. 이로부터 원나라 군대는 30여 년간 7차례나 고려를 침략했다. 강화도의 고려 왕실은 원나라군에 항전하면서 협상도 추진했다. 고려 왕실과 지배층은 부처의 힘으로 몽고군을 막으려는 일념으로 팔만대장경을 조판했다. 장기간의 전쟁으로 백성들은 도탄에 빠졌으며, 문신들은 원과의 강화를 주장했다. 이들과 일부 무신이 연대하여 최씨정권을 무너뜨리고 원에 굴복했으며 1270년 개경으로 환도했다.[116] 그 뒤 고려 왕실은 원의 황실과 결혼하여 부용

116) 고려 조정이 개경으로 환도하자 대몽 항쟁에 앞장섰던 삼별초는 배중손의 지휘 아래

왕조, 즉 제후국으로 격하되었다. 그 때문에 고려의 국왕도 제후국으로 원에 충성한다는 의미에서 '충忠'자를 붙여 충렬왕, 충선왕, 충숙왕, 충혜왕, 충목왕, 충정왕으로 불렸다.

이 시기에 공민왕은 반원정치反元政治와 권문세가의 약화를 시도했지만 시해되었으며 권문세족의 핵심 권신權臣인 이인임李仁任이 10세인 우왕禑王을 옹립함으로써(1374년) 권력은 다시 권문세가의 손에 들어갔다. 바로 이 시기에 점진적 개혁을 주장했던 최영崔瑩과 본격적으로 급진적인 개혁을 주장했던 이성계李成桂를 중심으로 세력권이 재편되었는데, 최영이 처단되면서 고려 왕조도 망하기 시작했다.[117)]

고려 시대의 민족적 지향을 살펴보면, 왕건은 고구려의 복원을 강조하는 등 외향적 민족의식을 표명했지만 실제로는 국내 평정에 주력해야 했다. 고려 창건과정에서 왕건은 고구려의 내전 극복의 당면성을 왕건이 주창해도 현실적으로는 이를 추구할 수 없었다. 어느 면에서는 내향적 민족의식으로의 지향이 더 시급했다. 국내 정치 사회의 체계적인 개혁과 사회 구성원의 통합 그리고 발전의 추구라는 내향적

반기를 들었다. 이들은 왕족 승화후를 국왕으로 삼고 새 정부를 수립했으며, 진도로 옮겨 저항했다. 그러나 김방경 등 여몽 연합군의 공격으로 진도가 함락되자 다시 제주도로 가서 김통정의 지휘 아래 계속 항쟁하다 원종 14년(1233년)에 평정되고 말았다. 박용운 앞의 책, pp. 445~446.

117) 최영은 우왕의 신임으로 문하시중으로 올랐지만 그는 신흥제국 명이 1388년 철령 이북의 땅을 차지하려 하자 팔도 도통사로 이성계, 조민수와 함께 출진했다. 그러나 이성계는 다음의 4불가론으로 요동정벌을 반대했다. 1. 소(작은 나라)가 대(큰 나라)를 거역할 수는 없다. 2. 농사철에 군대를 동원할 수 없다. 3. 모든 군사가 북쪽으로 몰려간 틈에 왜구가 쳐들어올 소지가 있다. 4. 여름이라 비가 자주 내리므로 활의 아교가 녹아 쓰기 어렵고 군사들은 전염병에 시달릴 수 있다. 이성계의 위화도 회군은 최영을 처단함으로써 사실상 고려의 명운을 종식시켰다.

민족의식의 실현도 건국 초기에는 효율적으로 추구될 수 없었다. 즉 4대 광종의 노비안검법과 과거제에서 비롯한 문치주의, 6대 성종의 「시무28조」 구현, 그리고 11대 문종의 치적으로 내향적 민족의식 부분적으로 이룩될 수 있었다.

그러나 권문세족의 등장과 그들의 가렴주구는 내향적 민족의식의 흐름조차 차단한 채 고려를 부패와 무능의 왕조로 변모시켰다. 여기에 반발해서 일거에 외향적 민족의식으로의 전환을 요구했던 것이 묘청의 서경천도 운동이었다. 비록 실현되지는 못했지만 이들이 주창한 칭제건원이야말로 고려에서 뒤로 미뤄진 외향적 민족의식의 극적인 표출이었다. 그러나 김부식 등 전통적 지배세력에 의한 묘청의 난의 진압은, 바로 고려에서 외향적 민족의식의 종지부를 의미했다.

그 뒤 고려의 정치적 퇴락은 무신정권으로 이어졌으며 끝내 왕실의 강화도 피난이라는 참담함을 보여주고 말았다. 흔히 무신정권이 보여주는 외향적 민족의식과는 다른, 무신 일파의 권력점유를 위한 전형적인 타락된 정권으로 이어졌다. 고려왕조가 원제국의 부용왕조로 전신한 것이 중세 전반기 동아시아의 국제관계의 흐름이었다 해도 민족의식의 흐름에서는 더할 수 없는 치욕이었다. 대내외 관계에서 민족의식이 사라진 그 왕조에서 민중은 관리의 핍박과 약탈을 받으면서도 민족의식을 지니고 그것을 펼치고자 때로는 민란으로 왕조에 맞서면서 분투했다.

3) 조선왕조의 속국의식

1392년에 건국한 조선왕조의 통치체제는 군신일체의 단일적인 통치구조였다. 성리학을 통치 이데올로기로 삼았으며, 중국을 사대로 섬겼고, 중문경무重文輕武의 관인제도라는 성격이 뒤엉켜서 역사적으로 유례없는 문약한 왕조로 존속했다.[118)]

조선왕조는 출발부터 대외적으로 자주, 자립과는 무관한 채 중국의 명나라에 대한 사대로 일관했으며 국호까지도 명으로부터 선택, 하사받았다. 즉 조선왕조는 새 국호를 조선朝鮮과 이성계의 출생지인 영흥의 옛 이름인 화녕和寧 가운데 선택해 달라고 예문관 학사 한상질韓尙質을 보내어 명 태조에게 요청했다. 이에 명 태조는 "동이東夷의 국호에 다만 조선의 칭호가 아름답고, 또 이것이 전래한 지가 오래되었으니, 그 명칭을 근본으로 본받을 것이며, 하늘을 본받아 백성을 다스려서 후사를 영구히 번성하게 하라."면서 국호를 정해 주었다.[119)]

조선왕조의 사대주의에 관한 첫 흐름을 조선의 문하시랑 찬성사 정도전鄭道傳이 명으로부터 받아온 칙지에 대한 글에서도 읽을 수 있다. "삼가 황제의 칙지勅旨를 받았는데, 고유誥諭하심이 간절하고 지극하십니다. 신은 온 나라 신민과 더불어 감격함을 이길 수 없는 것은 황제의 훈계가 친절하고 황제의 은혜가 넓고 깊으시기 때문입니다. …… 마음속에 새겨서 은혜를 잊지 않겠으며, 쇄골분신碎骨粉身이 되어도 보답하기가 어렵겠습니다. 이것은 삼가 황제 폐하께서 구중궁궐九重宮闕에서 천하를 다스리고 있으시면서도 만 리 밖을 밝게 보시고, 《주역周易》의 먼 지방을 포용하는 도리를 본받고, 《예경禮經》의 먼 나라 사람을 회유懷柔하는 인덕仁德을 미루어, 마침내 자질구레한

---

118) 조선왕조를 시기별로 다음과 같이 구분할 수 있다. 첫 단계는 사대부 통치기로 이성계의 건국에서 단종 때까지다. 둘째 단계는 훈신 통치기로 세조로부터 명종 때까지이며 셋째 단계는 사림 통치기, 넷째는 외척 세도기로 설정할 수 있다. 이것에 대한 논의는 다음 책에서 읽을 수 있다. 진덕규, 앞의 책, p. 311.

119) 《태조실록》 3권 태조 2년 2월 15일자.

자질로 하여금 봉강封疆을 지키는 데 조심하게 하시니, 신은 삼가 시종을 한결같이 하여, 더욱 성상을 섬기는 성심을 다하여 억만년億萬年이 되어도 항상 조공朝貢하고 축복하는 정성을 바치겠습니다."[120]

이처럼 조선왕조는 출발부터 민족적 자주나 주체성과는 먼 중국 변방의 조공국가로 출발했다. 조선은 해마다 정례 사행과 임시 사행으로 나누어 명에 사절을 보냈다. 1년 4회의 정례사행으로는 동지사, 정월의 정조사, 명나라 황제나 황후의 생일을 축하하는 성절사, 황태자의 생일 축하의 천추사가 있었다. 또한 일이 있을 때 보낸 사행으로는 사은사, 주청사, 진하사, 진위사, 진향사 등이 있다. 사행은 정사, 부사, 서장관 등 30명 내외로 구성되었으며 40일 전후의 일정으로 짜였다.

특히 임진왜란을 겪으면서 명나라로부터 군사적 지원을 받은 뒤 재조지은再造之恩의 관념은 조선왕조 지배세력의 기본 사고가 되었다. 특히 17세기 전반기 명·청 교체기에도 친명배청親明排淸의 노선을 지키다 청 태종의 침입에 따른 남한산성의 패전과 삼전도三田渡의 치욕은 한국 민족사의 굴욕이었다. 그 뒤 춘추지의, 즉 삼대 이후 한, 당, 송의 중화문명을 계승한 명에 대한 의리론은 이들의 정신사적 기반이 되었다. 재조지은에 뿌리를 둔 북벌론이 시의성을 잃은 뒤에도 명에 대한 의리만은 만동묘萬東廟와 대보단大報壇의 제례로 이어졌는데 이것은 조선왕조 지배세력의 이념적 고착현상을 보여주는 사례였다.[121] 여기에다 소중화小中華의 의식에 젖은 일부 지배세력은 마치 중국의 관인 유학자의 반열에 오르기라도 한 것처럼 자기나라 조선의 개혁과 발전에는 크게 관심을 두지 않았다. 그 결과 자주, 자립의 민족의식은 뒤로 밀려났고, 중국을 대국으로 섬기는 사대주의가 팽배했다.

---

120) 《태조실록》 태조 1년 (1392년) 10월 25일자.

121) 계승범 (2009) 《조선시대 해외파병과 한중관계》 푸른역사 참고.

또한 조선왕조는 건국 초기부터 불교를 허학으로 몰아 배격하고 성리학만을 실학으로 여겼다.[122] 15세기 성리학은 초창기 국가 건설에는 일면 긍정적인 기능을 수행하기도 했으며, 개인의 도덕수양과 향촌사회의 안정에도 기여했다. 그러나 성리학은 이념의 순수성에 집착함으로써 현실문제 극복과는 거리가 있었다. 조선왕조는 급속하게 변모하는 18세기 이후의 세계사적 사회변동에서는 빗겨나 있었다.

이처럼 닫힌 왕조체제의 전형이었던 조선은 18세기에 밀어닥친 제국주의의 침탈에는 대응능력을 상실한 채 오직 청국의 보호를 유일한 방책으로 믿고 있었다. 그 시대는 제국주의와 민족주의의 대결의 시기로, 국가를 지키기 위해서는 지배층과 피지배층이 결집해서 외세의 침탈을 막아야 했다. 그러나 조선의 통치는 지배층과 피지배층을 엄격하게 분리 배격했다. 통치는 오직 지배층만의 역할이며 피지배층은 복종과 추종만 해야 했다. 조선조 후기에 통치권을 점유했던 안동김씨安東金氏, 풍양조씨豐壤趙氏, 여흥민씨驪興閔氏 등은 부패하고 무능한 척족 세력에 불과했다. 여기에 더하여 일본의 개화를 모방했던 개화파의 젊은이들은 세상물정이나 세계의 흐름을 잘 알지도 못하면서 일본인의 교시에 추종했는데, 그것은 결국 조선왕조의 비극적 운명만을 재촉했을 뿐이다.

이런 시대였기에 민족이나, 민족운동, 민족의식 등이 제대로 자리잡을 수 없었으며 오히려 사대주의자들은 이들을 압살해 버렸다. 그런 세상에서도 고려 중반기 이후 피지배층인 백성들의 내면화된 의식으로 이어져 온 민족, 민족의식은 이 모든 것이 소진된 그 터전에서 분노의 움을 틔우고 있었다. 마침내 그와 같은 민족의식의 표출, 즉 백성의 분노는 조선왕조 말기에 삼남민란三南民亂으로, 동학농민혁

122) 정도전의 《불씨잡변佛氏雜辨》, 1398년에서 이를 읽을 수 있다.

명으로 퍼져나갔지만 그 결과 역시 참담했다.

그 뒤의 흐름은 이 책의 제III부에서 기술하겠지만 여기서는 다음 사실만 부기하기로 한다. 나라를 일본의 식민지로 전락시키고, 한국 민족사에 최대 모욕을 안겨준 조선왕조의 군왕과 권신들은 오히려 그 일본으로부터 은택을 받았으며 국왕은 조선왕으로, 권신들은 조선귀족으로 대우 받는 친일세력으로 변신했다. 나라를 되찾아 나라다운 나라를 세우려 했던 백성의 열망만은 1919년 3월 1일에 3.1운동으로 분출되었다. 이를 받아들인 민족독립운동의 지도자들은 외지에서 대한민국임시정부를 조직하여 반일투쟁에 일신을 투척했다. 그러나 일본 제국의 조선 통치는 가혹했고 치밀했다. 그들의 통치 아래에서도 나라를 되찾으려는 한국의 민족운동은 다음의 성격을 추구해야 했다. 첫째, 고대로부터 내려온 역사적인 민족의식의 흐름을 발전적으로 계승해야 했다. 둘째, 해방 전후의 민족주의, 특히 과거로부터 민중 속에 내재해 왔던 역사적인 민족의식과는 무관하게 미국과 소련의 지배 이데올로기가 민족주의를 덮어버리는 상황에 맞서야 했다. 셋째는 민족주의 이념에 따른 전체 민족 성원의 참여, 즉 이념-실천의 민족운동을 일으켜야 했다. 그러나 현실은 이러한 성격에서 벗어난 채 정치적 분열로 심하게 투쟁하는 비극적 상황으로 달려가고 있었다.

한편 일부 친서구주의자들은 이 시기 민족주의는 지난날의 낡은 주장이라면서 뒤로 밀쳐놓기도 했다. 그러나 그 시대에도 몇몇 민족주의 이론가나 주창자들은 각기 자기식으로 민족주의를 인식했고 또한 주장했다. 그 결과 민족주의는 기반적 이데올로기로 다른 이데올로기를 포용해야 함에도, 그 자체가 별개의 정치 이데올로기로 주장되면서 특정 정파의 이념으로 활용되고 있었다.

이런 현상은 한국 정치에서는 민족주의가 그 나름의 역할을 수행하지도 못한 채 단순히 정치적인 구호로만 주장되었음을 의미한다. 한국의 민족주의를 정상적이고 본원적인 위치로 자리 잡게 하는 것은 곧 그 옛날 고조선에서 고구려에 이르기까지 온 나라 사람들을 민족의식으로 묶었던 그 웅활雄闊하고도 연대적인 민족의식, 때로는 외향적이고 때로는 내향적이었던 민족의식의 흐름을 현실에 맞게 재정립하는 것이어야 했다. 그래야만 "민족도, 민족의식도 소진된 땅"에서 한국의 민족주의가 새롭게 뿌리 내릴 수 있었을 것이다.

역사로서의 민족, 민족의식과 구분되는 근현대 민족주의에 대해 살펴보기로 하자. 현대 민족주의(modern nationalism)는 18세기 유럽에서 흥기한 뒤 곧장 제국주의로 변모하여 이웃나라는 물론이고 비서구사회까지도 침탈했다. 그 때문에 비서구 사회는 거의 150여 년 동안 유럽의 식민지로 전락되었다. 그러나 조선은 서구 제국주의에 버금가는 일본 제국주의의 침탈을 받는 민족적 치욕을 겪게 되었다.

이러한 침탈과정에서 벗어나는 길은 오직 자기 나라의 힘으로 여기에 맞서 투쟁해야 했다. 일본이 침탈했던 그 시대에도 민족이라는 말과 민족운동, 민족주의라는 표현도 있었다. 그러나 그 이념이나 내용은 구체성이 결여되어 한낱 "주장만의 민족, 민족운동"으로 사용되었을 뿐이다. 이렇게 된 가장 큰 이유로 다음 사실을 생각해 볼 수 있다. 한국에서는 민족에 대한 생각과 민족의식이 고대로부터 흐르고 있었다. 이 흐름과는 다른 성격의 민족주의, 즉 서유럽 민족주의는 한국인에게는 겉돌기로 시종될 수밖에 없었으며 끝내 "실패된 민족주의"로 귀착되고 말았다.

물론 역사로 전승되었던 그 민족의식도 민족주의로 발전되지 못한, 다만 정감적인 것에 지나지 않았지만 그것이 한국인의 민족적 감정

속에 오랜 기간 응축 전승되었음은 분명했다. 이제 여기서 민족의식의 이런 흐름을 다시 한번 정리해보기로 한다.

(1) 고대로부터 한국 민족은 한반도와 만주일대에 같은 씨족의 자손으로 살았다.
(2) 고대사회에서도 한국 민족은 주변의 다양한 외세의 침탈에 맞서야 했다.
(3) 외세와의 대결에서 한국 민족은 외향적인 민족의식과 내향적인 민족의식으로 대응했다.
(4) 외향적 민족의식은 강대국의 침탈을 제압하려는 강고한 민족투쟁 의지의 표출이었다.
(5) 내향적 민족의식은 민족 구성원의 안전과 물적 기반을 확보하여 공고한 결집체를 이룩하기 위한 통합과 발전으로 나아갔다.
(6) 외향적 민족의식과 내향적 민족의식은 시대와 형편에 따라 적절하게 선택 또는 보완함으로써 국가발전에 기여했다.
(7) 외향적 민족의식과 내향적 민족의식의 선택과 실현은 유능하고 성실한 지배층과 피지배층의 신뢰와 협력이 있어야만 가능했다.
(8) 오랜 기간 정치사회가 부패 무능하고 사대 종속으로 이어질 때는 민족의식은 피지배층인 민중의 의식 속으로 침잠되어 국난의 위기에 의병, 또는 민란으로 표출되었다.

이런 성격의 민족의식이 민족주의로 발전될 때라야 비로소 한국 민족을 위한 한국의 민족주의로 기능할 수 있을 것이다. 이러한 전개과정을 사상한 채 외래적인 민족주의를 이데올로기 차원에서 받아들이거나 지배집단의 권력적인 의도에서 한국의 민족주의로 내세운다면 그것은 민족 본연의 의미나 지향과는 무관할 뿐 아니라, 심한 경우에는 "민족사의 반역"이 될 수도 있었다. 이러한 사실을 전제하면서 여기서는 18세기 이후 한국사회에서 논의되었던 민족주의와 그 시대의 성격에 대해 살펴보기로 한다.

3. 제국주의의 침탈과 조선왕조의 대응

서구 제국주의는 17세기로 들어서자 중국을 비롯한 동아시아로 침탈을 시작했다. 이들 제국주의 국가들은 시기적으로 3단계에 걸쳐 경쟁적으로 이 지역을 약탈했으며 식민지를 조성했다. 첫 단계는 15~16세기로 주로 포르투갈과 네덜란드의 동인도회사가 동남아에서 향료 등을 약탈해서 유럽으로 가져가 크게 부를 축적했다. 이 시기만 해도 해양탐험에서 빚어진 모험주의가 주도했지만 점점 제국주의적 침탈로 변모했다. 둘째 단계는 17세기와 18세기로 영국의 동인도회사가 인도를 식민화하는 등 본격적인 제국주의적 침탈을 자행했다. 영국은 이들 지역을 영토로 삼았기에 "해가 지지 않는 나라"로 자처할 만큼 세계 도처에서 식민지를 소유할 수 있었다. 셋째는 18세기 후반부터 영국 등 서유럽의 제국주의 세력은 중국을 대상으로 전 영역에 걸쳐서 침략을 개시했다. 이 시기의 청에 대한 영국의 침략전쟁은 1839년 11월부터 1840년까지 행해진 아편전쟁鴉片戰爭으로 시작했다.

바로 이 시기에 서유럽의 제국주의적 침탈의 서양 상선이 조선으로도 들이닥쳤다. 그러나 조선왕조는 시대의 변화도 알지 못했고 또한 애써 무시했다. 물론 몇몇 북학론자들이 청의 문물과 제도의 수용을 주장했지만 조선왕조의 지배세력은 중국에 대한 사대만으로 제국주의의 침탈을 막으려 했다. 이양선이 교역을 요구해도, 프랑스와 미국의 함선이 포격해도 조선왕조는 의청사대依淸事大로 일관했기에 나라의 문을 걸어 잠그고는 오직 청나라만 바라보는 은둔국이었다. 나라를 다스리는 유능한 지배세력이라면 이런 시대를 맞으면 무엇보다 먼저 외국의 흐름과 변화에 대한 정보를 수집해서는 그 사정과 변화를 철저하게 살펴야 했다. 그러고는 이런 시대 변화에 대응하기 위한 국정의 개혁을 단행해야 했다. 이런 조치를 취함으로써 때로는 나라의 문을 열어 외국의 선진 문물도 취사선택으로 받아들이고는 정치 사회적인 일대 개혁으로 나라 사람들의 절대적인 지지를 얻어 굳건하게 뭉쳐야 했다.

조선왕조의 지배세력은 이러한 대응책을 취할 의지도 능력도 없었다. 달라진 시대의 변화도 외면했고 오직 청나라의 지시만 바라고 있었다. 서양 함선의 요구는 점점 더 거세졌고 그들의 침탈은 점증되고 있었다. 이런 흐름에 편승했던 일본의 조선 침탈이 결국 조선왕조를 그들의 식민지로 병합하는 민족적 치욕을 겪게 했다. 이러한 시대적 흐름을 전제로, 여기서는 서양의 문물이 어떻게 유입되었으며, 이것에 대한 조선왕조 지배세력의 대응적인 조처가 어떠했는가를 살펴보기로 한다. 특히 그 과정에 한낱 시류에 민감했던 외국인 논객의 정책 건의서에 불과했던 조그만 책자가 미친 영향력은 그 시대 조선왕조 지배세력의 무능과 무책을 여실하게 보여주었다.

1) 천주교도의 박해

한국사회는 외세와의 접촉에서 중요한 계기를 맞게 되었는데, 그 첫 번째는 천주교의 전래에서 비롯되었다. 여기서는 천주교의 전래와 천주교도에 대한 박해에서 드러난 그들의 의식변화를 생각해 보기로 하자. 한국에 천주교의 전래는 다음과 같은 시대적 배경을 갖고 있었다. (1) 1592년 임진왜란 때 왜군과 함께 천주교가 들어왔는데, 일부 지역에서는 포교활동도 행해졌다.[123] (2) 1777년 경기도 여주의 주어사走魚寺, 경기도 광주의 천진암天眞菴 등에서 권철신權哲身, 이벽李蘗 등이 천주교 강학을 행했다.[124] (3) 1784년에 이승훈李承薰이 북경에서 영세를 받고 귀국했다.

흔히 그렇듯이 외래 종교의 전래는 오랜 기간 몇 갈래로 유입되었다가 소진되거나 지하로 잠입되었다가 다시 융성의 계기를 맞기도 한다. 조선에서도 천주교회의 이런 성격을 찾아볼 수 있다. 조선에서 천주교의 포교는 이승훈의 북경 영세로부터 이루어졌다. 17세기에 조선으로 유입되었던 천주교는 서학이라는 이름으로 서양인 선교사 리치(Ricci, M., 중국명 利瑪竇)의 《천주실의天主實義》가 일부 남인 학자들 사이에서 읽히고 있었다. 이들은 그 시대의 천주교를 보유론적補儒論的 관점으로 이해하려 했다. 즉 천주교의 천주를 유교의 상제 개념으로 주장하는 등 천주교와 유교는 대립적인 것이 아니라 상호 보완적이라고 주장했다.

그 뒤 권철신, 정약전丁若銓, 이벽 등 남인 학자들은 주어사와 천

123) 이것에 대한 구체적인 논의로는 다음 저서를 들 수 있다. 메디나 신부 지음, 박철 옮김 (1989) 《한국 천주교 전래의 기원》 서강대학교출판부 pp. 37~53.

124) 권철신과 이벽의 강학활동에서 천주교의 전래와 파급을 논의한 저서로는 다음 것을 들 수 있다. 윤민구 (2002) 《한국천주교회의 기원》 국학자료원 pp. 121~151.

진암 등에서 천주교의 강학을 가졌으며 점차 신앙으로 받아들이기 시작했다. 그러다가 1783년에 이승훈이 북경에서 북당의 신부 그라몽(Grammont, J. J. de, 梁棟材)으로부터 세례를 받고는 성서와 성물을 갖고 귀국했는데 그해 9월부터는 이벽, 정약전 등 천주교 입교자를 중심으로 김범우金範禹의 집에서 평신도 교회를 운영했다. 그 뒤 경기도 양근의 권철신, 권일신權日身 형제와 호서의 이존창李存昌, 호남의 유항검 등이 입교했으며 1786년에는 교회 지도자들이 가성직제도假聖職制度에서 성체성사와 고백성사 등을 집전하면서 이승훈, 유항검, 권일신 등 10인을 신부로 임명하여 견진성사까지 집전했다. 그러나 이것이 독성적임을 깨달은 뒤 곧장 중지했으며 1791년에는 진산사건에 따른 신해박해로 윤지충尹持忠과 권상연權尙然이 최초로 처형되었다.[125]

이어 1795년의 을묘박해는 주문모周文謨 체포령으로 시작되었다. 그때 주문모는 피신했고 최인길崔仁吉, 윤유일 등은 처형되었으며 이가환, 정약용丁若鏞, 이승훈 등은 좌천 또는 유배되었다. 이런 탄압에도 정약종丁若鍾, 황사영黃嗣永, 강완숙姜完淑 등의 활동으로 초기 4천 명이었던 신자가 6년 뒤에는 1만 명으로 성장했다.

1801년 순조 때 정순왕후 김씨의 수렴청정으로 노론벽파는 천주교를 "무부무군 멸륜지교無父無君滅倫之敎"라면서 탄압했다. 그해 정순왕후貞純王后는 언교諺敎로 천주교도 구속을 명했는데 이때 천주교도 100여 명이 순교했고 400여 명이 유배된 신유박해가 일어났다. 중국

125) 1791년 전라도 진산군의 선비 윤지충과 권상연이 윤지충의 모친상을 당하여 신주를 불사르고 가톨릭교식으로 제례를 지냈기에 이를 빌미로 조정에서 진산군수를 시켜 이들을 심문, 무부무군의 사상을 신봉하였다는 죄명으로 사형에 처했다. 조광 (1978) 〈신유박해(辛酉迫害)의 성격〉《민족문화연구》 13. 참고. 조광 (2010) 《한국 근현대천주교사 연구》 경인문화사. 참고.

인 신부 주문모, 이승훈, 정약종, 최창현, 강완숙, 최필공, 홍교만, 김건순, 홍낙민 등은 서소문 밖에서 참수되었고 살아남은 교도들은 태백산맥, 소백산맥 등지로 숨었다.

1831년 9월 청나라 북경교구에서 독립된 조선교구의 초대 교구장으로 브뤼기에르(Bruguiere, B.)가 임명되었지만 그는 중국에서 병사했다. 그 뒤 1837년 조선교구 제2대 교구장으로 앵베르(Imbert, L. M. J.) 주교가 입국했다. 그러나 천주교도에 대한 박해는 계속 되었다. 이런 박해를 겪으면서도 천주교도들은 민족 단위의 일국주의를 넘어 보편적인 천주교의 포교에 진력했다. 조선 관헌의 악행에도 천주교도들은 그들의 구원관에 따라 생사 초월의 신앙으로 맞섰다. 비록 천주교의 초대 지도자 가운데에 보유론적 관점에서 천주교와 성리학의 상호 보완관계를 논의하기도 했지만, 이는 왕조체제의 가혹한 탄압에서 벗어나기 위한 하나의 방편이었다. 천주교는 중국 추종의 성리학적 종속의식에서 벗어나려는 천주교적 세계주의로의 지향이었다. 이러한 사실은 그 시대 천주교도의 다음 저술에서 읽을 수 있다.

그 가운데 첫 번째는 1801년 신유박해 때 순교했던 정약종의《주교요지》로, 이 책의 저술 연도는 그의 순교 직전으로 알려졌다. 이 책에서 그는 창조주이신 천주의 존재, 천주 삼위일체, 불교 비판, 천당과 지옥, 예수의 탄생과 십자가의 죽음과 부활, 천지창조, 아담과 이브의 원죄, 예수 탄생의 신성과 인성, 예수의 활동과 기적 그리고 죽음, 예수의 수난, 예수의 부활과 승천, 최후의 심판, 예수 수난의 의미, 천주교 신자들에 대한 당부 등을 담았다. 특히 조선에서 성리학이 사회의 신분 계층을 엄격하게 유지하기 위하여 충과 효를 강조하면서 사회적 위계질서의 엄수했다면,《주교요지》에서 천주는 인간을 평등하게 창조했으며 사후 심판으로 말미암아 세상의 부조리도 사라질 것이라고

주장했다.[126]

두 번째는 황사영의 《백서帛書》를 들 수 있다.[127] 그는 1801년 충청도 제천 배론[舟論]의 토굴에 숨어 천주교도 황심黃沁과 상의해서 조선의 천주교회에 대한 박해와 재건방책을 길이 62㎝, 너비 38㎝의 흰 비단에 1만 3311자로 적은 뒤 천주교도 옥천희玉千禧를 중국으로 떠나는 동지사冬至使 일행에 끼워넣어 북경의 주교에게 전달하려 했다. 그러나 그해 9월 20일 옥천희가, 9월 26일에는 황심이 체포되면서 백서도 압수되었고, 황사영도 9월 29일에 체포되었다.

이 백서의 주요 내용은 신유박해로 순교한 주문모 신부 등 30여 명에 대한 약전略傳과 신유박해는 조정의 권신인 노론 벽파와 남인 시파 사이의 당쟁에서 말미암았다는 분석, 조선의 천주교도를 구원하기 위해 조선의 종주국인 청나라 황제에게 조선도 서양인 선교사를 받아들이도록 강요해야 한다는 요청과 조선을 청나라의 한 성省으로 편입시켜서 감독해 달라는 간청 및 서양 함선과 5만~6만의 군사를 조선으로 보내어 신앙의 자유를 허용하도록 조정을 굴복시켜 달라는 것이었다. 이 글의 말미에는 아래와 같이 적었다.

> 이 나라의 병력은 욕약辱弱하여 모든 나라 가운데 맨 끝인데 여기에다 태평세월이 2백년을 계속했기에 백성들도 군대가 무엇인지를 잘 모릅니다. 위로는 뛰어난 임금이 없고 아래는 어진 신하가 없어서 자칫

---

126) 《주교요지》에 대한 자세한 설명은 다음의 글에서 읽을 수 있다. 정두희 (1999) 《신앙의 역사를 찾아서; 한국천주교회사 이야기》 바오로딸, pp. 44~60.

127) 황사영은 한성판윤을 지냈던 황침의 11대손으로 유복자로 출생했다. 어릴 때 정약종의 문하에서 공부했으며, 정약전의 맏형인 정약현의 장녀와 혼인했다. 그는 이 백서 사건으로 27세에 순교했다. 그가 순교한 뒤 그의 홀어머니는 거제도로, 부인은 제주도로 유배되었다. 이충우 (1993) 《천주학이 무어길래》 가톨릭 출판사. pp. 118~122.

불행한 일이 있기만 하면 일시에 무너져버릴 것이 분명합니다. 만약 배 수백 척에 정병 5,6만 명을 얻어 대포 등 날카로운 무기를 많이 싣고 …… 이 나라 해변에 이르러 국왕에게 글을 보내어 '우리는 서양의 전교傳敎하는 배요, 자녀나 재물 때문에 온 것이 아니라 교종의 명을 받고 이 지역의 생령을 구원하려는 것이오, ……귀국에서 한 사람의 전교사를 용납하여 기꺼이 받아들인다면 우리는 그 이상 더 많은 것을 요구하지 않을 것이오.[128)]

황사영 백서에서는 그 시대 천주교도의 의식의 한 면을 읽을 수 있다. 그는 천주교를 통하여 사람과 세상 구원에는 힘을 기울였지만 조선왕조의 존망에는 개의치 않았다. 그 만큼 절박했던 천주교도의 안위와 천주교 전교에 의미를 두었던 것인데, 이러한 논의에는 다음의 문제점을 찾게 된다. 조선왕조의 한계를 극복하기 위해 천주교도인 상층 사대부와 하층 백성과 연계하여 체제개혁을 추구하기보다는 종교의 자유를 얻기 위해 외세의 힘을 빌리려 했다. 이 점에서 천주교의 입지는 조선왕조 시대의 궁극적인 문제의식과는 다른 일면을 보여 주었다고 할 수 있다.

세 번째로는 1839년 기해박해 때 순교를 앞둔 정하상丁夏祥은[129)]

---

128) 黃嗣永 著, 尹在瑛 譯 (1975)《黃嗣永帛書 外》正音社 p. 108.

129) 정하상은 1795년 경기도 양평에서 신유박해의 순교자이자 초대 명도회장이었던 정약종의 둘째 아들로 태어났다. 아버지가 순교한 뒤 7살의 나이로 어머니와 누이동생과 같이 친척집에 천대받으며 살다가 22살에 상경하여 천주교도인 유진길, 조신철 등과 조선 천주교 신부 영입에 앞장섰다. 1816년 역관 노비의 신분으로 동지사 이조원을 수행하여 중국을 방문, 영세와 견진성사를 받았다. 1835년에는 프랑스 신부 모방(Maubant), 1837년에는 샤스탕(Chastan)을 영접했고 앙베르(Imbert) 신부를 보좌했다. 그는 신부가 되기 위해서 신품공부에 임하다가 체포되어 1939년 9월 22일에 처형되었다. 안수강(2015) 〈정하상丁夏祥의 상제상서上帝相書 고찰〉《역사신학논총》 제28집 p. 228.

1801년 신유박해 때 순교했던 정약종의 아들인데 기해박해를 일으킨 우의정 이지연李止淵에게 보낸 상서의 서두를 이렇게 시작했다.

> "엎드려 아뢰옵건대 맹자가 양자와 묵자를 사설詐說이라 하여 배척한 것은 그 사상이 유교학계를 해칠까 두려웠기 때문이요, 한유가 석가와 노자를 쳐서 물리친 것은 그 사상이 일반을 미혹하여 혼란케 할까 우려했기 때문입니다. ……무릇 의리에 맞는 것이라면 비록 나무꾼의 말이라도 성인이 반드시 받아드리고 내버리면 안 되거늘 우리나라의 천주성교를 금하시는 것은 그 뜻이 어디 있습니까? 우선 그 뜻과 이치가 어떠한지 물어보지도 않고 몹시 원통한 말로 사교로 몰아 큰 법을 세워놓고 신유년(1801)을 전후하여 많은 인명을 없애면서도 한 사람도 그 기원과 전통을 알아보려고 하지 않습니다. 내가 도를 배우면 유교에 해를 끼치겠습니까? 일반 백성을 혼란케 하겠습니까? ……이제 감히 그 도리가 그릇되지 아니함을 간단하게 말하겠습니다. 천지 위에는 주재하시는 분이 계시는데 거기에는 세 가지 증거가 있습니다. 하나는 만물이요, 둘은 양심이요, 셋은 성경입니다.

이처럼 정하상은 천주교 금압령의 잘못을 지적했다. 그는 오가작통법이며 거듭되는 천주교도의 박해는 부당하다고 비판했다. 천주교도에게 천주의 가르침을 믿을 신앙의 자유를 달라고 요구했다. 그는 탄원서에서 천주교에 대한 국금國禁 해제, 천주교도 체포 중지, 투옥된 천주교도 방면 등을 요구했다.[130] 특히 이 상서에는 천주교도를 "무부부군의 사학을 믿는 무리"라고 규정한 조정의 주장에 맞서 천주교도야말로 인륜지도와 예의범절에 힘을 다하며 부모에 효도하며, 임금에

130) 앞의 글, p. 232.

게 충성하는 올바른 충효관을 갖고 있다고 항변하는 등 천주교 호교론을 개진하면서 이 글의 마지막을 이렇게 끝맺었다.

> 엎드려 빌건대 바로 이때에 밝게 비추어 굽어보시와 도리가 참된지 거짓인지 그릇된 것인지 올바른지 자세하게 판단한 다음 위로는 나라로부터 아래로는 일반 백성에 이르기까지 일변하여 도의로 돌아와 금령을 늦추어 체포하는 법을 거두고 옥에 갇힌 사람들을 내놓고 나라의 백성들이 모두 제 자리에 돌아가 제 업을 즐기면서 한가지로 평화를 누리게 하시기를 천만번 바라옵니다.

이 글을 쓴 정하상도 기해박해가 일어났던 1839년 9월 22일에 서소문 밖에서 순교했다.

이 시기에 천주교도들은 기본적으로 조선왕조의 체제 논리인 성리학을 반격했으며 천주교만이 이를 대치할 수 있는 가치체계라고 주장했다. 천주교도들의 이러한 주장이야말로 조선왕조의 한계를 극복하고 새 시대로 지향하려는 백성의 자유로운 신앙 선택과 같은 근대적인 사회변혁의 요구였다. 물론 성리학에서 벗어나 천주학을, 명과 청을 대신해서 로마 교황청을 존숭했다는 점에서는 왕조체제의 변혁과는 무관한 또 다른 종교로의 전환이라는 성격도 함유하고 있었다. 그것은 통치체제의 약탈과 억압에 놓여 있었던 백성을 이끌어 내고 새로운 세상을 찾으려는 종교적 열망이었다.

2) 이양선의 출몰과 양요의 시대

18세기에는 유럽의 침략의 뱃머리가 은둔국 조선에까지 들어오기 시작했다. 때로는 기독교의 선교를 내걸면서 통상을 요구했지만 실제로는 주인 없는 "황금의 땅"을 뒤지듯이 조선으로 쳐들어왔다. 그 가운데도 영국의 함선이 유독 심했는데 이들은 해로를 작성한다면서 조선의 연근해를 제 마음대로 측량했고 통상도 요구했다. 프랑스의 함선도 뒤질세라 천주교의 포교에 따른 프랑스 신부의 살해를 이유로 내세워 조선을 회유, 위협했다.

이처럼 서세동점西勢東漸의 침략에도 당사자인 조선왕조는 청국에 대한 사대에 여념이 없었다. 물론 18세기 이전에도 조선 해역으로 들어왔던 "양박습래洋舶襲來"가 없지는 않았지만 그것은 대부분 조선 해역을 지나가는 이양선異樣船으로 풍랑에 떠밀려 온 경우였다. 그 때만해도 조선의 지방 관속들은 이양선의 병든 선원을 치료해 주었고 의복과 식료품도 제공했다.[131]

1832년 (순조 32년) 7월 21일 영국의 한 상선이 공충도의 고대도古代島에 정박한 뒤 "우호友好를 맺고 교역"을 요구했지만 조선의 지방 관리들은 이를 거절했다.[132] 조선왕조는 개국 이래 종주국인 명과 청

131) 표류해 온 이양선에 대한 기록은 1540년 1월 19일자 《중종실록》 92권에 이렇게 적고 있다. "황해도 관찰사 공서린의 서장을 보니 '도내 풍천부 침방포에 황당선 1척이 …… 정박하였는데, …… 의복과 식료를 갖춰 나누어 주고 구호하여 돌려보내도록 하서하라."라고 명했다. 그 밖에 1735년, 1787년에 프랑스 군함이 나타났으며 1816년에는 비인현 마량진에 정박했다. 이 시기의 이양선의 첫 출몰에 대한 최근의 다음 저서를 적을 수 있다. 박천홍 (2008) 《악령이 출몰하던 조선의 바다: 서양과 조선의 만남》 현실문화연구. 한국기독교사료연구소 (2010) 《이능화 조선기독교와 외교사》 삼필문화사. 김미지 (2019) 《우리 안의 유럽, 기원과 시작》 생각의 힘.

132) 영국 상선의 교역 요구를 거절한 내용은 다음과 같다. "번방의 사체로는 다른 나라와 사사로이 교린할 수 없고, …… 너희들이 상국의 근거할 만한 문빙도 없이 지금까지 없

을 비롯하여 인근의 일본 등을 제외한 다른 나라와는 교류하지 않았기 때문이다.

1840년에 청국은 영국과의 아편전쟁에 패했으며 그 결과 1842년에는 굴욕적인 남경조약을 체결했다. 그 뒤 유럽 강대국은 경쟁적으로 동아시아로 밀려들었다. 1842년에는 영국의 한 함선이 제주도 인근과 서해의 여러 섬을 탐사했고 그 지역의 해도를 작성하기 위해서 수심과 섬 사이의 거리를 함부로 측정했다.[133] 또한 1845년 6월25일부터 8월까지 영국 군함 사마랑호(H. M. S. Samarang)의 선장 에드워드 벨처(Edward Belcher)는 제주도와 거금도, 거문도를 항해하면서 그 주변을 측량했으며 거문도를 영국 해군성 차관의 이름을 따서 해밀턴(Port Hamilton)항이라고 제멋대로 명명하기도 했다. 제대로 된 국가라면 외국 함선의 해도 작성을 위한 측량도 당연히 허가를 얻어 시행하도록 조처해야 했다. 영국은 아예 조선왕조는 안중에 없었으며 그들이 하고 싶은 데로 자행했는데도 조선왕조는 아무런 조치도 취하지 않았다.

그러나 이양선의 출몰은 1848년부터 "셀 수 없을 정도로 많아졌으며 …… 경상, 전라, 황해, 강원, 함경 다섯 도의 대양大洋 가운데에 출몰하는데, 혹 널리 퍼져서 추적할 수도 없었고 …… 혹 뭍에 내려 물을 긷기도 하고 고래를 잡아서 양식으로 삼기도 하는데, 거의 그 수를 셀 수 없을 정도였다."[134]

이들 이양선 가운데 통상과 교역을 끈질기게 요구했던 대표적인 사례로는 1866년 2월에 해미현 조금진에 정박했던 영국 상선 로나를 들

었던 교역을 강청하는 것은 매우 부당하니, 요구에 응할 수 없다."라면서 이를 거절했다. 이 배가 바로 영국의 상선 로드 앰허스트 호였다. 《순조실록》 32권, 순조 32년 7월 21일자.

133) 《헌종실록》 12권, 헌종 11년 6월 29일자.

134) 《헌종실록》 15권, 헌종 14년 12월 29일자.

수 있다. 영국 런던의 상인이었던 선주 오페르트(Oppert, Ernest Jacob)는 예단을 조선왕조에 헌상하겠다고 요청했다.[135)]

이처럼 서양의 상선들이 교역을 요청했지만 조선왕조는 이전의 해금정책에서 한 치도 물러나지 않았다. 그렇게 하면 청에 대한 사대종속에서 벗어나는 것으로 여겼기 때문이다. 만일 이 시기에 지도자들이 달라진 시대를 제대로 인식하고 앞장서서 이들 이양선을 통해 변모된 시대 사정을 파악해서 정치 사회를 일대 개혁했다면 그 뒤의 역사도 긍정적으로 달라졌을 것이다.

그러나 나라 형편은 정반대로 흘러갔는데, 그것은 흥선대원군 이하응李昰應의 쇄국정책과도 연관이 있다. 바로 이 시기에 특히 1866년 고종 3년 음력 7월에 평양에서 미국 상선商船 제너럴 셔먼(General Sherman)호 사건이 일어났다. 이 상선의 선주는 미국 상인 프레스턴(Preston, W. B.)으로, 그해 양력 8월 20일 (음력 7월 11일)에 대동강을 거슬러 평양 경내로 들어와 교역을 요청했지만 거절당했다. 셔먼호는 대동강을 거슬러 올라가 평양 서쪽 만경대의 한사정에 도달했는데, 그 때 평양성의 관민들과 충돌했다. 8월 30일 평안도 관찰사 박규수朴珪壽와 철산부사 백낙연白樂淵 등의 지시로 셔먼호를 포격하여 격침시켰는데, 셔먼호 승무원 23명이 물에 빠져 죽었으며 살아남은 사람들도 성난 평양 사람들의 돌에 맞아 사망했다.[136)]

135) 이들이 헌상하겠다는 물품은 "큼직한 신경身鏡 1면, 자명종 2개, 양금 3개, 오색 무늬의 지전地氈 3장, 오색무늬의 예전 1장, 시신록 1개, 천리경 1개"였는데 이를 문정관은 거절했다. 《고종실록》 3권, 고종 3년 2월 18일자.

136) 이때의 평양관찰사 박규수는 뒷날 개화파의 그 박규수로, 그는 1807년 서울 계동에서 박지원의 손자로 그 학통을 이었으며 벼슬에 나선 뒤 연행사절의 부사로 청나라에 다녀왔으며 이때 국제정세를 일부 접할 수 있었다. 이어 형조판서, 대제학을 지냈으며 1872년 진하사의 정사로 중국에서 양무운동을 목격했고 조선도 개국해야 할 필요성을 절감했다. 그 뒤 그는 척사파에 맞서 일본과의 수교를 주장했으며 강화도조약의 체결에 앞장섰다. 그는 수원유수를 지낸 뒤 1876년에 사망했다. 박규수에 대해서는 다음 책을 참고할 것.

같은 10월 11일에서 11월 11일까지는 프랑스함대의 침입으로 병인양요가 일어났다. 그 이전 정월에는 조정에서 천주교도와 프랑스 선교사 12명 가운데 9명을 처형했는데, 이때 청으로 탈출했던 프랑스 선교사 리델(Félix-Clair Ridel) 신부는 1866년 5월 8일 프랑스 극동함대사령관 로즈 제독에게 조선에서 프랑스 신부들이 처형당했음을 알리면서 프랑스 신부 2명을 보호하고자 프랑스 함대의 출진을 요청했다.

이에 1866년 11월 17일 로즈 제독은 프리깃함 게리에르(Guerrière) 등 7척의 군함과 1230여 명의 해병대로 강화도 인근 물치도 근처로 들어왔다. 11월 20일에는 프랑스 함정 4척과 해병대가 강화도 갑곶진 부근의 고지를 점령한 뒤 한강 수로를 봉쇄했고 11월 22일에는 강화성을 점령했다. 로즈 제독은 12월 17일에 강화성의 관아를 불 지르고 금, 은괴와 서적 등을 싣고 철군했다.

이로부터 5년이 지난 1871년 5월 16일에는 미군에 의한 신미양요가 일어났다. 평양의 셔먼호 사건을 문책하기 위해 미군의 아시아 함대사령관 로저스(Rodgers, J.)는 기함 콜로라도(Colorado)호를 비롯한 군함 5척으로 조선으로 쳐들어왔다. 미군은 해양 탐사를 위한 미국 함선을 조선군이 포격한 것은 비인도적인 야만행위라면서 조선에 사죄와 손해배상을 요구했다.

그러나 조선왕조는 강화해협이 조선의 최요충지이기에 미군이 조선의 주권을 침해했다고 반박했다. 이에 미국은 6월 10일 초지진에 상륙했으며 6월 11일(음력 4월 24일)에는 덕진진을 점거했고 광성보를 함락하는 등 근 20여 일간 통상을 요구했지만 소득 없이 물러갔다.

당시 미국은 1860년부터 1865년까지 남북전쟁과 전후 처리로 말미암아 조선으로 진출할 겨를이 없었다. 다만 셔먼호 사건의 응징으로

이완재 (1999) 《박규수연구》 집문당. 김명호 (2008) 《환재 박규수 연구》 창비.

강화도를 포격했을 뿐이다. 그런데 조선왕조에서는 미군 함대의 자진 철수를 조선군의 승리라고 주장했고 대원군은 쇄국양이정책을 강조했다. 특히 대원군은 신미양요 이후 쇄국정책을 천명하는 척화비를 곳곳에 세웠는데 그 비문에는 "洋夷侵犯 非戰則和 主和賣國, 양이가 침범하는데 싸우지 않고 화친을 맺자는 것은 나라를 팔아먹는 매국"이라고 새겨 넣었다.

돌이켜 생각하면, 대원군의 집정기 10년(1864~1873)은 조선왕조로서는 자기 변혁–새로운 통치이념의 수용, 지배세력의 재구성, 통치구조의 변화로 근대적 국가체제를 이룩할 수 있었던 변혁을 위한 기회이기도 했다. 폐정을 개혁하고 백성을 권문세가의 압제와 수탈에서 벗어나게 하는 새 시대로 나아가야 했다. 그러나 대원군은 전통적인 통치관념에 젖어 쇄국양이정책으로 일관했으며, 여기에서 이룩된 몇몇 전과를 외침 격퇴로 주장하면서 이를 국력 과시나 올바른 통치의 결과로 선전했다.

또한 이 시기에는 유림의 척사론斥邪論이 빗발쳤다. 그 가운데 대표적인 주창자인 이항로李恒老는 1866년 병인양요로 프랑스군이 강화도를 노략질했을 때 「사동부승지겸진소회소辭同副承旨兼陳所懷疏」라는 제목의 척사소斥邪疏를 대원군에게 상주했다. 여기에서 그의 핵심적인 주장을 옮겨 보기로 한다.

> 오늘의 국론은 화친과 전쟁으로 양분되었다. 양적을 공격해야 한다는 주장은 우리나라 측 사람, 즉 국변인의 주장이요, 양적과 화친을 맺어야 한다는 주장은 적변인의 주장이다. 전자를 따르게 되면 조선의 의상지구를 보전할 수 있고 후자를 따르면 인류가 금수의 지경으로 빠지게 된다. 조금이라도 근본을 잡는 신념, 즉 병폐지심을 가진 사람이라

면 모두 이런 상황을 알 수 있을 것이다. [今國論兩說交戰 謂洋賊可攻者 國邊人之說也 謂洋賊可和者 賊邊人之說也 由此則邦內保衣裳之舊 由彼則人類陷禽獸之域 此則大分也 粗有秉彝之性者 皆可以知之][137]

그는 인심도심설人心道心說에 바탕을 둔 화이론華夷論을 전개했으며, 리기理氣 중에 리理를 지향하지 않는, 즉 인심人心과 도심道心을 실천하지 않는 것은 짐승이나 사악한 인간이므로 이들에 대해서는 척사로 대응해야 한다고 주장했다. 리理를 지향하는 도심만이 정의로운 것이고, 리는 화華의 논리며 우주질서의 보편성이라고 생각했다. 리를 따르지 않으면 한낱 기氣에 편승한 것으로 여겼고, 이러한 것이야말로 이夷가 갖는 본질이라고 파악했다.[138]

이항로의 학맥은 김평묵金平默, 유중교柳重敎, 최익현崔益鉉, 유인석柳麟錫, 홍재학洪在鶴, 양헌수梁憲洙, 박문일朴文一 등으로 이어졌으며 이들 가운데 김평묵의 어양론禦洋論이 척사의 중요 논리로 주장되었다. 그는 1881년 황쭌셴(黃遵憲)의 《조선책략朝鮮策略》에 격노했으며 여기에 맞서 외세의 침탈에 저항할 수 있는 방안으로 어양론禦洋論을 주장했다. 서세동점西勢東漸을 막기 위해서 오직 내수외양內修外攘으로 나가야 한다는 것이다. 밖으로는 외양外洋, 즉 서구 열강은 "비록 사람의 모습을 갖추었지만 참으로 금수에 불과한 존재[觀其情狀 人形雖具 眞是禽獸耳]"로써 이들의 침탈에 맞서야 한다고 강조했다. 서양의 침탈에 대적해서 충분히 승기를 얻을 수 있다고 믿었는데, 그 이유는 우리나라의 강토는 험고하고 사람들도 예의를 지켜서

137) 《華西集》 卷三, 疏剳, 辭同副承旨兼陳所懷疏.

138) 李澤徽 (1987) 〈한말의 斥邪衛正論議〉《한국정치연구》 Vo.1 서울대 한국정치연구소 p. 19.

윗사람과 친하고 어른을 위해 죽을 수 있는 기풍을 지녔기 때문이라고 주장했다.

또한 이 시기에 등장한 또 다른 주장으로는 척사론에 반대하는 북학론자들의 주장을 들 수 있는데 이들은 소중화론小中華論의 주장자인 송시열宋時烈계 노론학통에서 벗어나 소중화론 그 자체를 극복하려 했다. 이들은 중화문명과 대립적인 것으로 여겼던 청의 제도와 문물을 수용하자고 주장했으며, 홍대용洪大容, 박지원朴趾源, 박제가朴齊家, 이덕무李德懋 등이 앞장섰다. 특히 박규수朴珪壽는 법고창신法古創新과 북학론의 주장자인 박지원의 승계자로 뒷날 그의 문하에서 개화파 지식인도 배태되었다.[139)]

한편 개화론자들은 개항을 적극 지지했으며 특히 일본과 수교를 주장했고 새로운 문물의 수용이 왕조 발전에도 크게 기여하게 될 것이라고 믿고 있었다. 이들 개화론자들은 한때 집권세력인 민당閔黨과 연계되어 관직에 중용되기도 했다. 민당은 개항 이후 청에는 영선사를, 일본에는 수신사를 파견하는 등 시대 변화에 대응하려는 모습도 보여 주었다.

임오군란으로 다시 대원군이 집권했지만 청군의 개입으로 오래 가지 못했다. 이 시기에 조선에 주둔했던 청의 위안스카이(袁世凱)는 전통적인 청한 종속관계 그 이상의 실질적인 종속화를 추진했다. 청의 간섭 아래에 온건 개화정책을 추진했던 친청 개화파가 이 시기를 주

---

139) 박규수는 두 차례의 연행사절에서 서법과 서양 사정에 대한 문헌을 접했으며 그것이 동도서기론東道西器論의 지향에도 영향을 미쳤다. 즉 그는 처음에는 유교와 중화문화의 우월론자였으며, 서구문화, 특히 기독교와 제국주의적 통상 요구에 중국이 현실적으로 직면했지만 이는 일시적인 현상이며 앞으로 서양도 중화문명권으로 포섭될 것이라는 중화문화 중심의 낙관론을 가지고 있었다. 그는 1848년에 〈벽위신편평어闢衛新編評語〉에서 웨이이안(魏源)의 《해국도지海國圖志》에 의거하여 천주교를 비판하고 그 대책을 제시했다.

도했는데, 그 대표적인 인물로는 김홍집金弘集, 김윤식金允植, 어윤중魚允中 등이었다. 이들은 민비閔妃를 정점으로 민영목閔泳穆, 민태호閔台鎬 등 민씨 척족세력과 제휴관계를 맺고 있었다. 당시 친청 온건개화파의 사고는 박규수의 대외인식을 계승하는 것으로 김윤식에게서도 이를 찾아 볼 수 있다.

김윤식은 대외관계에서 개방의 불가피성을 받아들였으며, 이를 근대적인 균세외교均勢外交로 타개하려 했다. 그가 말한 균세외교는 만국공법萬國公法에 따른 균세, 현대적인 표현으로는 세력균형(balance of power)을 전제했으며, 당시 터키를 강대국의 분할에서 막아낸 것도 이 방법이라고 믿고 있었다. 강대국들이 세력균형을 이룩함으로써 서로 침범함이 없고 약소국은 이것에 따라 국가의 안녕을 도모할 수 있다는 것이 그 논리의 요점이었다.[140] 따라서 강대국과 수교를 맺음으로써 강대국의 영향력을 상호 균형과 견제로 이끌어낼 수 있을 것이고, 그렇게 하는 것이 국권을 유지할 수 있는 한 방식이라고 믿고 있었다. 김윤식의 이러한 생각은 그의 다음 글에서도 읽을 수 있다.

> 우리나라는 본시 청국과 일본에 대한 사대교린 이외는 타국과는 교류하지 않았다. 수십 년 이래로 세계정세는 일변하여 서구가 웅장하여 동양의 제국이 모두 만국공법을 준수하고 있다. 우리나라가 이를 지키지 않으면 세계에서 고립되고 도움을 받지 못해 스스로 보전할 수 없을 것이다. 청국과 일본은 서구 여러 나라와 수교를 맺은 것이 20개국에 가깝다.[141]

140) 이 분야의 연구로 다음 책을 들 수 있다. 김용구, 《만국공법》 소화 2008.

141) 金允植, 《雲養集》 卷十四 雜著, 天津奉使緣起.

김윤식도 당시의 국제질서에 대해 지적인 한계를 드러냈다. 김윤식 자신이 영선사로 청국에 가서 그곳의 양무론자洋務論者들과 접촉하면서 만국공법이 약소국인 조선에는 그대로 적용될 수 없다는 것을 깨달았으며, 여기에서 그는 친청자주론자親淸自主論者로 선회했다. 이 논리는 조선왕조의 외교 전례인 사대외교를 기반으로 청의 도움을 받아 점차 자주국가로 발전하게 되면 일본과 연계된 서구의 침탈도 막을 수 있다고 믿고 있었다.

조선왕조의 지배세력이 변화된 시대의 흐름에 대응하기 위해 척사론, 개화론 등으로 논의했던 그 시점에 외세의 침탈은 점점 거세지고 있었다. 바로 외세의 선두주자가 일본으로, 그 일본의 조선 침탈을 목표로 한 첫 움직임이 운요호 사건이었다.

3) 운요호 사건과 강화도 조약

1875년 9월 20일 일본군함 운요호雲揚號 사건은 일본의 조선침탈의 첫 신호였다.142) 일본 외무성 대신 데라시마 무네노리(寺島宗則)는 해군성과 협의해서 "조선국 해로 연구를 위한 회항"을 명분으로 그 해 5월 25일 운요호, 제2테이묘호(第二丁卯號) 등 군함 2척을 부산으로 파견했다. 그리고 1875년 9월 20일에는 강화도 동남방 난지도에 정박했다. 이어 일본 해병들은 담수(淡水)를 구한다면서 해로를 탐측하고

142) 1873년 12월 고종의 친정親政은 곧 민씨 척족의 집권으로 대원군의 쇄국양이정책을 폐기했다. 이 시기에 청은 조선이 일본과 국교를 맺는 것이 바람직하다고 암시했다. 1875년 8월에 영중추부사 이유원이 청국에서 1876년 1월에 북양대신 이홍장의 회합에서 조선의 대일문제에 대해 "외교의 필요성"을 언급했다. 田保橋潔, (1940) 《近代日鮮關係の研究》 上 朝鮮總督府 pp. 331~336. 또한 宋炳基 (1985) 《近代韓中關係史研究》 檀國大出版部 pp. 12~21.

초지진으로 쳐들어왔다. 이에 강화해협의 조선 수비병이 포격하자 일본군은 일제히 초지진과 영종진을 공격했다. 일본군 수병이 영종도를 공격하자 영종첨사永宗僉使 이민덕李敏德과 그의 휘하 병사들은 패주했으며 일본군은 조선군으로부터 대포 36문과 화승총 130여 정 등을 약탈하고 영종진을 불 지른 뒤 철수했다.

일본은 운요호 사건을 빌미로 일본의 전권대신 구로다 기요타카(黑田淸隆)를 강화도에 상륙시켰다. 조선왕조에서는 접견대관으로 판중추부사 신헌申櫶을 임명했다. 이들은 1876년 음력 2월 3일 강화도 연무당에서 흔히 강화도조약 또는 병자수호조약으로 부르는 「조일수호조규」를 체결했는데, 총12관 중 중요한 규정은 다음과 같다.

제1관; 조선국은 자주 국가로서 일본국과 평등한 권리를 보유한다. 이후 양국은 화친의 실상을 표시하려면 서로 동등한 예의로 대하고, 조금이라도 상대방의 권리를 침범하거나 의심하지 말아야 한다. 우선 종전에 교제의 정을 막을 우려가 있는 여러 규례들을 혁파하고 서로 너그럽고 융통성 있는 법의 적용에 힘써 영구히 서로 간에 편안하기를 기약한다.

제2관; 일본국 정부는 지금부터 15개월 뒤 수시로 사신을 파견해서 조선국 경성에서 예조판서를 만나 교제 사무를 토의하며, 그 사신이 주재하는 기간은 그때의 형편에 맞게 정한다. 조선국 정부도 수시로 사신을 일본국 동경으로 파견해서 직접 외무경을 만나 교제의 사무를 토의하며, 그 사신의 주재 기간은 역시 형편에 맞게 정하기로 한다.

제5관; 경기, 충청, 전라, 경상, 함경 5도 가운데 연해의 통상하기 편리한 항구 두 곳을 지정한다. 개항 시기는 일본력日本曆 명치明治 9년 2월, 조선력 병자년(1876년) 2월부터 계산하여 모두 20개월로 한다.

제7관; 조선국 연해의 도서와 암초는 종전에 자세히 조사한 것이 없어 극히 위험하므로 일본국 항해자들이 수시로 해안을 측량하여 위치와 깊이를 재고 도지圖誌를 제작하여 양국의 배와 사람들이 위험한 곳을 피하고 안전한 데로 다닐 수 있도록 한다.

제10관; 일본국 국인이 조선국이 지정한 각 항구에서 죄를 범하였을 경우 조선국에 교섭하여 모두 일본국에 돌려보내 심리 판결하고, 조선국 국인이 죄를 범하였을 경우 일본국에 교섭하여 모두 조선 관청에 넘겨 조사 판결하되 각각 그 나라의 법률에 근거하여 심문하고 판결하며, 조금이라도 엄호하거나 비호함이 없이 공평하고 정당하게 처리한다.

제11관; 양국이 우호 관계를 맺은 이상 별도로 통상 장정을 제정하여 양국 상인들이 편리하게 한다. 또 현재 논의하여 제정한 각 조관 가운데 다시 세목을 보충해서는 그 적용에 편리하게 한다. 지금부터 6개월 안에 양국은 따로 위원을 파견하여 조선국의 경성이나 혹은 강화부에 모여 상의해서 이를 결정한다.

이 시기에 고종은 일본의 개국과 부국강병책에 관심을 보였으며, 홍문관 응교 김기수金綺秀를 예조참의로 승진시켜 수신사修信使로 일본에 파견했다. 김기수 일행은 1876년 5월 말부터 20일 동안 도쿄에 체류하면서 일본의 신식 기관과 시설을 시찰하고 7월 하순에 귀국했다. 그의 귀국 보고의 요지는 "일본은 부강에 힘쓰며, 군대는 강장하고 조련이 잘되어 있다"면서 일본의 개화를 긍정적으로 기술했다.

이어 일본은 강화도조약 〈부록〉과 〈통상장정〉을 체결하기 위해 미야모토 쇼이치(宮本小一)를 파견했으며 조선에서는 형조참판 조인희趙寅熙를 내세워 협의하게 했다. 이 협의에서 조선은 일본 측의 제안을 다 채택함으로써 강화도조약보다 더 심각한 침탈 내용을 그대로 받아들였다. 특히 〈수호조규부록안〉에는 일본공사의 서울 상주 문제, 일본 외교관과 그 동반자의 조선 내지內地 여행 문제, 개항장에서 1백리 이내 유보지역 문제 등도 들어 있었다. 전문 11조관의 〈조일수호조규부록〉은 1876년 8월에 체결되었다.

특히 이 부록 7관에서 "일본인은 본국에서 통용하는 화폐로 조선인이 소유하는 물화를 교환할 수 있고, 조선인은 그 교환한 일본 화폐로 일본이 생산한 물화를 매득할 수 있으며, 이로써 조선이 지정한 여러 항구에서 두 나라 사람들은 상호 통용할 수 있게 한다"고 규정함으로써, 조선에서 일본 화폐의 통용을 인정했다.[143] 또한 일본은 수호조규 제4관에 따라 원산과 인천의 개항을 요구했는데 1879년 8월에는 원산을 개항했고 4년 뒤 1883년에는 인천을 개항했다.

일본의 경제 침탈은 1883년 7월 25일 조선과 일본이 전문 42조의 「조일통상장정」을 체결하면서 본격적으로 드러났다. 이 「장정」에서는 천재, 변란 등으로 식량 부족의 우려가 있을 때 조선은 방곡령을 선포할 수 있으며, 조선 화폐에 의한 관세 및 벌금 납입과 일본 상인에 대한 최혜국 대우 등을 규정했다. 이와 같이 일본과 체결된 일련의 조약은 전형적인 불평등의 침탈 조약이었다. 당시 조선왕조에는 외국과 협상을 제대로 수행할 정도로 국제질서와 외교에 밝은 인물이 존재하지 않았다. 시대에 뒤쳐진 몰락 왕조의 고식적인 벼슬아치들이 외국과 조약을 체결했으니 이렇게 체결된 조약으로 일본은 조선을 향해

143) 제6칙에 "조선 항구에 거류하는 일본인민은 양미와 잡곡을 수출입할 수 있다"로 규정함으로써 일본상인은 조선의 미곡을 대량으로 일본으로 유출할 수 있었으며, 제7칙에서는 "일본정부 소속 각종 선박은 항세를 납부하지 않는다."로 일본 선박은 관세를 납부하지 않게 되었다. 특히 「통상장정」을 조인할 때 강수관 조인희의 무지로 미야모토 쇼이치에게 공문으로 "특히 수년간 면세를 허락한다."라고 약속함으로써 일본 선박은 항세와 수출입세도 면제받게 되었다. 뒷날 이를 바로잡아 관세권을 행사하기 시작한 것은 7년이 지난 1883년 7월부터였다.

그 침탈의 발걸음을 재촉할 수 있었다.

(1) 청과 일본의 경제 침탈

강화도 조약을 체결한 뒤 일본과 청국은 조선에 대한 영향력을 경쟁적으로 행사했다. 청국은 종주권을 전제로 「조청상민수륙무역장정」을 체결했다.[144] 이 「장정」은 1882년 (고종 19년) 8월 23일에 조선의 주정사奏正使 조영하趙寧夏와 청나라 직례총독直隷總督 이홍장(李鴻章)에 의해 체결되었는데 이는 청국 상인의 조선에서 통상 활동을 위한 것이다. 본래 조약으로 체결해야 했지만 조선과 청은 사대종속관계이기에 비준서 없이 효력을 발생하는 「장정」으로 대신했다.

이 장정은 (1) "이 「무역장정」은 중국이 속방을 우대한다는 뜻에서 상정한 것"이라고 전문을 명기함으로써 불평등 조약임을 밝히고 있다. (2) 제1조에는 청국 상무위원의 파견과 처우 그리고 북양대신과 조선 국왕을 대등하게 규정했다. (3) 조선에서 청의 상무위원의 치외법권을 인정했으며, (4) 조난의 구호와 평안도, 황해도, 산동, 봉천 등 연안지방에서 청국인의 어채를 허용했고 (5) 북경과 한성의 양화진에 개잔開棧무역을 허락하되 양국 상민의 내지활동은 지방관의 허가를 받게 했다. (6) 책문, 의주, 훈춘, 회령의 개시와 홍삼 무역의 세칙

144) 이 「장정」의 체결 전인 1881년에 조선의 어윤중은 중국의 톈진에서 양국 간의 통상문제를 협의했으며 1882년 2월 17일에는 어윤중과 이조연은 톈진에서 이 문제를 협의했다. 그해 4월 이조연은 귀국했고, 어윤중은 영선사로 온 김윤식과 함께 2월 29일 청국의 북양대신아문에서 다음 내용의 자문을 제출했다. (1) 통상문제로 「장정」의 체결이 필요하며, (2) 회령, 경원의 개시를 폐해야 러시아의 통상 요구를 막을 수 있고, (3) 상민의 공궤는 이 「장정」에 별도로 규정해야 하고 (4) 사절단이 청국에 상주하면 별도의 사행은 폐지해야 하고 (4) 청과 조선의 사신의 여비는 자담하고 종전과 같은 연로에서 숙식 제공을 없애자는 것 등을 요구했다. 마침 그해에 일어난 임오군란으로 어윤중과 김윤식은 청나라 군대의 향도관으로 6월 27일 귀국했다가 다시 돌아가서는 1882년 8월 23일에 전문 8조의 「조청상민수륙무역장정」을 체결할 수 있었다.

도 규정했고, (7) 청국 초상국의 윤선 운항 및 병선의 조선연해로 내왕, 정박을 가능하게 했다. 그리고 이 「장정」은 북양대신과 조선 국왕의 자회로 효력을 발생하게 했다.

특히 「상민수륙무역장정」은 서두에서 조선을 청의 종속국으로 명기했으며 청국의 이홍장과 조선 국왕을 대등하게 규정했고, 청의 상민商民에 대한 치외 법권과 개항지의 통상 및 연안 어업 등 특수 권익 등을 포함시켰다. 이 「장정」이 알려지자 일본, 영국, 미국 등은 청국만의 특수 권익을 인정할 수 없다며 항의함으로써 이 규정은 무의미해졌다. 이 「장정」에서 조선과 청국의 사대관계를 명기했다는 것은, 조선왕조 지배층의 사대의식이 어느 정도였는지를 알게 해준다.

실제로 이 「장정」에 따라 청국 상인들은 조선의 한성과 양화진에 점포를 개설하며 활발하게 영업했는데, 그 때문에 청국 상인과 일본 상인의 이권 경쟁도 치열해졌다. 청국 상인들은 주로 밀무역으로 면제품 등을 판매했으며, 일본 상인은 일본의 값싼 공산품을 조선에 파는 대신 조선의 곡물을 수매했다. 이들 양국의 상행위는 전통적인 조선의 상인들과 보부상, 여각, 객주 등을 파산 상태로 몰아넣을 정도로 그 영향력이 심각했다.

(2) 방곡령 사건

이 시기에 일본의 경제 침투는 방곡령 사건으로 크게 문제가 되었다. 이 사건은 일본 상인이 조선의 곡물을 대량으로 매점해서 일본으로 가져감으로써 조선에서는 곡물 가격이 앙등했으며 일부 지역에서는 품귀 현상도 일어났다. 1888년(고종 25)에는 흉년으로 많은 수의 농민들이 기아 상태에 처했기 때문에 해당 지역 관찰사들은 그 지역의 곡물 반출을 막고자 방곡령을 내렸다. 그 시기에 일본 상인들은 조선에서 곡물을 대량으로 수집해서는 원산항을 거쳐 일본으로 반출했다. 이에 1889년 9월 함경감사 조병식趙秉式은 「한일통상장정」 제37관款을 근거로 원산항에서 일본으로 가져가려는 콩의 유출을 1년간 금지시키는 방곡령을 발포했다.[145)]

이 일로 손해를 본 일본 측이 항의하자, 조선은 조병식을 강원도 관찰사로 전출시켰다. 또한 1893년에는 청국의 권고로 조선은 일본이 요구한 배상금 17만 5000환을 11만환으로 합의함으로써 이 문제를 해결했다. 조선과 일본 사이에서 방곡령을 둘러싸고 4년 동안 계속된 외교 분쟁은 종식되었지만, 그 뒤 일본 상인이 조선에서 저지른 경제 약탈은 더욱 심해졌다. 일본 상인들은 단순히 일본 상품의 유통을 넘어 직접 조선에서 상품을 제조했기 때문에, 조선의 경제는 점점 일본인의 영향권으로 떨어져 가고 있었다.

외세가 밀려왔던 그 시대에도 조선왕조는 부패 무능의 전형적인 왕조체제로 청국—그 청국도 멸망 직전이었다.—에 대한 사대종속으로 대처했으면서도 백성에게는 억압과 약탈을 일삼았다 시대 변화에 대한 이와 같은 무지에 더해 (1) 사대주의적 국제관념 (2) 성리학적 세계관 (3) 무능한 지배세력 (4) 엄격한 사회 신분제 (5) 고착된 사회 구조 등은 왕조를 위기로 몰아넣었다. 여기에서 빚어지는 온갖 어려움과 고통은 모두 백성들이 떠안아야 했다. 이런 상황에 맞서려는 백성들의 대결 의지와 새로운 시대로의 갈망은 그 시점에서는 바로 드러나지 않고 있었다. 몇몇 성리학자들은 충군사상에 따른 항일 척사소斥邪疏를 연이어 쏟아냈지만, 대다수의 백성은 별다르게 행동하지 않았

145) 이 지역에 방곡령을 내린 것은 한발, 수해, 병란 등으로 국내식량이 부족할 때는 1개월 전에 사전 통보로 방곡할 수 있다는 「조일통상장정」을 근거로 삼았지만, 이 규정에는 해당 지역 책임자가 1개월 전에 이 사실을 일본에 알려야 했는데도 이를 지키지 않았던 것이 문제로 제기되었다.

다 제국주의의 침탈에 맞서려는 민중으로서 질적인 변화라든가, 외세에 적극 투쟁하려는 민족으로서 각성도 보여주지 못했다. 여전히 전근대적인 백성, 그것도 억압받는 존재로 마냥 살고 있었다. 저항 의지와 실천적 행동이 없는 백성은 저항적 민중으로 전환할 수 없고, 투쟁의지를 표출하지 않는 민중은 민족의식이나 민족운동도 일으킬 수 없기 때문에, 민족주의로 전환 과정까지는 더 많은 시련을 겪어야 했다.

4)《조선책략》과 문호개방

강화도조약 이후 조선의 문호개방은 전근대 군왕체제에서 벗어나는 정치사회의 일대 변혁이어야 했다. 그러나 조선왕조는 개혁에서는 멀리 빗겨난 채 반反시대적인 왕조체제로 좌초하고 말았다. 조선왕조의 후반기는 전형적으로 부패와 무능이 만연된 왕조였기에 개혁을 시도할수록 붕괴도 그만큼 빨라질 수 있는 위험성을 안고 있었다. 게다가 조선왕조는 일본 등 제국주의 세력의 조선 침탈에 대응할 수조차 없었다. 조선왕조는 시대의 흐름도, 국제질서도, 제국주의의 침탈도 전혀 파악하지 못한 채 오로지 왕조의 잔명 보존에만 매달리고 있었다.

조선의 통치세력 가운데 몇몇은 중국으로부터 유입된 일부 서책을 통해 세계 사정에 대해 극히 초보적인 지식을 접하고 있었다. 역관 오경석吳慶錫이 반입했던 웨이이안(魏源)의《해국도지海國圖志》와 쉬지위(徐繼畬)의《영환지략瀛環志略》등을 들 수 있다.[146] 그 시기에 국내에 유입된 정관잉(鄭觀應)의《이언易言》은 1880년에 간행된 서책으로 유럽의 정치, 경제, 사회, 국방 등을 소개했는데 이 책자를 우리말로

146) 김용구 (2008)《만국공법》소화 p. 100.

번역한 것이 《이언언해易言諺解》였다.[147]

특히 조선의 문호개방을 논의한 주일 청국공사관 참찬관 황쭌셴(黃遵憲)의 《사의조선책략私擬朝鮮策略》을 조선의 지배층은 마치 시대적인 교시처럼 여겼다. 1880년 6월에 제2차 수신사로 일본에 간 예조참의 김홍집金弘集은 일본 주제 청국공사관에서 공사 허루장(何如璋)과 참참관 황쭌셴 등을 만났는데 이때 《사의조선책략》을 받아 고종에게 바쳤다. 이 소책자를 읽은 고종과 조정의 권신들은 이를 조선 외교정책의 교시처럼 여겼다. 이 책은 청국의 관리가 대 조선의 지배층에 권고하는 형식으로 썼으며 청국의 조선 지배를 위한 책서策書의 성격을 지니고 있었다. 이 책에서는 조선을 위협하는 침탈 세력으로 러시아를 지목했으며 이를 막기 위해 조선은 미국과도 조약을 맺어야 하고 중국과 일본과는 친밀해야 한다고 주장했다. 즉 방아책防俄策으로 "친중국親中國, 결일본結日本, 연미국聯美國"을 내걸었으며, 그 뒤 자강책을 도모해야 한다고 역설했다. 조선의 침탈세력으로 설정한 러시아를 아래와 같이 묘사하고 있다.

> "아! 러시아가 낭진狼秦처럼 영토 확장에 주력한 지 3백여 년, 그 첫 대상은 유럽이었고 다음은 중앙아시아였으며 오늘날에 이르러서는 동아시아로 옮겨졌으니 그 첫 번째 대상이 마침 조선이 되어 그 피해를 입게 된 것이다. ……러시아를 막을 수 있는 조선의 책략으로는 어떤 것이 있을까? 그것은 오직 중국과 친하고 일본과 맹약을 맺으며 미국과 연대함으로써 자강을 도모하는 길뿐이다."[148]

---

147) 다음 책에서 이 책의 성격을 알 수 있다. 정관잉, 이화승 옮김 (2003) 《성세위언盛世危言; 난세를 향한 고언》 책세상.

148) 황준헌 지음 김승일 번역, (2007) 《조선책략》 범우사 p. 69.

그의 논지는 청과 조선은 역사적으로나 현실적으로 떼려야 뗄 수 없는 관계라며 러시아의 침탈을 막아 줄 유일한 국가는 청국뿐이라고 강조했다. "조선은 본래 천년 넘게 중국의 번속藩屬으로 지냈기 때문에 중국은 조선을 덕으로 대했으며, 청국의 강희康熙 건륭乾隆 연간에는 중국 내지의 군현처럼 돈독했기에 천하 사람들은 중국과 조선을 한집안 같이 여겼다"고 적어 놓았다. 또한 조선과 일본은 보거상의輔車相依의 관계로 조선은 일본에 대한 조그만 거리낌도 버리고 국교를 건실하게 하며 서로 손잡아야 한다고 권고했다. 미국은 본래 예의로 나라를 세우고 남의 토지를 탐내지 않으며 남의 나라 정사에도 간여하지 않는 법통을 지니고 있기 때문에 미국에는 사절을 보내어 수호를 맺는 것이 필요하다고 했다. 또한 일본의 침탈을 우려할 필요가 없음을 다음과 같이 단언했다.

> "조선이 건국한 이래 수천 년 동안 (일본을 말함) 사람이 없었던 적이 없고 군사가 없었던 적도 없으므로 저들이 침공해도 승리할 수 없다는 것은 두말할 나위도 없는 일이다. 설사 그들이 승리해도 그들의 군대가 철수하면 다시 일어나 물리칠 것이고, 군대를 계속 주둔해도 무력해질 것이다. 하물며 일본이 문제를 일으키면 조선과 중국이 반드시 합세하여 싸울 형세임에랴. ……이번에는 일본이 다시 가까운 이웃으로서 조선과 긴밀히 통교하고 침탈하지 않겠다는 마음을 갖게 되었다. 일본은 이러한 생각이 간절하기 때문에 그들이 끊임없이 외교를 맺고 친목을 닦고자 한 것이다. 이러한 그들의 의도는 조선이 스스로 강해서 해면海面의 울타리가 되도록 하는 데 있다."[149]

149) 앞의 책, pp. 75~76.

그는 일본을 화친해야 할 오랜 우방처럼 찬탄했으며 심지어 일본의 조선 진출은 조일 양국에게 호혜발전의 계기가 될 것이라고 강조함으로써 조선의 왕실과 권신들을 기만했다. 《조선책략》의 이러한 논리를 그대로 받아들였던 조선왕조의 대다수 통치세력은 이미 국가 경영에 대한 높은 인식이나 능력을 결여한 한낱 저급한 인사들이었음을 드러냈다.

특히 《조선책략》에서는 세력 균형으로 천하가 태평해진다면서 영국, 프랑스, 독일, 이탈리아가 침탈해도 조선이 이웃나라와 맹약을 맺고 있다면 얼마든지 이를 막아 줄 것이며, 특히 중국과는 이전의 헌장을 보완하고, 일본과는 조규를 수정하고, 미국과는 조약을 체결하는 것이 좋다고 권고했다. 나아가 조선은 "청국의 황제에게 주청하여 배신陪臣을 북경에 상주"시키고 일본 도쿄, 미국 워싱턴에도 사절을 보내야 한다고 주장했다. 그의 이 건의에서 "배신陪臣"은 청한 종속관계의 전형적인 표현이었다. 거듭 청국에 대한 조선의 사대를 강조하면서 중국 상인이 부산, 원산, 인천에서 통상하면 일본 상인의 농단도 막을 수 있고 청국으로부터 신식 무기와 공산품의 제조도 배울 수 있을 것이라고 주장했다. 기껏해야 멸망 직전의 후진국인 청국으로부터 신식 기술을 배우라는 권고도 국제 정세에 무지했던 조선의 고위 관직자들에는 통용될 수 있었다. 그러면서 그는 "전 세계 5대주의 종족이 조선의 위태함을 걱정하는데도 조선만이 알지 못하니 ……이는 처마의 제비가 불붙은 것도 모른 채 근심 없이 짖어대는 것과 무엇이 다르겠는가?"라고 우려하면서 조선 관직자들의 분발을 촉구했다.[150)]

조선이 이러한 위기에서 벗어날 최상책은 그가 주장한 "친중국親中國, 결일본結日本, 연미국聯美國"이며, 마냥 주저앉아 시간만 끄는 것

150) 앞의 책, p. 100.

은 좋지 않다면서, "표류한 배나 구조해 주고 관문 개방을 요구하는 문서나 접수하면서 격변이 없기를 바라는 것은 하책"이라고 비판했다. 그는 자신의 "계책을 지혜와 용기로 성취하고 충성과 믿음으로 적용해서 아래로는 뭇 백성을 기르고 안으로는 서정庶政을 닦는다면 조선과 천하 사람들의 경사"가 될 것이라고 결론을 내렸다.[151]

《조선책략》은 당시 조선의 왕실과 지배층에는 충격적인 권고였다. 고종은 이 책자를 대신들에게 읽게 한 뒤 의견을 구했는데, 이들 대부분은 긍정적으로 대답했다. 조정 대신들은 "조선왕조는 지난 200여 년 동안 친중국으로 중국에 정성으로 사대했으며, 결일본은 근년에 조약을 체결한 뒤 만사가 순조롭게 잘되고 있으며, 연미국도 러시아의 침탈을 막을 수 있는 좋은 방도"가 될 것이라면서 이를 받아들이자는 식으로 건의했다.

그러나 이 책자의 내용은 조선 성리학의 전통적인 관념에서는 용납될 수 없었다. 바로 이러한 대응의 대표적인 것이 영남 유생의 「만인소萬人疏」였다. 이 만인소는 퇴계 이황의 후손인 이만손李晩孫 등 영남 유생 1만여 명의 연서로 이 책자를 가져온 김홍집의 탄핵을 주장했다. 이들은 이 책은 패륜망덕의 불온서라면서 "형적도 없는 러시아를 계략으로 꾸며서 아무 관계도 없는 미국을 등장시키고 강하고 사나운 일본을 앞잡이로 삼아 그 중간에서 연결의 논리"를 개진한 것이라면서 8가지 조목을 들어 이를 배격했다. 첫째, 중국과의 관계만 해도 "우리가 신하의 예를 갖춰 섬기는…… 속방의 직분에 충실한 지 벌써 200년이 되었는데" 새삼 "친중국 할 것"이 무엇이냐고 반문했다. 둘째, 친일본도 잘못된 것으로 "일본은 본래 우리의 종족이 아니므로 마음대로 침입해올 수 있는 나라이기에 지방마다 철저한 방비가 필요하

151) 앞의 책, pp. 102~103.

다는 것이다. 셋째, 미국은 모르던 나라인데 미국을 끌어들이면 그들은 우리 백성을 괴롭히고 재산도 빼앗아 갈 것이라고 반론했다. 넷째, 러시아는 우리와 별다른 혐의가 없는데도 무조건 배척한다면 오히려 분쟁을 일으키게 될 것이라고 우려했다. 다섯째, 러시아, 미국, 일본은 모두 오랑캐로 후하게 대할 수 있는 나라가 아니라고 간언했다. 여섯째, 세계의 많은 나라들이 일본이나 미국처럼 앞으로 통교를 요구하면 어떻게 대응할 것이며, 일곱째, 서양 오랑캐들의 탐욕을 어떻게 막아야 하고, 여덟째, 세상이 이렇게 되면 무지한 백성들이 위정자를 원망하고 유식한 선비도 통분할 텐데 이에 어떻게 대응할 것인지도 걱정이라고 했다.

이 글은 다음과 같이 끝을 맺었다. "오는 자를 위로하고 덕으로써 일깨우되 상해를 입히지 않으면 백성도 언제나 편안하게 살 수 있을 것"이라며, 온 나라가 "절제로써 소비를 줄이고 필요에 따라서만 사용하게 하면 재정도 윤택하게 될 것"이라고 주장했다. 이처럼 「만인소」는 달라진 시대 변화를 외면한 채 전통적 사대사상에 젖어 있는 지방 유림들의 "왕조에 대한 충성심"의 발로였다.

물론 《조선책략》은 주일 청국 공사관의 일개 서생이 청국에 위협이 되었던 러시아를 조선왕조의 적대국으로 설정하고 청국의 종주권 아래 일본, 미국과의 연계를 건의함으로써 조선을 제국주의 강대국에 먹잇감으로 던져주는 것과 같았다. 그 뒤 조선왕조는 대비책도 강구하지 않은 채 실제로 《조선책략》에 따라 문호를 개방한 결과 일본의 식민지로 전락하는 비운을 맞아들이게 되었다. 일본은 단지 몇 차례 외교 문서 체결만으로 조선을 그들의 식민지로 만들 수 있었다.

5) 민족·민족의식의 재생

개항을 전후하여 조선으로 들이닥친 제국주의의 풍랑은 조선을 해양 세력과 대륙 세력의 계쟁지역으로 몰아넣었다. 조선왕조는 이 위기를 극복하고 새로운 변혁을 모색해야 했지만 그렇게 할 의지도 능력도 없었다. 달라진 시대를 알지 못했으며, 알았다 해도 그것에 따른 적절한 대응책을 강구할 수도 없었다. 그러면서도 청국을 대신할 새 종주국, 즉 조선왕조를 지원해 줄 강대국을 찾는데 만 관심을 두고 있었다. 청국을 대신해서 러시아를 생각하기도 했고 때로는 미국과 화친해서 그 미국이 조선왕조를 지켜주기를 기대하기도 했다. 그 시대에도 조선왕조는 국제관계를 종주국–종속국의 단일적 위계관계로 인식했으며 강대국에 긴밀하게 연계되어 있어야만 조선왕조가 안전할 것으로 생각했다.

그러나 핵심 권력층에서 빗겨났던 인사들 가운데에는 급박한 시대의 변화를 어느 정도 알고 있었다. 백성들도 조선왕조의 약탈과 억압에 항거하는 민란을 일으켰다. 일부 지배 세력과 백성의 체제 이반 현상의 한 사례가 앞에서 살펴본 천주교의 전래였다. 조선왕조는 이런 움직임을 가혹하게 탄압했다. 그러나 집권 세력에 대한 반감은 끝내 삼남민란으로 터져 나왔는데 이는 왕조의 통치체제에 대한 백성들의 저항이었다. 백성은 민중으로 결집했으며, 곧장 반反외세, 반체제적인 변혁운동으로 나아갔다. 이 변혁운동은 백성의 각성에 따른 저항이었는데, 백성은 민중으로 변모해서 민족으로 전환될 계기를 찾고 있었다. 그러나 이러한 변혁적인 전환도 조선왕조체제의 억압적 통치에서는 불가능했다. 새로운 시대를 견인할 민중이나 민족이 존재할 수 없을 만큼, 그 모든 가능성이나 모색을 철저하게 억압했던 것이 조선왕조였다. 역사적으로 오래 침잠되어 흘러내려 온 민족의식이 민중으로 변모된 그 백성에게서 결국 터져 나오고 말았는데 그 구체적인 사례가 바로 동학농민혁명이었다.

(1) 임술민란과 동학농민혁명

1860년대로 접어들면서 조선왕조는 이름만 부둥켜안고 점점 나락으로 떨어지고 있었다. 대다수 백성들도 왕조를 위한 충성에는 머뭇거릴 수밖에 없었다. 그런데도 그 왕조가 그때로부터 3, 40여 년을 더 지탱할 수 있었던 것은 조선왕조에 저항했던 백성들의 분노와 투쟁의지를 제대로 이끌지 못했던 민중–민족적 지도세력의 빈곤 때문이었다. 분노에 찬 백성들은 당장이라도 왕조를 무너뜨리고 시대에 합당한 나라를 세우고 싶었지만 그렇게 할 수 없었다. 왜냐하면 세상과 시대를 숙지하고 그들을 이끌만한 유능한 지도자가 없었기 때문이다. 설사 그런 지도자가 나타났어도 오랫동안 성리학적 충성의식에 사로잡힌 백성을 여기에서 벗어나게 하는 일도 힘들었을 것이다.

백성이 봉기해서 왕조를 무너뜨려야 했는데도 그럴 수 없었다. 더 나쁜 것은 왕조의 지배세력은 백성들의 치열하고도 변혁적인 도전을 주변의 외세를 빌려서 제압했던 일이다. 이때만 해도 조선왕조를 넘보던 외세들도 일종의 힘의 균형 상태를 이루고 있었다. 그러나 일본은 외세의 영향력에서 주도적인 위치로 올라서게 되자 앞장서서 조선 침탈을 자행했다. 이를 살펴보기 위해서는 먼저 임술민란에서 동학농민혁명에 이르기까지 백성들의 반反왕조적 투쟁, 어느 면에서는 민중의 의식 속으로 스며들었던 그 민족의식의 흐름에 대해 살펴보아야 한다.

외세에 의존하는 사대 종속적인 조선왕조에 맞서 일어났던 민중의 저항은 오랫동안 민중의 의식 속에 침잠해 있었던 민족의식의 솟구침이었다.

민족의식의 흐름은 그것이 외향적이건 내향적이건 그것과는 관계없이 대외적으로는 자주 독립국가를 지향했기 때문에 부당하게 침탈하는 외세를 제압하는 것이다. 특히 내향적 민족의식은 지배층과 피지배층의 구분을 넘어 통합사회를 이룩하는 데 중점을 두게 된다. 그러나 민족의식의 이러한 흐름은 불행하게도 고려의 중 후반기부터 지배세력에 의해 버림받았다. 더 큰 아쉬움은 조선왕조는 시작부터 중국에 사대종속을 내걸고 민족의식의 흐름과는 완전히 배치된 행보를 보여 주었다. 그런데도 이들 민족의식의 흐름은 거의 천년 동안 피지배세력인 민중의 내면화된 의식으로 이어지고 있었다. 그러나 왕국의 지배세력이 무능하고 분열된 여건에 놓이게 되면 백성들도 깨어난 자세로 봉기하여 마침내 민족의식의 흐름이 겉으로 표출하게 되는데, 이런 성격을 동학혁명에서 살펴보기로 한다.

동학농민혁명은 삼남에서 터져 나온 임술민란壬戌民亂에서 시작되었으며 1862년 2월 4일 경상도 진주에서 50리 떨어진 단성민란丹城民亂을 시작으로 하여 경상, 전라, 충청도의 70여 곳으로 퍼져 나갔다. 이 민란은 환곡의 폐해에서 비롯되었다. 그해 겨울 아전들은 포흠逋欠했던 이서배吏胥輩들이 관청 소유의 미곡 등을 착복한 뒤 그 부족분을 메꿔서 환곡했는데 그 대부분을 솔가지나 짚, 풀, 겨 등으로 채웠다. 농민들이 2월 4일 현감에게 이를 항의하자 관리들이 오히려 농민들을 심하게 구타했다. 이에 격분한 농민들은 관가로 쳐들어갔고 관리들 집에 불을 질렀다. 이렇게 시작된 단성민란은 진주민란으로 이어졌다. 특히 진주민란의 직접적인 원인은 병사 백낙신白樂莘의 심한 착취에 분노했던 유계춘柳繼春, 김수만金守滿, 이귀재李貴才 등이 주도하여 그해 2월 14일부터 2월 19일까지 그 지방의 토호와 지주를 공격하고 관가도 부수었다.[152)]

그 뒤 민란은 2월 23일까지 진주 인근의 22개 면으로 퍼져나갔다. 1862년의 민란에서 요구했던 중요 내용은 다음과 같다.

(1) 전결세는 정해진 조세율로 할 것
(2) 군역세에서 인징, 족징은 폐지할 것
(3) 환곡에서 이서배의 포흠을 농민에게 부담시키지 말 것
(4) 원곡과 분급을 정지하고 순수하게 이를 조세화할 것

조선왕조는 이들 민란을 수습하기 위해 관리를 해당 지역으로 파견했다. 그러고는 그 지역의 수령을 파직했으며, 민란의 주모자도 처벌했다.[153)] 그래도 민란이 확산되자 민란 주모자를 참수하는 등 강경책

152) 진주민란에 대한 조선왕조의 조치는 지방의 소요 정도로 여겼음을 《철종실록》 철종 13년 2월 29일자에 이렇게 적어 놓았다. "경상 감사 이돈영李敦榮이 진주의 난민들이 병사를 협박하고 인명을 불태워 죽였다는 것으로 치계하니, 하교하기를, '난민들의 패려한 습관이 예로부터 어찌 한정이 있었겠는가마는, 이토록 극도에 이른 경우는 없었으니, 세변이 참으로 없는 것이 없는 지경에 이르렀다. 수신과 쉬신을 가지고 말해 보건대 진실로 평일에 잘 존무하였더라면 어찌 이런 일이 있었겠는가? 참작하여 조처할 방도를 묘당으로 하여금 품처하게 하라.'하였다."

153) 《철종실록》 철종 13년(1862년) 3월 10일. 국왕은 민란을 수습하고자 효유했는데 이런 사정을 《철종실록》에서는 이렇게 적었다. "진주 안핵사, 도신, 수신에게 유시하여 하교하기를, '내가 이번 진주의 일에 대해 실로 개연하고도 두려운 마음을 금할 수 없다. 대령 이남은 옛날에 이른바 추로의 고장으로 일컬어져 군현들이 배출되었고, 풍속도 순후하여 비록 집집마다 봉할 만하다고 하여도 좋을 것이다. 그런데 근래에 탄식과 원망과 수심이 깊어 백성들이 잘 살아갈 수 없게 되었으므로, 마침내 지금의 이 거조가 있기에 이르렀으니, 이것이 어찌 본심으로 하고 싶어서 그렇게 한 것이겠는가? 첫째는 내가 부덕한 탓으로 도솔하는 방도를 극진히 하지 못한 것이고, 둘째로는 백성을 다스리고 적을 막는 신하가 조가에서 백성을 어린아이 보살피듯 하는 뜻을 잘 대양하지 못한 탓이다. 스스로 돌아보건대 얼굴이 붉어져 마음을 가눌 수가 없다. 이 백성들은 열성조에서 휴양시키고 생식生息시켜 왔으니, 진실로 끝없는 징렴과 절제 없는 부극掊克

으로 대응했다.

임술민란 2년 전인 1860년에는 동학이 창도되었고 1894년에는 동학농민혁명이 일어났다. 동학은 초기에는 농민 구원의 종교적인 성격을 보여 주었다. 동학이 농민혁명으로 전환해서는 1894년 음력 1월에 고부의 제1차 봉기, 그해 음력 4월의 전주의 제2차 봉기, 그리고 그해 음력 9월의 전주, 광주의 제3차 기병起兵으로 전개되었다.

동학의 창도자 최제우崔濟愚는 1824년 12월 18일에 경주 가정리의 몰락 양반가 후손으로 1859년 경주의 용담정에서 수도했으며, 마침내 1860년 음력 4월 5일에 득도하여 동학을 창시했다.[154] 최제우는 한울을 공경하는 경천과 시천주侍天主의 경천사상 그리고 보국안민을 주창했다. 그는 한글 가사로 〈용담가龍潭歌〉, 〈안심가安心歌〉 등을 지어 포교했으며 〈포덕문布德文〉, 〈논학문論學文〉 등을 저술했다. 그의 영향으로 경주 일원의 민가에서는 동학의 13자 주문인 "시천주 조화정 영세불망 만사지侍天主 造化定 永世不忘 萬事知"[155]를 외우는 소리가 퍼지고 있었다. 1863년 8월에는 제자 최시형崔時亨에게 도통을 잇게 하고 이어 1864년 1월 18일에 경주에서 피체되어 그해 4월 15일

이 없다면 어찌 이 지경에 이르렀겠는가? 수신帥臣과 수신守臣은 잡아가둔 뒤 무겁게 감단勘斷하여 남쪽 백성들에게 사죄하도록 하라. 진주백성들로 말하건대 이미 그 죄가 용서할 수 없는 데 관계되니, 진실로 수종을 구분하여 법에 따라 처단해야 하겠지만, 조사하는 즈음에 혹시 외람된 점이 있게 된다면 불쌍한 나의 백성들이 옥석玉石이 함께 불타게 될 염려가 없지 않다. 지난번 안핵사가 사폐하던 날 이미 거론하여 신칙한 일이 있었지만, 마음에 새긴 생각이 갈수록 더 간절하여 이에 또 거듭 유시하는 것이니, 모름지기 이런 뜻을 본받아 힘써 평반하게 하여 조가朝家의 처분處分을 기다리도록 안핵사, 도신, 수신에게 묘당에서 행회하도록 하라.'하였다."

154) 신용하 (1987)《한국근대 민족주의의형성과 전개》서울대출판부 pp. 93~95. 여기서 신용하 교수는 최제우의 동학은 창도부터 민족주의로 시작되었음을 주장하고 있다.

155) 이 주문의 뜻은 "한울님을 모시고 조화를 알아 마음을 정하여 한 평생 동안 잊지 않겠사오니 모든 일을 알게 해 주시옵소서."로 해석한다.

대구에서 41세로 처형당했다.[156]

제2대 교주 최시형은 '사인여천事人如天, 즉 사람 섬기기를 한울같이 한다.'로 교리를 발전시켰으며 산천초목에도 한울이 내재內在한다면서 "사물이 다 한울이며, 일마다 다 한울이다."라는 '물물천사사천物物天事事天'을 포교했다. 특히 '지극한 기운(한울님)이시여 지금 여기에 임하시어 원컨대 크게 내려주소서. 한울님을 모시며 조화에 참여하라. 영원토록 잊지 않으면 천하만사를 꿰뚫어 알리라.'라는 뜻을 지닌 21자 주문인 '지기금지원위대강 시천주조화정 영세불망만사지至氣今至願爲大降 侍天主造化定 永世不忘萬事知'를 교도들이 암송하게 했다.

동학은 조선왕조의 국운 쇠진과 천지개벽의 새 시대를 선언했다. 그때 조선왕조는 실정失政에다 거듭되는 홍수와 지진, 역병 등으로 민생은 극심한 궁핍 상태로 떨어졌으며 전국 도처에서 농민 폭동과 민란이 일어났다. 동학의 보국안민輔國安民과 광제창생廣濟蒼生은 사회 변혁적인 일면도 갖고 있었다. 뒷날 동학 농민군이 내걸었던 '제폭구민除暴救民. 축멸왜이逐滅倭夷, 진멸권귀盡滅權貴'도 이런 성격을 계승한 것이었다.

특히 최시형은 일상생활에서 동학의 실천을 강조했는데, '사인여천事人如天', '이천식천以天食天', '양천주養天主' 등이 그러했다. 자연계의 산천초목에도 한울의 내재를 강조하는 '물물천사사천物物天事事天'이야말로 사람들이 농, 상, 공의 구분 없이 열심히 노력해야 한다고 강조했는데, 이는 곧 사농공상의 사회 신분적인 차별은 천리에 어

156) 성주현 (2003) 〈해월 최시형과 동학혁명; 활동과 인식을 중심으로〉《문명연지》 한국문명학회. 이 논문에서는 동학농민혁명의 과정에서 최시형의 지도와 활동이 컸음을 밝히고 있다.

긋난다고 비판했다.

또한 최시형은 동학의 포교와 교도 확대, 교의 공인, 교조의 신원에 전념했지만 동학교도들은 점점 제폭구민과 척양왜斥洋倭의 변혁 운동으로 옮겨가고 있었다. 다시 말하면 제2대 교주 최시형은 동학의 종교적인 지향을 강조했지만 다수의 동학교도들은 교주신원운동을 거쳐서는 1894년의 동학농민혁명으로 옮아갔다.[157]

그해 2월 10일 고부군수 조병갑趙秉甲의 가렴주구에 항거의 포문을 열었다. 1893년 12월 고부의 농민들은 동학접주 전봉준全琫準을 장두狀頭로 내세워 그들의 억울한 사정을 두 차례나 관아에 호소했지만 거부당했다. 이에 분노한 전봉준은 동학접주 20명과 인근의 동학 집강들과 함께 다음 4개항을 결의했다. (1) 고부성으로 쳐들어가 군수 조병갑을 효수하고, (2) 군기창과 화약을 차지하며 (3) 백성을 못살게 했던 탐리를 격징하고, (4) 이어 전주 군영을 함락한 뒤 경사로 가기로 했다.

1894년 4월 무장현에서 전봉준이 동학접주들과 농민들에게 '이번 거사는 탐관오리를 숙청하는 보국안민에 그 뜻이 있다.'는 창의문을 발표하자 고부, 흥덕, 고창, 부안, 금구, 태인 등에서 온 1만여 명의 농민들이 이에 호응하여 고부 백산에서 전봉준을 동도대장東徒大將으로, 손화중孫華仲, 김개남金開南을 총관령總管領으로 삼았다. 그 자리에서 전봉준은 창의의 대도를 밝히면서 다음과 같은 행동강령을 선포했다. 첫째, 사람을 죽이지 말고 남의 재물을 손상하지 말 것, 둘째, 충효를 바탕으로 세상과 백성을 구할 것, 셋째, 왜구를 내쫓아 성도를 밝히고, 넷째, 군사를 거느리고 입경해서 권귀를 죽이자고 주창했다. 그해 5월 전봉준의 농민군은 부안 관아를 점거했고 5월 10일에서 11

157) 배항섭 (2002) 《조선후기 민중운동과 동학농민전쟁의 발발》 경인문화사 p. 264.

일 새벽까지 황토현의 승리로 정읍을 점거했다.

조정에서는 5월 6일 홍계훈洪啓薰을 양호초토사로 장위영병사를 이끌고 5월 11일 전주에 입성했지만 도망병으로 병력은 반감되었다. 이에 홍계훈은 조정에 증원군과 청군 차용을 주청했다. 5월 27일 동학농민군은 초토사의 경군京軍과 접전에서 승전하여 5월 31일 전주에 무혈 입성했다. 그러나 곧이어 경군의 두 차례 공격으로 동학 농민군은 큰 타격을 입었으며, 여기에다 경군의 선무공작으로 고종의 효유문을 전했는데, 그 내용은 '탐관오리는 법으로 처리할 것이니 농민군은 고향으로 돌아가 본업에 종사하라'는 회유였다. 전봉준은 거듭된 패전으로 농민군의 사기가 떨어졌기 때문에 홍계훈에게 폐정개혁안을 제시했다. 홍계훈은 이를 받아들여 6월 10일에는 동학군과 전주화약을 맺었다. 그 결과 대부분의 동학 농민군은 전주성을 점거한 지 10여 일 뒤에 고향으로 돌아갔지만 전봉준 등 20여 명은 순창과 남원에서 사태를 관망했다.

당시 조선왕조는 동학 농민군을 진압하고자 위안스카이(袁世凱)를 통해 청국에 원병을 요청했다. 이에 예즈차오(葉志超)가 청군을 이끌고 6월 8일부터 12일까지 아산만에 도착했다. 청국은 톈진조약(天津條約)에 따라 이를 일본에 통보하자 일본군도 일본 거류민 보호를 명분으로 6월 7일부터 12일까지 인천을 거쳐 서울로 들어왔다. 여기에 맞서 그해 9월 중순부터 전봉준은 전주에서, 손화중은 광주에서 척왜를 부르짖으면서 동학농민혁명군은 다시 일어났다. 그러나 11월 27일 동학 농민군은 목천 세성산 전투에서 일본군에 패배했으며 12월 11일에는 곰치[熊峙]에서 일본군의 반격으로 공주 남쪽 30리까지 후퇴했다. 이어 우금치 혈전의 패배로 1만여 명의 동학 농민혁명군 가운데 살아남은 500여 명도 해산했다. 그리고 피체된 전봉준 등은 1894년 12월

30일 밤에 서울로 압송됐으며, 이듬해 1895년 4월 23일 전봉준은 성두환, 최영남, 손화중 등과 함께 처형당했다.[158)]

동학농민혁명은 새 세상을 찾아 동학으로 모인 삼남 농민들의 투쟁이었다. 이들은 제1차 봉기에서는 '보국안민輔國安民', '관민상화官民相和'를 주창했으며 2차 봉기에서는 '척왜척화斥倭斥華'의 기치를 내걸었다 전봉준은 일본 영사관에서 조사받다가 "일본병을 물러나게 하고 악하고 간사한 관리를 축출하여 임금 곁을 깨끗하게 한 뒤에는 중심이 되는 선비를 몇 사람 내세워 정치를 하게" 하고 자신들은 고향에 돌아가 농사에 종사할 생각이었고, 이때 "국사를 모두 한 사람의 세력가에게 맡기는 것은 폐해가 크다는 것을 알기 때문에 몇 사람의 명사에게 협력하여 합의로 법에 따라 정치를 담당하게 할 생각"이었다고 진술했다. 그는 군주를 부정하지 않지만 대원군 등 절대 권력자의 옹립도 인정하지 않고, 일반 농민들의 의견이 중앙에 직접 반영되는 새로운 합의제 정치권력 아래에서 개혁을 추진할 생각이었다.[159)]

조선왕조의 지배층은 백성의 지지에서 빗겨나 기껏해야 외세에 의존하는 붕괴 아래로 내몰렸다. 조선왕조 지배구조의 근간인 지방의 유림이나 부농층은 한편으로는 외세의 침탈에, 다른 한편으로는 농민들의 봉기에 협공당하는 처지가 되고 말았다.

또한 농민들은 동학 혁명군으로 한때 관아를 점령했지만 농민이 주도하는 새 세상을 이룩할 지도 세력을 찾지 못했다. 동학 혁명군의 지도자들은 한편으로는 개벽천지를 기원하는 강한 종교적 열망에 차 있

158) 여기서 한 가지 부기할 사실은 대원군과 전봉준 사이의 연계설이다. 이 점에 대한 다음의 논의를 인용하기로 한다. "대원군이 전봉준에게 동작까지만 진격하면 내응하겠다고 약속했다거나 …… 병란 기도가 실재하였음을 보여준다." 배항섭 (2002) 앞의 책 p. 292.

159) 국사편찬위원회 우리역사넷 〈전봉준, 동학농민운동의 최고 지도자, 녹두장군〉 참고.

으면서도 조선왕조에 대한 충군의식에서는 완전히 벗어나지 못했는데 이점은 농민혁명의 한계적인 요인으로 작용했다.

대다수 피지배세력이 여전히 왕조의 백성으로 잔존함으로써 계급적 차별과 신분적인 차이를 넘어 "혁명적인 민중"으로 변모될 수는 없었지만 외세, 즉 중국을 비롯하여 일본을 배격하는 민족의식의 함양과 발로를 보여주었다.[160] 근대국가의 변혁에 주도적 담지 세력인 민중이 여전히 충군사상을 되뇌는 백성으로 머물고 있는 한 제 구실을 수행하기에는 어려움이 있을 수밖에 없었다. 침잠된 민족의식의 흐름이 동학농민혁명에 참여했던 농민에 의해 분출되었으며, 비록 조선왕조의 관군과 일본군 그리고 청군에 의해 와해되기는 했지만, 그것도 1919년에 3.1 민족운동으로 다시 솟구쳐 올랐다.

(2) 들끓는 정국: 임오군란과 갑신정변

1876년의 강화도조약으로부터 거의 20여 년 동안 청국과 일본은 한반도를 지배하고자 치열하게 경쟁했지만 정작 조선왕조는 별다른 대응책을 강구하지 못한 채 바라만 보고 있었다. 어느 국가든 이런 위기에 처하면 먼저 전면적인 개혁을 단행함과 동시에 피지배세력의 지지를 확보해서 외국의 침탈을 막는 데 온 힘을 쏟게 된다. 그러나 조선왕조에서는 고종을 비롯해 왕실이나 척족, 고위 관료, 유림 등 지배세력에서 이런 모습을 찾을 수가 없었다. 이들은 여전히 의청依清 사대주의의 구각舊殼에서 벗어나지 못했으며 오히려 한층 더 매달렸다.

---

160) 이 점에 대해서는 다음 글을 인용할 수 있다. "따라서 동학사상은 외세의 침투에 대한 민족주의적 보국사상을 발전시키고 조선 봉건사회를 부정한 개혁사상 등을 더욱 발전시켜 정치적 실천운동의 지도 원리가 되게 한 것은 동학농민혁명 때의 동학의 남접지도자인 전봉준 등이었으며 또한 동학사상과 연결될 수가 있었다." 김창수 (1987) 《한국 근대의 민족의식 연구》 동화출판공사 p. 239.

이 시기에 청국은 붕괴 직전의 노 제국으로 더는 조선왕조를 지켜줄 수 없었다. 그런대도 조선의 지배층은 여전히 청국에 대한 사대를 중시하면서 왕조를 지키고 있었다.

조선왕조는 국내외의 정세로 통치권 행사가 점점 위축됐으며 망국의 조짐이 곳곳에서 드러나고 있었다. 이런 형편인데도 (1) 일부 지배세력은 개혁을 내세우면서 권력 장악을 획책했으며 (2) 왕조로부터 올바르게 대우 받지 못했던 일부 관료나 군인들은 불만을 표출했고 (3) 소외된 신진 정치세력은 조급하게 궁정 쿠데타로 권력을 장악하려 했다. 조선왕조의 지배세력은 역사적으로 민중 속에 침잠된 채 이어져 온 민족의식도 소진시켰으며 오직 그들을 지원해줄 강대국만 찾고 있었다. 이처럼 극심한 혼돈이 일거에 표출됨으로써 결국 왕조는 더는 지켜질 수 없는 망국亡國의 막다른 골목으로 빠져들고 있었다.

조선왕조의 통치자들은 어떤 식의 개혁도 그들의 권력행사에 한계로 작용할 것으로 여겨 이를 멀리한 채 일시적인 방편만 강구했다. 개혁을 추진했어도 실패할 수밖에 없는 "허울뿐인 개혁"을 추진하거나 "궁정 쿠데타"로만 시종했다. 이런 사례가 1882년의 임오군란과 1884년 12월 4일의 갑신정변이었다. 구舊 군인이 주도했던 임오군란과 개화파의 갑신정변은 기껏 2년의 간격을 두고 일어났지만 실제로는 연계된 현상으로 볼 수 있다. 조선왕조로는 제대로 된 세상을 이룩할 수 없다는 일부 지배층과 그와 연계된 백성들의 분노가 터져 나온 것이 임오군란이었으며, 지배세력 속 개화파의 "궁정 쿠데타"가 갑신정변이었다.

일본의 개화사상을 접했던 김옥균金玉均, 박영효朴泳孝, 서광범徐光範, 홍영식洪英植, 서재필徐載弼 등 상층 지배가문 자제들의 "개화에 대한 열망"은 곧장 갑신정변으로 표출되었다. 개화를 추구했던 이들 가운데서도 온건 개화파인 김홍집金弘集, 어윤중魚允中, 김윤식金允植 등은 집권세력인 민씨 일파와 손잡고는 청국의 양무운동을 본받아 점진적인 개혁으로 나아가려 했다. 그러나 이들의 접근은 겉모습만의 개화에 지나지 않았다. 또 다른 한 편은 급진적 개화파인 김옥균, 박영효, 홍영식 등으로 이들은 청국과의 사대관계를 단절하고 민씨 정권 타도를 개화의 우선적인 과제로 삼고 있었다.

개화파의 이런 움직임도 새 세상을 바랐던 백성들에게는 지배층을 위한 그들만의 미동으로 비쳤다. 그러나 도탄에 빠진 백성들은 개화를 백성의 생존과는 무관한 그들만의 권력놀음으로 여겼다. 그 때문에 백성들—대부분 군졸들이었지만—이 직접 들고 일어난 것이 1882년의 임오군란이었다.

임오군란은 1882년 6월 9일 훈국병訓局兵의 군료 분쟁에서 터졌지만, 기본 요인은 군제 개혁이었다. 새로 마련된 군제 개혁으로 5영營을 폐지하고 무위, 장어의 2영과 별기군을 창설했기 때문에 이전의 5영 소속 군병들의 불만은 고조되고 있었다. 게다가 5영의 군병들은 13개월이나 군료를 못 받았기 때문에 군료의 책임기관인 선혜청 당상 민겸호閔謙鎬와 전 당상 경기관찰사 김보현金輔鉉에게 원한을 품게 되었다. 그러다 1882년 6월 5일 구 훈련도감 소속 병사들에게 지급된 한 달분의 군료에는 겨와 모래가 뒤섞였고 그 양도 절반 정도에 불과했다. 여기에 분노한 병사들이 6월 9일 폭동을 일으켜 저녁에는 일본 공사관에 불을 질렀고 하나부사 요시모토(花房義質) 일본 공사는 인천으로 탈출했다. 또한 이들은 별기군을 제압하고 일본인 교관 호리모토 레이조(堀本禮造) 공병 소위 등을 살해했으며, 6월 10일에는 영돈녕부사 이최응李最應과 민겸호와 김보현도 죽였다. 그사이 민비는 장호원 민응식閔應植의 집으로 피신했다. 이 사태 수습의 책임을 맡은 대원군은 즉각 5영과 삼군부를 되살렸으며, 통리기무아문을 혁파했고, 민씨 척족을 권력에서 제거했다.

이때 청국의 이홍장은 조선이 청국의 속국임을 전제로 조선에 외무, 재정 고문을 파견했으며, 임오군란이 일어나자 톈진에 주류했던 영선사 김윤식과 문의관 어윤중으로부터 군란의 내용을 탐문한 뒤 7월 7일과 7월 10일에 마젠충(馬建忠)의 간창대 200명을 선두로 7월 12일 조선의 한성으로 들어왔다. 그리고 7월 13일에는 청군의 딩루창(丁汝昌), 우창칭(吳長慶), 마젠충이 대원군을 강제로 톈진으로 압송했으며, 왕십리와 이태원에서는 임오군란에 참가했던 11명의 군병을 참수했다. 청국군의 도움으로 왕권을 되찾은 고종은 군란에 연관된 병사와 대원군계 인사들을 파직, 유배시켰다.

임오군란 이후 민씨 척족과 개화파 관료들은 친청, 친일로 분열되었다. 1884년 8월에는 베트남에서 청국과 프랑스의 전쟁으로 조선에 주둔했던 청국 군대 3천여 명 가운데 절반이 철수했다. 이 기회를 이용해서 개화파의 김옥균, 박영효, 홍영식, 서광범, 서재필, 윤웅렬尹雄烈 등은 일본의 메이지유신(明治維新)과 같은 개혁을 이룩하려 했다. 김옥균 등은 1884년 12월 4일 홍영식이 총판을 맡은 우정국 개국 만찬회에서 민씨계 요인을 암살하려 했지만 민영익만 중상을 입혔다. 이어 김옥균 등 개화파가 고종에게 청국 군대의 범궐이라면서 경우궁景祐宮으로 피신케 했으며 고종이 일본 공사에게 "일본공사는 와서 나를 호위하라(日本公使來護我)"는 친서를 전달하게 했다. 이 친서에 따라 일본 영사관 병력 약 200명이 경우궁을 에워쌌다. 다음날인 12월 5일 개화파는 각국 공사와 영사에게 신정부 수립을 통고하고 12월 6일에는 정강 정책을 공표했다.[161]

---

161) 개화파의 시책 가운데 14개 조항을 김옥균의 일기인 《갑신일록》에는 (1) 대원군을 환

그러나 같은 날 오후 청국군이 "흉도들에게 납치된 왕과 왕비를 구한다."는 포고령을 내린 뒤 1,500명의 병력으로 창덕궁 돈화문과 선인문으로 공격하자 다케조에 일본 공사와 일본군은 급히 물러나고, 개화파만이 남아 전투를 치르다 박영교朴泳敎, 홍영식은 죽었으며 결국 개화파의 친위 쿠데타도 "3일 천하"로 끝나고 말았다.

갑신정변은 주체적인 혁명이 아닌, 조선을 침탈하려는 일본군에 의지했기에 실패로 끝나고 말았다. 특히 이 시기에 조선의 민중은 일본에 심한 반감을 갖고 있었다. 서울의 상인들과 하층민들은 일본 상인의 경제적인 침투로 생계에 위협을 받고 있었으며, 따라서 일본을 등에 업고 있었던 개화파를 냉담하게 바라보고 있었다. 여기에다 개화파가 청국과 사대관계를 단절하려 하자 오랫동안 사대사상에 젖어있었던 지배층이나 지방 유림은 반발했다. 개화파가 내걸었던 신분제와 과거제의 폐지도 그 때까지 과거 급제를 목표로 준비하고 있었던 지방 유생들의 반발을 불러왔다. 정치현실을 제대로 인식하지 못한 채 일본의 메이지유신을 본받아 일본의 도움만으로 조선을 개화하려 했던 개화파의 시도는 "무모한 그리고 실패할 수밖에 없는 유혈 쿠데타"로 끝나고 말았다.

국케 하고 청국에 사대, 조공의 폐지. (2) 문벌 폐지와 인민평등권의 제정 및 실력과 재능위주의 인재 등용. (3) 전국의 지조법 개혁으로 간리와 탐관의 근절, 그리고 궁민窮民 구제의 충실한 국가재정. (4) 내시부 폐지. (5) 국가에 해독을 끼친 간리와 탐관오리 중 그 죄가 현저한 자의 처벌. (6) 각 도의 환상미還上米의 영구 폐지. (7) 규장각 폐지. (8) 순사제도의 설치로 도적의 방지. (9) 혜상공국의 폐지. (10) 유배 또는 금고 된 죄인을 조사하여 죄의 경중을 가리고, 무고한 죄인의 석방. (11) 4영을 1영으로 합치고, 장정을 뽑아 근위대를 설치할 것. 왕세자를 육군 대장으로 임명할 것. (12) 일체의 국가재정은 호조戶曹에서 관할하고 그 밖의 재무관청은 혁파할 것. (13) 대신과 참찬은 매일 의정부에서 회의하고 정령政令을 의정, 집행할 것. (14) 의정부, 6조 외에 불필요한 관청을 혁파하고, 대신과 참찬으로 하여금 이것을 심의 처리하게 할 것 등으로 되어 있다.

(3) 몰락의 길: 갑오개혁, 을미사변, 아관파천

1884년 갑신정변 이후 거의 12년 동안 조선의 정국은 친청 사대파와 친일 개화파로 대립했다. 청국은 종주국의 위세로 20대 후반의 청년 위안스카이(袁世凱)를 내세워 조선에서 내정과 외교를 간섭했다. 1894년 동학농민혁명이 일어난 그해 5월 7일에 조선왕조가 위안스카이에게 원병을 요청하자, 청의 이홍장은 6월 6일 톈진조약에 따라 일본에 파병 사실을 알리고는 예즈차오(葉志超)와 딩루창(丁汝昌) 휘하 2,800여 명의 군병을 충청도 아산으로 급파했다. 이에 일본군 8,000여 명도 서울로 진공했다. 그해 7월 23일에 일본군은 경복궁을 공격했으며, 7월 25일 풍도豊島 앞바다에서 일본 해군은 청국함대를 기습 공격했다. 8월 1일에 청과 일본의 선전 포고로 청일전쟁이 시작되었다.[162] 일본군은 10월부터 남만주로 진격했으며 1895년 2월부터 일본과 청국은 강화회담에 임했으며 마침내 4월 7일에는 청일 강화조약으로 시모노세키(下關)조약을 체결했다.[163]

동학농민혁명이 끝난 뒤 7월 일본공사 오토리 게이스케(大鳥圭介)는 친청 민씨 정권을 타도하고 흥선대원군을 영입하여 신정권 수립 등 내정개혁안을 실시하게 했다. 이것이 갑오개혁의 시초로 전후 3차례

---

162) 다음 논문에서는 동학농민혁명과 청일전쟁의 상호 연관성을 다루고 있다. 안외순 (2020) 〈동학농민전쟁과 청일전쟁〉《동방학》 42권 참조.

163) 시모노세키 조약의 중요 내용으로는 첫째, 청국은 조선이 완전무결한 자주국임을 이정한다. 둘째, 청국은 라오둥 반도, 타이완, 펑후열도 등을 일본에 할양한다. 셋째, 청국은 전비 배상금으로 고평은 庫平銀 2억 냥(약 3억 엔)을 일본에 지불한다. 넷째, 청국은 서구열강이 향유하는 통산상의 특권을 가질 수 있다. 이점에 대해서는 다음 책을 참고할 것. 朴宗根 著, 朴英宰 譯 (1995)《淸日戰爭과 朝鮮:外侵과 抵抗》一潮閣. 또한 다음 논문에서는 청일 전쟁과 시모노세키 조약이 청에 대한 조선의 사대관계를 청산하고 자주국가임을 침탈을 목적의 일본에 의래 얻어졌음을 읽을 수 있다. 유바다 (2017) 〈1894년 청일전쟁淸日戰爭의 발발과 조선의 속국屬國 지위 청산〉《대동문화연구》 성균관대학교대동문화연구원 98권 pp. 365~367.

에 걸쳐 시행되었다.

제1차 개혁은 1894년 7월 27일부터 12월 17일까지로 군국기무처를 설치하고 영의정 김홍집을 회의 총재로 그리고 박정양朴定陽, 김윤식, 조희연趙羲淵, 김가진金嘉鎭, 안경수安駉壽, 김학우金鶴羽, 유길준兪吉濬 등 17명의 의원을 임명했다. 이들은 「의정부관제안」과 「궁내부관제안」을 제정했다. 국왕의 인사권, 재정권, 군사권을 제약하고 궁중의 여러 부서를 궁내부 산하로 이관 축소시켰다. 또한 의정부를 중추기관으로 만들고, 그 산하의 육조를 내무, 외무, 탁지, 군무, 법무, 학무, 공무, 농상 등 8아문에 분속시켰다. 사헌부, 사간원, 홍문관 등 대간제도를 폐지했으며 내무아문 산하에 경무청을 설치했다. 관료제도를 개혁해서 종래 18등급이던 관등 품계를 12등급으로 축소했으며 이를 칙임관(勅任官, 正從1·2品), 주임관(奏任官, 正從3~6品), 판임관(判任官, 正從7~9品)으로 구분했다. 또한 과거제도를 폐지하고 「선거조례」와 「전고국조례」를 제정한 뒤 주임관과 판임관의 임용권을 의정부의 총리대신과 아문의 대신이 행사하게 했다. 「관원복무기율」과 「관원징계례」 등으로 관리의 공무 집행과 관기 확립을 추진했다.[164] 특히, 청국과의 종속 관계를 끝냈다는 상징적인 의미로 각종 문서에 개국기년을 사용하도록 했다.

조선의 잘못된 제도와 관습을 개혁했는데, 문벌과 반상제도의 폐지, 문무존비의 차별 종식, 공사노비법의 혁파, 역인驛人, 창우倡優, 피공皮工 등 천인의 면천免賤, 죄인 연좌법의 폐지, 양자 제도 개선, 조혼 금지 및 과부의 재가 허용 등이었다. 또한 국가의 재정 사무를

---

164) 관리의 임용과 공무집행 등에 대해서는 다음 논문을 참고할 것. 김근세 (2017) 〈갑오개혁과 한국근대 관료제의 형성; 역사적 제도주의 접근〉《국정관리연구》 12권4호, pp. 252~253.

탁지아문의 전관專管으로 했으며 「신식화폐장정」을 의결하여 은본위제를 채택했고 종래의 물납 세제를 금납제로 대체하고, 도량형을 전국적으로 통일했다.

제2차 개혁은 1894년 12월 17일부터 1895년 7월 7일까지로 김홍집-박영효의 연립내각에서 시행했다. 군국기무처도 폐지하고 망명에서 돌아온 박영효와 서광범을 각각 내부대신과 법부대신으로 입각시켰다. 이 시기에 고종은 청국과의 절연, 국왕의 친정과 법령 준수, 왕비와 종친의 정치관계 배제, 내정개혁을 골자로 한 「홍범14조洪範十四條」를 반포했다.[165]

제2차 개혁에서는 총 213건의 개혁안을 제정했으며 의정부와 각 아문의 명칭을 내각과 부로 바꿨으며 농상아문과 공무아문을 농상공부로 통합했다. 내각은 각부 대신의 합의제 정책 심의기관으로 각종 법률과 칙령안, 세입 세출의 예산 및 결산, 내외 국채에 관한 사항, 국제조약 체결 등에 관한 국가의 중대사를 심의, 의결한 뒤 국왕의 재가를

165) 「홍범 14조」는 1895년 1월 7일 국문, 한문, 국한문혼용체로 고종이 종묘에서 선포했다. 그 내용은 다음과 같다. 제1조: 청국에 의존하는 생각을 끊고 자주독립의 기초를 세운다. 제2조: 왕실 전범王室典範을 작성하여 대통大統의 계승과 종실, 척신의 구별을 밝힌다. 제3조: 국왕이 정전에 나아가 정사를 친히 각 대신에게 물어 처리하되, 왕후, 비빈, 종실 및 척신이 관여함을 용납치 않는다. 제4조: 왕실 사무와 국정 사무를 분리하여 서로 혼동하지 않는다. 제5조: 의정부와 각 아문의 직무 권한의 한계를 명백히 규정한다. 제6조: 부세賦稅는 모두 법령으로 정하고 명목을 더하여 거두지 못한다. 제7조: 조세의 부과와 징수 및 경비 지출은 모두 탁지아문에서 관장한다. 제8조: 왕실은 솔선하여 경비를 절약해서 각 아문과 지방관의 모범이 되게 한다. 제9조: 왕실과 각 관부에서 사용하는 경비는 1년간의 예산을 세워 재정의 기초를 확립한다. 제10조: 지방관 제도를 속히 개정하여 지방관의 직권을 한정한다. 제11조: 널리 자질이 있는 젊은이를 외국에 파견하여 학술과 기예를 익히도록 한다. 제12조: 장교를 교육하고 징병제도를 정하여 군제의 기초를 확립한다. 제13조: 민법 및 형법을 엄정히 정하여 함부로 가두거나 벌하지 말며, 백성의 생명과 재산을 보호한다. 제14조: 사람을 쓰는 데 문벌을 가리지 않고 널리 인재를 등용한다. 그러나 고종은 아관파천 뒤 대한제국과 광무개혁의 선포로 전제 군주정으로 나아감으로써 사실상 「홍범 14조」는 폐기되었다.

받아 시행하기로 했다. 내각과 분리된 궁내부 관제를 간소하게 했으며 그 방계기관인 종정부와 종백부를 폐지했다.

지방 행정제도도 이전의 도道, 부府, 목牧, 군郡, 현縣 등을 폐합해서 전국을 23부 337군으로 조직했다. 내부대신의 지휘와 감독을 받는 각 부 관찰사 1명, 참서관, 경무관 각 1명, 군수 1명을 파견하는 등 행정 체계를 개편했다. 근대적인 군사 및 경찰 제도로 「군부관제」, 「훈련대 사관양성소관제」, 「경무청관제」도 제정했고, 사법권 독립을 위해 「재판소 구성법」과 「법관양성소 규정」도 공포했다. 교육에서도 「한성사범학교 관제」 및 「외국어학교 관제」를 실시했으며 114명의 양반출신 유학생을 일본에 파견했다.

제3차 개혁은 1895년 8월 24일부터 1896년 2월 11일까지로 140여 건의 법령을 의결, 공포했다. 그 가운데는 「소학교령」, 「상무회의소 규칙」, 「연호의 의정」, 그리고 1896년 1월 1일부터 사용하게 한 태양력 등이 있다.

그러나 김홍집 내각의 친일적인 성격과 단발령 때문에 유림과 민중이 크게 반발했다. 고종의 아관파천으로 김홍집 등 갑오개혁 인사들은 그때 일어난 민중 폭동으로 살해되었거나 일본으로 망명했다. 이로써 거의 2년 동안 전통적 왕조체제를 근대적인 계몽군주제로 일거에 개혁하려 했던 시도는 결국 "백성의 지지를 받지 못한 친일세력이 일본 개화를 모방한 것"으로 끝나고 말았다.[166] 최소한 정치개혁이라면 지향 이념이 분명하게 명시되고, 주도 세력을 피지배층이 적극적으로 지지해야 한다. 특히 개혁적인 정책은 백성의 지지를 얻을 때 비

166) 갑오개혁에 대한 평가는 다양하다. 최근에는 일본 측의 영향력에 비중을 둔 것에서 점차 개화파의 자체적인 의지도 강했음을 주장하는 논의도 있다. 왕현종 (2003) 《한국 근대국가의 형성과 갑오개혁》 역사비평사 pp. 26~29.

로소 성공할 수 있다. 이 점에서 갑오개혁은 지향 이념에서 시대성과 백성의 욕구를 제대로 담지 못했다. 지배 세력도 부패 무능했기에 결국은 왕조체제의 명운조차 파국으로 몰아넣었다.

특히 백성으로부터 적극적인 지지를 받지 못한 갑오개혁은 친일적인 권신들 사이의 권력투쟁에 지나지 않았다. 사실 단발령만 해도 그 나름의 타당성은 있었지만 민중적 자각으로 그것을 실행하게 해야 했다. 개혁도 어떤 것은 완만하게 또 어떤 것은 급속하게 추진해야 한다. 그런데도 그 모든 것을 개혁이라는 이름의 법령을 공포해서는 일거에 이루려다 보니 민중의 반발을 불러와 실패할 수밖에 없었다. 이 점에서 갑오개혁은 조선왕조 지배세력의 한계를 드러낸 실증적인 사례가 되고 말았다. 그러나 이런 한계에도 불구하고 여기에는 그 나름으로 시대적인 욕구도 담겨 있었다. 갑오개혁에서 실시하기로 결정했던 개국기원의 설정이라든가 태양력 사용, 신분제(노비제) 폐지, 은본위제, 조세의 금납제로의 통일, 인신 매매 금지, 조혼 금지, 과부의 재가 허용, 고문과 연좌법 폐지, 신교육 실시 등은 의당 해야 할 개혁이었다.

그러나 1895년 을미사변으로 조선 민중의 반일 감정은 극도로 악화되었으며 전국적으로 의병이 일어났다. 을미사변은 조선왕조 몰락의 비참함을 들어낸 민족적인 비극이자 수치였다. 그뿐 아니라 일본의 조선 침탈의 반문명적인 야만행위의 한 표현이었다. 조선의 왕후[明成皇后 閔氏]를 일본 공사 미우라 고로(三浦梧樓)의 지휘로 서울에 주둔했던 일본군, 일본공사관원, 영사경찰, 신문기자, 낭인배 등이 1895년 8월 20일 (양력 10월 8일) 새벽에 경복궁을 기습, 무참하게 살해했으며 그 시신을 경복궁 안 숲속에서 불태웠다.[167] 실로 문명사회에서는

167) 김영수 (2012) 〈을미사변을 둘러싼 기억과 의문-명성황후 암살자에 관한 기록과 추

있을 수 없는 야만적인 작태를 바로 일본인들이 조선 왕궁에서 벌이고 있었다. 이 일에 분노했던 조선의 민중은 의병으로 일본에 맞섰다. 당시 의병에 참가했던 사람들은 왕조체제의 "국모"인 명성왕후에 대한 애도의 감정과 일본의 침탈에 대한 반일감정에서 비롯되었다.

바로 이 시기에 러시아 공사 베베르(Karl Ivanovich Weber)는 공사관 보호를 구실로 러시아 수병水兵 백여 명을 서울로 데려 왔다. 또한 친러파 이범진 등은 베베르 공사와 협의해서 1896년 2월 11일 고종을 아관파천, 즉 정동의 러시아 공사관으로 이거시켰다. 아관파천 즉시 고종은 내각총리대신 김홍집을 비롯하여 김윤식, 유길준, 어윤중, 조희연 등을 면직시키고, 유길준 등의 체포를 명령했다. 앞에도 말했지만 이때 김홍집과 정병하, 어윤중 등은 성난 민중에 의해 살해되었고, 유길준, 조희연 등은 일본으로 망명했다. 그리고 이범진, 이완용 등의 친러 내각이 탄생했으며, 고종은 그로부터 1년 뒤 1897년 2월 20일에 덕수궁으로 환궁했다.

국왕이 러시아 공사관에 체류했던 1년 동안 국정은 러시아 공사의 영향을 받았으며, 탁지부 고문인 러시아 사람 알렉세예프(Alexeev)는 조선왕조의 재무장관처럼 행세했다. 이 때 러시아는 경원과 경성의 채굴권과 압록강, 두만강 및 울릉도의 채벌권 등 각종 이권을 차지했으며, 그 밖의 중요 이권은 러시아를 비롯한 열강의 손으로 넘어갔다. 실로 아관파천이야말로 조선왕조의 몰락과정에서 보여준 또 다른 수치스런 모습이었다.

적—〉《사림(성대사림)》 41권. 이 논문은 깊이 있는 연구로 명성황후의 시해자로 주한일본영사관 형사 와타나베(渡邊鷹次郎)를 "주목할 필요가 있다."고 지적한다. pp. 197~199.

(4) 망국으로 접어들다

조선왕조는 1870년대 이후 외세에 휘말렸으며 그 때문에 갑오개혁, 을미사변, 아관파천을 겪었다. 국왕도 고위 관직자도 지방의 사류도 달라진 시대를 더 이상 외면할 수 없었다. 고종은 절대 군주였지만 이전처럼 전제적 권력을 행사할 수 없었다. 전통적으로 조선왕조의 통치체제는 중국에 대한 사대주의, 성리학의 이데올로기, 피지배 민중에 대한 폭압적인 통치, 중앙과 지방간의 수직적인 종속관계 그리고 반상의 신분제 사회 등에 따라 지속될 수 있었다. 이런 체제는 전근대의 강고하고도 전제적인 통치체제이기 때문에 변화된 시대에서는 더 이상 정상적으로 작동할 수 없었다.

조선왕조가 맞게 된 새로운 시대의 어려움은 불행하게도 제국주의에 의한 침탈이었다. 그러나 왕조는 이런 변화를 애써 외면했으며 기존체제의 유지에만 관심을 두고 있었다. 물론 조선의 신진 사류나 개화파 인사들도 근대적인 서양 문물에 깊은 관심을 가졌으며, 중국과 일본으로부터 근대의 서양 사상과 제도에 대한 지식을 접했고, 외교사절의 수행원으로 서양을 방문하기도 했다. 그러나 문명화된 서양을 어떻게 모방하고 따를 것인가에 대한 실천 방안은 마련하지 못했다. 기껏해야 서양의 사정을 소개하는 정도에 지나지 않았고 조선사회도 이를 따라야 한다는 주장만 내놓았을 뿐이다. 특히 이 시기에는 중하층 서민들도 서양의 문물에 관심을 갖게 되었다. 한성의 시전 상인들도 조선으로 진출한 외국 상인들과 상거래도 했으며, 특히 19세기 이후 외국 기업체들이 조선 서북 지역의 광산 개발과 교역에 관계했기 때문에 하층 농민 출신의 광산 노동자와 개항장의 하역 노동자의 수도 늘어나고 있었다.

이처럼 변화의 물결이 밀려오는데도 조선의 지배세력은 요지부동이었다. 몇몇 선각자들의 개화에 대한 주장은 아예 무시당했으며 "근본 없는 행동"으로 비판받았다. 이렇게 비판한 자들이 바로 조정의 권신들이었다. 앞에서 말한 개화파 인사들은 새 시대에도 전통적 지배세력으로 자신의 위치를 지키고 강화하기 위해 개화파로 자처하는 경우도 없지 않았다. 그 당시 조선사회에서 새로운 시대변화를 가로막은 것은 바로 조선왕조와 고위 관직자를 비롯한 지배집단이라 해도 틀리지 않는다. 그리고 개화파를 자처했다 해도 그들은 조선의 개혁이나 조선사회의 일대 변혁보다는 지배세력으로서 자신의 위치와 영향력의 강화에 더 치중했다. 개화파의 정치사회적인 활동은 개화파로 자처하는 것으로만 시종했을 뿐이다. 이러한 사실을 전제하면서 여기서는 독립협회를 비롯한 개화파의 활동을 살펴보기로 한다.

① 독립협회의 애국계몽 운동

1896년 독립협회를 주도했던 서재필은 갑신정변이 실패하자 미국으로 망명, 의사로 활동하다 개화파가 집권하면서 11년 만에 귀국했다. 그는 "충군애국의 자주국가"를 위한 백성의 계몽을 목표로 《독립신문》과 독립협회를 창립했다. 이 조직체의 초기 참가자들은 주로 구미파의 정동구락부 세력, 갑오개혁을 주도했던 건양협회 세력, 자주개화정책을 추구했던 중견관료층 등이었다.

이들 개화파 인사들은 1896년 7월 2일 독립문과 독립공원을 만들기 위한 사업을 추진하고자 '독립협회'를 창립했다. 초대 회장인 안경수와 이완용 등은 대신급의 관료로서, 이완용은 외부대신 겸 학부, 농상공부 임시서리대신이었다. 17명의 위원들도 대개 대신과 협판, 국장급 전현직 관료였다. 1896년 11월 24일자 《독립신문》의 독립문 정초식에 대한 기사를 인용하면 다음과 같다.

> "지난 토요일(1896년 11월 21일 토요일 오후 2시 반에 독립문 주춧돌 놓는 예식을 독립공원 땅에서 시행하였는데, ……회장 안경수씨가 예식을 열고 배재 학당 학도들이 조선가를 부르고 회장이 주춧돌을 놓고 교사 아펜젤러씨가 조선말로 하나님께 축수하되, "조선 대군주 폐하와 왕태자 전하께서 성체가 안강하시고 조선 독립이 몇 만 년을 지나도 무너지지 않게 되며 조선 전국 인민이 점점 학문이 늘고 재산이 늘어 새 사람이 되게 하여 주시옵소서"라고 하더라. ……학도들이 독립가를 노래하고 그 뒤 외부대신 리완용씨가 연설하되, …… "독립을 하면 나라가 미국과 같이 세계에 부강한 나라가 될 터이요. 만일 조선 인민이 합심을 못하여 서로 싸우고 서로 해하려고 할 지경이면 구라파에 있는 폴란드란 나라 모양으로 모두 찢겨 남의 종이 될 터이라. 세계 역사에 두 본보기가 있으니, 조선 사람은 둘 중에 하나를 뽑아 미국 같이 독립이 되어 세계에 제일 부강한 나라가 되던지, 폴란드 같이 망하든지, 좌우간에 사람 하기에 있는지라. 조선 사람들은 미국 같이 되기를 바라노라" 하더라. …… 배재학당 학원들이 진보가를 노래하고…… 다 같이 대군주 폐하를 위하여 만세를 부르고 독립협회를 위하여 천세를 부르고 다른 외국가들을 부르더라."

독립협회의 활동을 살펴보면 1896년 7월 2일 독립협회 창립에서부터 1897년 8월 28일까지는 주로 고위 관직자들이 주도했다. 그때의 중요 활동은 독립문, 독립관, 독립공원을 조성하여 "독립"에 대한 사회적인 공감대 형성에 진력했는데 사회 유지와 일부 고위 관료들도 이를 지원했다. 독립협회의 초기 모습은 고위 관직자의 사교모임과도 같았으며 1896년 말에는 회원이 2천 명을 넘어섰다.

독립협회는 1897년 8월부터 "구국선언"을 발표했던 1898년 2월까지는 민중계몽에 치중했으며 집권자들의 외세의존적인 성격을 비판했다. 그 때문에 초기에 독립협회에 참가했던 관료들 대부분은 탈퇴하자 독립협회의 활동도 자연히 애국계몽운동으로 자리 잡게 되었다.

"구국선언"을 선언한 1898년 2월 21일부터 그해 9월 10일까지는 외세의 침탈을 막으려는 국가 수호를 위한 투쟁에 앞장섰다. 국가를 지키려는 국권운동, 전근대적인 관권의 억압에서 벗어나려는 민권운동, 의회를 설치하려는 참정권 운동도 전개했다. 독립협회가 개혁적인 정치운동으로 나아가자 조선왕조의 집권세력은 반격했으며, 그 때문에 서재필은 미국으로 추방되고 말았다. 또한 1898년 9월부터 정부가 민회의 금압령을 내린 뒤 독립협회는 민주적인 자유와 입헌적인 대의정치를 추구하려 했으며 그 회원은 4천여 명을 넘어섰다. 독립협회의 주도적인 활동으로 관민공동회를 열어서는 조선왕조에서 이를 "인민헌의안"으로 수락하게 했고, 중추원 관제의 발표로 인민참정권도 공인하게 했다.[168)]

독립협회가 1897년부터 만민공동회를 개최하여 백성의 정치 참여와 부패한 관료의 탄핵을 주장하자 집권세력은 독립협회가 공화제를 추진한다는 소문을 퍼뜨렸다. 이들은 고종을 지지하는 보부상과 지역 유림들을 중심으로 황국협회를 결성해서 독립협회와 대결했다. 또한 군왕에 대한 충성을 절대시했던 일부 성리학자들은 독립협회의 민중참정권 주장을 반역적인 작태라고 배격했다. 특히 척사파 유림들은 서구 사상을 수용하려 한다면서 독립협회의 배격에 앞장섰다.

168) 독립협회는 관민공동회를 통해 국가주권의 자주화, 국가이권의 수호, 국가재정의 일원화, 국민자유권의 보장, 인사행정의 공정화, 의회적인 중추원의 실시 등을 내용으로 하는 「헌의 6조」의 국정개혁안을 채택하고 국왕의 재가를 요청했다. 이에 국왕은 「헌의 6조」의 재가와 동시에 서정쇄신을 다짐하는 조칙 5조를 반포했다. 11월 4일에는 관선 25명, 민선 25명의 근대의회적인 성격을 지닌 "중추원관제"를 발표했다. 《고종실록》 35년, 1898년 11월 2일자.

이어 1898년 11월 2일 중추원 관제를 발표하면서 중추원 의관 50명 가운데 반수(25명)는 조정에서 천거하고, 나머지 반수는 독립협회에서 27세 이상의 정치, 법률, 학식에 통달한 자를 투표로 선출하기로 규정했다.[169] 이 일을 위하여 독립협회는 11월 5일 독립관에서 선거를 실시하기로 예정했지만, 바로 그날 새벽 순검들이 독립협회 부회장 이상재 등 간부 17명을 체포함으로써 독립협회를 사실상 해산시켰다.

독립협회는 근대국가로서의 자주권 확보와 자유 민권의 보장, 자강개혁의 실현 등 그 시대로서는 실로 보기 드문 근대화 운동을 전개했다. 중국에 사대 종속했던 조선왕조가 중국의 사절을 맞던 치욕적인 영은문을 헐어내고 그 자리에 독립문을 세웠고 그 옆의 모화관을 독립관으로 바꾸었다. 독립문은 다시는 외세의 지배를 받지 않겠다는 그 시대 백성들의 결단으로 세워졌다. 독립자강의 의지로 독립국가를 이룩함으로써 사민평등의 근대사회를 이룩하려 했음은 근대 국민국가로 나아감이었다. 그러나 독립협회는 아쉽게도 이들 목표를 이루지 못했으며, 기존의 통치체제인 조선왕조의 개혁에 치중했다. 이 일을 주도했던 독립협회 지도부에는 고위 관직자가 다수 참여했으나 농민과 노동자들의 참여로는 확장되지 않았다. 만일 독립협회가 상층 지배세력만이 아닌 농민 등 다수 평민의 참여와 지지로 왕조체제를 혁명적으로 재편하는 등 새로운 근대 국민국가를 이룩했다면 세상은 달라졌을 것이다. 독립협회는 그 시대 정치사회의 변혁운동이었지만 주요 구성원은 지식인층과 지주와 상인 그리고 고위 관료였으며 민중의 참여는 소수였다. 독립협회는 "민중 없는 개혁운동"으로 나아감으로

169) 이 시기의 중추원은 "사실상 내각의 한 부속 기구로서의 기능만을 뜻하는 것"에 지나지 않았다. 이 점에 대해서는 다음 글을 참고할 것. 진덕규 (1984) 〈대한제국의 권력구조 연구 (II); 중추원의 분석적 고찰〉《대한제국연구(II)》 이화여대한국문화연구원 p. 3.

써 "민족주의 운동"으로는 아쉬움을 갖게 했다.

②「대한국 국제」의 반포

이보다 먼저 1897년 2월 20일 고종은 경운궁으로 환궁했으며 8월 17일에는 연호를 광무光武로 그리고 10월 3일에는 황제 칭호를 사용하였다. 같은 해 10월 12일에는 원구단圜丘團에서 천제天祭를 올리고 국호를 대한제국으로 고치고 황제로 즉위했다.170) 이어 11월 12일에는 명성황후의 국장國葬을 치렀으며, 청나라에 대한 사대주의의 상징인 영은문迎恩門을 허물고 그 자리에 독립문을 건립하여 11월 20일에 완공하였다. 새로운 법률과 칙령을 마련하기 위해 황제 직속의 특별 입법기구로 교전소도 설치했다. 1899년(광무 2년) 8월 14일에는 대한제국의 헌법인「대한국 국제大韓國 國制」를 반포하여 전제 군주제임을 밝혔다.[171]

170) 고종은 1897년 10월 12일 주변의 권유에 따라 황제의 자리에 올랐다. 이날의 과정은 이렇게 기록하고 있다. "의정부 의정 심순택이 백관을 거느리고 아뢰기를, "고유제를 지냈으니 황제의 자리에 오르소서." 하였다. 신하들의 부축을 받으며 단에 올라 금으로 장식한 의자에 앉았다. 심순택이 나아가 12장문의 곤면을 성상께 입혀드리고 씌워 드렸다. 이어 옥새를 올리니 상上이 두세 번 사양하다가 마지못해 황제의 자리에 올랐다. 왕후 민씨를 황후로 책봉하고 왕태자를 황태자로 책봉하였다. 심순택이 백관을 거느리고 국궁, 삼무도三舞蹈, 삼고두三叩頭, 산호만세山呼萬世, 산호만세山呼萬世, 재산호만세再山呼萬世를 창하였다."《고종실록》36권 고종 34년 10월 12일자.

171)「대한국 국제」의 내용은 아래와 같다. 제1조: 대 한국은 세계만국의 공인되온 바 자주독립하온 제국이니라. 제2조: 대한제국의 정치는 이전으로 보면 500년 전래하시고 이후로 보면 만세에 걸쳐 불변하오실 전제정치이니라. 제3조: 대한국 대황제께옵서는 무한하온 군권을 향유하옵시나니 공법에 말한 바 자립정체이니라. 제4조: 대한국 신민이 대황제의 향유하옵신 군권을 침손할 행위가 있으면 그 이미 행한 것과 아직 행하지 않은 것을 물론하고 신민의 도리를 잃은 자로 인정할지라. 제5조: 대한국 대황제께옵서는 국내 육해군을 통솔하옵셔 편제를 정하옵시고 계엄·해엄을 명하시나니라. 제6조: 대한국 대황제께옵서는 법률을 제정하옵셔 그 반포와 집행을 명하옵시고 만국의 공공한 법률을 효방하사 국내법률도 개정하옵시고 대사, 특사, 감형, 복권을 명하옵시나니 공법에 말한 바 자정율례이니라. 제7조: 대한국 대황제께옵서는 행정 각 부부의 관제와 봉급을 제정 혹은 개정하옵시고 행정상 필요한 각항 칙령을 발하옵시나니 공법에 말한

대한제국의 집권 세력인 수구파는 "구본신참舊本新參"을 내걸고 점진적인 개혁을 추구했지만 그것이 구본일 수는 있어도 신참은 형식에 지나지 않았다. 이 시기에 행해진 몇몇 개혁정책은 연호인 광무를 인용해서 광무개혁光武改革이라 불렀다. 예를 들면 양전量田 사업으로 지계地契를 발급해서 토지소유 제도를 규정했으며 상공업 진흥책으로 공장과 회사를 설립하게 했다. 또한 교육 진흥책으로 기술학교, 사범학교, 관립학교를 세웠으며 교통, 통신, 전기, 의료 등 근대 시설을 도입하기도 했다. 또 황제가 군권을 장악하기 위해 원수부를 설치했고 서울의 제국군대와 지방의 진위대를 증강했으며 무관학교도 설립했다.

그러나 고종이 황제로 자처하고 「대한국 국제」를 반포해도 현실은 별로 달라진 것이 없었다. 오히려 백성들은 조선왕조, 즉 대한제국에 대한 충성을 점점 거둬들이고 있었다. 부패하고 무능한 왕조임을 백성들도 더는 부정하지 않았다. 비록 지방의 일부 유림을 비롯한 근왕주의자들은 왕조에 충성을 다짐했지만 이는 한정적이었다. 실제로 고종도 전근대적인 전제군주로써 청이나 러시아에 의존하는 등 외세의 도움으로 자신의 왕권을 지키려했지 도탄에 빠진 백성을 위한 군주와는 거리가 있었다.

③ 조선왕조의 종언: 한일협약과 한일병합조약

한편 1897년에는 대한제국이 수립되었고 8년 뒤 1904년에는 러일전쟁이 일어났다. 이런 시대 변화 속에 일본은 한반도와 만주를 장악

바 자치행리이니라. 제8조: 대한국 대황제께옵서는 문무관의 출척, 임면을 행하옵시고 작위, 훈장 및 기타 영전의 수여 혹은 체탈을 하옵시나니 공법에 말한 바 자선신공이니라. 제9조: 대한국 대황제께옵서는 각 유약국에 사신을 파송, 주찰케 하옵시고 선전, 강화 및 제반 조약을 체결하옵시나니 공법에 말한 바 자견사신이니라. 《고종실록》 36권 8월 17일자.

하기 위해 온 힘을 기울였다. 1900년대로 들어서면서 일본은 한국을 보호국으로 삼고자 강대국과 교섭했으며, 1905년에는 러일전쟁에서 승리하여 포츠머스 조약을 체결했다. 그러나 이미 그 전해인 1904년 2월 23일에 일본은 「한일의정서」의 체결을 강요했다.[172] 연이어 1904년 8월 22일에는 「제1차 한일협약」 체결로 외교와 재정 등 각 분야에 친일적인 외국인 고문을 두고는 대한제국의 내정을 간섭했다.[173]

1905년 11월 9일에는 일본 추밀원장 이토 히로부미(伊藤博文)가 특파 대사로 11월 15일에 고종을 배알하면서 「한일협약」 안을 제시했다. 11월 17일에는 일본 공사가 한국 정부의 각부 대신을 일본 공사관으로 초치해서 「한일협약」 안의 승인을 꾀했지만 결론을 얻지 못하자, 궁중에서 다시 어전회의를 열었다. 무장한 일본군이 시내를 행진했고

172) 「한일의정서」는 조일 공수동맹으로 러일전쟁의 중립으로 나가려는 대한제국을 일본측에 끌어들이기 위해서 일본은 1904년 1월 대한제국 황궁을 점령한 뒤 같은 해 2월 23일 강제로 체결한 조약으로 아래의 6개 조항으로 되어 있다. 제1조: 한·일 양제국은 항구불역할 친교를 보지保持하고 동양의 평화를 확립하기 위하여 대한제국정부는 대일본제국정부를 확신하고 시정의 개선에 관하여 그 충고를 들을 것. 제2조: 대일본제국정부는 대한제국의 황실을 확실한 친의로써 안전·강녕하게 할 것. 제3조: 대일본제국정부는 대한제국의 독립과 영토보전을 확실히 보증할 것. 제4조: 제3국의 침해나 혹은 내란으로 인하여 대한제국의 황실안녕과 영토보전에 위험이 있을 경우에는 대일본제국정부는 속히 임기응변의 필요한 조치를 행할 것이며, 그리고 대한제국정부는 대일본제국정부의 행동이 용이하도록 충분히 편의를 제공할 것. 대일본제국정부는 전항前項의 목적을 성취하기 위하여 군략상 필요한 지점을 임시 수용할 수 있을 것. 제5조: 대한제국정부와 대일본제국정부는 상호의 승인을 경유하지 아니하고 후래에 본 협정의 취지에 위반할 협약은 제3국간에 정립할 수 없을 것. 제6조: 본 협약에 관련되는 미비한 세조는 대한제국외부대신과 대일본제국대표자 사이에 임기 협정할 것으로 규정했다. 市川正明(1996)《朝鮮半島近現代史年表.主要文書》原書房 p. 15.

173) 이 일을 위하여 미국과는 1905년 7월 27일에 「태프트-가쓰라 밀약」을 체결했으며, 8월 12일에는 영국과 제2차 영일동맹을 맺었다. 미육군장관 태프트(William Howard Taft)가 1905년 7월 27일에 도쿄에서 일본수상 가쓰라 다로(桂太郎)와의 회담에서 "필리핀은 미국이 통치하고…… 일본은 한국의 보호권을 확립하는 것이…… 극동의 평화에 공헌할 것으로 인정한다."는 내용이었다. 이 밀약은 7월 31일에 시어도어 루스벨트의 승인을 받아 8월 7일에 일본수상 가쓰라에 전했다.

궁궐 안에는 일본 헌병의 위협적인 시위도 있었다. 이날의 어전회의에서도 일본측 제안을 거부했다. 그러나 이토 히로부미는 주한 일본군 사령관 하세가와[長谷川好道]와 함께 세 번이나 고종을 배알하고 이 조약의 체결을 강박했다. 고종이 참석하지 않았던 대신 회의에서도 의견이 일치하지 않자 이토 히로부미는 다시 회의를 열게 하고 참석한 대신들에게 조약체결의 찬부를 물었다.

이날 회의에서 참정대신 한규설韓圭卨, 탁지부대신 민영기閔泳綺는 조약체결을 반대했고 농상공부대신 권중현權重顯은 소극적으로 반대하다 찬성으로 돌아섰으며 법부대신 이하영李夏榮, 학부대신 이완용, 군부대신 이근택李根澤, 내부대신 이지용李址鎔, 외부대신 박제순朴齊純 등은 찬성했다. 결국 이날 밤에 이토 히로부미는 조약 체결에 찬성하는 대신들과 다시 회의를 열고 자필로 약간 수정을 가한 뒤 이 조약을 승인하게 했다. 이로써 박제순, 이지용, 이근택, 이완용, 권중현은「한일협약」에 찬성한 "을사오적"으로 그 이름을 남기게 되었다.

이렇게 체결된「한일협약」은 흔히「을사조약」으로 불렸는데 외부대신 박제순과 일본특명전권공사 하야시 곤스케(林權助) 사이에 체결되었으며 그 서문에 "대한제국 정부 및 일본국 정부는 양 제국을 결합하는 이해 공통의 주의를 공고히 하고자 한국의 부강의 실實을 인정할 수 있을 때에 이르기까지 이를 위하여 이 조관을 약정한다."라고 적고 있다. 그 내용은 다음과 같다.[174)]

제1조: 일본국 정부는 재在동경 외무성을 경유하여 금후 한국의 외국에 대한 관계 및 사무를 감리, 지휘하며, 일본국의 외교 대표자 및 영사는 외국에 재류하는 한국의 신민 및 이익을 보호한다.

174) 市川正明 (1996) 앞의 책 p. 21.

제2조: 일본국 정부는 한국과 타국 사이에 현존하는 조약의 실행을 완수할 임무가 있으며, 한국 정부는 금후 일본국 정부의 중개를 거치지 않고는 국제적 성질을 가진 어떤 조약이나 약속도 하지 않기로 상약한다.

제3조: 일본국 정부는 그 대표자로 하여금 한국 황제 폐하의 궐하에 1명의 통감을 두게 하며, 통감은 오로지 외교에 관한 사항을 관리하기 위하여 경성에 주재하고 한국 황제 폐하를 친히 내알(內謁)할 권리를 가진다. 일본국 정부는 또한 한국의 각 개항장 및 일본국 정부가 필요하다고 인정하는 지역에 이사관을 둘 권리를 가지며, 이사관은 통감의 지휘하에 종래 재한국 일본영사에게 속하던 일체의 직권을 집행하고 아울러 본 협약의 조관을 완전히 실행하는 데 필요한 일체의 사무를 장리한다.

제4조: 일본국과 한국 사이에 현존하는 조약 및 약속은 본 협약에 저촉되지 않는 한 모두 그 효력이 계속되는 것으로 한다.

제5조: 일본국 정부는 한국 황실의 안녕과 존엄의 유지를 보증한다.

이 조약으로 일본은 한국의 외교권을 박탈했으며 한국의 해외 공관을 폐지했고, 영국, 미국, 청국, 독일, 벨기에 등의 주한 공사관도 각기 자기 나라로 돌아갔다. 그 이듬해인 1906년 2월부터 이토 히로부미가 초대통감으로 조선의 외교와 내정을 간섭했다. 이 조약으로 대한제국은 사실상 종언을 맞았으며 그 뒤의 과정은 식민지화의 잔무처리에 지나지 않았다. 연이어 1907년에는 「한일신협약(정미7조약)」의 체결로[175] 대한제국에서 일본인 "차관 통치"가 실시되었으며 그해 8월

175) 「한일신협약」은 1907년 7월 24일 한국 측의 전권대신으로 이완용이 통감의 사저에서 이토 히로부미와 체결했으며 그 내용은 아래와 같다. "일본국정부 급 한국정부는 속히 한국의 부강을 도하고 한국민의 행복을 증진하고자 하는 목적으로 좌개조관을 약정함. 제1조; 한국정부는 시정개선에 관하여 통감의 지도를 수할 사. 제2조; 한국정부의 범

~9월에는 군대를 해산시켰다. 헤이그 밀사사건을 빌미로 고종이 퇴위한 뒤 그 뒤를 이은 순종은 조선왕조 제 27대, 대한제국 제2대 황제로 즉위했다. 1909년 7월 12일 「기유각서」를 체결[176]한 뒤에는 대한제국의 사법권과 교도矯導 행정 업무를 일본에 넘겨주었다.

이 과정에서 항일의병이 일어났는데 특히 1907년 8월 1일 군대의 해산으로 항일의병의 열기가 전국적으로 확산되었다. 이를 진압, 진무하기 위하여 일본군은 토벌 작전을 벌였으며 이용구李容九, 송병준宋秉畯 등의 일진회一進會는 「한일병합조약」 이전부터 "한일 합방론"을 주창하는 등 적극적으로 반민족적 친일활동에 앞장섰다. 1909년 10월 26일에는 만주 하얼빈에서 안중근安重根이 이토 히로부미를 저격 사망케 했으며 같은 해 12월 2일에는 내각총리대신 이완용이 이재명李在明의 습격을 받기도 했다.

령의 제정 급 중요한 행정상의 처분은 예하 통감의 승인을 경할 사. 제3조; 한국의 사법사무는 보통행정사무와 차를 구별할 사. 제4조; 한국 고등 관리의 임면은 통감의 동의로써 차를 행할 사. 제5조; 한국정부는 통감의 추천한 일본인을 한국 관리에 임명할 사. 제6조: 한국정부는 통감의 동의 없이 외국인을 고빙 아니 할 사. 제7조: 메이지37년 8월 22일 조인한 일한협약 제1항을 폐지할 사. 위증거함으로 하명은 각 본국정부에서 상당한 위임을 수하여 본 협약에 기명 조인함이라. 광무11년 7월 24일. 내각총리대신 훈2등 이완용. 메이지40년 7월 24일. 통감 후작 이토 히로부미."로 되어 있다. 市川正明 編 (1996) 앞의 책 pp. 21~22.

176) 「기유각서」는 1907년 한일신협약의 부대 각서로, 일제의 강압으로 조인된 조선의 사법 및 감옥 사무를 일본 정부에 위탁하는 내용을 담고 있다. 1909년 7월 12일 총리대신 이완용과 제2대 통감 소네 아라스케 사이에 교환된 다음의 5개조로 되어 있다. ① 한국의 사법과 감옥 사무는 완비되었다고 인정되기까지 일본 정부에 위탁한다. ② 정부는 일정한 자격이 있는 일본인, 한국인을 재한국 일본재판소 및 감옥 관리로 임용한다. ③ 재한국 일본재판소는 협약 또는 법령에 특별한 규정이 있는 외에도 한국인에 대해 한국법을 적용한다. ④ 한국 지방 관청 및 공사公使는 각각 그 직무에 따라 사법, 감옥사무에 있어서는 재한국 일본 당해 관청의 지휘, 명령을 받고 또는 이를 보조한다. ⑤ 일본정부는 한국 사법 및 감옥에 관한 일체 경비를 부담한다. 이 각서에 따라 한국의 법부와 재판소는 폐지되었고, 모든 사무는 통감부의 사법청으로 이관 되었다. 市川正明 編 (1996) 앞의 책 pp. 22~23.

일본은 1910년 5월 30일에 2대 통감 소네 아라스케(曾禰荒助)를 물러나게 하고 육군대장으로 퇴역한 데라우치[寺內正毅]를 3대 통감으로 교체했다. 7월 29일에는 내각을 개편하여 이완용을 총리대신으로, 박제순을 내부대신으로 임명했다. 끝내 1910년 8월 22일에 이완용 내각은 순종을 앞세운 어전회의에서 한일병합을 결의했고 1910년 8월 29일에 이를 공포함으로써 전제 군주국 대한제국은 종언을 맞고 말았다. 8월 29일 내각총리대신 이완용과 일본 통감 데라우치의 이름으로 아래의 「한일병합조약」을 조인, 발표했다.[177]

"일본국 황제폐하 및 한국 황제폐하는 양국 간에 특수하고도 친밀한 관계를 고려, 상호의 행복을 증진하며 동양 평화를 영구히 확보하고자 하며, 이 목적을 달성하기 위해 한국을 일본제국에 병합함이 최선책이라고 확신, 이에 양국 간에 병합조약을 체결하기로 결정하고, 이를 위해 일본국 황제폐하는 통감 자작 데라우치를, 한국 황제폐하는 내각총리대신 이완용을 각기 전권위원으로 임명하였다. 그러므로 전권위원은 합동 협의하고 다음의 제조를 협정하였다."

제1조: 한국 황제폐하는 한국 정부에 관한 일체의 통치권을 완전, 또 영구히 일본 황제폐하에게 양여한다.

제2조: 일본국 황제폐하는 전조에 기재한 양여를 수락하고 한국을 일본제국에 병합함을 승낙한다.

제3조: 일본국 황제폐하는 한국 황제폐하, 황태자전하 및 그 후비와 후예로 하여금 각기의 지위에 적응하여 상당한 존칭 위엄 및 명예를 향유하게 하며, 또 이것을 유지함에 충분한 세비를 공급할 것을 약속한다.

---

177) 市川正明 編 (1996) 앞의 책 p. 25.

제4조: 일본국 황제폐하는 전조 이외의 한국 황족 및 그 후예에 대하여도 각기 상응의 명예 및 대우를 향유하게 하며, 또 이것을 유지함에 필요한 자금의 공급을 약속한다.

제5조: 일본국 황제폐하는 훈공 있는 한국인으로서, 특히 표창에 적당하다고 인정된 자에 대하여 영작榮爵을 수여하고, 또 은급을 줄 것이다.

제6조: 일본국 정부는 전기 병합의 결과로 한국의 시정時政을 담당하고 같은 뜻의 취지로 시행하는 법규를 준수하는 한인의 신체 및 재산에 대하여 충분히 보호해 주며, 또 그들의 전체의 복리증진을 도모할 것이다.

제7조: 일본국 정부는 성의로써 충실하게 신제도를 존중하는 한국인으로서 상당한 자격을 가진 자를 사정이 허락하는 한 한국에서 일본국 관리로 등용할 것이다.

제8조: 본 조약은 일본국 황제폐하 및 한국 황제폐하의 재가를 받은 것으로서 공포일로부터 이를 시행한다. 이상의 증거로서 양국 전권위원은 본조에 기명 조인한다."

융희 4년 8월 22일 내각총리대신 이완용

메이지 43년 8월 22일 통감 자작 데라우치 마사타케(寺內正毅)

그러자 백성들은 이 조약에 반대하여 저항했고 장지연張志淵은 11월 20일자 《황성신문》에 〈시일야방성대곡是日也放聲大哭〉을 발표하면서 일본의 침략을 규탄하고 조약 체결에 찬성했던 대신들을 공박했다. 백성들도 이 조약과 을사오적을 규탄했다. 특히 고종은 8월 22일에 미국에 체재 중인 황실고문 헐버트(Hulburt, H. B.)에게 "짐은 총칼의 위협과 강요 아래 최근 양국 사이에 체결된 이른바 보호조약이 무효임을 선언한다. 짐은 이에 동의한 적도 없고 금후에도 결코 아니할 것이다. 이 뜻을 미국 정부에 전달해주기 바란다."라고 통보하면서 이 사실을 만방에 알려 달라고 요청했다.

조선왕조는 1392년에 개국해서 518년이 지난 1910년에 망국의 기록을 남겼다. 전쟁에 패전해서 망한 것도 아니고 적군의 점령으로 망한 것도 아니었다. 이웃나라, 한때는 무시했던 그 왜국이 온갖 위협과 회유로 조선왕조의 집권세력을 무릎 꿇게 한 것이다. 이렇게 망한 왕국이었지만 백성들의 반일 감정만은 극단으로 치닫고 있었다. 아무리 무능한 왕국이라 해도 하찮게 여겼던 그 왜국에 망했다는 사실에 사람들은 심한 분노감을 표출했다. 조선왕조의 망국에 비분해서 자결했던 애국 열사도 있었고, 경향 각지의 위정척사파衛正斥邪派는 의병으로 투쟁에 나서기도 했다.

실로 백성들은 조선왕조의 망국을 인정하고 싶지 않았다. 왕조가 망한다는 것은 왕실의 종언뿐 아니라 백성이 타국의 노예로 전락했음을 뜻했다. 백성들의 반일 감정은 일본의 침탈이 본격화된 1910년대부터 점점 거세졌다. 망한 그 나라가 백성이 섬겼던 나라였음을 절감했으며, 그것이 침략자 일본의 억압적인 통치로 귀결되었다는 사실에 분노감을 느꼈을 뿐 아니라 여기에다 이민족 왜국의 통치는 더할 수 없는 치욕이었다. 대다수 백성들의 이러한 인식은 일본의 식민지로 전락된 뒤 근 10여 년이 지난 뒤부터 본격적으로 터져 나왔는데 그것이 바로 1919년 3.1운동이었다.

4. 반일 민족주의의 투쟁

일제 식민지 36년은 한국 민족사의 최대 치욕이었다. 이 시기로 들어서자 민족의식의 흐름도 지상으로 표출되었으며 특히 3.1운동을 계기로 민족주의로 결집될 수 있었다. 그 이전의 개화파의 애국계몽운동이 독립협회로 결집됨으로써 획기적인 발전을 이룩했지만, 지배세력 위주의 애국 자강에 그 의미를 두고 있었기 때문에 일반 민중과는 접촉빈도가 낮았다. 역사적으로 피지배 세력인 민중의 의식으로 흘러내려온 민족적 투쟁의지는 일제 통치기로 들어서자 비로소 구체화했다. 그것이 바로 반일 민족주의다. 한국에서 최초 등장했던 반일 민족주의는 일제의 조선지배에 맞서려는 민중적 저항의식의 구체적인 표현이었다.

이 시기부터 그 모습을 드러낸 반일 민족주의의 성격을 다음과 같이 정리할 수 있다. 정치적으로는 조선왕조도 일제통치도 거부하면서 한국의 민족적 의지를 결집할 수 있는 제도화된 국가나 그것을 지향하는 민족적 조직체를 지지 수용하려는 의식을 갖고 있었다. 이것이 그 뒤 3.1운동 이후 대한민국임시정부를 적극 지지하게 된 배경이었다. 경제적으로는 전통적 지배세력이 가렴주구로 축재했던 상층의 거대 전답 소유를 배격하면서 근검절약으로 생활하는 중산층 위주의 경제체제를 선호했으며, 그 뒤에 보여 준 국산품 애용 등도 이러한 의식의 발로였다. 사회적으로는 거대 도시 중심의 문명화에는 거부감을 보였으며, 그보다는 전통적 촌락 위주의 공동체적 연대 관계를 중시했다. 문화적으로는 한국 민족이 현실적으로 일본의 침탈 아래 놓여 있지만 역사에서는 일본보다 앞섰던 전통문화를 지녔던 민족이라는 자부심에서 역사에 대한 관심이 높았다. 특히 반일 민족주의는 궁극적으로 "이 땅(조선)에서 일본인을 몰아내자!"는 민족적 의식이 깊어졌으며, 종국적으로는 "일본을 이겨야 한다."는 열망을 가슴에 지니게 되었다.

일본 통치세력은 민중 속으로 점점 결집되고 있었던 반일 민족주의를 차단하고자 강압적인 식민지 통치로 나아갔다. 특히 일본 통치는 종교와 교육으로 이를 막으려 했다. 조선총독부는 한국인의 전통문화 말살을 위해 갖가지 정책을 밀고 나갔다. 일본어 상용에다 창씨개명까지 강요했다. 일본의 신사神社를 곳곳에 세워 종교 문화적으로도 식민화를 다져나갔다.[178)]

일제 식민지 통치가 얼마나 치밀하게 한국의 민족의식 즉 반일민족주의를 억압했는가를 개관해 보기로 한다. 일제 식민지 통치기를 3단계로 구분해서 살펴보면 제1기는 초대 총독 데라우치 마사타케(寺內

178) 일본 식민지 조선의 최고 통치권자였던 조선총독은 일본 국왕에 직속된, 일본 총리나 내각의 간섭에서는 벗어난, 일본군 현역이나 예비역 장성으로 임명되었으며 식민지 조선의 입법권, 사법권, 행정권에다 군대의 통솔권까지 행사했다. 조선 총독의 휘하에는 행정과 교육, 문화를 담당하는 정무총감과 치안을 담당하는 경무총감을 두고 있었다.

正毅)와 2대 총독 하세가와 요시미치(長谷川好道)의 무단통치기로 1910년~1919년까지였다. 초대 총독 데라우치는 무단통치를 제도화했다. 조선총독부는 조선왕실을 일본 황실에 준하는 예우를 했으며 조선왕조의 고위 관직자를 우대하는 등 조선왕조의 계승자처럼 행세했다. 이런 성격은 그가 읽은 아래의 조서詔書에서도 알 수 있다.

> "……지금부터 전前 한국의 황제 폐하는 창덕궁 이왕전하李王殿下라 칭하며 황태자는 왕세자가 되고 후사가 길이 서로 전하여 계승하면서 만세 무궁할 것이다. 태황제 폐하는 덕수궁 이태왕 전하라 칭하여 이에 황족의 예우를 내리고 그 급료가 풍후함은 황위에 있을 때와 차이가 없을 것이다. 조선 민중은 모두 제국의 신민이 되어 천황天皇 폐하가 어루만져 기르는 교화敎化를 입고 길이 깊고 두터운 인덕의 혜택을 받을 것이다."[179]

조선의 국왕은 예전과 다름없이 예우 받고 그가 거주하는 그 궁궐에서 일본 정부가 지급하는 일정 금액을 받을 것이라고 발표했다. 조선왕조는 일본 황실과 합쳐졌기에 이전부터 누려온 왕가의 풍요로움을 그대로 지속하게 될 것임을 강조했다. 나라는 망했고 백성은 노예로 전락되었는데도 왕실과 권력자들의 위세는 그대로 유지하게 해 준다는 것이다. 데라우치 총독은 국내 항일투쟁을 진압하기 위해 헌병경찰 제도를 수립했다.

데라우치 마사타케 초대 총독은 취임 초부터 경제적인 약탈에도 치중했다. 1907년 조선통감부의 국유지 조사사업에 이어 1910년부터 1918년까지 민유지 조사의 토지조사사업土地調査事業을 완료했다.

179) 市川正明 編 (1996)《朝鮮半島 近現代史年表, 主要文書》原書房 p. 30.

토지조사사업을 기한부 신고제로 시행하면서 이를 잘 몰라 신고하지 않았던 농민들의 토지를 대거 침탈했다. 소유권이 불분명한 마을이나 문중의 토지, 정부와 왕실의 토지 등을 동양척식회사東洋拓殖會社에 넘겼으며 이렇게 침탈한 토지를 조선으로 건너 온 일본 이민자들에게 싼값으로 팔았다. 또한 회사 설립을 허가제로 한 회사령會社令으로 민족 자본을 억제했으며 일본 기업이 중요산업을 독과점 했다. 교육 문화에서도 데라우치 마사타케는 조선인의 일본신민화日本臣民化를 목표로, 1911년 8월에 전문 30조의 「제1차 조선교육령」을 제정했다.[180)]

제2대 총독 하세가와 요시미치(長谷川好道)도 무력통치로 토지조사사업을 완료했다. 그러나 이 시기부터 앞에서 말한 반일 민족주의가 살아나고 있었다. 고려 중기부터 조선왕조시대까지 침잠되었던 민족의식이 동학농민혁명으로 재생되었으며, 일본의 압제에 따른 민중의 민족적인 자각으로 1919년의 3.1운동으로 전국으로 퍼져 나갔다. 그 민족의식의 결집체인 반일 민족주의는 자주 독립을 요구하는 전 민족적이고 평화적인 만세 시위는 일제의 탄압에 맞서는 피의 함성이었다. 다시 말하면 동학농민혁명 이후 25년을, 일제식민 통치로 전락된 10년을 겪은 조선민족이 자주 독립을 요구하는 거대한 욕구의 분출이었다.

---

180) 「제1차 조선교육령」은 다음 사실을 목적으로 삼았다. 첫째, 한국인을 일본 신민으로 육성하는 일을 교육의 궁극 목적으로 삼았다. 둘째, 점진주의漸進主義를 취했다. 셋째, 근로 습관의 형성에 힘을 기울였다. 넷째, 보통 교육과 실업 교육에 주력했다. 다섯째, 일본어 보급을 도모했다. 그 결과 이전의 서당은 폐지되었고 전국적으로 초등학교를 설립했으며 기존의 학교는 구제 전문학교 등으로 재편 정리했다. 특히 제1조와 제3조에는 "교육은 교육에 관한 칙어의 취지에 터하여 충량한 국민을 육성하는 것을 본의로 한다.", "교육은 시세와 민도에 적합하게 한다."라고 규정함으로써 "일본 제국 신민으로서의 동화 교육"에 중점을 두고 있다고 밝혀 놓고 있다. 조선인의 학교 수업 연한年限은 일본인보다 단축시켰다.

일본의 조선 식민지 통치 제2기는(20년-1930년)는 제3대 총독 사이토 마코토(齋藤實), 제4대 총독 야마나시 한조(山梨半造), 제5대 총독 사이토 마코토의 기간으로 흔히 문화통치기라고 부른다. 일본은 3·1 운동 이후 조선 민중의 반일 감정을 무마하기 위한 유화 정책으로 헌병경찰 제도를 보통경찰제도로 바꿨다. 《동아일보》와 《조선일보》, 《조선중앙일보》 등 일간지의 발간도 허가했으며, 새롭게 도道 평의회 등 기관을 설치하여 조선인의 참여를 내걸었지만 이것은 실제로는 선거권 제약으로 일부 친일파親日派와 부유한 자산가의 자문기관이었다. 일제는 조선의 민립대학 설립운동을 막기 위해 1923년에는 경성제국대학을 설립, 제한된 조선인 학생만 입학할 수 있었다. 1929년에는 일면일교를 내걸고 보통학교를 증설했지만 실제로는 3면1개교였다. 한편 시대 흐름에 따라 일어난 1917년 러시아 혁명의 영향으로 국내 공산주의자들은 1925년에 조선공산당을 창당했다.

제3단계는 1931년부터 1945년까지로 총독으로는 제6대 우가키 가즈시게(宇垣一成, 1927. 4.~1936. 8.), 제7대 미나미 지로(南次郎, 1936. 8.~1942. 5.), 제8대 고이소 구니아키(小磯國昭, 1942. 5.~1944. 7.), 제9대 아베 노부유키(阿部信行, 1944. 7.~1945. 8.)였다. 이 시기에는 「조선 사상범 보호 관찰령」이 공포되고 "일선동조론"이 주장되었다. 한국어로 간행되는 신문과 잡지는 정간당했으며 1936년에는 《신동아》를 폐간시켰다. 1940년에는 《동아일보》, 《조선일보》 등 한국어 신문을, 1941년에는 《문장》, 《인문평론》 등 한국어 잡지도 폐간시켰다. 태평양 전쟁 시기에 총독부는 조선의 청년에게 지원병제와 징용제를 실시했으며 전쟁이 막바지로 치닫자 내선일체와 일선동조론에 의거한 황국신민화 정책으로 신사 참배, 일본 천황을 향한 "동방요배東方遙拜", 일본어 상용, 창씨개명 등을 강요했다. 1939년에는 「국민징용령」

을 공포했으며, 1943년에는 학도지원병제도를 실시하여 전문, 대학생 4, 500명을 끌고 갔다. 1944년에는 징병제도를 실시하여 20만여 명의 한국 청년을 강제로 동원했고 1944년 「여자정신대근무령」을 공포하면서, 젊은 여성을 강제로 군수공장에서 강제로 사역시키고 심지어 중국과 남양 지방의 전선에 군대 위안부로 끌고 가는 등 천인공노할 만행을 저지르기도 했다.

1) 3.1운동의 반일 민족주의

일제 통치 아래에서 이 땅의 사람들은 조선총독부의 강압으로 고통 속에 떨어졌는데도 조선왕조의 지배세력은 여전히 그 위세와 번영을 누렸다. 오랜 고통 속에 살았던 백성이 마침내 "민족"임을 자각하고 일어나 독립만세를 외치면서 일본 침략자를 배격했던 것이 바로 3.1 운동이었다. 이 점에서 1919년의 3.1운동은 한국 민족주의 운동사의 첫 출발이었으며 비로소 민족이 민족주의를 내걸고 민족 독립을 소리 높여 외쳤던 민족투쟁이었다.

백성이 민중으로 그리고 그 민중이 민족으로 바뀌기까지는 너무도 오랜 기간이 걸렸다. 오랫동안 백성이 군왕을 섬기고 목숨까지 바쳤는데도 그 군왕과 권신은 백성을 위해 하찮은 배려도 하지 않은 채 오직 억압만 자행했다. 정당하게 대우받으려는 백성의 열망은 때로는 민란으로, 동학농민혁명으로 터져 나왔는데, 이것이야말로 백성의 심저에 흐르는 민족의식의 발로였다. 불의와 부정을 보고 더는 참지 못하는 열정, 의를 위해 앞장서서 투쟁했던 민족의식의 열정이 마치 뜨거운 용암처럼 지하에서 솟구치고 있었다. 비록 그 당장에는 외향적

이거나 내향적 민족의식의 분출일 수는 없었지만, 조선왕조의 사대종속으로 그 열기를 억눌렸던 민족의식의 흐름은 그렇게 터져 나왔다. 일부 백성은 일말의 기대감을 조선왕조에 걸고 있었다. 백성들의 이런 충군 관념에서 벗어나게 된 계기는 19세기 외세의 침탈에 굴종했던 조선왕조에 대한 실망감 때문이었다. 중국을 받들었던 성리학자들의 반反시대성과 척족 권신들의 가렴주구와 부패는 더는 조선왕조에 대한 사람들의 충성심을 지속할 수 없었다. 백성에게는 조선왕조와 권신 일당의 제압이 시급한 과제였다. 백성은 "굴종적인 백성"의 자리에서 벗어나려고 몸부림쳤다. 한걸음 더 나아가 깨어난 백성은 힘을 모아 민중으로 변모해서는 독립 자강의 대열을 이루었다.

백성들에게 이런 변화를 가져다준 중요한 요인으로 독립협회 등 계몽단체의 활동을 들 수 있다. 독립협회는 대한제국의 개혁과 발전을 위해 노력했으며 그 과정에 백성이 나라의 주체임을 계몽했으며, 더는 조선왕조에 굴종적인 충군애국의 백성일 수만은 없음을 깨닫게 했다. 그 때문에 백성들도 신학문을 통해서 서양의 사정과 시대 변화를 알기 위해 행동할 수 있었다. 이들의 움직임은 곧장 신학문의 학습과 신식 교육기관 설립으로 이어졌다.

조선왕조의 무능과 고위 관직자들의 친일행위로 조선이 일본의 식민지로 전락되자 백성들은 "나라다운 나라"의 필요성을 절감했다. 일본의 식민통치를 받으면서도 조선왕조의 군왕 일가와 권신은 여전히 특권 지배층으로 행세했지만 일반 백성들은 말할 수 없는 고통을 받아야 했다. 일제의 식민지 통치는 약탈과 억압을 기조로 농지와 산림에도 과세했고 인력동원까지 치밀하게 강제했기 때문에 사람들은 한번 더 망국의 유한을 품게 되었다. 이민족의 식민지 통치는 끝내 어린 딸들까지 정신대(이를 일반 민중은 '처녀공출'로 일컬었다)로 끌고 가는 망국의 한을 가슴 깊이 새기게 하는 잔혹한 것이었다.

게다가 19세기는 민족주의의 시대로, 민족주의를 기반으로 한 국민국가의 발흥이 하나의 세계적인 대세였다. 1920년대를 전후로 서구 강대국의 제국주의에 맞서서 봉기했던 비서구 식민지의 민족운동이 조선사회에도 알려졌다. 이 시기에 식민지에서 독립을 쟁취했던 아일랜드와 이탈리아의 독립운동은 조선사회에 큰 영향을 미쳤다.[181] 한국의 민족운동에 앞장섰던 당대의 이론가들, 그 가운데서도 신채호는 이탈리아 통일운동을 다룬 책자를 간행했을 정도로 그 영향이 심대했다.[182] 아일랜드나 이탈리아는 유럽 최대의 강국인 영국, 오스트리아, 프랑스를 상대로 독립투쟁을 전개했는데, 민족 운동가들에게는 이처럼 피 흘린 민족투쟁이야말로 나라마다 불가피한 과정으로 여겼다.

이 시기의 또 다른 충격은 러시아 혁명이었다. 1917년 11월 7일 러시아에서는 볼셰비키가 상트페테르부르크에서 케렌스키의 임시정부를 무너뜨리고 소비에트 정권을 수립했다. 이 과정에서 혁명적인 지식인과 노동자, 병사들을 근간으로 한 프롤레타리아 정권 수립은 새로운 시대로의 행군이었다. 이 소문은 식민지 조선사회에도 전해졌는데, 그 과정에 러시아에 거주하는 한국 교민도 참여했다는 사실도 알려졌다. 이로 말미암아 조선왕조의 엄격한 신분제 사회로부터 일제

181) 아일랜드 독립 전쟁(Irish War of Independence)은 아일랜드를 지배하고 있던 영국 정부에 대항해 1918년에 조직된 아일랜드 공화국군의 게릴라전으로 1921년 7월 11일 휴전을 맺고 아일랜드 자유국과 북아일랜드가 각각 분리 독립하게 되었다. 이 점에 대한 논의는 다음 책을 참고할 것. Kautt, William H, (1988) *The Anglo-Irish War 1916-1921: A People's War*, Praeger., Nelson Bruce (2012) *Irish Nationalists and the Making of the Irish Race*. Princeton University Press. 1859년에서 1870년 사이 분열되었던 이탈리아의 사르데냐 왕국을 중심으로 일어났던 통일운동은 이를 리소르지멘토(Risorgimento)로 불렀다. 다음 책을 참고할 것. Cunsolo Ronald (1990) *Italian Nationalism: From Its Origins to World War II*, Krieger.

182) 申采浩 (1907) 〈伊太利建國三傑傳〉《丹齊申采浩全集, 中》丹齊申采浩先生紀念事業會.

식민지 통치 아래에서 살아가는 사람들도 사회평등의 의미를 절감하게 되었다. 그 때문에 양반, 사대부, 선비 등의 위선적이고도 반시대적인 군림을 경멸과 도전의 시선으로 바라보게 되었다.

이처럼 달라진 시대 상황에서 농민도, 어부도, 난전 상인도, 하역 노동자도, 광부도 "양순한" 백성에서 도전적인 민중으로 옮아갔으며 마침내 이민족의 침탈에 맞서는 민족으로 자리 잡기 시작했다. 민족으로 올라선 이들에게는 왕가의 후예나 이름난 유학자도 권문세가의 자제들도 더는 자신들을 다스릴 수 없는 배격의 존재로 비쳤으며 더 나아가 "나라를 팔아먹은 민족 반역자"라며 비난하기도 했다. 이들의 민족 개념에는 다음과 같은 의미가 들어 있었다. 즉 민족은 (1) 구성원 모두가 평등한 존재로 (2) 서로 연대함으로써 (3) 사회 발전을 이룩해서 (4) 자주 독립 국가를 이룩하는 주도적인 세력이었다. 민족에게는 이제 왕손도 권력층도, 사대부도 한낱 범부로 여겼으며 어느 면에서는 적대적인 배격의 대상이었다.

그러나 조선왕조의 고위 관직자였거나 일본이나 청국을 드나들었던 명사들은 여전히 식민지 조선에서 지도자로 자처하면서 심지어 조선왕실을 회복하려는 근왕주의적 복벽운동의 시대착오적인 활동을 보이기도 했다. 그러나 이들과는 달리 의병이나 열사로 일본군에 항쟁했던 지사들 가운데는 만주 등지에서 일본군과 맞서고자 군사훈련에 진력했던 이들도 있었고 해외에서 조선 독립의 당위성을 열성적으로 선전하는 이들도 있었다. 한편 국내에서도 민중계몽운동과 언론활동으로 민족의지를 고양시키고자 앞장서서 활동하는 이들도 나타났다.

이처럼 민족의 이름으로 독립의 의지를 굳히고 있던 이 시기에 두 가지 사건이 일어났다. 하나는 고종이 1919년 1월 21일 아침 6시경 덕수궁 함녕전에서 68세로 갑자기 사망한 것이다. 공식적으로 발표된

사인은 뇌일혈 또는 심장마비였지만 독살설이 나돌았으며 때문에 시중의 여론은 반일감정으로 들끓었다.

다른 하나는 1918년 1월 미국 대통령 윌슨(Woodrow Wilson, 1856~1924)이 미국 의회의 연두교서에서 발표한 제1차 세계대전 이후의 세계 질서를 위한 14개조 원칙에서 민족 자결과 식민지 독립을 강조했다는 소식이었다.[183] 윌슨은 민족 자결주의를 주장하면서 각 민족은 자신의 정치적 운명을 스스로 결정할 권리가 있으며, 다른 민족은 이 권리를 간섭할 수 없다는 전제를 내걸었다. 윌슨의 민족자결주의는 제1차 세계대전의 패전국인 독일과 오스트리아-헝가리 제국, 오스만 투르크 제국 등의 식민지와 점령지에만 적용된다고 전제했기 때문에 전승국의 식민지나 점령지와는 무관했다. 당시 일본은 연합국의 일원이었기에 조선의 독립 문제는 논의의 대상에서 벗어나 있었다. 그런데 조선의 지식인들은 민족자결주의에 고무되어 "외교 독립론"의 주창하면서 조선도 독립을 성취할 수 있을 것으로 기대하고 있었다.

이 시기에 일본에 유학했던 최팔용(崔八鏞, 早稻田大學 3년), 서춘(徐椿, 東京高等師範學校 3년), 백관수(白寬洙, 正則英語學校), 이종근(李琮根, 東洋大學), 송계백(宋繼白, 早稻田大學), 김도연(金度演, 慶應大學) 등 10명이 주도한 가운데 이광수李光洙는 전조선청년독립단의 이름으로 1919년 「2월 8일 독립선언서」를 작성 발표했다. 그 원문 가운데 주요 부분은 아래와 같다.

全朝鮮青年獨立團은 我 二千萬 朝鮮民族을 代表하야 正義와 自由의

183) 이 원칙에는 비밀 외교의 폐지, 패전국에 대한 무 병합·무 배상 원칙, 그리고 국제 평화 유지 기구인 국제 연맹의 결성 등 다양한 제안이 포함되어 있었지만, 그 가운데는 민족 자결주의도 들어 있었다. Esposito, David M. (1996) *The Legacy of Woodrow Wilson: American War Aims in World War I*. Praeger. 참조.

勝利를 得한 世界萬國의 前에 獨立을 期成하기를 宣言하노라…… 吾族은 …… 비록 多年 專制政治의 害毒과 境遇의 不幸이 吾族의 今日을 致하얏다 하더라도 正義와 自由를 基礎로 한 民主主義의 上에 先進國의 範을 隨하야 新國家를 建設한 後에는 建國以來 文化와 正義와 平和를 愛護하는 吾族은 반다시 世界의 平和와 人類의 文化에 貢獻함이 有할지라. 玆에 吾族은 日本이나 或은 世界各國이 吾族에게 民族自決의 機會를 與하기를 要求하며 萬一 不然하면 吾族은 生存을 爲하야 自由行動을 取하야써 吾族의 獨立을 期成하기를 宣言하노라.

그러고는 결의문으로 "동양의 평화를 위하여 조선민족의 독립을 요구하며, 일본 의회에 조선민족대회를 초집해 줄 것과 파리 만국평화회의에 민족자결주의를 우리 민족에게도 적용해 달라면서 만일 이 요구가 실패하면 일본에 혈전을 선언"할 것이라고 강조했다.

이 선언서는 송계백과 최근우崔謹愚 등이 서울의 현상윤玄相允, 송진우宋鎭禹, 최남선崔南善, 최린崔麟 등에게 전달했으며 서울에서도 독립선언을 발표하기로 했다. 이 일을 위해 권동진權東鎭과 오세창吳世昌, 최린은 천도교의 손병희孫秉熙에게서 동의를 얻었고 기독교에서는 이승훈李昇薰이 앞장서서 양전백梁甸伯, 유여대劉如大, 김병조金秉祚, 이명룡李明龍, 길선주吉善宙, 신홍식申洪植, 이갑성李甲成으로부터 찬성을 받았다. 불교의 한용운韓龍雲과 백용성白龍城도 참가했지만 가톨릭과 유림은 참여하지 않았다.[184] 이 운동을 추진했던 송진우, 최남선 등과 이를 지원했던 김성수 등은 독립운동의 대중화, 조직체계의 일원화, 비폭력적 투쟁을 3대 원칙으로 결정했다. 독립선언

184) 유림의 독립투쟁에 참여한 사례로는 김창숙金昌淑 등의 유림단 사건을 들 수 있다. 《심산유고心山遺稿》 국사편찬위원회 1973 참고.

서는 최남선이 기초해서 천도교에서 경영하는 보성사에서 인쇄했다. 1919년 3월 1일에 발표된 「3.1독립선언서」 또는 「기미독립선언서」의 주요 내용은 다음과 같다.

“吾等은 玆에 我 朝鮮의 獨立國임과 朝鮮人의 自主民임을 宣言하노라. 此로써 世界萬邦에 告하야 人類平等의 大義를 克明하며 此로써 子孫萬代에 誥하야 民族自存의 正權을 永有케 하노라. ……今日 吾人의 所任은 다만 自己의 建設이 有할 뿐이오 決코 他의 破壞에 在치 안이하도다. 嚴肅한 良心의 命令으로써 自家의 新運命을 開拓함이오 決코 舊怨과 一時的 感情으로써 他를 嫉逐排斥함이 안이로다. ……아아, 新天地가 眼前에 展開되도다. 威力의 時代가 去하고 道義의 時代가 來하도다. 過去 全世紀에 鍊磨長養된 人道的 精神이 바야흐로 新文明의 曙光을 人類의 歷史에 投射하기 始하도다. 新春이 世界에 來하야 萬物의 回蘇를 催促하는도다. 凍氷寒雪에 呼吸을 閉蟄한 것이 彼一時의 勢ㅣ라 하면 和風暖陽에 氣脈을 振舒함은 此 一時의 勢니, 天地의 復運에 際하고 世界의 變潮를 乘한 吾人은 아모 躕躇할 것 업스며 아모 忌憚할 것 업도다. 我의 固有한 自由權을 護全하야 生旺의 樂을 飽享할 것이며, 我의 自足한 獨創力을 發揮하야 春滿한 大界에 民族的 精華를 結紐할지로다.…….

公約三章

一、今日 吾人의 此擧는 正義、人道、生存、尊榮을 爲하는 民族的 要求ㅣ니, 오즉 自由的 精神을 發揮할 것이오 決코 排他的 感情으로 逸走하지 말라.

一、最後의 一人까지 最後의 一刻까지 民族의 正當한 意思를 快히 發表하라.

一、一切의 行動은 가장 秩序를 尊重하야 吾人의 主張과 態度로 하야금 어대까지던지 光明正大하게 하라.

「기미독립선언서」도 「2.8 독립선언서」와 마찬가지로 민족 독립을 갈망하는 조선 지식 청년들의 주장이었다. 그 논조는 독립청원서와 같은 일면도 없지 않았다. 조선을 식민지로 강압 통치하는 일본에 대하여 "일본의 무신을 책벌하지 않을 것이며, 문화민족인 조선을 우매한 것으로 바라보는 일본을 비난하거나 원망하지도 않을 것이고, 오직 우리 민족의 자주 건설만이 있기에 남을 배척하지도 않을 것"이라는 주장에서는 독립에 대한 또 다른 지향을 엿볼 수 있다.

민족 독립을 위한 투쟁이라면 그것에 따르는 무력투쟁으로부터 문화운동에 이르기까지 독립을 위한 온갖 방안이 동원되어야 했다. 그러한 가능성의 하나가 "만세 시위"인데, 이를 통해 조선 민족의 독립 의지를 내외에 알리고 일제 통치의 억압을 폭로해야 했다. 식민지로 고통 받던 "2천만 조선 민족"이 피의 항전을 전개해야 할 시점에, 그 선봉에 서야 할 젊은 지식인 청년들의 모습을 이 선언서에서 엿볼 수 있었다. 그러나 기미 독립선언에 참여했던 인사들 대부분은 천도교, 불교, 개신교 지도자였기 때문에 「기미독립선언서」에는 이러한 성격을 그 속에 담게 되었다.

3.1운동은 그 지도부가 표명했던 의도와는 달리, 이 운동에 참여했던 민중은 곧장 가두시위로 달려 나갔다. 독립선언서의 반포만으로 독립을 이룩할 수 있을 것으로 믿었던 사람은 없었다. 그런데도 이것이 기폭제가 되어 민족의 독립을 쟁취하려는 열기가 전국적인 시위로

나타났다. 탑골공원에서 시작된 첫 시위는 서울 시내 곳곳에서 치열하게 전개되었으며, 그날 해질 때는 서울 외곽으로까지 퍼져나갔다. 일본 군대와 기마경찰은 시위 군중을 강제 해산시켰으며 시위 주모자로 130여 명을 체포했다.

3.1운동은 서울을 비롯하여 평양, 진남포, 안주, 의주, 선천, 원산 등 북한 지역으로 퍼졌는데 이들 지역이 다른 곳보다 더 빨리 일어난 것은 33인의 민족대표 가운데 다수의 개신교 목사들이 이 지역 출신이었기 때문이다. 3월 2일에는 개성, 3일에는 예산, 4일에는 옥구, 8일에는 대구, 10일에는 광주와 철원, 성진 등에서, 11일에는 부산진에서, 19일에는 괴산에서, 21일에는 제주도의 제주읍과 조천리로 파급되었다. 3.1운동에 참여했던 횟수만도 2천 회 이상이었고 참가 인원은 202만 명 이상이었다. 사망자가 7천5백여 명, 부상자가 15만 9백여 명, 구금된 사람은 4만 6천여 명이었다.[185] 만세 시위는 3월부터 시작하여 5월까지 격렬하게 지속되었는데, 3·1독립선언서에 서명한 민족대표 33인은 일제 경찰에 구금되어 지도부 부재상태였는데도 민족의 봉기는 치열하게 전개되었다.[186]

조선민족에게 3·1운동은 국권 회복과 자주 국가를 위한 전 민족적인 투쟁이었다. 일제의 무력 탄압과 세계 열강의 외면으로 그 목적을 이루지는 못했지만 민족운동사에서 실로 중요한 의미를 기록했다. 3.1운동 이후 조선민중은 최상층 권귀權貴나 개화를 부르짖으면서도

185) 김진봉 (1989) 〈3.1. 운동〉《한국민족문화대백과사전》 p. 383.

186) 일제는 1919년 3·1운동 뒤 10월까지 1만 8000여 명을 이런 방식으로 구속했다. 그 가운데 가장 심했던 지역으로는 수원군 제암리에서 일어났다. 4월 15일 일본군은 마을 사람에게 심한 고문을 가했으며 단순 참가자와 주동자를 구분해서는 검찰로 송치했는데, 20여 명을 교회에 모이게 하고 사격을 가한 뒤 증거를 없애기 위해 교회에 불을 질렀으며 이때 교회당 안에서 23명이 죽고, 그 인근에서 6명이 살해되었다.

부일배附日輩로 활동했던 자칭 애국지사들과는 다른 모습을 보여 주었다. 만세운동을 주도했던 33인의 대다수는 종교인이었기에 무저항주의로 일제에 맞섰지만, 이들과는 달리 억눌린 백성들은 나중에는 죽창과 몽둥이를 들고 투쟁했다.

그러나 조선총독부의 폭압정치를 만세운동만으로 물리칠 수는 없었다. 당시에도 세계 곳곳에서 무저항주의가 풍미했지만 이것을 조선의 독립운동에 통용하기에는 한계가 있었다. 일본의 조선 통치는 억압과 강제였으며 인도주의는 찾을 수 없었다. 그래도 식민지에서 벗어나기 위한 독립투쟁이라면 다음 몇 가지의 전제조건은 충족되어야 했다. 첫째, 민족투쟁의 논리와 전략을 마련해서 이를 민족투쟁에 적용했어야 했다. 이를 위해서는 식민지에서 투쟁했던 다른 나라의 사례도 깊이 있게 살펴봐야 했다. 가령 아일랜드의 반영 투쟁이라든가, 폴란드의 민족운동, 인도의 독립운동도 찾아봐야 했다. 둘째, 민족투쟁 전선을 이끌 유능한 지도부를 구축해야 했다. 조선왕조에 충근忠勤했으며 그 비운을 한탄했던 인사들과는 달리, 민족의 시대를 위해 헌신할 인물이어야 했다. 셋째, 일반 평민들과도 기꺼이 손을 잡을 수 있는 평등과 연대의 지도자라야 했다. 그러나 당시 이들 3가지 전제조건에 합당한 지도자를 찾는다는 것은 그 시대에서는 쉬운 일일 수는 없었다. 그래도 이런 요건을 갖춘 지도자가 민족투쟁의 선두에 서야만 성공을 기대할 수 있는 것이 사실이다.

2) 대한민국임시정부의 독립운동

1919년의 3.1운동은 한국 민족에게 독립국가 수립의 과제를 안겨

주었다. 이 과제에 부응해서 해내외 독립투쟁 단체들이 조직되었는데 여기에는 그 시대를 풍미했던 민족주의도 크게 영향을 미쳤다. 대한민국임시정부(약칭 임정)는[187] 1919년 3.1 운동을 전후로 상하이에 거주했던 신규식申圭植, 서병호徐丙浩, 여운형呂運亨, 조동호趙東祜, 박찬익朴贊翊, 선우혁鮮于赫 등과 만주와 연해주의 이동녕李東寧, 이시영李始榮, 김동삼金東三, 신채호, 조성환曺成煥, 조소앙趙素昂 등 그리고 조선에서 온 현순玄楯, 손정도孫貞道 등이 앞장서서 조직했다. 1919년 4월 10일 상하이의 프랑스 조계 '김신부로'에서 위에 거명한 이들과 각 지역에서 상해로 온 1천여 명이 29인의 임시의정원 제헌의원을 선출했으며, 이들은 1919년 4월 11일 의정원 회의를 열어 「대한민국 임시헌장」을 채택한 뒤 국무원을 구성했다. 행정수반으로는 국무총리에 이승만李承晩, 내무총장 안창호安昌浩, 외무총장 김규식金奎植, 군무총장 이동휘李東輝, 재무총장 최재형崔在亨, 법무총장 이시영, 교통총장 문창범文昌範 등 6부 총장을 임명하고 4월 11일에 임시정부 수립을 선포했다. 이어 4월 22일에는 2차 의정원 의원 57인이 참석하여 국내의 8도 대표와 러시아, 중국, 미주 등 3개 지방대표로 의정원 의원을 선출했으며 의장에 이동녕, 부의장에 손정도를 선출했다.[188]

---

187) 대한민국이라는 국호는 1919년 4월 10일 임시정부의 첫 임시 의정원 회의에서 채택되었다. 국호를 정하기 위해 회의를 할 때 조선민국, 고려공화국 등이 제안되었고 신석우가 '대한민국大韓民國'으로 국호를 정하자고 하니, 여운형이 '대한'이라는 이름으로 나라가 망했는데 또다시 '대한'을 쓸 필요가 있느냐고 했다. 그러자 신석우는 "대한으로 망했으니 대한으로 다시 흥해보자."라고 부연 설명했으며 대한제국에서 황제의 나라를 뜻하는 '제국'을 공화국을 뜻하는 '민국'으로 바꾸어 대한민국을 국호로 제안하였고, 다수의 공감을 얻어 이를 결정했다.

188) 이에 앞서 1919년 3월 17일 러시아 연해주에서 대한국민의회 임시정부가 수립되었고, 뒤이어 4월 23일 서울에서 한성 임시정부가 수립되어, 중국 상하이의 임정은 통합 문제를 제기하였다. 통합 교섭은 결국 1919년 9월 11일 러시아 연해주의 대한국민의회

임정의 초기 활동은 내무총장 안창호가 앞장서서 주도했다. 조직적인 체제와 국내의 비밀 행정조직망인 연통제 그리고 임정 통신기관으로 교통국을 조직했으며 《독립신문》을 발행하는 등 외교 선전활동에 주력하면서 임정의 조직체계를 구축했다. 또한 애국공채 발행과 국민의 연금으로 독립운동 자금을 마련했다. 그러나 임정은 초기부터 이념과 독립운동의 방법으로 서로 대립했다. 독립운동의 방략에서 이동휘는 사회주의 혁명을, 이승만은 민주주의를 주장함으로써 서로 충돌했다. 심지어 사회주의자들도 안병찬安炳瓚, 여운형呂運亨의 이르쿠츠크파와 이동휘의 상하이파, 김준연金俊淵의 엠엘파(ML)로 분열되었다.

1920년 12월 8일 이승만이 대통령에 취임하기 위해 상하이로 오자 일부 인사들은 이승만의 독단적인 구미 위원부 설치 등을 지적하면서 그의 취임을 반대했다. 특히 러시아 연해주의 동포 사회에서 조직된 대한국민의회의 대표로 국무총리가 된 이동휘는 이승만의 대통령 취임을 적극 반대하면서 국무총리직도 사임했고 신채호도 임정에서 이탈했다. 또한 안창호는 임정의 코민테른 자금 사용을 반대했지만 이동휘는 이 자금으로 고려공산당을 조직했다.[189] 이승만은 이런 혼란을 수습할 수 없게 되자 다시 미국으로 돌아갔으며 안창호와 김규식도 내각의 각원에서 사임했다.

혼란에 떨어진 임정 문제를 논의하기 위해 1923년 1월부터 6월까지 거의 5개월 동안 2백여 명의 대표들이 국민대표회의를 개최했다.

와 경성(서울)의 한성 임시정부는 중국 상하이에 있는 임정에 통합되었다.

189) 1921년 소련의 레닌으로부터 임정에게 혁명자금 200만 루블을 지원받았는데, 그가 보내온 40만 루블과 20만 루블을 수령한 뒤 자금 분배 과정에서 문제가 일어났다. 이동휘는 한형권, 김립을 보내 60만 루블을 수령했다. 그러나 이동휘 등은 임정에 지원금을 납부하지 않았으며 그 때문에 이동휘, 한형권 등을 비롯한 임정 내 사회주의자들은 추방당했다.

여기서 임정의 재창건을 주장하는 신채호 등의 창조파와 기존 제도를 개혁하자는 안창호 등의 개조파로 분열됨으로써 끝내 국민대표회의도 해산되고 말았다. 특히 1925년 임시의정원에서는 이승만 대통령을 탄핵했으며 그 뒤를 이은 박은식은 대통령제를 국무령제로 고친 뒤 곧장 사임했다. 초대 국무령으로 추대된 이상룡은 서간도에서 상하이로 왔지만 내각 조직에 실패한 뒤 다시 서간도로 돌아갔다. 1925년 2월 양기탁梁起鐸이 국무령에 천거되었지만 사퇴했고, 5월에는 안창호를 국무령으로 천거했지만 그도 역시 사양했기에 의정원의장 이동녕이 국무령을 대신했다. 홍진을 제3대 국무령으로 선출했지만 그도 내각 조직에 실패했다.

1927년 12월 국무령제도를 집단지도체제인 국무위원제로 개편했으며 1928년에는 이동녕을 국무령으로 추대했고, 김구金九는 내무총장을 맡았다. 이 시기부터 일제는 만주로 침탈정책을 뻗쳤는데 그 때문에 임시정부의 연통제와 교통국 등 국내의 비밀 조직망은 와해되었고 외교 선전활동도 성과를 거둘 수 없었으며 재정난에 부딪치게 되었다. 따라서 임정 창립초기에 상하이에서 활동했던 천여 명의 독립 운동가들도 흩어졌다.

이 시기에 실제로 임정을 맡았던 김구는 해외 동포들로부터 독립운동 자금을 모금했으며, 1932년 1월 8일 이봉창李奉昌은 히로히토 일왕에게 폭탄을 던졌다. 이어 상하이 사변 뒤 그 곳 훙커우 공원에서 일본의 승전기념 및 천장절 행사에서는 윤봉길尹奉吉의 폭탄 투척으로 시라카와 요시노리 등 일본군 고관을 살상했다. 이들 사건을 계기로 중화민국 정부도 김구가 주도했던 임정의 반일투쟁을 지원했다. 중일전쟁으로 임정은 1940년 충칭으로 본거지를 옮겼으며 중국 국민당의 도움으로 한국광복군 총사령부를 창설하고 1941년 연합군에 가담했지만 국내로 진공하기 직전에 해방을 맞게 되었다.

한국 민족운동사에서 임정의 반일 투쟁은 실로 중차대한 의미를 지닌다. 앞에서 살펴본 것처럼 임정은 반일 투쟁을 치열하게 전개했다. 그러나 그 임정의 주도로 한반도에서 독립국가를 이룩하지 못한 아쉬움을 안게 되었다. 비록 이 아쉬움은 큰 유한으로 남아 있지만 독립운동에 앞장서서 투쟁했던 임정의 발자취는 전체 민족의 기림을 받아 마땅하다.

3) 1920~30년대 민족주의의 투쟁

1920년대 국내의 민족운동은 3.1운동의 열기를 이어가고 있었다. 1920년 3월에는 조선일보가 4월에는 동아일보가 창간되었으며 이들 신문에서 물산장려운동物産奬勵運動과[190] 민립대학기성회의[191] 활동이 보도되었다. 특히 《동아일보》와 《조선일보》 등은 보도와 함께 민

190) 1920년대 초부터 1930년대 말까지 전개된 경제자립운동은 평양에서는 조만식, 서울에서는 김성수가 주도했다. 1920년 8월에 평양에서 조선물산장려회가 발족되었다. 당면의 실천과제로 실업자의 구제, 국산품 애용, 근검 풍토 조성 등이었다. 서울에서는 1923년 1월에 조선물산장려회를 조직했으며 그 활동 지침으로 조선인의 산업적 지능의 계발과 산업 장려, 조선인 생산품 애용 운동을 전개했다. 남자 두루마기[周衣]와 여자 치마를 조선인 생산품이나 가공품을 염색해서 착용할 것, 음식물은 식염, 설탕, 과일, 청량음료 등을 제외하고는 전부 조선 물산만 사용할 것 등을 정했다. 1930년 초 일제는 이 운동을 일종의 일화日貨배척운동이며, 항일민족독립운동으로 여겨 철저하게 탄압했다.

191) 920년 6월 한규설韓圭卨, 이상재李商在, 윤치소尹致昭 등 100명이 조선교육회설립 발기회를 거쳐 1922년 1월에 이상재, 이승훈, 윤치호, 김성수金性洙, 송진우宋鎭禹 등이 조선민립대학기성준비회를 결성했다. 이어 1923년 3월 29일 조선중앙기독교청년회관에서 총회를 개최, '민립대학발기취지서'와 '대학 설립 계획서'를 결정했으며 전국적인 모금을 시작했다. 여기에 조선총독부는 이를 정치운동으로 규정, 탄압했다. 조선총독부는 1924년 5월 「경성제국대학관제」의 공포와 1926년에는 법문학부와 의학부 학생을 모집했다.

족-민중 교육, 민족의식의 앙양, 민족 문화 수호, 민족기업의 육성 등 민족 독립에 힘을 다했다. 이들 신문에서는 한국인의 민족적 각성을 촉진시켰으며 민족주의에 기반을 둔 민족운동의 활성화에 기여했다.

이들 언론의 민족운동은 조선왕조 말기의 개화파 지식인들의 애국계몽 운동과 이념의 실현에서 연계적 성격을 보여주었다. 독립협회의 활동과 《독립신문》은 이들 젊은 세대에게 개화의 필요성을 받아들이게 했으며 깨어난 백성이라야 독립국가를 이룩할 수 있다는 신념을 갖게 했다. 이들 젊은 세대는 개화 문명의 신지식을 얻기 위해 해외 유학의 불가피성을 받아들였다. 이렇게 시작된 이들 젊은 세대의 도일 유학이나 도미 유학은 주로 1900년대 초기에 이루어졌는데 이들이 귀국했을 때는 조국의 국권이 무너진 뒤였다. 《동아일보》를 창간한 김성수의 도일 유학은 1908년~1914년이었으며 송진우도 같은 시기에 일본에 유학했으며 귀국은 1915년이었다. 최린은 1904년~1909년에 도일 유학했으며 현상윤은 1918년에 와세다대학을 졸업했다. 조소앙은 1906년에 메이지대학 법학부를 마쳤다. 문일평은 1905년에 도일 유학을 끝내고 귀국했다. 이광수는 1917년에 와세다대학 철학부에 수학했다.

이들 청년세대는 3.1운동 이후 조선독립의 방략으로 "문화주의 노선"으로 나아갔다. 여기서 말한 문화주의는 민족의 오랜 병패로 작용한 사대주의적 종속국가적인 사고에서 벗어나 독립 국가를 이룩하기 위한 민족적인 독립정신을 일깨우는 데 의미를 두고 있었다. 조선왕조 시대 "무지몽매한 백성"에서 자각적이고 주체적인 "깨어난 민족"이 되어야 민족독립을 쟁취할 수 있다고 생각했다.

나라를 되찾자는 독립운동은 시대와 형편에 따라 수단과 방법이 다를 수 있다. 일제 침탈이 시작된 그즈음 만주와 연해주로 망명했던 애국지사들은 군사훈련으로 무장투쟁에 앞장섰고, 하와이나 미국 서부로 노동이민을 떠났던 한국 민족에서는 몇몇 지도자 중심의 외교론적 접근으로 미국을 비롯한 세계에 조선 독립의 당위성을 설명했다. 1919년 3.1운동이 계기가 되어 상하이에서 임정이 들어서자 독립운동의 투쟁성과 효율성을 높이기 위해 국민적인 일체성을 이룩해야 했으며 이를 위한 《동아일보》와 《조선일보》의 문화주의 민족운동은 (1) 민족운동의 기반 확보 (2) 합법적 민족 투쟁의 단계 (3) 총체적 민족 투쟁의 시기로 이어졌다.

문화주의 운동의 기반 확보는 조선 사람에게 애국적인 민족 관념과 민족의식을 심어줄 기반을 이룩하는 것이며, 그 연계 수단으로 문자 해득률을 높이는 데 주력했다. 신문 등 언론 활동으로 민족이 놓인 상황을 바르게 알고 여기에서 벗어나려는 독립의지를 심어주자는 것이다. 이 당시 전국적으로 한글 보급을 위한 야학 등 교육활동이 일어나기도 했다. 문화주의 민족운동의 둘째 단계는 합법적 투쟁 단계로 계몽 강연회, 강습소 활동, 조선 민족의 역사에 대한 저서 출간과 독서운동도 이 시기의 중요한 활동이었다. 이를 통해 조선 민족 대다수가 "깨어난 민족"으로 변모될 수 있었다. 바로 이들을 기반으로 셋째 단계인 총체적인 민족투쟁이 이루어질 수 있었다. 무장 투쟁이며 마르크스주의의 노농투쟁도 이러한 단계에서 펼쳐질 수 있었다.

1920년대 후반으로 들어서면서 국내의 민족운동은 3중적인 어려움을 겪었다. 첫째는 일제의 집요한 탄압이며, 둘째는 민족진영 내부의 분열, 셋째는 공산주의자들의 독자적 활동이었다. 만주사변이 일어난 1931년부터 2차 대전이 끝나는 1945년 이르는 이 시기는 이른바 조선총독부의 전시통치기로 억압적인 강제가 자행되고 있었다. 그 당시 조선 총독 미나미 지로(南次郎)는 "내선일체內鮮一體"와 "황민화 정책"을 내걸고 일본어 상용과 창씨개명을 강제했으며[192] 서울 조선신궁 등 전국적으로 2천여 개의 신사를 만들고는 일본 신도神道와 천황 숭배를 강요했다. 8대 총독인 고이소 구니아키(小磯國昭)와 마지막 총독 아베 노부유키(阿部信行)도 폭정으로 일관했다.

일제의 강압적 통치에도 국내의 민족 투쟁은 계속되었다. 그러나 임정의 국내 연계망은 사실상 어려움에 처했으며 여기에 더하여 민족 운동의 주도세력도 달라졌다. 이제는 특정 유명인사들, 특히 개화파 인맥 주도에서 벗어나 일반 민중도 직접 투쟁의 일선으로 나서게 되었다.[193] 이런 변화는 이전의 연성적인 문화 계몽 위주의 반일 투쟁에서 강경 투쟁으로의 변화였는데, 그 이면에는 공산주의자들의 영향력이 작용했기 때문이었다. 실제로 1920년대로 들어서면 러시아 혁명의 여파로 조선에서도 공산주의 단체들, 즉 서울청년회, 신사상연구회, 북풍회 등이 조직되었는데 공산주의자들은 국내의 노동운동과 농민운동을 이면에서 지도했다. 이들은 1924년 조선노농총동맹과 조선청년총동맹을 그리고 그해 4월에는 조선공산당을 창당했다.[194]

특히 이 기간 노동자들의 투쟁으로는 1921년 9월의 부산 부두노동

192) 1939년 11월 10일, 「조선민사령朝鮮民事令」을 개정하여 1940년 2월 11일부터 8월 10일까지 이를 실시했다. 강압적으로 조선 총가구의 약 80%의 322만 가구를 창씨개명 시켰다.

193) 개화파 인맥은 갑오개혁-독립협회-계몽운동으로 이어졌다. 이점에 대해서는 다음의 최근 연구저서를 참고할 것. 이영호 (2020) 《동학. 천도교와 기독교의 갈등과 연대, 1983-1010》 푸른역사 p. 8.

194) 이 시기 조선공산당의 활동을 4기로 구분하면 제1기는 1925년 4월 조선공산당 창당에서 그해 11월의 신의주사건으로 붕괴되기까지다. 제2기는 강달영姜達永 등이 주도했던 제2차 공산당의 시기였다. 제3기는 김철수金綴洙 등이 제3차 공산당을 재건했지만 일제에 의해 1928년 2월에 무너진 때다. 마지막 제4기는 차금봉車今奉 등이 제4차 공산당을 재건했지만 1928년 8월 다시 붕괴된 시기다.

자 총파업,[195] 1923년 8월의 평양 양말 공장 파업,[196] 1923년 9월부터 시작된 전라남도 신안군 암태도 소작 쟁의,[197] 1929년 1월부터 3개월 동안 이어진 원산 총파업[198] 및 1930년 1월의 부산 조선방직 여성 노동자의 파업 투쟁 등을 들 수 있다.[199]

이들의 투쟁은 국내 지식인이나 사회 유지들의 투쟁과는 그 성격이

---

195) 1921년 1월 부산의 내국상선만철회사, 일본상선회사 등 하역업자들이 부두 하역 노동자의 임금을 3할로 인하했다. 조선인 노동자들은 그해 9월에 임금의 4할 인상을 요구, 파업했다. 일본인 하역 업자들과의 타협으로 1할 내지 1할 5분으로 임금을 인상했다. 그 뒤 일본 경찰은 파업의 배후자로 노동 야학의 교원 손명표孫命杓, 김경직金璟直, 최태열崔泰烈과 조동혁趙東赫 등을 구속했다. 《독립운동사》 10 (독립운동사편찬위원회, 1978). 《부산시사》 1 (부산직할시사편찬위원회, 1989), 〈부산노동자의 파업〉《동아일보》(1921. 9. 22).

196) 김경일 (1992)《일제하 노동운동사》 창작과비평사 p. 498.

197) 조동걸 (1979)《일제하농민운동사》 한길사, 권두영 (1977) 〈일제하의 한국농민운동〉《한국근대사론》 Ⅲ 지식산업사.

198) 1929년 1월 13일부터 4월 6일까지 원산노동연합회 산하 노동조합의 파업이 진행되았다. 그 발단은 1928년 9월의 문평제유공장 파업이었다. 함경남도 덕원군 문평리의 영국인 석유회사인 문평 라이징 선(Rising Sun)의 간부들이 조선인 노동자를 멸시하자 이에 분노한 노동자들이 파업했다. 한때 노사가 합의한 것을 회사 측은 이행하지 않고 경찰은 파업 주도자를 검거했다. 이에 항의한 원산노동연합회는 최저임금제 확립, 8시간 노동제, 감독의 파면, 대우 개선, 단체 계약권 등을 요구하면서 파업했다. 파업의 장기화로 노동자들은 생활난에 떨어졌으며 일부 간부는 전향했다. 원산상업회의소는 노동자들에게 원산노동연합회에서 탈퇴해서 그들이 후원하는 함남노동회에 가입을 권유하자 노동자들도 동요했다. 여기에 맞섰던 노동자 수십 명은 그해 4월 1일 오후 6시 함남노동회의 간부와 회원들을 구타했다. 일본 경찰은 원산노동연합회 소속 노동자를 체포했다. 이 일로 투쟁 의욕을 상실한 원산노동연합회의 간부들은 회의에서 그해 4월 6일 노동자의 개인의사에 따른 자유취업을 결의했다. 이로써 원산총파업은 종결되고 말았다.

199) 조선방직은 1917년 11월에 일본의 중외산업(주)과 우마코시[馬越恭平], 야마모토[山本條太郎] 등이 공장을 세웠다. 1930년 1월 10일 오전에 조선방직 노동자들은 회사에 12개 항의 조건을 내걸고 파업했다. 일제 경찰의 탄압에 파업 노동자들은 신간회 부산지회, 부산청년동맹 등 지역 사회단체 등과 연대했다. 2차에 걸친 교섭을 통해 조선방직 측에서 제시한 작업 도구의 무료 지급, 벌금제 폐지, 식사 개선 등의 3개 조항을 수용하고 파업 10여 일 만인 1월 21일 대부분 업무에 복귀하였다. 이 파업으로 400여 명은 해고되었고, 주동자들은 검거 또는 강제 귀향 조처되었다. 임종업林鍾業, 김시엽金時燁, 윤달선尹達善, 문길환 등 이 사건의 지원 인사들은 체포 복역했다.

달랐다. 당시 노동자와 농민은 일제의 지배자나 조선의 일부 전통적 지배세력에 대해서는 자신들을 억압했던 동일한 세력으로 여기고 있었다. 왜냐하면 상층 유지 가운데도 민족투쟁에 앞장섰던 인물도 있었지만 그들의 투쟁방식을 노동자나 농민들은 별로 수긍하지 않았기 때문이다. 이 시기를 전후로 국내의 민족투쟁도 다음 몇 갈래로 분화되고 있었다. (1) 서울의 중상층 지식인들은 주로 신문의 논설이나 서책, 강연 등으로 민족의식을 고취시켰던 "문화주의 민족운동"으로 나아갔다. (2) 중상층 지식인 가운데에 직접 민중 속으로 들어가 그들을 민족투쟁으로 견인하려는 민족적 사회주의 성격의 "민중적 민족투쟁"을 이끌기도 했다. (3) 공산주의자들은 반일 투쟁으로 모스크바 코민테른의 지시에 따른 "공산주의 계급투쟁"을 전개했다. (4) 마지막으로 농촌에서는 청년층이 독서회 활동을 비롯해서 그 나름의 민족투쟁을 전개했던 "진보적 농촌운동"도 나타났다.

이들 가운데 그 시대에 앞장서서 활동했던 것은 앞의 "문화주의 민족운동"과 "민중적 민족투쟁"이었는데 이들이 함께 조직했던 신간회를 통하여 그 활동을 살펴보기로 하자.[200] 신간회는 1927년 1월 19일 신석우申錫雨, 안재홍 등 《조선일보》 계열과 이상재, 유억겸, 김활란 등 흥업구락부 계열, 조병옥趙炳玉, 조만식 등 서북지역 기독교 세력,

200) 신간회 창립 전후인 1920년대 중반기 민족우파로는 기독교계, 천도교계, 언론세력으로 이루어져 있었다. 기독교계는 안창호安昌浩의 흥사단과 수양동우회가 서북지역에서 활동했고, 이승만李承晚의 국외 동지회와 흥업구락부는 기호지역에서 활동했다. 천도교계는 그 세력의 80%를 차지한 서북지역의 신파와 경상, 충청, 전라도의 구파로 구성되었다. 언론계는 《동아일보》와 《조선일보》가 영향력을 점했으며 《동아일보》는 김성수 송진우를 중심으로, 《조선일보》는 안재홍安在鴻 홍명희洪命熹 신석우申錫雨 등이 대표를 역임했다. 사회주의계열은 1925년에는 전진회前進會와 정우회正友會로 양분되었는데 전진회는 1925년에 결성되었으며, 정우회는 화요회, 북풍회, 조선노동당, 무산자동맹회가 구성한 4단체합동위원회가 모체였다. 1926년 11월에 "정우회선언"의 발표이후 민족우파 세력과 제휴했다. 정우회의 "방향 전환론"은 사회주의 진영이 신간회에 참여하는 계기가 되었다.

권동진, 이종린 등 천도교 구파, 한용운 등 불교계, 김준연, 한위건韓偉健 등 공산당계 인사들이 초기 발기인으로 참여했다. 1927년 2월 15일 종로 YMCA회관에서 회원 200여 명과 방청객 1,000여 명이 신간회 창립총회에서 이상재李商在를 회장으로, 홍명희를 부회장으로 선출했다. 주요 강령으로는 1) 우리는 정치적, 경제적 각성을 촉진한다. 1) 우리는 단결을 공고히 한다. 1) 우리는 기회주의를 일체 부인한다."로 정했다.

이처럼 신간회는 민족주의 중도 세력과 사회주의 일부 세력의 민족협동전선으로 출발했다. 신간회의 출범 초기에는 《조선일보》 계열, 《시대일보》 계열과 흥업구락부 계열이 주도했지만 1927년 말부터는 《동아일보》 계열과 수양동우회도 적극 참여했다. 출범 1년 만인 1928년 12월에는 전국에 143개 지회와 2만여 명의 회원을 확보했다.

그러나 신간회는 조선총독부의 탄압으로 정기대회조차 열 수 없었으며 그 때문에 1929년 6월 28일 회의에서는 지방지회의 대표자들이 허헌許憲을 집행위원장으로 선출했다. 이어 "민중대회사건"을 계기로[201] 경찰은 1929년 12월 13일 오전 6시에 신간회 회원 44명을 검거했으며 이로 말미암아 신간회는 김병로金炳魯 집행위원장 체제가 되었다.

이런 과정을 거치면서 신간회의 활동은 "민족적, 정치적, 경제적 예속의 굴레에서 벗어나기 위해 타협주의를 배격했으며, 언론, 집회, 결사, 출판 등에 대한 자유의 쟁취와 청소년, 부인, 형평운동衡平運動을 지원했다. 또한 파벌이나 족보를 중시하는 낡은 사회관습을 배격했으며 동양척식주식회사의 활동과 일본인의 조선으로 이민을 반대했고,

201) 신간회 본부와 경성지회 간부들은 1929년 11월 3일 광주光州학생운동이 발발하자 이 운동을 전국적으로 확산시키고 광주학생운동을 민족적인 사건으로 인식해서 1929년 12월 13일 "민중대회"를 개최하기로 계획했으나 경찰이 사전에 신간회 간부와 회원을 구속했다.

재만 동포를 구제해야 한다고 강조했다.

그러나 경찰의 심한 간섭으로 신간회 중앙의 활동은 크게 위축되었으며, 그 대신 지회 중심의 계몽운동으로 나아갔다. 즉 웅변대회나 연설회로 신간회 필요성을 강조했고, 미신 타파, 검은(색복) 옷 착용, 조혼 금지, 금연과 아편의 추방, 매춘과 풍기문제 등을 주제로 삼았다. 이 시기에는 신간회의 노선이 "사회개량운동"으로 흘렀기 때문에 좌파는 신간회 해소론을 들고 나왔다. 좌파의 신간회 비판은 「코민테른 12월 테제」의 결정 때문이었다.[202] 1929년부터 공산주의자들은 우파 민족세력과 협동전선에서 물러나 그들만의 혁명적인 계급투쟁으로 달려갔다.[203]

이 시기를 전후해서 공산당계의 사회조직은 주로 농촌에서 농민조합(농조)운동으로 나아갔다. 즉 이들은 소작관계에서 지주에 대한 투쟁, 농민계몽운동, 수리조합 반대, 부역 반대 등을 정치 쟁점으로 삼아 농민총동맹 집회 해금, 공산당 사건 관련 재판 공개, 메이데이 기

---

202) 「코민테른 12월 테제」는 1928년 12월 코민테른 집행위원회 정치서기국이 채택한 조선공산당 재조직에 관한 결정서로 "식민지, 반식민지국가에서의 혁명운동에 대하여"로 그 정식 명칭은 "조선농민 및 노동자의 임무에 관한 테제"다. 이것에 따르면 조선공산당은 종전과 같은 인텔리 중심의 조직방법을 버리고, 공장, 농촌으로 파고들어 가 노동자와 빈농을 조직해야 하며, 민족개량주의자들을 근로대중으로부터 고립시키라고 지시했다. 그 이전의 코민테른 지시에는 "민족주의 세력과의 협동"을 강조했지만 식민지에서 민족 부르주아에 대한 평가는 달리했다. 코민테른은 "식민지 민족 부르주아는 제국주의에 대해 일관된 입장을 취할 수 없고, 혁명 진영과 제국주의 진영 사이를 동요하다가 결국 반혁명 진영으로 옮아간다."고 인식했다. 한편 그 당시 조선에서는 적색노조운동과 적색농조운동이 전개되었지만 일본 경찰의 거듭되는 구속으로 조선 공산당의 국내 조직은 사실상 궤멸되고 말았다. 高峻石 (1979)《朝鮮革命 테제; 歷史的 文獻과 解說》柘植書房 pp. 97~98.

203) 이는 1929년 1월 원산총파업, 1929년 11월 3일 광주학생운동과 같은 연이은 학생들의 동맹휴업, 농민의 소작쟁의와 노동자 파업 등에 대한 성과와 영향을 과대하게 평가했기 때문이다. 사회주의자들은 노동자 농민의 혁명성을 높이 평가하면서 노동자 농민 위주의 혁명적 조직화에 의미를 부여하고 있었다.

념행사 등을 제기했다. 좌파 농조운동은 전국 220개의 군 도島 가운데 80개 지역에서 일어났으며 특히 함남, 함북, 강원 등 북부지역에서 활발하게 전개되었다. 그러나 이 운동도 일제의 감시와 지도세력 부재로 어려움을 겪었다. 결국 이들의 활동은 모험주의적인 편향성과 계급지향 및 빈농 중심의 과격투쟁으로 나아가게 되었다.

또 다른 농촌활동으로는 천도교의 조선농민사를 들 수 있다. 이는 잡지 《조선농민》의 지방 독자로 조직된 사우회로부터 출발했으며 공산주의자들의 전농과는 적대적 경쟁관계에 서게 되었다. 조선농민사도 농촌에서 농민총동맹과 신간회 등에 버금가는 조직 기반을 확보했는데 158개 지역의 사원 가운데 약 85%는 비非 천도교계 농민이었다. 조선농민사 상무이사 이성환李晟煥은 천도교인으로 민족주의와 사회주의자는 서로 손잡고 반제 반봉건 운동으로 나아가야 한다고 주장했다. 그러나 천도교 신파 최린이 주도한 천도교 청년당은 1930년 4월 8일 제3차 전국대표자대회에서 이성환계를 축출했으며 조선농민사는 조선사정에 맞게 활동해야 한다고 천명했다. 그들은 조선은 아직 계급운동이나 정당을 조직할 시기가 아니며 사상운동을 부르짖는 자는 현실을 모르는 농민운동의 소아병자라면서 식민지 체제에 순응하면서 경제적 실리를 추구하는 것이 농민운동의 합당한 방향이라고 주장했다.

1920년대 후반기부터 기독교계의 농촌계몽운동도 활발하게 전개되었는데 특히 기독교청년회(YMCA)는 1925년 2월에 농촌부를 신설하고 1938년까지 농사 개량, 부업 장려, 야학, 협동조합운동을 펼쳤다. 그러나 조선총독부는 기독교청년회의 농촌사업 내용이 총독부의 자력갱생운동과 비슷하다는 이유로 농촌진흥회에 강제로 합쳐버렸다. 그 결과 1938년에는 기독교청년회의 농촌부가 폐지됐다.

한편 반일 민족운동의 핵심적인 행동대로 자임했던 학생들도 1930

년대에는 공산주의적 성격을 보여주었다. 이들은 회원 15~20명을 단위로 독서회, 반제동맹 등 비밀결사체를 조직했으며, 적색돌격대, 적기회赤旗會, 적광회赤光會, 적우회赤友會 등의 이름으로 공산주의 학습과 행동에 치중했다. 특히 학생조직체인 반제동맹은 경성제국대학, 동래고보, 중앙고보 등에서 활발하게 활동했다. 그러나 이들 학생운동도 1930년대 중반 이후에는 그 명칭을 좌익적인 것에서 민족적인 것으로 고쳤는데, 이는 일제의 민족문화 말살정책에 대한 반감에서 비롯되었다. 그리고 그 활동도 점점 민족적인 성격으로 흘렀으며, 신사참배 반대, 일어상용과 창씨개명 반대 등 황민화정책의 배척으로 나아갔다.

그러나 이러한 활동도 1940년대로 들어서면서 점점 달라졌다. 민족의 독립은 요원하게 여겨졌고, 국내 지도층 인사들도 민족진영과 공산진영으로 양분되어 민족투쟁을 효과적으로 전개하지 못했다. 그 대신 일본의 위세와 조선 총독부의 통치가 상당기간 지속될 것이라는 속단이 친일 세력을 중심으로 유포되고 있었다. 사람들은 그 속에서 살아남기 위해서라도 일제의 통치에 따라야 했는데 이런 사람들 가운데는 총독부의 관리가 되려는 이들도 나타났다. 이미 1920년대에도 일제의 헌병보조원이나 순사가 되려는 젊은이들이 있었는데 예를 들면 1922년의 순사직 경쟁률은 약 2.1이었다가 1920년대 중반 이후부터는 그 경쟁률이 10대 1로 높아졌다. 또한 1926년에는 헌병 보조원 856명 모집에 약 10.7대 1의 경쟁률을 보였으며, 1932년에는 854명 모집에 19대 1의 경쟁률을 기록했다.

조선총독부에 아첨하면서 친일파로 활동했던 몇몇 인사들 가운데 조선인의 일본 의회 진출의 참정권을 주장했던 박춘금朴春琴 등 친일파는 일본 제국의회의 중의원이 되어 친일의 선두에서 활동했다.

1932년 12월에는 박영효가 귀족원 의원에 칙임되었고, 1941년에 윤덕영尹德榮과 박중양朴重陽이 선정되었다. 1936년 11월 24일 경성부회 의원 조병상曺秉相, 조선총독부 중추원 참의 한규복韓圭復 등도 조선인의 참정권을 요구하는 등 친일행보를 계속했다.

1940년 태평양 전쟁 때 총독부는 병력, 물자의 부족을 민간의 공출供出로 충당하면서 그에 대한 반대급부로 1940년부터 본국 정부에 조선인의 참정권 부여를 건의했는데, 이 건의안은 1945년에 일본 의회에서 통과되었다. 또한 1945년 4월 3일에는 일본 귀족원에서 칙선의원 7명을 선임했는데 김명준金明濬, 박상준朴相駿, 박중양, 송종헌宋鍾憲, 윤치호尹致昊, 이진용李珍鎔, 한상룡韓相龍 등이 선출되었다.

이처럼 친일파들의 반민족적인 행태와 선동에다 세상 물정에 어두웠던 대부분의 사람들은 살아남기 위해서 일제의 순사나 헌병 보조원 또는 면 서기로 일했다. 사람들은 면 서기와 지방 경찰의 지시에 따라 남자들은 센토보시(戰鬪帽)를 쓰고 각반을 찼으며 여성들은 몸빼 바지를 입고 "충량한 일본 제국의 신민"으로 살아야 했다. 심지어는 전국 도시나 농어촌에서도 방공호를 파게 했고 부족한 병기 제작을 위해 놋그릇까지 거둬 갔다. 태평양 전쟁은 일본인만의 전쟁이 아니라 조선인들도 그 전쟁에 참전하도록 강요받고 있었다.

그러나 2차 대전에서 패전으로 일본은 마침내 조선에서 물러났다. 조선인이 민족적 독립투쟁을 벌여 일본군과 일본인을 한반도에서 물리쳐야 했음에도, 또 다른 외세(이른바 연합국)가 이 일을 대신했는데 이것은 한국 민족에게는 그 뒤에 겪어야 할 고통의 요인이 되었다. 이는 한국의 민족주의가 외세의 침탈에 맞서서 민족투쟁을 주도적이고도 효율적으로 전개하지 못했던 그 한계성이 한국 민족에게 큰 제약이 되고 말았다.

5. 결론: 해방과 민족주의의 분열

1945년 8월 15일은 한국 민족에게는 "해방의 날"이었다. 해방은 말 그대로 억압에서 해방으로, 구속에서 자유로, 빈곤에서 풍요를 이룩하는 새 세상으로 나아감이다. 한국 민족은 이처럼 소중한 해방을 1945년 8월 15일 미·소 등 연합국에 항복한 일본의 결정에서 얻게 되었다. 나라 사람들은 그 해방으로도 당장 새 세상 새 나라를 세울 수 있을 것으로 기대했다. 그럴 수밖에 없었던 것은 한국 민족은 전 근대적인 왕조체제에 이어 일제 식민지 통치로 더할 수 없는 고통을 겪었기 때문이다. 일제 통치기에 사람들은 일본을 위해 징용으로 징병으로 끌려갔을 뿐 아니라 온갖 비참했던 일상을 보내야 했다. 이처럼 고난의 골짜기로 떨어졌던 한국 민족에게 "해방"은 나라를 되찾아 독립국가의 자유민으로 올라설 수 있는 더없는 환희로 다가왔다.

이를 위해서 온 나라 사람들은 다음 몇 가지부터 이룩해야 했다. 첫째 오랫동안 피지배층으로 억압받으면서 살아왔던 사람들이 모두 하나의 민족으로 단합해야 했다. 그 어떤 인물도, 집단도, 이데올로기도 민족의 단합을 깨뜨릴 수는 없다. 설사 어떤 이데올로기가 "휘황찬란한 금빛동산"으로 유혹하고 분열을 부추겨도 민족의 통합 앞에서는 한낱 사악한 논리로 배격했어야 마땅했다. 둘째, 민족 구성원 모두가 힘을 모아 합당한 절차를 거쳐 신생 독립국가부터 건설해야 했다. 비록 그 과정이 험하다 해도 민족의 의지로 관철시켜야 했다. 2차 대전의 전승국가인 미국과 소련의 의견에 따라 나라를 세운다는 것은 분단체제 아니면 신新 식민지적 종속국가로의 전락이었다. 셋째, 그렇게 건국한 나라에 전승국의 군대가 들어온다면, 비록 그것이 연합국의 군대로 전략상 불가피한 일이었다고 해도 그 진입을 막아야 했다. 진주하는 외국 군대는 대부분 침략적인 점령군이기 때문이다. 굳이 들어와야 할 경우라면 엄격한 절차와 조건에 따르게 해야 했다. 넷째, 민족 구성원들이 힘을 모아 신생국가 발전의 대계大系를 확정하고 이를 단계적으로 추진해야 했다. 민족과 국민을 위한 나라라면 정치적으로는 자주 독립을, 경제적으로는 자립 번영을, 문화적으로는 창의적인 가치를, 사회적으로는 공정하고 연대적인 자유사회를 이룩해야 했다. 그래야만 정당한 미래를 보장하고 한국 민족의 당당한 미래를 펼치는 새 국가로 발전할 수 있다.

그러나 불행히도 그 뒤의 한국 정치사회는 이런 요건에서는 너무 멀리 벗어났다. 일본이 항복하던 그날만 해도 중앙청에서는 일장기日章旗가 여전히 펄럭였다. 미군이 인천을 거쳐 서울로 진입해서는 1945년 9월 9일 오후 4시 8분 총독부 청사 제1회의실에서 항복 조인식을 가진 그날까지도 총독부 청사에 게양된 일장기는 그대로 있었다. 그날 미군과 총독부 인사들의 항복 조인식의 정경을 그린 내용을 아래 글에서 인용하기로 하자.

> 미군은 그날(1945년 9월 9일) 덕수궁, 총독부, 방송국 등 주요 지점을 점령했다. 미군은 곧이어 9월 9일 오후 4시 8분부터 총독부 청사 제1회의실에서 일본군의 항복문서 접수와 항복 조인식을 가졌다. ……미군보다 먼저 들어와 대기하고 서 있던 일본 측 대표들은 미군의 활달한 모습을 바라보면서 조용히 자리에 앉았다. 일본 측을 대표한 총독 아베와 조선 주재 일본군사령관 고주키(上月良夫)육군 중장, 제17군관구 사령관 야마구치(山口儀三郎) 해군 중장 등이 그 자리에 있었다. 일본 측 장군들은 훈장을 떼고 무기도 휴대하지 않은 채 단지 장군 제복만 입고 무거운 침묵으로 입을 다물고 있었다.[204)]

그리고 10월 9일 오후 4시 35분에야 중앙청에 게양된 일장기를 내리고 그 자리에 미국의 성조기를 내걸었다. 그 광경을 바라본 한국인들은 올라가는 그 깃발이 태극기인 것처럼 환호했다. 그러나 그것은 제국주의 세력인 일본으로부터 또 다른 외세인 미국으로의 교체였다. 그 뒤 한국의 정치사는 민족과 민족운동, 심지어는 민족주의도 변용되거나 위축되고 말았다.

한국의 민족주의가 1945년 8월 15일 이후 제대로 뿌리를 내렸다면 그 뒤의 역사도 달라졌을 것이다. 역사적으로 한국 민족은 한반도와 그 주변을 중심으로 오랫동안 이어져 왔으며 그것에 따른 민족의식으로 외세의 침탈을 막기 위해 치열하게 투쟁했다. 그런 과정을 거쳤기에 민족주의는 더 없는 기대를 모으고 있었다. 그러나 이상하게도 한국의 민족주의는 이론적인 논리나 이념적인 지향도, 구체적인 실천도, 발전적인 미래관도 마련하지 못한 채 오직 정치적인 선전 구호로만 활용되었다.

---

204) 진덕규 (2000)《한국 현대 정치사 서설》지식산업사 p. 14.

1945년 9월 8일 인천에 상륙한 미군이나 그 이전에 한반도 북쪽 부분에 먼저 들어 온 소련군도 일본을 패망시킨 해방의 군대라면서 열렬하게 환영받았다. 그러나 그들은 한반도를 양분해서 점령했던 외세였을 뿐이다. 소련군과 미군은 한반도 내부의 그들 점령 지역에서 각기 그 지역 주민의 독립적인 통치체제 수립을 선언했다. 남북한의 이질적인 분단 체제는 외관상으로는 각기 미국과 소련의 동맹국가처럼 주장했지만 실제로는 지원국-종속국의 관계였다. 북위 38도선을 경계로 북쪽에서는 소련의 위성국가로 김일성 집단의 조선민주주의인민공화국이 세워졌으며, 남쪽에서는 자유주의를 표방했던 대한민국이 수립됐다. 분단체제에서 남북한은 각기 그들 국가가 민족적 정통성의 승계자로 자처했기 때문에 한국 민족주의는 정통성 대결 논란에 휩싸이게 되었다.

남북한의 분단체제야말로 한국 민족주의의 정상적인 발전에서 이탈이었다. 남북한의 분단체제가 민족주의를 각기 자기 체제를 위한 논리로 활용함으로써 "유사 민족주의 범람의 시대"로 돌입하게 되었다. 가령 북한은 한국의 전통적인 민족주의를 피지배층의 민중적 민족주의라고 전제하면서 프롤레타리아 민주주의로서 북한 체제를 민족주의 제도라고 주장했다. 남한에서도 대한민국이야말로 대한민국임시정부를 계승한 한국 민족주의의 본류라고 주장했다. 이처럼 남북한 사이에서는 민족주의의 정통성과 그 주도권을 장악하기 위한 대결이 빚어지고 있었다.

민족주의의 주도권을 정통성의 계승만으로 합리화할 수는 없다. 민족주의의 기본적인 쟁점은 그것의 기원과 전개에 대한 역사적인 논의보다는 그 지향가치와 실현에 의미를 두어야 한다. 지난날의 민족적 영광을 찬탄하면서 오늘의 고통도 받아들이자는 식의 민족주의론은 권력자들의 통치술에 지나지 않는다. 민족주의는 권력자에게 정통성을 부여하는 논리가 아니라 민족 구성원들이 민족주의의 지향 가치를 얼마나 추구하고 실현하는가에 그 의미를 부여해야 한다.

민족주의는 한 사회의 이념적 바탕이자 기반 이데올로기이다. 민족주의를 바탕으로 그 위에 보수주의도, 자본주의도, 사회주의도, 전체주의도, 자유주의도, 그 체제를 이룩할 수 있지만, 그 어느 경우에도 민족 구성원으로부터 절대적인 지지를 받아야 한다. 영국의 보수주의나 독일의 자본주의 그리고 프랑스의 자유주의도 그 밑바탕에는 그들 나라의 민족주의가 자리 잡고 있었기 때문에 그 나름의 이데올로기적 발전과 변용을 이룩할 수 있었다. 심지어 한 나라에서 대결적인 이데올로기, 예를 들면 자본주의와 공산주의가 공존하면서 경쟁하는 이른바 적대적 공존이 가능한 것도 바탕에 민족주의가 자리 잡고 있기 때문이다.

이런 사실을 한국에 대입하면 시대 상황은 한층 더 분명해진다. 기반 이데올로기로서 민족주의가 갖는 한계 때문에 다른 이데올로기의 수용과 선택은 극심한 대결을 빚게 되었다.

민족주의가 이데올로기의 바탕으로 굳건하게 자리 잡고 있었다면 한국의 현대 정치사도 달라졌을 것이다. 특정 이데올로기를 내걸고 파당적인 대결을 벌이고 심지어 민족의 내전까지 겪게 된 것은 곧 기반 이데올로기인 민족주의의 한계에서 비롯된 것일 수도 있다.

한국의 민족주의가 민족으로서 결집과 민족운동으로서의 통합과 발전을 이룩하지 못했던 것은 민족주의가 기반이데올로기로서 자리 잡지 못했기 때문이라고 할 수 있다. 다시 말하면 한국의 민족주의는 한국 민족사의 오랜 전통인 민족–민족운동–민족의식에서 외향적 민족의식과 내향적 민족의식의 흐름을 제대로 발전시킬 때 비로소 올바른 지향을 이룩할 수 있고 "민족 없는 민족운동"에서 연유된 "유사類似 민족주의"의 범람으로부터 벗어날 수 있을 것이다.

참고문헌

《헌종실록》 12권, 헌종 11년 6월 29일자.
《헌종실록》 12권, 헌종 11년 9월 15일자.
《헌종실록》 12권, 헌종 11년 7월 5일자.
《헌종실록》 15권, 헌종 14년 12월 29일자.
《헌종실록》 15권, 헌종 14년 7월 16일자.
《고종실록》 1권, 고종 1년 8월 9일자.
《고종실록》 3권, 고종 3년 2월 18일자.
국사편찬위원회 (1973) 《심산유고心山遺稿》
독립운동사편찬위원회 (1978) 《독립운동사》 10.
부산직할시사편찬위원회 (1989). 《부산시사》 1.
동아일보, 〈부산노동자의 파업〉 1921. 9. 22.
연세대 국학연구원 (2014) 《雲養集》 卷十四 雜著類.
朝鮮總督府 (1940) 田保橋潔, 《近代日鮮關係の研究》 上.
강상규 (2013) 《조선정치사의 발견; 조선의 정치지형과 문명전환의 위기》 창비.
강재언 (1984) 《일제하 40년사》 풀빛.
권두영 (1977) 〈일제하의 한국농민운동〉 《한국근대사론》 Ⅲ, 지식산업사.
김경일 (1992) 《일제하 노동운동사》 창작과비평사,
김경일 (2003) 《한국의 근대와 근대성》 백산서당.
김경일 (2011) 《제국의 시대와 동아시아의 연대》 창비.
김동택 (2018) 《근대 한국의 정치변동과 담론; 이행의 구조적 특이성》 오름.
김명호 (2008) 《환재 박규수 연구》 창비.
김미지 (2019) 《우리안의 유럽, 기원과 시작》 생각의 힘.
김영작 (1975) 《韓末ナショナリズムの 研究》 東京大出版會.
김용구 (2008) 《만국공법》 소화.
김인호 (2000) 《식민지 조선 경제의 종말》 신서원.
김창수 (1987) 《한국근대의 민족의식 연구》 동화출판공사.
宋炳基 (1985) 《近代韓中關係史研究》 檀國大出版部,
마이클 빌리그 지음, 유충현 옮김 《일상적 국민주의》 그린비
마쓰다 토시히코 지음 이종민.이형식. 김형 옮김 (2020) 《일본의 조선 식민지 지배와 경찰》 경인문화사.
메디나 신부 지음, 박철 옮김 (1989) 《한국 천주교 전래의 기원》 서강대학교출판부.
미야타 세쓰코 해설 감수 정재정 번역 (2002) 《식민통치의 허상과 실상》 혜안.
朴宗根 著, 朴英宰 譯 (1995) 《清日戰爭과 朝鮮:外侵과 抵抗》 一潮閣.
박천홍 (2008) 《악령이 출몰하던 조선의 바다: 서양과 조선의 만남》 현실문화연구.
방기중 편 (2005) 《일제하 지식인의파시즘체제 인식과 대응》 혜안.
배항섭 (2002) 《조선후기 민중운동과 동학농민전쟁의 발발》 경인문화사.

孫炯富 (1997)《朴珪壽의 開化思想研究》一潮閣.
신복룡 (2006)《동학사상과 갑오농민혁명》선인.
신복룡 (2006)《전봉준평전》지식산업사.
신복룡 (2011)《한국정치사상사, 상.하》지식산업사.
신용하 (1987)《한국근대민족주의의 형성과 전개》서울대학교출판부.
쓰키아시 다쓰히코 지음, 최덕수 옮김 (2019)《조선의 개화사상과 내셔널리즘》열린책들.
안수강 (2015)〈정하상丁夏祥의 상제상서上帝相書고찰〉《역사신학논총》제28집.
안외순 (2020)〈동학농민전쟁과 청일전쟁〉《동방학》42권
야마베 겐타로 지음, 최혜주 옮김, 역사연구소 지음 (2019)《함께 보는 한국 근현대사》서해문집.
연세대 국학연구원 편 (2004)《일제의 식민지배와 일상생활》혜안.
왕현종 (2003)《한국 근대국가의 형성과 갑오개혁》역사비평사.
원재연 (2003)《서세동점과 조선왕조의 대응; 동서양의 상호이해와 문호개방》한들출판사.
유바다 (2017)〈1894년 청일전쟁淸日戰爭의 발발과 조선의 속국屬國 지위 청산〉《대동문화연구》성균관대학교대동문화연구원, 98권.
윤대원 (2007)《상해시기 대한민국임시정부 연구》서울대학교출판부.
윤민구 (2002)《한국천주교회의 기원》국학자료원.
윤영실 (2018)《육당 최남선과 식민지의 민족사상》아연출판부.
이상익 (1997)《서구의 충격과 근대 한국사상》한울아카데미.
이선민 (2019)《대한민국임시정부와 대한민국》지식산업사.
이영호 (2020)《동학.천도교와 기독교의 갈등과 연대, 1893-1919》푸른역사.
市川正明 編 (1996)《朝鮮半島 近現代史年表, 主要文書》原書房,
이희주 (2020)《명성황후평전》신서원.
정두희 (1999)《신앙의 역사를 찾아서; 한국천주교회사 이야기》바오로딸.
정태헌 (2007)《한국의 식민지적 근대성찰; 근대주의 비판과 평화공존의 역사학 모색》선인.
조 광 (1978)〈신유박해辛酉迫害의 성격〉《민족문화연구》13.
조 광 (2010)《한국 근현대천주교사 연구》경인문화사.
조경달 저 정다운 역 (2012)《식민지기 조선의 지식인과 민중; 식민지 근대성론 비판》선인.
조동걸 (1979)《일제하농민운동사》한길사.
전상숙 (2012)《조선총독정치 연구》지식산업사.
전상숙 (2018)《한국 근대 민족주의와 변혁이념, 민주공화주의》신서원.
진덕규 (1984)〈대한제국의 권력구조 연구(II); 중추원의 분석적 고찰〉《대한제국 연구 (II)》이화여대한국문화연구원.
진덕규 (2000)《한국 현대 정치사 서설》지식산업사.

진덕규 (2002)《한국정치의 역사적 기원》지식산업사.
한국기독교사료연구소 (2010)《이능화 조선기독교와 외교사》삼필문화사.
한일관계사연구논집 편찬위원회 편 (2010)《일제 식민지배와 강제동원》경인문화사.
韓哲昊 (1998)《親美開化派研究》國學資料院.
허영섭 (2010)《일본, 조선총독부를 세우다》채륜.
黃嗣永 著, 尹在瑛 譯 (1975),《黃嗣永帛書 外》正音社.
황준헌 지음 김승일 번역 (2007)《조선책략》범우사.

제III부

한국 민족주의의 이데올로기

1. 서설: 해방정국의 민족주의

1945년 8월 15일 일제가 항복했던 그날에도 대다수의 한국인들은 해방을 전혀 예견하지 못했다. 그날 낮 12시, 일본 국왕 히로히토의 항복 선언이 웅얼거리는 목소리로 발표되었다. "짐은 제국정부로 하여금 미·영·소·중 4국에 대하여 그 공동선언을 수락할 뜻을 통고케 하였다. 모름지기 거국일치 자손상전 굳게 신국의 불멸을 믿고 각자 책임이 중하고 갈 길이 먼 것을 생각하여 총력을 장래의 건설에 쏟을 것이며 도의를 두텁게 하고 지조를 튼튼케 하여 국체의 정화를 발양하고 세계의 진운에 뒤지지 않도록 노력할지어다. 그대들 신민은 짐의 뜻을 받들라."는 그 말이 항복 선언문이었다.

같은 날, 같은 시각에 조선총독 아베를 비롯한 전 직원은 중앙청 제1회의실에서 일본 국왕의 항복 선언을 들은 뒤 아베 총독은 다음과 같이 유고했다.

"황국신민은 4개년 가까이 필사감투 하였으나 ……성상폐하는 신민의 강녕과 세계 평화를 위해 오늘의 조칙을 내리기에 이르렀다. 관리들은 더욱 냉정침착하게 사리를 가려서 태산이 무너져도 흔들리지 않는 진용으로 시세에 임할 것이며 전지전능을 다하여 그 직임을 최후까지 완수하라."

이 유고에도 해방된 조선에 대한 논의는 한마디도 없었다. 여전히 총독 통치가 그대로 지속될 것처럼 그렇게 알렸다. 총독부 관리들도 이전처럼 시무했으나 중요한 기밀문서는 불태웠다. 서울 거리에서는 시민들이 해방을 자축하면서 대한독립만세를 외쳤지만 총독부는 그대로 방관했다. 이런 사태를 맞아 조선의 몇몇 지도자들은 향후의 대응책을 논의하면서 독립을 위한 준비 기구를 발족시켰다. 그 가운데 하나가 건국준비위원회인데 이것은 조선의 건국을 위해 사회주의자들이 중심이 되고 여기에 몇몇 우파 인사들이 참여했던 조직체였다.[205] 이 조직체는 당초 조선총독부 정무총감 엔도 류사쿠(遠藤柳作)가 8월 14일 여운형에게 앞으로 해방을 맞아 일어날지도 모를 조선 민중의 반일적인 도전과 혼란을 막아 총독부의 치안 유지에 협조해 달라는 요구에 따른 것이다.

205) 1944년 8월에 여운형을 중심으로 건국동맹을 조직했는데 이를 근간으로 해방 직후 조선건국준비위원회로 재편했으며, 1945년 9월 6일 조선인민공화국을 선포했다. 그러나 우파와 대한민국 임시정부의 불참으로 와해되고 말았다. 이것에 대해서는 다음 책에서 그 내용을 읽을 수 있다. 송남헌(1976) 《해방30년사》 성문각. 심지연 (1990) 《미소공동위원회》 청계연구소. 이동현 (1990) 《한국신탁통치연구》 평민사.

1) 해방과 좌우파의 대립

이어 여운형 등은 총독부의 도움으로 8월 16일에 서대문 형무소에서 사상범과 경제사범을 석방하고 마포형무소의 정치범 석방에도 입회했다. 그리고 8월 17일에는 여운형의 건국동맹 직계인 최근우, 김세용, 이여성, 이상백, 이만규 등과 여기에 참여를 요청받은 우파의 안재홍 등이 건국준비위원회를 발족시켰다. 그 진용으로는 위원장 여운형, 부위원장 안재홍, 총무부장 최근우崔謹遇, 재무부장 이규갑李奎甲, 조직부장 정백鄭柏, 선전부장 조동우趙東祐, 무경부장 권태석權泰錫과 김세용金世鎔, 이여성李如星, 이상백李相佰, 이만규李萬珪 등이었다.

한편 우파들은 8월 17일에 미군 등 연합군을 환영하기 위한 조직체를 만들기로 하고, 9월 4일 YMCA 회관에서 중경임시정부 및 연합군 환영준비위원회를 결성했다. 위원장에 권동진權東鎭을 추대했으나 와병 중이어서 부위원장 이인李仁이 책임을 맡았고 사무장으로는 조병옥趙炳玉을 선임했다. 그 밖의 인선은 이인, 서정희徐廷禧, 정노식鄭魯湜, 김약수金若水, 김도연金度演 등 5인에게 위임했다. 이들 대부분은 그 뒤 한국민주당의 핵심 간부로 활동했다.

또 다른 세력인 공산주의자들도 8.15를 맞아 세칭 장안파 공산당인 고려 공산당 대회를 8월 16일에 열고는 공산당 간판을 내걸었다. 조선공산당의 정통파로 자처했던 박헌영朴憲永, 이관술李觀述, 김삼룡金三龍 등의 서울 콤 그룹은 8월 20일에 조선공산당재건준비위원회를 결성했다. 9월 8일에는 장안파공산당이 열성자 대회를 열고 당을 자진 해산했다. 이로써 조선공산당재건준비위원회가 주도권을 잡고 9월 11일 조선공산당을 재건하게 되었다.

8.15 해방 이후에도 총독부는 여전히 건재했으며 조선에 거류했던 일본인들은 자신의 제산을 조선의 지인들에게 팔고 소리 없이 일본으로 돌아갔다. 그래도 일장기는 총독부 청사에 그대로 걸려 있었다. 한국에서 일본을 항복시킨 것은 한국 사람이 아니라 미군과 소련군이다. 그해 8월과 9월에는 이들 두 나라가 당사자인 조선인을 배제한 채 일본으로부터 조선의 통치권을 인계받아 마치 점령군의 교체식과 같은 기막힌 모습을 보여 주었다.

여기서 이 시기에 가장 바람직한 한국 민족의 길을 생각해보기로 하자. 비록 꿈같은, 비현실적 논의라도 그 시대 조선 민족의 당위적인 도정을 다음과 같이 생각해 볼 수 있다. 해방을 전후로 국내외에서 투쟁했던 조선의 "광복군"과 "독립군" 등이 힘을 합쳐 항일 독립전쟁을 벌여 서울로 진입한 다음 일본 총독으로부터 항복을 받아냈다면, 한국 민족에게는 당당한 해방이 될 수 있었을 것이다. 그 시대의 반일 투쟁이 미약했다는 식으로 논의하려는 것은 아니다. 국내외에서 전개되었던 반일 민족 투쟁의 고난의 역정을 생각하면 이 투쟁은 민족의 이름으로 기림 받아야 한다. 다만 여기서는 8월 15일 그 시점에 한국 민족이 직접 일본 총독으로부터 항복을 받는 계기를 갖지 못했던 그 아픔을 지적하려는 것이다. 독립군의 국내 진공에는 수많은 희생자가 발생할 수도 있었겠지만 그래도 끝내 연합군에 패배한 일본군을 제압할 수 있었을 것이고, 그 기세로 국민의 총의로 신생 독립국가도 수립할 수 있었을 것이다. 마지못해 그럴 수 없었다면 조선 민족을 대표하는 각계각층의 인사들이 긴급히 모여 "잠정적"인 국가체제라도 수립해서 일본 총독의 항복을 앞장서서 받아내야 마땅했다. 그런 다음 뒷날 미군과 소련군이 진입했을 때 이를 기정사실로 조치하게 했어야 했다.

그러나 당시의 흐름은 이와는 정반대로 흘러갔다. 일본이 항복한 8월 15일부터 미군이 서울로 들어온 9월 9일까지의 25일 동안을 한국 민족은 독립 국가 수립의 기간으로 활용했어야 했다. 그런데도 그 당시 한국의 정치세력은 좌우파로 나뉘어 심하게 대립하는 실로 "민족을 잊은 행태"에 젖어 있었다. 남한에서는 미군을 민족 해방의 군대로 환영했으며 그 미군과 협의해서 새 국가를 건설하려 했다.[206] 심지어 북위 38도선으로 분단되는 민족사적 치욕도 불가피한 사실로 여기고 있었다. 민족의식이나 민족주의가 제대로 기능했다면 도저히 묵과할 수 없는 일이었는데도 사태는 그렇게 흘러가고 있었다.

해방의 그 시점에서는 자주 독립이라는 민족주의의 깃발이 휘날려야 했다. 그러기 위해서는 기반적 이념인 민족주의가 굳건하게 자리 잡아야 했는데도 그렇지 못했다. 민족주의는 점점 사라졌으며 외부에서 유입된 이데올로기들이 영향력을 행사하기 시작했다. 즉 북한에서는 공산주의가, 남한에선 민주주의가 정치사회를 주도하면서 두 체제는 극심하게 대결했다. 외세 침탈의 고난을 겪었으면서도 그 외세에 맞설 기반적 이념인 민족주의를 제대로 정립하지 못해 더 큰 비극을 맞게 되었다. 민족주의가 약화된 그 터전에서 외래 이데올로기들이 난무하면서 서로 대결하는 형국을 빚고 있었다. 한국에서 기반적 이념인 민족주의가 밀리자 이 분야의 학자나 주장자들은 주로 한국 민족의 역사적인 전개를 논의함으로써 사람들의 관심을 모았다. 가령 한국의 민족사에서 기림 받는 위인들, 즉 단군, 광개토대왕, 을지문덕, 연개소문, 김춘추, 김유신, 계백, 강감찬, 윤관, 세종대왕, 이순신, 안중근 등 민족의 위대한 영웅들을 강조했다. 민족주의를 바탕으로 하고 외래 이데올로기를 접합시켜야 했지만 그 민족주의는 그만

206) 진덕규 (2000) 《한국현대정치사서설》 지식산업사 pp. 21~25.

문화적-역사적으로 퇴각하고 말았다.

민족주의의 영향력이 약화된 그 터전에 좌우파의 정치 이데올로기들이 무성하게 뿌리 내리면서 극심한 대결로 달려갔다. 우파는 목청 높여 미국식 민주주의를 주장했으며, 좌파는 공산주의를 선전했다. 어느 경우이건 이 시기에 이들 이데올로기 주장자들은 그것의 사상사적 내용이나 의미보다는 단순히 선전 선동의 구호로만 암송했을 뿐이다. 북한에서는 친소 집권세력이 공산주의를 통치이데올로기로 내세우며 주민을 이념적으로 강압했으며 남한에서는 우파가 미국식 민주주의, 즉 자본주의적 민주주의 수용에 힘을 기울였다. 그 때문에 한반도의 대다수 국민은 생경한 이데올로기에 직면하게 되었다. 민족을 위해 특정 이데올로기를 주장한 것이 아니라, 특정 정치세력을 위해 이데올로기가 주장되었다. 정치 세력들 사이의 극심한 대결은 사람들을 이데올로기의 진영으로 휘몰아쳤다. 이들 이데올로기를 위해 목숨 바치는 것도 그 시대 애국자들의 중요 과업으로 여길 정도로 이데올로기의 대결은 끝없이 고양되었다.

현실 정치에서는 서로 다른 이데올로기도 연대할 수 있고 심지어 통합도 이룰 수 있다. 그리고 이를 유도하는 것이 그 사회의 기반 이념인 민족주의다. 이런 여건이 부재했던 그 시대의 한국 정치에서는 이데올로기의 극심한 대결이 정치를 주도하고 있었다. 남한에서는 1945년 9월~1948년 5월의 미군정 통치기에 좌우파의 대립이 점점 더 심해졌다.

2) 혼란과 분열의 미군정 시대

이런 사실을 전제하면서 여기서는 미군정의 통치 기간을 다음 몇 단계로 나눠 개관하기로 한다. 제1기는 1945년 9월 8일 미군의 인천 상륙과 그다음 날 서울로 들어왔을 때부터[207] 1946년 3월 20일 미군정 행정부처의 국을 부로 고쳤던 시기까지다. 제2기는 1946년 3월 21일부터 1946년 8월 24일 남조선과도입법의원의 시기까지다. 그리고 마지막 제3기는 그로부터 1948년 5월의 제헌국회까지로 구분할 수 있다.

제1기에 남한의 미군정은 점령 지역을 전형적인 군사 통치체제로 시작했다. 미군정의 최고 책임자는 한국에 진주했던 9만 7천여 명의 미군 사령관 하지(Hodge, J.)[208]로, 그는 아놀드(Arnold, A. V.) 소장을 군정장관으로, 정무총감으로는 해리스(Harris, C. S.) 준장, 재무국장에는 고든(Gordon, C. J.) 중령, 광공국장에는 언더우드(Underwood, J. C.) 대령, 농상국장에는 마틴(Martin, J.) 중령, 법무국장은 우달(Woodall, E. J.) 소령, 학무국장은 락카드(Lackard, E. M.) 대위, 교통국장은 해밀턴(Hamilton, W. I.) 중령, 체신국장은 헐리(Herlihy, W. J.) 중령을 임명했다.

미군정 간부들은 민간 행정에는 별다른 경험이 없었던 젊은 장교들이었다. 그 때문에 조선총독부의 일본인 국장을 미 군정청 고문으로

---

207) 미군의 인천상륙과 서울 진입에 대해서는 다음 저서에서 자세하게 설명하고 있다. 진덕규 (2000) 《한국현대정치사서설》 지식산업사 pp. 7~17.

208) 미군정 사령관 하지는 1893년 미국 일리노이 출신으로 불우한 어린 시절을 보냈으며 사관후보생학교를 졸업한 뒤 1917년에 소위로 임관되었다. 1937년에서 1942년까지 미국방부에 근무했으며, 2차 대전에서는 태평양전쟁에서 활동했다. 특히 과달카날 전투를 승리로 이끌었으며 1945년에 중장으로 진급 미24군단 사령관으로 인천에 상륙했다. 진덕규 (2015) 〈미군정기 한국의 정치세력 형성과 정치변동〉 《한국의 정치 70년》 한국학중앙연구원 p. 33.

잔류시켜 미군의 통치권 행사를 보좌하도록 했다. 이런 모습을 지켜본 한국인들은 미군정도 실제로는 일본 총독부와 같거나 오히려 그보다도 못하다는 느낌을 받게 되어 한국인의 불만은 점점 고조되고 있었다. 미군정 수뇌부는 한국인의 이런 불만을 무마하기 위해 1945년 10월 5일에 미군정장관 고문으로 김성수金性洙, 김동원金東元, 이용설李容卨, 오영수吳泳秀, 송진우宋鎭禹, 김용무金用茂, 강병순姜炳順, 윤기익尹基益, 여운형(사퇴), 조만식(曺晩植, 불참) 등을 임명했다. 흔히 그렇듯이 이것도 이름만 나열한 형식적인 것에 지나지 않았으며 별다른 영향력을 미치지 못했다.

미군정의 제2기는 그다음 해 3월까지로 미군과 한국인이 함께 맡고 있었던 양 국장 제도를 고쳐서 한국인 행정부장 제도로 개편했다. 그 이전 제1기의 양 국장제도 시기에 임용된 한국인으로는 오정수(吳禎洙, 광공국장 대리), 유억겸(俞億兼, 학무국장), 이훈구(李勳求, 농상국장), 조병옥(경무국장) 등이었고, 그 뒤 한국인 행정부장에서는 유억겸(학무부장), 윤호병(尹皞炳, 재무부장), 김병로(金炳魯, 사법부장), 오정수(상무부장), 이종학(李鍾學, 서무처장), 이용설(보건후생부장), 이훈구(농무부장), 길원봉(吉元鳳, 체신부장), 문장욱(文章郁, 외무처장), 이철원(李哲源, 공보부장), 지용은(池溶殷, 식량행정처장), 정일형(鄭一亨, 인사행정처장) 조병옥(경무부장), 유동열(柳東悅, 통위부장), 권갑중(權甲重, 물가행정처차장), 민희식(閔熙植, 운수부장) 등이 임용되었고 차장에도 한국인을 임용했다. 위에 열거한 인사들 대부분 미국 등에서 수학했거나 거주했기에 미군과 의사소통이 가능했다. 또한 이들은 대부분 상층 또는 중상층 출신이었다. 이들 가운데에는 일제 통치기에 독립 투쟁에 관여했던 조병옥, 김병로 등 몇몇을 제외하면 대부분은 "건실하게" 생활했던 인사들이었다.

미군정의 제3기는 1946년 6월 29일 러치 미군정장관이 "조선인들이 요구하는 법령을 조선인의 손으로 제정하는 입법기관의 창설"을 하지 사령관의 승낙으로 8월 24일에 남조선과도입법의원의 설립을 발표했다.[209] 이 계획이 발표되자 남한 정계의 일부에서는 불신감을 드러냈는데, "남조선 단독정부 수립설", "미군정 연장설" 등의 비난이 쏟아졌다. 그러나 미군정 당국자들은 "조선인에게 민주주의의 경험을 갖게 하려는 것"이라면서 이를 반박했다.

1946년 10월 21일에서 31일 사이에 관선의원 45명과 민선의원 45명으로 남조선과도입법의원을 설치했다. 관선의원 45명 가운데에는 김규식, 여운형, 원세훈, 최동오崔東旿, 안재홍, 김붕준金朋濬 등 좌우합작위원회 인사들과 우익에서는 김약수金若水, 장자일張子一, 이순탁李順鐸, 엄항섭嚴恒燮 등 11명과 좌익에서는 장건상張建相, 박건웅朴建雄, 황진남黃鎭南, 여운홍呂運弘 등 11명, 문화계의 홍명희洪命熹, 언론계의 하경덕河敬德, 법조계의 이봉구李鳳九, 종교계의 변성옥(邊成玉, 기독교), 정광조(鄭廣朝, 천도교), 김법린(金法麟, 불교), 장면(張勉, 천주교), 여성계의 황신덕黃信德, 박승호朴承浩, 신의경辛義卿, 박현숙朴賢淑과 북한 지역을 대표해서 김호金乎, 장연송張連松, 문무술文武術, 김지간金志侃, 허간룡許侃龍 등을 선출했는데 이들은 1946년 12월 12일 12시에 의장으로 김규식을 선출, 개원식을 가졌다.

이 시기에 국내 정계는 미소공위와 반탁운동, 좌우합작 등으로 심한 혼란을 겪었다. 먼저 미소공위(US-Soviet Joint Commission)를 살펴보면, 1945년 12월 16일에는 모스크바에서 미국, 영국, 소련의 외무

---

209) 이 발표에 반대하는 주장도 나왔다. 이 기구는 남북의 분단을 기정화하고 나아가 미제국주의의 영속적인 남한 지배를 획책하는 것이라고 비난했다. 미군 측은 행정기구의 한 가지 형식이며 조선인의 의사를 수용하려는 것이라고 반박했다. 송남헌 (1976) 《해방30년사 1》 성문각 p. 317.

장관 회합인 삼상회의三相會議에서 합의한 12월 27일의 「한국 문제에 관한 4개항의 결의서」에서 한반도의 정부 수립을 (1) 민주주의 원칙에 따른 임시정부 수립. (2) 이를 위해 미소공동위원회의 설치. (3) 미국, 소련, 영국, 중국은 임시정부를 돕기 위해 최대 5년간 한반도를 신탁통치. (4) 앞으로 2주 내 미군과 소련 사령부의 대표회의 개최 등이었다. 미소공위는 1946년 3월 20일~1947년 10월 21일까지 서울 덕수궁에서 몇 차례 회합을 더 가졌으나 끝내 결렬되었다. 한반도에 대한 신탁통치가 논의되자 처음에는 좌우익이 모두 반대했지만 1946년 1월로 들어서자 좌익은 모스크바의 지령에 따라 신탁통치를 지지했다.

한편 이 시기에 미군정 고문 버치(Bertsch, L.) 중위는 한반도에서는 좌파와 우파도 공존할 수 있다고 생각하여 하지 사령관의 지원 아래에 좌우합작 운동을 추진하기로 했다. 그는 당시 한국의 정계는 이승만 중심의 우파와 김규식 중심의 중도우파, 김일성 주도의 좌파 그리고 여운형의 중도좌파로 분열되었지만 김규식과 여운형이 손을 잡으면 이승만과 김일성도 합류하게 될 것으로 여겼다. 좌우합작 운동은 1946년 5월 25일 버치 중위의 주선으로 우파의 김규식, 원세훈과 좌파의 여운형과 그를 보좌했던 황진남黃鎭南 등이 3차례 회합을 가졌으며 7월 19일에는 좌우파의 대표로 우파에서는 주석 김규식, 대표 원세훈, 김붕준, 안재홍, 최동오가, 좌파에서는 주석 여운형, 대표 허헌, 정노식鄭魯湜, 이강국李康國, 성주식成周寔이 참여했다. 그리고 우파의 비서로는 영문 김진동金鎭東, 국문 송남헌宋南憲이며, 좌파 비서로는 영문 황진남黃鎭南, 국문 김세용金世鎔이 선임되었고 미국 측 연락장교 버치 중위와 소련 측 연락장교 미정未定으로 구성했다. 양측 대표는 두 차례의 예비회담을 가진 뒤 그해 7월 25일에 좌우합작위원회를 출범시켰으며 7월 26일의 제1차 정례 회담에서는 합작 원칙

을 중심으로 서로의 주장을 발표했다.[210)]

좌우합작위원회는 양측 주장을 다음의 7원칙으로 조정했다. (1) 삼상회의 결정에 따라 남북한에서 좌우합작으로 민주주의 임시정부를 수립한다, (2) 미소공동위원회 속개를 요청하는 공동성명을 발표한다. (3) 토지개혁을 실시하고, 중요산업의 국유화, 사회노동법령 및 정치적 자유를 기본으로 하는 지방자치제를 확립한다, (4) 친일파와 민족반역자를 처리할 조례를 제정한다. (5) 남북한의 정치 활동가를 석방하고 남북한에서 좌우익 '테러'를 막는다. (6) 입법기구의 기능과 구성방법, 그 운영 방안을 모색한다, (7) 언론, 집회, 결사, 출판, 교통, 투표 등 자유 활동에 대한 절대적인 보장 등이었다.

그러나 그 뒤 좌우합작운동은 별다른 성과를 이루지 못했다. 그 당시 남한의 정치에서는 좌우파가 첨예하게 대립했다. 좌파 공산주의자들은 이른바 "10월 항쟁"에 치중했으며 우파는 남한 단독정부 수립에 관심을 집중하고 있었다. 한편 미군정 당국자들도 앞에서 다룬 과도입법의원에 매달렸기 때문에 좌우합작운동은 사실상 끝을 보게 되었다. 그런데 더 심각한 충격은 1947년 7월 여운형의 암살로 이 문제를 더 이상 논의할 수 없었다는 것이다.

미군정 고위인사들의 좌우합작에 대한 접근은 현실과는 동떨어진

---

210) 좌우합작위원회의 좌익에서 제시한 5개 원칙과 우익의 8원칙이 서로 대립했다. 좌파는 (1) 모스크바 삼상 회의 내용의 지지와 미소공동위원회 속개, (2) 무상몰수 무상분배의 토지개혁, 중요산업 국유화 및 민주주의 기본과업 완수, (3) 친일파 민족반역자 친'파쇼'반동거두의 배제와 '테러' 박멸 그리고 검거 투옥된 민주주의 애국지사의 즉시 석방, (4) 인민위원회로의 정권 이양, (5) 군정 고문기관 및 입법기관 창설 반대 등으로 정치적 선동성을 내포하고 있었다. 한편 우파는 (1) 신탁문제는 임시정부 수립 이후 미소공동위원회와 자주독립정신에 기하여 해결할 것, (2) 정치, 경제, 교육의 모든 제도와 법령은 균등사회 건설을 목표로 국민대표회의에서 결정할 것, (3) 친일파 민족반역자를 징치하되 임시정부 수립 이후 즉시 특별법정을 구성하여 처리할 것 등으로 압축할 수 있다.

것으로 그들의 무능력과 무책임만 드러냈을 뿐이다. 북한에서는 소련군 주도로 이미 공산주의 체제화가 급속하게 진행되고 있었다. 소련군은 미군의 남한 진주보다도 한 달 이상 빠른 8월 초순에 북한에 진입하여 점령지역마다 공산주의자를 중심으로 지역인민위원회를 조직했다. 1946년 2월 8일에는 북조선인민위원회가 조직되었고 위원장으로 김일성, 부위원장으로 김두봉을 선임했으며, 3월 5일에 「토지개혁법령」을 공포하고 3월 30일에 이를 완료했을 정도로 국가 기능을 실질적으로 수행했으며 이를 통해 공산주의 지배체제를 확고하게 다지고 있었다.

이와는 대조적으로 남한에서는 이승만, 김구, 김규식이 각기 다른 정치 행보로 나아갔다. 이승만은 1945년 10월 12일 하와이와 괌을 거쳐 12일 도쿄에서 맥아더를 만나고 미 군용기로 10월 16일 오후 5시 김포공항에 도착했다. 그다음 날인 1945년 10월 17일 저녁 8시 30분, 서울 중앙 방송국의 첫 방송에서 "뭉치면 살고 흩어지면 죽습니다."라는 말로 민족의 단합을 강조했다. 그는 남한 내 모든 정파의 대동단결을 강조하면서 10월 21일 "공산당에 대한 나의 감상"이라는 방송 연설에서도 "나는 공산당에 대하여 호감을 가지고 있는 사람이다. 그 주의에 대하여도 찬성하므로 우리나라의 경제 대책을 세울 때 공산주의를 채용할 점이 많이 있다…"라고 밝히기도 했다. 그뿐 아니라 우파의 한국민주당(약칭 한민당)의 영수로 취임해 달라는 요구도 거절하면서 거듭 모든 정파의 대동단결을 강조했다. 그의 이 주장에 호응해서 1945년 10월 23일 각 정당·단체 대표 200여 명은 독립촉성중앙협의회를 조직하고 이승만을 회장으로 추대했는데 초기 창립기에는 박헌영의 조선공산당도 참가했다.

한편 대한민국임시정부(약칭 임정)에서는 국무위원회 주석 김구의 명의로 그해 9월 3일에 「3천만동포에게 고함」이라는 성명서에서 임정의 당면 정책을 발표했다. 그 가운데 중요한 부분을 인용하기로 한다.[211)]

"……우리가 처한 현계단은 건국강령에 명시한 바와 같이 건국의 시기로 들어가려는 과도적 계단이다. 다시 말하면 복국임무復國任務를 아직 완전히 끝내지 못하고 건국의 초기가 개시되려는 계단이다. 그러므로 현하 우리의 임무는 번다하고도 복잡하며 우리 책임은 중대한 것이다. 따라서 우리가 우리 조국의 독립을 완성함에는 우리의 일언일구一言一句와 일거수일투족이 모두 다 영향을 주는 것을 명백하게 인식하고 매사를 임할 때에 먼저 치밀하게 분석하여 명확한 판단을 내리고 명확한 판단 위에서 용기 있게 처리하여야 한다. 본 정부는 이때에 당면정책을 여좌如左히 제정 반포하였다. 이것으로써 현계단에 처한 본정부의 포부를 중외中外에 천명하고자 함이며 이것으로써 전진노선前進路線의 지침을 삼고자 합니다. 또한 이것으로써 동포제위의 당면노선의 지침까지 삼으려하는 것이다. ……"

그러고는 당면 정책으로 다음 14개조를 제시하였다.

(1) 본 임시정부는 최속기간 내最速期間內에 곧 입국할 것.

(2) 우리 민족의 해방 급及 독립을 위하여 혈전한 중·미·소·영中·美·蘇·英 등 우방민족으로 더불어 절실히 제휴하고 연합국헌장에 의하여 세계일가世界一家의 안전 급及 평화를 실현함에 협조할 것.

211) 白凡金九先生全集編纂委員會 編 (1999)《白凡金九全集》제5권 대한매일신보사 pp. 670~671.

(3) 연합국 중에 주요한 국가인 중·미·소·영·불 5강强에 향向하여 먼저 우호협정을 체결하고 외교도경外交途經을 별부別附할 것.
(4) 맹군주재기내盟軍駐在期內에 일체 필요한 사의事宜를 적극 협조할 것.
(5) 평화회의 급及 각종 국제집회에 참가하여 한국의 응유應有한 발언권을 행사할 것.
(6) 국외임무의 결속과 국내임무의 전개가 서로 접속되매 필수한 과도 조치를 집행하되 전국적 보선普選에 의한 정식정권이 수립되기까지의 국내과도정권을 수립하기 위하여 국내외 각층 각 혁명당파, 각 종교 집단, 각 지방대표와 저명한 각 민주영수회의를 소집하도록 적극 노력할 것.
(7) 국내 과도정권이 수립된 즉시에 본정부의 임무는 완료된 것으로 인認하고 본 정부의 일체 직능 급及 소유물건은 과도정권에게 교환할 것.
(8) 국내에서 건립된 정식정권은 반드시 독립국가, 민주정부, 균등사회를 원칙으로 한 신 헌장에 의하여 조직할 것.
(9) 국내의 과도정권이 성립되기 전에는 국내 일절一切 질서와 대외 일절一切 관계를 본 정부가 부책負責 유지할 것.
10) 교포의 안전 급及 귀국과 국내외에 거주하는 동포의 구제를 신속 처리할 것.
(11) 적敵의 일체 법령의 무효와 신 법령의 유효를 선포하는 동시에 적의 통치하에 발생된 일체범벌一切罰犯을 사면할 것.
(12) 적산敵産을 몰수하고 적교敵僑를 처리하되 맹군盟軍과 협상을 진행할 것.
(13) 적군敵軍에게 피박被迫 출전出戰한 한적군인韓籍軍人을 국군으

로 편입하되 맹군盟軍과 협상을 진행할 것.

(14) 독립운동을 방해한 자와 매국적賣國賊에 대하여는 공개적으로 엄중히 처분할 것.

이 성명서는 그 당시의 시의성에서는 더할 수 없이 주요한 것이었는데도 그 반응은 마치 "허공에 내지르는 소리"와도 같았다. 한국인 대부분은 이 글을 읽지도 못했고 알지도 못했다. 그뿐 아니라 해외에서 30여 년을 민족 독립을 위해 "풍찬노숙"하면서 투쟁했던 "민족대표" 해방 뒤 구체적인 독립국가 수립을 위한 계획으로 몇몇 당위적인 주장일 수는 있지만 실천적인 구체성에는 아쉬움을 던져 주었다. 이는 곧 그만큼 달라진 세상과의 간격을 의미한다. 이들 대부분은 조국의 독립을 위해 고투의 역경을 거친 노장이었기에 실제 연령도 거의 60대 말에서 70대로 접어들고 있었다. 젊은 후계 세대가 이어지지 못하는 현실은 국내 세력과의 연계에서도 어려움으로 나타났다. 여기에다 더 심각한 사정은 귀국한 임정요인들도 각기 자신의 정치적 지향과 연고에 따른 이합집산으로 그 영향력에도 어려움을 던져 주었다. 결국 "임정=김구"라는 성격으로 변모함으로써 그만큼 영향력도 감소되고 말았다.

1945년 11월 23일 대한민국임시정부에서 환국 제1진으로 김구, 김규식 등이 김포 비행장으로 귀국했다. 임정 요인의 귀국을 맞아 11월 26일에는 이승만이 "국민의 총 단결로 임시정부를 적극 지지하자."고 국민에게 호소했다. 이 과정에서도 이승만과 임정은 12월 27일 모스크바 삼상회의에서 "조선에서 향후 5년간 신탁통치"를 결정하자 신탁통치를 반대하는 반탁운동에 앞장서서 활동했다.

1946년 봄부터는 좌파와 우파 사이에는 어떤 타협도 불가능하다는 것이 드러났으며, 정치 지도자에 대한 테러가 빈번해졌다. 특히 좌파는 전국 곳곳에서 우파 인사에 대한 살인 방화 등 무장투쟁을 일으켰다. 이런 형편인데도 그 당시 남한의 최고 지도자인 이승만, 김구, 김규식 등은 서로 정치적인 견해를 달리하고 있었다. 이승만은 남한 단독정부 수립만이 현실적으로 유일한 방안이라고 주장했으며, 김구는 반탁 자주 노선에 따라 남북한에 통일정부 수립을 강조했고, 김규식은 미군정의 좌우합작에 따른 남북한 임시정부 수립을 지지했다.

특히 이승만은 1946년 4월 26일부터 남한의 각지를 순방하면서 국민의 여론을 직접 듣고 의견을 나누었으며, 6월 3일에 전북 정읍에서 "무기 휴회된 미소공위가 재개될 기색도 보이지 않으며 통일정부를 고대하나 여의치 않으니 우리는 남방만이라도 임시정부 혹은 위원회 같은 것을 조직하여 38 이북에서 소련이 철퇴하도록 세계 공론에 호소하여야 될 것이니 여러분도 결심하여야 할 것이다."라는 남한 단정론을 주장하기에 이르렀다.

이승만은 계속해서 "해방이 되었을 때 대한민국 임시정부가 망명정부로 인정을 받고는 신생국가로 첫걸음을 내딛기를 기대했다. 그러나 미국과 소련의 한반도 점령정책은 사실상 38도선을 경계로 분단체제로 굳어지고 있다. 이제 이를 정면으로 맞설 수 있는 현실적인 방안은 남한에서 단정론 뿐"이라고 단언했다. 그리고 "2차 대전 종전 전후 소련은 그들이 점령한 동유럽 국가를 위성국으로 만들었던 점령 정책을 북조선에서도 그대로 시행할 것"이라고 예측했다. 그는 여기에 맞서는 길은 먼저 남한에서 자주 독립 국가를 건설하는 것이라고 주장했다. 이승만의 이러한 생각은 미국 국무성의 고위층의 견해와 일치했는데, 미 국무성 고위 인사들은 주한 미군정 당국자들과는 달리 남한 단정론에 관심을 기울이고 있었다. 그리고 이를 실천하는 방안으로 한반도 문제를 UN에서 논의하기로 했다. 미국의 이러한 의도로 1947년 11월 14일에는 유엔총회에서 "유엔 감시 하에 한반도에서 자유선거 실시"에 대한 결의가 이루어졌다.[212)] 이 결의에 따라 1948년 1월 8일 유엔한국임시위원단의 메논(Menon, K. P. S.) 단장 일행이 한국으로 왔다.

이 위원단은 1948년 1월 12일 서울 덕수궁에서 첫 회합을 가졌다. 그러나 1월 24일 소련군정 당국은 이 임시위원단의 북한 지역 출입을 거부함으로써 북한 지역에서 임무 수행은 불가능했다. 국제연합 소총회는 이 사실을 보고받고 그해 2월 26일 "위원단은 한국 내 활동 가능한 지역에서 선거를 실시"하기로 결의했으며, 이에 따라 남한 지역에서만 총선거가 실시될 수 있었다.

UN총회에서 한국에서 총선거를 실시하기로 한 결정은 남한 정계에도 큰 파문을 던졌다. 이승만의 대한독립촉성국민회는 이를 적극 환영했으며, 김구의 한독당 계열은 이 결정은 민족분단을 고착시킬 것이라면서 적극 반대했고 김규식도 이를 반대했다. 박헌영의 남조선노동당(남로당)은 미군정에 의해 불법화되었는데, 이들 공산주의자들은 북한의 김일성이 주장하는 "선 외국군 철수, 후 통일정부 수립"에 따라 적극적으로 반대 투쟁을 전개했다.

특히 이 시기에 남한에서는 이승만, 김구, 김규식이 서로 다른 관

212) 미국은 1947년 9월 17일 국제연합 총회 제2일에 마샬(Marshall, G. C.) 국무장관을 통하여 한국 문제를 정식 의제로 상정, UN총회 제1차(정치)위원회에 한국 문제를 심의하게 되었다. 여기에서 미국은 1948년 3월 31일 이전에 유엔한국임시위원단 감시하에 남북한 총선거의 실시를 주장했지만 소련 측은 1948년 초까지 먼저 한국에서의 외국군 동시 철수를 주장, 날카롭게 대립하였다. 1947년 11월 14일 총회 본회의에서 미국의 제안을 43:0, (기권 6)으로 채택함으로써 한국의 총선거 감시를 위하여 유엔한국임시위원단은 오스트레일리아, 캐나다, 중화민국, 엘살바도르, 프랑스, 인도, 필리핀, 시리아, 우크라이나 등 9개국으로 구성되었으나, 우크라이나는 불참했다.

점에 따라 활동했는데, 김구와 김규식은 이승만의 단정노선에 반대하면서 1948년 2월 16일 남북한 총선거와 통일정부 수립을 위한 남북한 정치지도자 회의를 김일성과 김두봉에게 제의했다. 특히 김구는 UN 임시위원단에서 남북한에서 미·소 주둔군의 동시 철수, 남북한 정치지도자 협의, 남북협상 이후 총선거 실시를 주장했다. 이 주장에 따라 김구, 김규식, 조소앙, 조완구 등은 민족자결주의 원칙을 주장하면서 북한 공산주의자와 평화 협상으로 통일정부 수립을 기대했으며, 1948년 4월 19일부터 28일까지 평양의 전조선정당사회단체대표자 연석회의에 참석했다. 그러나 이 회의는 북한 공산주의자들이 남한의 단독선거와 단독정부 수립을 반대하기 위한 선동적인 모임이었다. 그 때문에 여기에 참석한 김구, 김규식은 아무런 성과도 없이 5월 5일 서울로 돌아와야 했다.

이 일은 한국 민족운동사의 암울한 분위기를 안겨 주었다. 그 이전까지만 해도 한국 민족운동의 주류는 김구의 임정이었다. 그 임정이 해방정국의 정치를 주도할 수 없는 위기로 내몰렸다. 2차 세계대전의 전승국가인 미국과 소련은 임정을 "하나의 항일 단체"로만 여겼다. 임정이야말로 이역만리에서 조국의 국권을 되찾기 위해 간단없는 투쟁으로 민족의 자존감을 고양시켰던 독립 운동의 최대 조직체였다. 이런 사실을 전제한다면 미군정이 보여준 임정요인의 귀국과 그들에 대한 처우는 한국 민족운동에 대한 올바른 대우와는 거리가 먼 행동이었다.

해방을 맞은 뒤 임정의 귀국은 곧 조선에 대한 임정의 통치권 장악으로 이어져야 했다. 이를 위해 임정은 (1) 해방정국에서 한국 민족이 가야 할 노선을 분명하게 밝혀야 했다. (2) 새 시대, 새 나라를 이룩하기 위해 국가건설의 구체적이고도 체계적인 실천 구도도 제시해야 했다. 다시 말하면 시대에 적실성을 지닌 그리고 주체적인 국가체제 수립안을 마련했어야 했다. (3) 전 국민적인 지지와 성원을 바탕으로 유능한 인사들을 공정하게 선발해서 새 국가 건설에 합당한 직책을 맡겨야 했다. 비록 좌우파로 분열되었지만 그것을 뛰어넘어 적재적소에 유의한 인재를 추대해서 활동할 수 있어야 했다. (4) 유능한 청장년을 "민족투쟁-독립국가"를 위해서 앞장서서 일할 전위대로 나서게 해야 했다. 이는 임정의 당위적인 목표였고 한국 민족주의의 정당한 지향이었으며 공산주의와 자본주의의 갈등을 극복할 수 있는 민족주의의 합당한 선택이었다.

그러나 불행하게도 주한 미군정 당국자들은 임정을 그 시대 한국에 존재하는 하나의 정파로 여겼다. 심지어 임정의 민족투쟁을 과거사로 치부하면서 공산주의의 팽창과 그 시도에 더 큰 관심을 기울였다. 결국 미군정은 한국인들에게 남북한의 분단도 국제정치의 현실 상황으로 받아들이게 했다. 특히 민족운동의 전위대로 앞장서야 했던 한국의 청년 조직체들도 좌우파의 선발대로 활동했기 때문에 이들은 임정의 민족운동이나 민족주의도 지난날의 이야기로 여겼을 뿐이다.[213)]

213) 당시 청년 조직체들은 대부분의 경우 특정 정치가를 위한 지지 세력으로 활동했다. 즉 대한독립촉성국민회 산하로 유진산柳珍山이 회장인 청년조선총동맹, 문봉제文鳳濟가 위원장인 서북청년회, 지청천池靑天이 단장인 대동청년단, 전진한錢鎭漢이 의장인 대한독립노동총연맹, 이범석李範奭이 단장인 조선민족청년단, 민족통일총본부 등의 단체가 모였으며, 이들 조직체의 대부분은 민족투쟁보다는 이승만의 집권을 위해서 앞장서서 활동했다. 이 문제는 다음 책을 참고할 것. 柳珍山 (1972)《해뜨는 地平線; 柳珍山 政界回顧錄》한얼문고.

3) 남북한의 분단체제

마침내 미군정은 1948년 3월 17일「국회의원선거법」을 공포했으며, 3월 20일부터 4월 9일까지 유권자의 등록기간에는 총 유권자 813만 2517인 가운데 96.4%인 784만 871인을 선거인 명부에 등재했다.[214) 5.10 총선거의 선출하기로 한 300명의 의원 가운데 북한에서 선출하게 될 의원 100명을 제외하고 200명의 의원을 선출하기로 했다. 그러나 제주도는 4.3 사건으로 선거를 실시할 수 없었기에 198명의 의원만 선출했다. 총 입후보자 948명 가운데 당선자의 의석 분포는 무소속 85명(42.5%), 대한독립촉성국민회 55명(27.5%), 한국민주당 29명(14.4%), 대동청년단 12명(6%), 조선민족청년단 6명(3%), 대한독립촉성농민총연맹 2명, 대한노동총연맹 1명, 교육협회 1명, 기타 1명이었다. 제헌국회의원의 임기는 2년으로, 1948년 5월 31일에 개원했으며, 초대 의장으로는 이승만을 부의장으로는 신익희와 김동원을 선출했다. 이날 오후의 개원식에서 의장 이승만은 다음과 같은 개회 식사를 발표했다.

"우리가 오늘 우리 민국 제1차 국회를 열기 위하여 모인 것입니다. 우리가 오늘이 있게 된데 대하여 첫째로 하나님의 은혜와 둘째로는 우

214) 국회의원 선거권은 만 21세 이상의 국민에게 부여했으며, 피선거권은 만 25세 이상으로 규정했다. 그러나 일본정부로부터 작위爵位를 받았거나 일본 제국의회 의원이었던 자에게는 피선거권이 없었다. 또 판임관判任官 이상이나, 경찰관, 헌병, 헌병보, 고등관 3등급 이상자, 고등경찰이었던 자, 훈勳 7등 이상을 받은 자, 중추원의 부의장, 고문, 참의 등에게도 피선거권이 없었다. 선거구제는 1선거구 1인 선출의 소선거구제도였다. 선거구는 부府, 군 및 서울시의 구區를 단위로, 인구 15만 미만은 1개구, 인구 15만~25만 미만은 2개구, 인구 25만~35만은 3개구, 인구 35만~45만의 부는 4개구로 하여 200개 선거구로 확정했다. 선거운동은 선거관계 공무원과 일반 공무원을 제외하고는 누구든지 자유롭게 할 수 있게 했다.

리 애국선열들의 희생적 혈전한 공적과, 셋째로는 우리 우방들 특히 미국과 유엔의 공의상 원조를 깊이 감사치 않을 수 없는 것입니다. 우리는 민족의 공선에 의하여 신성한 사명을 띠고 국회의원 자격으로 이에 모여 우리의 직무와 권위를 행할 것이니 먼저 헌법을 제정하고 대한독립민주정부를 재건설하려는 것입니다. 나는 이 국회를 대표하여 오늘에 대한민주국이 다시 탄생된 것과 따라서 이 국회가 우리나라에 유일한 민족대표기관임을 세계만방에 공포합니다."

이승만은 이어서 대한민국의 역사적인 과정을 1919년 "기미년 3월 1일 서울에서 13도 대표가 조직한 서울에서 수립된 민국임시정부의 계승"이라고 규정함으로써 상해에서 수립된 대한민국 임시정부에 대해서는 언급하지 않았다.[215)]

이 개회사에서 이승만은 이북에서 월남한 동포 450만 명이 이번 5.10 선거에 참여했으며 UN의 적극적인 지원으로 통일을 이룩하게 될 것이라고 자신했다. 이어 "우리 민족은 살아도 같이 살고 죽어도 같이 죽을 것"이라면서 우리의 영토는 일척 일촌도 남에게 양보하지 않을 것이라고 강조했다. 그는 연설의 중간 부분에서는 이번 국회의 최대 목적은 "민주주의를 토대로 한 헌법의 제정"이며 이 헌법에 따라 정부 수립과 국방군을 조직하여 안녕 질서와 강토를 보장할 것이며 민생을 위한 확고한 경제 정책과 토지개혁, 개인의 평등권 보장, 언론 출판 집회 결사의 자유 보장을 천명했다. 끝으로 "일반 국회의원들은 긍긍율율兢兢律律하는 성심성력과 애민애족의 순결한 지조로 기미년

215) 대한민국헌법 전문의 첫 구절에 명기한 다음의 내용, "유구한 역사와 전통에 빛나는 우리 대한국민은 3·1운동으로 건립된 대한민국임시정부의 법통과……"는 사실상 다른 의미를 갖고 있음을 알 수 있다. 그러면서도 상해 임정이 한성정부를 비롯한 여타 임시정부의 통합체였다는 점에서 이렇게 표현 한 것으로 여길 수도 있다.

국민대회 의원들의 결사 혈투한 정신을 본받아 최후 일인 최후 일각까지 분투하여 나갈 것을 우리가 하나님과 3천만 동포 앞에서 일심 맹약합시다."라고 끝맺었다.

이렇게 시작된 제헌국회에서는 국회법기초위원회에서 마련한 국회법을 통과시켰고 이어 1948년 6월 1일 헌법기초위원회를 구성하여 서상일을 위원장으로 선출했으며, 전문위원으로는 헌법학자로 보성전문 교수 유진오俞鎮午, 동경대 출신으로 일제의 고등고시高等考試에 합격한 변호사 고병국高秉國, 동경제대 출신으로 총독부 서기관을 역임한 임문환任文桓, 일본 중앙대 출신의 변호사 권승열權承烈, 일본 메이지대 출신의 변호사 한근조韓根祖를 비롯하여 노진설盧鎮卨, 노용호盧龍浩, 차윤홍車潤弘, 김용근金龍根, 윤길중尹吉重 등을 선임했다. 헌법 초안은 사전에 유진오가 마련한 양원제 국회, 의원내각제 정부 형태를 이승만의 주장에 따라 단원제와 대통령 중심제로 수정하여 1948년 7월 12일 국회에서 만장일치로 통과시켰으며 7월 17일에 이를 공포했다. 이 헌법에 따라 국회는 7월 20일에 대통령 선거를 실시하여 이승만을 당선시켰고 부통령으로는 이시영을 선출했다.[216)]

이어 1948년 7월24일 초대 정부통령 취임식을 중앙청 광장에서 거행했는데 이날 이승만 대통령은 다음과 같은 취임사를 발표했다.

"……우리가 정부를 조직하는데 제일 중대히 주의할 바는 두 가지입니다. 첫째는 일 할 수 있는 기관을 만들 것입니다. 둘째로는 이 기관

216) 헌법절차에 따라 국회는 7월 20일 신익희 부의장의 사회로 무기명 비밀투표로 대통령 선거를 실시했으며 그 결과는 다음과 같다. 이승만 180표, 김구 13표, 안재홍 2표, 무효 1표였다. 부통령으로는 이승만의 지원을 받았던 이시영이 당선되었는데 그 투표는 1차에서는 이시영 113표, 김구 62표, 조만식 11표, 오세창 5표, 장택상 3표, 서상일 1표로 결정득표미달로 2차 투표를 실시했으며 그 결과는 이시영 133표, 김구 62표, 이구수李龜洙 1표, 무효 1표였다.

이 견고해져서 흔들리지 않게 해야 될 것입니다. ……대외적으로 말하면 우리는 세계 모든 나라와 다 친선해서 평화를 증진하며 외교 통상에 균평한 이익을 같이 누리기를 절대 도모할 것입니다. ……부패한 백성으로 신성한 국가를 이룩하지 못하나니 이런 민족이 날로 새로운 정신과 새로운 행동으로 구습을 버리고 새 길을 찾아서 날로 분발 전진하여야 지나간 40년 동안 잃어버린 세월을 다시 회복해서 세계 문명국에 경쟁할 것이니 나의 사랑하는 3천만남여는 이날부터 더욱 분투용진해서 날로 새로운 백성을 이룸으로써 새로운 국가를 만년반석 위에 세우기로 결심합니다."

이승만은 초대 국무총리로 조민당朝民黨 부위원장 이윤영李允榮을 지명했으나 국회의 인준을 받지 못했으며 다시 이범석李範奭을 지명하여 8월 2일 국회에서 동의를 받았다. 각부 장관으로는 내무 윤치영尹致暎, 외무 장택상張澤相, 국방 이범석, 재무 김도연, 법무 이인, 문교 안호상安浩相, 농림 조봉암曺奉岩, 상공 임영신任永信, 사회 전진한, 보건 구영숙具永淑, 교통 민희석閔熙錫, 무임소 이윤영, 무임소 지청천을 임명했다. 처장으로는 총무처장 김병연金炳淵, 공보처장 김동성金東成, 법제처장 유진오, 기획처장 이순택李順澤, 심계원장 명제세明濟世, 고시위원장 배은희裵恩希, 감찰위원장 정인보鄭寅普를 선임했다.

초대 각료 가운데 반일 민족투쟁의 애국투사로서 국민적인 지지를 받았던 인사로는 총리로 선임된 이범석으로, 그는 청산리대첩에 참전하여 전공을 세웠으며 북로군정서에서 교관으로 활동했다. 장관 가운데 연령이 높았던 재무장관 김도연은 58세로 아메리칸 대학교에서 경제학 박사를 받았으며 귀국 후 연희전문학교에서 가르쳤다. 초대 각료 가운데 특이한 인물로는 윤치영, 임영신 그리고 장택상을 들 수 있다. 윤치영은 조선왕조 후기 이후 최상층 권문세가의 후예로 이승만 대통령의 비서 역할을 수행했다. 임영신은 유일한 여성 각료로 전북 금산 출신으로 남캘리포니아 대학에서 수학했으며 YWCA에서 활동했다. 법무장관 이인은 대구 출신으로 일본 메이지대학 법과를 마치고 일제 통치기에 애국지사나 독립운동가의 변호사로 활동했다. 문교부 장관 안호상은 의령 출신이며 독일의 예나대학에서 박사학위를 받은 뒤 보성전문학교 교수로 근무했다. 사회부장관 전진한은 와세다대학에서 수학했으며 협동조합운동에 활동하는 등 좌파와는 별개의 농촌 사회운동을 추구했다. 초대 각료 가운데 특이한 존재는 농림부장관 조봉암이었다. 그는 강화 출신으로 일본 주오대학에서 수학했으며 조선공산당에 깊이 관여했고 해방 이후 조선공산당 박헌영의 지도 노선과 대립으로 공산당에서 벗어났다.

이렇게 시작된 대한민국 정부의 출범은 그 기본 지향을 이승만 대통령의 취임사에서 찾아볼 수 있는데 두 가지로 요약할 수 있다. 하나로 새 정부는 "일할 수 있는 기관"이 될 것이며 둘째로 "세계 평화와 외교 통상"에 힘을 쏟겠다고 밝혔다. 이 취임사는 지난날의 역사적 아픔을 넘어 새 시대로의 국가적 비약을 밝히는 데 중점을 두고 있었다. 그러나 그 시대 온 민족이 염원했던 것과는 얼마간의 차이를 보여주었다. 그 당시 국민의 열망은 나눠진 민족분단을 우선적으로 극복하고 일제 36년의 식민지 통치에 대한 일본의 사죄를 받는 것이며 나아가 민족사회의 미래 구도를 알고 싶어 했다. 그러나 이승만 대통령의 취임사는 민족적인 차원에서는 별다른 공약을 내놓지 않았다. 어느 면에서는 민족주의는 뒤로 밀렸다는 느낌이 들게 했다. 특히 초대 각료의 인선에서 일제식민 통치기에 총독부의 고위 관료도 포함되었으며, 친일적인 논설을 발표했던 인사들도 등용되었다.

그 당시 시급한 과제는 남한 내 암약 준동하는 남로당 파르티잔의 살인 파괴 등을 막는 일이었다. 이런 일을 위해 경찰 정보기관에서 치안 유지 활동은 자연히 이전 조선총독부 통치기에 경찰 등 정보기관에서 활동했던 친일 경찰을 기용했는데, 그 대표적인 사례가 노덕술盧德述이다.

그러나 제헌의회에서는 친일파 문제를 척결하기 위해 1948년 9월 22일 반민족행위처벌법을 제정했으며 반민족행위특별조사위원회 조사위원으로는 김상돈(金相敦, 서울), 조중현(趙重顯, 경기), 박우경(朴愚京, 충북), 김명동(金明東, 충남), 오기열(吳基烈, 전북), 김준연(金俊淵, 전남), 김상덕(金尙德, 경북), 김효석(金孝錫, 경남), 이종순(李鍾淳, 강원), 김경배(金庚培, 황해·제주)를 선출했고 김상덕과 김상돈을 위원장과 부위원장으로 선임했다. 반민특위는 1949년 1월 8일 박흥식朴興植, 이종형李鍾榮, 방의석方義錫, 김태석金泰錫, 이광수李光洙, 최린崔麟, 최남선崔南善 등을 구속했다. 서울시경찰국 사찰과장 최운하崔雲霞도 체포했다.

이승만 대통령은 반민특위의 활동을 비판했으며, 내무부 차관 장경근張璟根은 1949년 6월 6일 경찰을 동원하여 반민특위 사무실을 습격하여 특경대 대원을 체포했다. 여기에 더하여 반민특위를 주도했던 소장파 국회의원들이 국회프락치사건으로 체포되자 반민특위의 활동도 크게 위축되었다. 국회에서는 반민특위의 활동이 사회 불안을 조성한다면서 공소시효를 1949년 8월 말까지로 단축하는 반민족행위처벌법 개정안의 가결로 사실상 반민특위는 종결되고 말았다.

이와 동시에 이승만 대통령은 신생국가 대한민국의 정초를 다지기 위한 시급한 과제도 해결해야 했다. 이들 과제 가운데는 이승만 대통령 재임 중에 행한 중요한 업적으로 다음 몇 가지를 적을 수 있다.

(1) 자유 민주주의와 시장경제에 기반을 둔 대한민국의 이념 지향
(2) 1949년에 실시된 경자유전耕者有田의 원칙에 입각한 농지개혁의 실시
(3) 북한의 남침으로 발발된 한국전쟁에서 미군을 비롯한 유엔군 참전으로 국가의 보위
(4) 국민학교의 의무교육의 실시
(5) 한글 전용 실시
(6) 일본 어선의 어로행위를 막은 평화선 획정
(7) 한국전쟁에서 반공포로 석방
(8) 경제발전을 위한 최초의 경제개발 3개년 계획의 확정
(9) 산림녹화를 위한 식목일 제정
(10) 한미상호방위조약의 체결 등을 들 수 있다.

대한민국 정부수립의 초기 단계에서 행해졌던 이러한 조치와 정책으로 국민적인 지지도 확보할 수 있었다. 한국전쟁이 종결된 1953년 이후 전쟁으로 폐허가 된 전국의 경제 사회 문화 등을 새롭게 창조하다시피 재건했으며 그 과정에 미국의 지속적인 경제원조도 크게 기여했다. 그러나 이승만 장기 집권과 이기붕 등 자유당 지도부의 파당적 통치와 여기에 따른 부패로 이승만에 대한 야당인 민국당, 뒤를 이은 민주당의 비판적 공세로 결국 4.19를 맞게 되었다.

한편 북한에서는 해방을 맞아 민족주의 계열의 조만식曺晩植을 위원장으로 한 평남 건국준비위원회를 결성했으나, 북한에 진주한 소련군정은 민족주의 계열의 인사들을 모두 제거했다. 소련군과 함께 북

한으로 들어온 조선인 공산주의자들은 소련의 지원으로 1947년 2월 17일 북조선인민위원회를 조직했으며, 1947년 11월 18일 제3차 헌법 초안 작성회의에서 "조선민주국가의 헌법을 제정하기 위해" 김두봉을 위원장으로 한 조선임시헌법제정위원회를 조직했다. 그리고 그 산하에 법전초안작성위원회를 설치했으며 1948년 2월 6일에 북한 헌법을 기초했다. 이 헌법안을 중심으로 동원된 군중의 지지 발언과 찬성 토의를 거쳐 그해 4월 28일부터 인민회의특별회의에서 축조 심의했다. 1948년 7월 9일 인민회의에서는 공산 정권의 수립을 목표로 "전 조선이 통일될 때까지 북한에서 이 헌법을 실시"하기로 결정했다. 같은 해 8월 25일 최고인민회의 본 회의에서 1948년 9월 8일 이를 채택 공포했다. 그리고 9월 9일에는 조선민주주의인민공화국 수립을 선포했으며 그 초기의 인적 구성은 대체로 갑산파의 김일성계, 남로당파 박헌영계, 연안파 김두봉계, 소련파 등으로 공산주의 정권을 수립했다.[217)]

1948년 8월부터 9월 사이에 한반도의 남과 북에서 각기 대결적인 분단체제가 등장함으로써 한국 민족주의는 분열의 파국으로 치달리게 되었다. 북한에서 공산당의 통치체제는 "노동자 농민의 계급혁명"을 주창하면서 군중 동원의 선동적인 공산주의 통치를 굳히고 있었다. 본래 민족주의는 외세 배격과 자주 독립을 추구하기 때문에 민족주의와 소비에트 공산주의는 서로 이질적인데도 북한에서는 이를 합일적인 것처럼 주창했다. 민족주의는 계급을 넘어 민족의 단결과 발전에 기본적인 의미를 두고 있다. 이 시기에 한반도에서는 어느 때보다도

217) 북한에서는 내각 수상 김일성, 부수상 겸 외무상 박헌영, 부수상 홍명희, 부수상 겸 산업상 박헌영, 국가기획위원장 정준택鄭俊澤, 민족보위상 최용건崔庸健, 국가검열상(국방상) 김원봉金元鳳, 내상內相 박일우朴一禹, 농림상 박문규朴文奎, 상상商相 장시우張時雨, 교통상 주영하朱寧河, 재정상 최창익崔昌益, 교육상 백남운, 체신상 김정주金廷柱, 사법상 이승엽李承燁, 문화선전상 허정숙許貞淑, 노동상 허성택許成澤, 보건상 이병남李炳南, 도시경영상 이용李鏞, 무임소상 이극로를 임명했다.

민족주의적 지향이 절실했지만 남과 북은 서로를 적대 세력으로 배격했다. 심지어 북한은 군사적 남침이라는 반민족적인 참화慘禍까지 일으키고 한국 민족주의를 또 다른 위기로 몰아넣고 있었다.

2. 민족주의의 이념적 혼돈

미국과 소련은 1948년 8월과 9월에 그들이 점령했던 한반도를 분단국가로 만들어버렸기 때문에 한반도에서 민족주의는 점점 더 뒤로 밀려났다. 분단국가는 그 종주국인 미국과 소련의 지배 이데올로기를 그대로 수용해야 했다. 더욱이 그 시대는 소련의 공산주의가 "프롤레타리아 계급혁명"을 기치로 세계의 전 영역으로 침투했으며, 여기에 맞서 미국의 부르주아 민주주의도 "자유와 발전의 시민사회"를 주창했던 동서東西 냉전기였다. 이러한 시대의 최첨단 지역에 한반도의 남북이 놓여 있었다. "해방된 민족"이면서도 현실 정치에서 민족주의는 별다른 영향력을 행사할 수 없었다. 그렇게 된 이유로는 다음 몇 가지를 들 수 있다. 첫째, 그 시대 다수의 한국인들은 민족주의의 의미를 지난날 민족의 역사에서 찾으려 했다. 둘째, 민족주의는 현실적으로 요청되는 이데올로기적인 주장이나 정책을 제시하지 못했다. 셋째로 민족주의는 공산주의나 민주주의와는 비교할 수 없을 정도로 논리적으로나 현실적으로 설득력이 약했다.

민족주의는 그것을 기반으로 그 위에 다른 이데올로기의 정책을 펼치는 것이 일반적인 현상인데도 한국에서는 이와는 달랐다. 이 시기 한국의 민족주의는 기반 이데올로기로 민족이 나아가야 할 기본적인 방향도 제시하지 못했다. 왜 이렇게 되었을까? 민족주의가 더없이 절실했던 일제 강점기와 해방 뒤 시점에서 "이념과 정책의 빈곤" 상태로 떨어지게 되었을까? 실제로 그 시대 한국의 민족주의는 정치적인 구호나 주장만 있었고, 파벌을 만들어 상대방을 공박하느라 정작 민족주의의 이념화나 정책적 논의에는 소홀했다. 이들 문제를 살펴보기 위해서 여기서는 해방 전후의 시기에 국내 좌우파의 대표적인 이론가들의 민족주의에 대한 논리를 살펴보기로 하자.

1) 손진태의 신민족주의론

일제 강점기에 한국의 민족주의는 주로 우파 지식인들의 주장이 대부분이었다. 좌파 지식인들은 공산주의의 관점에서 민족주의를 비판, 배격했다. 그러나 우파는 민족의 힘으로 해방을 쟁취하고 민족국가를 이룩하려는 논지를 주장하기도 했다. 이들 가운데 어떤 이들은 민족주의를 독립운동의 투쟁 이념으로 주장했으며, 또 어떤 이들은 민족갱생의 정신 운동으로 활용하기도 했다. 이들에게 해방은 민족의 독립이요, 민족국가의 수립이며, 민족주의 정치를 펼치는 것으로 생각하고 있었다. 그러므로 민주주의나 공산주의는 다른 나라의 이념이며 한국의 민족사회와는 무관하다고 생각했다.

1945년 남북한을 점령한 미국과 소련은 각기 그들의 이데올로기에 따라 국가체제를 수립했는데, 이는 결과적으로 한국 민족주의에 대한 배격이었다. 다른 나라에서는 강대국이 국토를 점령해서 위성 국가를 수립하면 그 민족은 여기에 맞서 일대 투쟁을 펼치고 끝내 독립적인 민족국가를 이룩했었다. 그러나 북한에서는 소련의 지원을 받은 공산주의자들이 정권을 장악하고자 민족주의자들을 철저하게 억압했기 때문에 북한의 민족주의자들은 대다수 월남할 수밖에 없었다. 북한의 공산주의자들은 자신들 이외의 다른 세력을 억압했으면서도 남한의 민족세력이나 중도 인사들을 회유하기 위해 민족주의에 따른 연합과 연대를 제안하기도 했다.

남한의 민족주의자들은 민족주의의 역사적 의미를 현실에서도 이어가려 했으며 미군정과 대한민국의 수립과정에도 참여했다. 이러한 흐름 속에 남한의 민족주의는 몇 갈래로 나뉘졌다. 첫째는 한국민주당 계열의 정치활동인데, 이들은 일제 강점기의 문화주의적인 민족주의를 이어갔으며 소비에트 공산주의의 프롤레타리아 계급혁명론에는 적극적으로 반대했다. 둘째로는 대한민국임시정부의 민족주의, 즉 삼균주의로, 해방 이후 국내의 지지기반을 확보할 수 없었기 때문에 실천에 어려움을 겪게 되었다. 셋째로는 국내의 정치 상황을 전제로 민족주의를 논의했던 안재홍의 신민족주의를 들 수 있다. 안재홍의 신민족주의는 민족주의와 민주주의를 결합시킨 통합적인 이념을 한국사에서 설명했다. 이것에 대해서는 이미 앞에서 다루었기에 여기서는 생략하기로 한다. 넷째로는 한국의 민족주의를 대한민국의 역사적 관점에서 그 정당성과 효율성을 논의했다. 여기에 해당되는 것으로는 안호상의 일민주의와 손진태孫晉泰의 문화 민족주의론을 지적할 수 있다. 안호상의 일민주의는 이미 이 책의 제1부에서 논의했기에 여기

서는 손진태의 문화 민족주의론(신민족주의)을 살펴보기로 한다.[218]

1948년 대한민국은 그 시작에서부터 국가 체제로써 정당성과 지향 가치를 명시해야 했는데, 이들 과제에 대해 집권세력은 안호상의 일민주의로 대응했다. 일민주의는 권력을 점유했던 지배 세력이 국민의 지지를 확보하기 위한 국민정신의 동원 논리였다. 그 논리의 큰 줄기는"일민주의=단일 민족=단일 국가=대한민국"이라는 주장으로 지배 이데올로기의 성격을 갖고 있었다. 이와는 달리 새 국가의 건설과 민족의 발전적 지향을 역사-문화적인 관점에서 한국민족사의 전개와 그 발전 논리를 찾아서 이를 널리 제시한 것이 손진태의 문화 민족주의 또는 신민족주의론이다.[219]

---

218) 1948년의 대한민국은 국민통합과 정치적 위기 극복의 시급한 과제에 직면하고 있었다. 그러나 현실 정치에서는 권력과 직위 점유를 중심으로 정치세력 사이에 정치 갈등이 빚어지고 있었다. 가령 한국사회의 전통적 지배세력인 한국민주당의 정권 장악과 각 지방 유지들의 개인적인 정치 욕망, 그리고 노동자 농민들의 사회개혁의 열망 등이 일시에 터져 나왔다. 그런가 하면 북한 공산주의자들은 남북협상을 내걸면서도 실제로는 친소 공산정권의 체제화를 공고하게 다지면서 그들이 곧 민족적 주체세력이라고 선전했다. 그때까지도 이들은 남한 각지에 파르티잔의 무장 투쟁을 전개하고 있었다. 이처럼 북한은 민족 또는 민족주의를 내걸고는 북한정권만이 민족사의 정통성을 가졌다고 선전했다.

219) 손진태孫晉泰는 1900년 12월 28일 경상남도 동래군 사하면 하단리에서 태어났다. 5살 어린 나이에 어머니를 잃고, 양산군 좌이면 남창리南倉里로 이사하여 12살 때까지 살았다. 그는 구포 구명학교(현 구포초등학교)를 졸업한 뒤 서울 중동학교를 거쳐 1924년에 와세다 제1고등학원과 와세다 대학 사학과에서 1920~1930년대까지 인류학과 민속학을 공부했다. 1930년 일본의 동양문고에 사서로 참여 연구했으며 1932년에는 이마무라 도모(今村鞆), 송석하宋錫夏, 정인섭鄭寅燮 등과 조선민속학회를 조직, 《조선민속朝鮮民俗》을 발간했다. 1934년에는 연희전문학교에서 강의했으며, 같은 해 9월부터 보성전문학교의 도서관 사서로 근무하면서 문명사 강의도 맡았다. 1946년 서울대학교 사학과 교수로 옮겼으며, 1948년 대한민국 정부 수립 직후 문화교육부 편수 국장, 문교부 차관과 서울대학교 사범대학장, 문과대학장을 역임했다. 한국전쟁으로 납북되었으며 1960년대 중반에 사망한 것으로 알려졌다. 그는 학문연구에 깊이 천착했던 학자로 그의 서책은 명문장으로 기술되고 있다. 그런 그가 북한에서는 아무런 저작도 하지 못했음은 그 자신의 비운이지만 한국 민족주의 연구에서 더할 수 없는 아쉬움이다. 주요 저서로는 《조선고가요집》(1929), 《조선민담집》(1930), 《조선민족설화의 연구》(1947) 등

손진태의 신민족주의는 그가 일본에서 1930년대 후반까지 연구했던 역사학 연구와 민속학을 토대로 이룩한 것으로 신민족주의의 관점에서 한국 역사를 체계적으로 인식하고 있다. 그도 달라진 시대의 새로운 논리라는 의미로 신민족주의, 신민주주의라는 표현을 사용했지만, 여기에는 그만의 역사 문화주의적인 통찰력이 담겨있다. 일반적으로 민족주의는 민족을 지키기 위해 적대 세력과 투쟁하면서 자기 민족의 우수한 전통과 특수성을 지키는 데 치중하게 된다. 그러나 손진태는 해방의 시점에서 한국의 민족주의는 이러한 관점 그 이상의 새로운 지향, 즉 다른 민족과의 적대적 경쟁이나 대립을 넘어 함께 공존, 협조함으로써 평화와 발전을 이룩해야 한다고 주장했다. 그러면서 공존과 평화를 우선적으로 추구하는 민족주의를 신민족주의라고 이름 붙였다. 어느 면에서는 신민족주의는 민족주의의 세계주의로의 전환이고 역사적 전통주의에서 민주주의로의 방향 선회였다. 이를 위해서는 먼저 자기 역사와 문화에 대한 비판이 선행되어야 한다면서 그는 다음과 같이 견해를 밝혔다.

"……민족도 잘한 것을 지키고 잘못한 것을 뉘우쳐 고쳐야만 위대한 민족이 될 수 있는 것이니 그 때문에 나는 역사의 사실을 잘 되고 잘못된 것을 그대로 솔직하게 비판하였다. 더욱이 민족의 생활은 다른 나라와 지중한 관계가 있는 것이므로 이 점에 특히 주의하였다. ……우리는 우리가 지내 온 역사를 거울삼아 우리 민족의 처지를 바르게 똑똑하게 알아 다시는 앞날의 실패를 되풀이하지 않게 하여야 할 것이다. ……또

과 한국 민족사에 대한 저서로는 《우리 민족이 걸어온 길》(1948), 《조선 민족사 개론》(1948), 《국사 대요》(1949) 등을 들 수 있다. 그의 생애에 대해서는 다음 글을 참고할 것. 최광식 (2003) 〈손진태의 생애와 학문 활동–새로운 자료를 중심으로–〉 《남창 손진태의 역사민속학 연구》 민속원. 참고.

나는 우리가 민족으로서 뭉치면 살 것이요, 계급으로 쪼개져서 싸우면 망할 것을 밝히었으며 빼앗는 계급과 빼앗기는 계급이 있으면 민족이 쪼개어질 것이요, 그런 계급이 없고 민족이 고르게 살면 저절로 뭉쳐질 것을 또한 밝혔으리라 생각한다.[220]

이 시기에 신민족주의론을 주장한 인물은 손진태 이외에도 여럿이 있었는데 우파에서는 안재홍이, 좌파에서는 백남운이 대표적이었다. 이들의 논지는 서로 달랐지만 겉으로는 신민족주의를 주장했다. 안재홍은 민족사의 관점에서 한국의 전통적 가치를 현실화해야 한다고 주장했으며 여기에 덧붙여 자유주의적 관점에서 의회주의야말로 신민족주의의 기본적인 성격이라고 강조했다. 그러나 이와는 달리 백남운은 유물론자답게 신민족주의는 공산주의로 가는 길목이며 인민 민주주의의 성격을 함유하고 있다고 주장했다. 그는 민족주의와 공산주의는 일체화될 수 있다고 말했지만 실제로는 민족주의는 공산주의를 위한 수단이며 도구로 여겼기 때문에 사실상 그는 공산주의자이지 민족주의자일 수는 없었다.

손진태의 신민족주의는 한국민족사의 재창조적인 논리로 잘못된 역사에서 벗어나 민족다운 민족을 이룩하려는 정치논리라고 규정했다. 손진태의 민족 또는 민족주의는 역사 문화적인 인식에서 비롯되었는데, 그의 한국역사는 그 시대 대다수 국사학자들의 접근과는 달랐다. 그는 이들 국사학자들이 지난날 왕실 중심의 역사나 귀족의 지배체제와 같은 국수주의적인 성격을 보여주었는데, 특히 좌익의 조선역사에 대한 논리는 마르크스주의 역사 발전의 단계론에 매몰된 것이

220) 손진태 (1948) 〈우리 민족의 걸어 온 길〉, 김정인 책임 편집 (2008) 《우리 민족의 걸어온 길》 범우 pp. 63~64.

라면서 "조선사는 조선 왕실사나 귀족사가 아니오, 조선 민족이 하나의 민족으로 영위했던 생활사"라면서 아래와 같이 주장하고 있다.

> "종래의 우리 역사가 온전히 왕실 중심, 귀족 중심으로 성장하여 왔던 만큼, 역사학이란 것이 또한 봉건적, 귀족적이었다는 것은 면하기 어려운 사상事象이었다. ……대부분의 역사는 셀 수 없이 많은 귀족의 이름과 그들의 생활기사로 충만하였고, 민중의 생활이나 민족의 생장 발달에 대해서는 아주 적은 관심밖에 보이지 않았다. 이것은 그때의 국가나 정치가 온전히 귀족지배국가, 귀족정치였던 까닭이며 우리는 누천년 동안을 이러한 사상과 생활에 침지沈漬되어 왔던 것이다. 지금 우리는 이러한 침지, 마취 상태에서 '우리 자신'을 냉정하게 또 가장 진정하게 찾아내야 할 국면에 서게 된 것이다."[221]

위의 글에서는 그는 전통적인 역사 연구의 한계를 비판했다. 이 점에서는 마르크스주의 역사학도 마찬가지였다. 그는 백남운의 《조선사회경제사》와 《조선봉건사회경제사》에 "경의를 표한다."라고 말했지만 실제로는 백남운을 매섭게 비판했다. 가령 백남운은 피지배계급을 발견하는 데 지나치게 열중한 나머지 '민족'을 발견하는 데에는 극히 소홀했다고 지적했다. 그는 자신의 민족 관념을 밝히면서 민족은 노동자 농민과 같은 피지배계급만으로 구성된 것이 아니라 지배계급과 피지배계급의 합일체라고 주장했다. 특히 "조선 민족의 경우 유사 이래 동일한 혈족으로 동일한 지역에서 동일한 문화를 가지고 공동의 역사 생활을 영위해왔다."고 언급하면서 지배계급과 피지배계급이 모두

221) 최광식 엮음 (2012) 《남창 손진태 선생 유고집, 우리나라 역사와 민속》 지식산업사 pp. 89~90.

하나의 민족으로 함께 살아왔다는 것이다.[222] 그의 논리는 한 걸음 더 나아가 조선민족사는 조선의 역사에서 '우리의 발견', 곧 '민족의 발견'이라면서 그 구성을 다음과 같이 규정하고 있다.

첫째로 우리 민족은 세계에서 유례가 드문 순수 단일 민족이라는 사실을 강조하고 있다.

둘째 우리 민족은 삼국시대 이래 1500여 년을 귀족 지배정치의 잘못된 통치 아래 놓여 있었기 때문에 귀족적 정치 관념이 아직도 잔존하는데 이를 일소하고 민족정치, 민족국가를 바로 세우기 위해서는 잘못된 정치 관념과 국가 형태를 과학적으로 분석 비판해야 한다.

셋째로, 잘못된 귀족정치는 계급 간에 알력을 가져왔으며 민족의 발전을 저해했기 때문에 민족주의 역사학에서는 이를 밝히고 연구해야 한다. 귀족정치에서 특권층인 귀족은 어떻게 지배세력이 되었으며 어떻게 권력을 점유 행사했고 일반 민중은 그것에 맞서서 어떻게 투쟁했는가를 밝히기 위해서는 귀족 정치의 한계도 정확하게 인식해야 한다. 그러고는 장래에 우리가 이룩해야 할 민족국가는 무계급사회, 민족 평등사회이어야 한다는 점도 지적했다.[223]

넷째로 우리의 민족문화는 과거 귀족문화의 성격을 갖고 있지만 그것은 민중을 바탕으로 하고 있기 때문에 귀족 계급과 민중이 하나로 어울릴 수 있었으며 그렇게 되어야만 비로소 민족문화로 올라설 수 있다고 주장했다. 그 때문에 그는 귀족 편중적이거나 민중적인 것 가운데 어느 한 계급만의 것으로 귀착되는 것을 그는 비판적으로 바라

222) 앞의 책, p. 88.

223) 여기서 그가 말한 무계급사회는 공산주의자들의 "계급 없는 사회, classless society"와는 달리 지배계급과 민중이 하나로 얽혀 살아가는 세상을 의미한다. 다양한 계급적 사회일지라도 그 계급에 의한 기득권의 확보가 아니라 평등한 일상을 보장함으로써 계급의 귀속성을 없게 하자는 논리로 이해할 수 있다.

봤으며 진정한 의미의 민족문화는 계급적인 연대에서 얻어진다고 지적했다.

다섯째로 대외적인 민족 투쟁을 살펴보면 외국과는 투쟁과 친선을 반복하는 것이 일반적인 현상인데도 조선사에서는 신라 통일 이후 1300여 년 동안 중국의 한민족과 우리 사이에서는 투쟁이 없었다. 이것은 놀라운 일이지만 그 원인과 전개 및 결과를 치밀하게 살펴봐야만 한국의 민족국가다운 미래를 기약할 수 있다.[224] 그는 대외관계에서 투쟁 없이 친선으로만 흐르는 것은 사대주의로의 전락을 의미하기 때문에 이렇게 되면 민족주의는 극도로 약화된다고 강조했다. 그의 민족주의 국가관은 대외관계에서 배타적이거나 문호 폐쇄적인 민족국가를 의미하는 것이 아니라 우호적이되 주체적인 민족 국가로 자리잡아야 한다는 것이다.[225]

특히 손진태는 한국역사에서 민족의식의 성장을 논의하면서 7세기 말의 신라통일시대를 '민족 결정기'로 설정하고 이를 다음과 같이 정리했다.

> "신라통일 7세기 말로부터 중앙집권적인 통일된 민족국가가 성립되어 비록 귀족적이나마 민족적 화동을 개시하였던 것이며, 고려와 이조도 또한 그러하였다. 오직 그 민족적 활동이 민주적인 진정한 의미의

---

224) 앞의 책, pp. 89~91.

225) 최근 한 연구자가 손진태의 신민족주의 논리를 아래와 같이 적고 있음은 주목할 만한 의미 있는 일로 여겨진다. 이를 여기에 인용한다. "그는 사관이 없는 역사의 대립항으로서 사관이 있는 역사를, 귀족주의에 대한 대립항으로서 민주주의 혹은 민중주의를, 국수주의에 대한 대립항으로서 세계친선주의를, 마지막으로 계급주의에 대한 대립항으로서 민족주의를 신민족주의의 근본이념"으로 내세우고 있다. 홍선이 (2018) 〈손진태 신민족주의론의 '좌우합작적' '민주주의적' 성격에 대한 재검토〉《역사교육연구》 32 p. 304.

민족활동이 아니요, 귀족지배적인 활동이었던 까닭으로 민족 대중은 그 활동에 의하여 특별한 이익을 향수하지 못하였던 것이다. 구주학자의 설을 맹신하여 조선민족의 형성을 외국 자본주의의 침입한 20세기 초에서 구하고자 하는 학도가 있다면 그것은 조선사에 대한 지식의 결핍을 말하는 것이다."[226]

이 글에서 알 수 있는 것처럼 그는 신민족주의를 오랜 역사적인 축적에서 이룩된 집적체로 파악했다. 한반도에서 역사가 시작되었던 씨족사회氏族社會를 민족태동기로, 그리고 그 뒤의 부족국가部族國家 시대를 민족형성의 초기로 파악했다.[227] 그리고 앞에서도 밝혔지만 7세기 말의 신라통일시대를 '민족 결정기'로 설정했다.

손진태의 신민족주의는 단순히 역사이론으로서의 주장이 아니라 민족사회의 현실과 미래를 조망하면서 국민적 일상을 민족적 차원에서 논술한 것으로 이해할 수 있다. 해방의 시점에서 새로운 국가 건설을 중심으로 여러 사상과 계파가 첨예하게 대립했던 시기에 손진태의 신민족주의적 주장은 특히 지배와 피지배의 구분 없이 민족 구성원 모두의 균등한 행복 실현, 그리고 대외적으로는 자주와 친선을 강조했다. 한국 민족 사회의 험난한 현실을 타개하려는 그의 논지는 적극적인 실천을 강조하면서, 나아가 한국 민족주의의 새로운 정립을 위한 한 계기라고 이해할 수 있다.[228]

---

226) 孫晉泰 (1988)《韓國民族史概論》乙酉文化社 p. 211.

227) 《孫晉泰先生全集 1》太學社 1981 p. 338.

228) 최근에는 손진태의 신민족주의론이 역사적으로 실재했던 계급투쟁을 경시했으며 계급투쟁의 역사적 동력을 부인하면서 지나치게 일정 가치관적 관점에 서서 역사를 접근했다는 비판이 학계 일부에서 논의되고 있다. 또한 그의 논리가 안호상의 일민주의와 그 궤를 같이한다는 비판이 제기되고 있다. 그러나 이는 양자의 논리적인 주장이나 관점의 차이를 무시한 인식일 수도 있다.

2) 백남운의 연합성 신민주주의론

이 시기에 백남운은 좌파 민족주의 주장자[229]로 그의 민족주의에 대해서는 이미 그가 쓴 《조선민족의 진로》에서도 다루었지만 그의 저서 《조선사회경제사》, 《조선봉건사회경제사》, 《조선민족해방투쟁사》 등에서도 민족주의에 대한 논의를 찾아볼 수 있다. 이들 저서에서는 한 민족의 역사도 마르크스의 유물사관의 관점에서 인식할 수 있다면, 그 시대 일본 관변학자들의 "조선 역사에서의 정체성론"의 잘못된 인식을 정면으로 반박했다. 그는 한민족의 역사는 원시 씨족공동체 사회에서 출발했으며 삼국시대의 노예경제사회를 거쳐 통일신라와 고려의 아시아적 봉건사회에 이르렀고 현재는 상품 생산제 사회로 진행중에 있다"면서 이 과정에서 국가권력이 형성 되었다고 주장했다. 여기서 그의 이러한 주장을 인용하기로 한다.

---

229) 백남운은 1894년 전북 고창군 아산면 반암리 출생이며 수원농림학교를 졸업 후 강화보통학교의 교원, 강화삼림조합에 근무했다. 1918년 동경고등상업학교-도쿄상과대학을 졸업한 뒤 1925년에 연희전문학교 상과 교수가 되었다. 1933년 《조선사회경제사》를, 1937년 《조선봉건사회경제사》를 저술했으며 여기서 일제 식민사관의 '정체성론'을 정면으로 반박했다. 그는 연희전문 학교 상과 학생들과 경제연구회를 조직했는데, 일제 경찰은 이를 빌미로 그를 2년간 투옥했다. 1945년 8·15와 함께 백남운은 경성대학(경성제국대학)법문학부 교수로 부임했다. 또한 한글학자 김두봉, 조선독립동맹의 최창익, 허정숙 등과 연계를 가졌으며 특히 여운형의 근로인민당에 참여, 부위원장에 임명되었다. 1947년 8월 백남운은 먼저 가족들을 월북시키고 1948년 4월 평양의 남북연석회의에 참석, 연설과 사회자로 활동했다. 그 뒤 1948년 8~9월 조선민주주의인민공화국 최고인민회의 제1기 대의원, 조선민주주의인민공화국 초대내각 교육상, 1961~62년 최고인민회의상임위원회 부위원장, 1967년 최고인민회의의장, 1974년 조국통일민주주의전선 의장 등을 지냈는데, 특히 그는 남한의 지식인들을 포섭하여 월북하게 했다. 역사학자 김석형과 박시형, 섬유공학 분야 권위자 계응상, 물리학자 도상록, 기술자 최재우, 강영창 등과 예술인 문예봉, 황철 등이 그러했다. 그는 1979년 86세로 사망했다. 그에 대한 상세한 연보는 다음 책에서 읽을 수 있다. 백남운 지음, 심우성 옮김(2004) 《조선사회경제사, 부록 조선민족의 진로》 동문선.

"우리 조선사에서 국가 발생 단계는, 바로 씨족공산체가 가부장적 가족형태로, 공유재산이 사유재산제로 전환되어 빈부의 격차를 낳고, 노예제도도 낳아 지배자와 피지배자 집단으로 분열된 바, 계급사회의 발전 단계에서 비로소 원시적 부족국가가 출현한 것이다. 그리고 그 여러 국가적 형태는 아직 맹아상태였으나, 계급 분열의 증대 및 확립, 종족의 지역 발전과 더불어 좀 더 강력한 장치를 조직화함으로써 조선 최초의 정복 국가로 고구려가 출현한 것이다. 그것은 대체로 노예소유자 계급이 노예집단을 억압하기 위한 권력 기관이었으므로 노예소유자 계급의 국가였던 것이다."[230]

그의 논지에 따르면 조선사 역시 세계사의 발전 단계를 거쳤는데, 그 과정에서 권력 분화의 형태로 국가의 등장을 찾아 볼 수 있다는 것이다. 국가의 역할은 전쟁을 막는 것이기에 외세와 우리나라를 구분하고, 국민에게는 일정한 귀속감을 갖게 해준다는 것이다. 이 과정에서 국가 구성원인 국민은 "우리"라는 의식을 갖고 결합하게 되며, 이런 결속체의 핵심이 가족의 조상신이라고 파악했다. 이 조상신의 일정 집단화가 민족의 의미를 조성하게 되었다고 설명한다. 그의 이러한 논의를 인용해 보기로 한다.

"정복국가의 출현 이후 정복 사업의 진행, 노예노동에 의한 생산관계의 발전, 상품교환이 확대되면서 공동 신이었던 과거의 씨족신과 부족신은 자연스럽게 지양止揚되고 현실적 사회관계의 계급이 발달함에 따라서 개별적으로는 가족의 신, 즉 조상신이 상정되었고 전체적으로는 민족신이 상정되는 식으로 변화해 간 것이다. 더구나 이 경우의 민

230) 같은 책, p. 210.

족신은 이전의 씨족신 혹은 부족신의 경우처럼 민주주의적 공동 숭배의 신이 아니라 오히려 위압적인 권력의 주체를 수호하는 신이며, 지배에 대한 복종 관념의 신비적 대상으로 나타났던 것이다."[231]

그는 상품 교환에 따른 생산관계의 발전은 과거로부터 그 사회가 지녀온 부족신을 확대된 민족신으로 고양시켰다는 것이다. 여기서 주목해야 할 사항은, 비록 구체적으로 명시하지 않았지만, 민족신을 떠받치는 민족은 바로 부족에서 발전된 것으로, 이것이 국가를 떠받치는 바탕이라는 것이다. 국가는 생산관계에서 지배자의 통치 기구이기 때문에 일정한 목표를 추구하고자 국가를 조직한다는 것이다. 이 책의 말미에서 그는 다음과 같이 민족의 역사적 발전 과정에 대해 언급하고 있다.

"요컨대 고대 조선민족의 역사적 발전 과정은, 외관적으로는 혁명적인 비약의 단계를 인정할 수 없지만 내면적으로 검토한다면 그 사회적 생산력의 자기운동에 의해 씨족 공산제에서 과도형태인 원시적 부족국가로, 거기서 다시 노예국가 시대로 바뀐 것이다. 그리고 이것은 씨족제의 폐허 위에 건설된 최초의 계급국가이며, 앙여 생산물의 흡인양식인 노예경제였는데, 대략 서기 6세기 이후는 아시아적 봉건제로 이행하기 시작하였다."[232]

그는 조선 사회를 마잘(madjal)이나 비트포겔(Wittfogel)의 "곡해된 아시아적 생산 양식으로 규정해서는 안 된다."고 강조했다. 이들은 한국

231) 같은 책, p. 344.

232) 같은 책, p. 487.

고대 사회의 발전적 변동을 마르크스주의의 역사적 전개에다 적용시켰는데, 이것은 잘못된 인식이라고 지적했다.

백남운은 특별히 민족과 민족주의에도 관심을 가졌는데, 이 점에서 그는 정통 마르크스주의자와는 다른 민족적 관점을 견지하고 있었다고 할 수 있다. 그가 1946년에 저술한 《조선 민족의 진로》와 이를 보완한 《조선민족의 진로. 재론》에서도 그의 이런 생각을 찾아 볼 수 있다. 이들 책자에서 그는 먼저 "조선 민족에게 부과된 정치적 사명은 민족해방과 사회해방"이라고 규정하면서 이 중에 민족해방은 지난날 내외에서 일부 자산계급과 무산계급이 동맹 관계를 가졌을 정도로 서로 협력했다고 밝히면서, 조선 민족의 혁명 세력은 양심적인 일부 자산가와 전체 무산자 층이라고 거듭 강조하고 있다.

해방 당시의 조선 사정을 살펴볼 때 조선이 취해야 할 정치체제는 미국형 자본가 독재인 자유민주주의도 아니고 소련과 같은 무산자 독재의 프롤레타리아 민주주의도 아니고 유럽의 인민민주주의도 아니며 중국에서 추진하고 있는 민주주의도 아니라면서, 조선이 현 단계에서 적응할 정치체제는 연합성 신민주주의라고 주장했다. 그가 말한 "연합성"은 일부 양심적인 자산가 계급, 즉 부르주아와 대다수 노동자 농민인 프롤레타리아가 손잡는 것으로 그의 연합성 신민주주의를 살펴보기로 한다.

> 연합성 신민주주의의 이론적 기반은 이미 말한 바와 같이 민족 해방, 즉 자주독립이 실현되는 순간까지는 양심적인 일부 유산계급도 민족해방을 위한 혁명세력의 일부를 대표하고 있는 만큼 무산계급과 연합하는 과도적 형태를 취할 수 있게 된다. 그것은 유산층 독재의 자유민주주의도 아니고 무산층 독재의 프로(프롤레타리아) 민주주의도 아니다.

조선사회의 역사 발전의 특수적 현 단계에 조응한 자연스러운 신민주주의인 것이다. 그것은 우리 사회 혁명 세력의 역사적 성격과도 부합되며 조선민족의 공동목표인 민족해방 자주독립의 수행과 적용되는 민족적 민주주의인 것이다. 그러한 의미의 연합성 신민주주의만의 진정한 건국의 임무를 수행할 것이다.[233)]

위의 주장에서 좌우파는 서로를 이해하고 연합 활동으로 나아가야 한다면서 이는 민족이라는 공감 위에서 실현되어야 한다고 했다. 이를 위해서 "공산주의자는 민족의식을 이해해야 할 것"이며 민족주의자는 공산주의자들이 주장하는 "계급의식"을 이해해야 한다는 것이다. 그러면서 조선에서는 민족의 기원을 삼한三韓 때로 소급할 수 있으나, 그렇다고 해서 그 때부터 민족의식이 함께 병진했다고 말할 수는 없으며, "봉건 기구가 붕괴되는 이조 말까지는 근세적인 민족의식을 규정할 수 없다"고 적었다. 양반국가인 조선에서는 외래 자본주의의 공세에 대응하면서 자주독립에 대한 의욕으로 민족국가를 실현하려는 시대적인 욕구가 고조됨으로써 소극적인 '내적 민족주의'가 일제의 강점기까지 주를 이루었다는 것이다. 그러나 일제의 탄압도 민족의식을 말살하지는 못했다. 그 시대 일제식민통치로 빈부 계급과 계급의식이 조성되었으며 "민족혁명을 위해서는 민족주의자도 공산주의자를 맹우盟友로 연대"해야 한다고 주장했다. 이런 과정을 거쳐야 했는데도 그렇게 하지 못했다는 것이다. 따라서 민족주의도 완전한 성공을 이룩하지 못한 채 오늘에 이르렀다고 지적했다. 그는 민족주의는 국가형성의 논리로 일정한 성격을 갖는다면서 이를 아래와 같이 설명하고 있다.

233) 백남운 (2007) 《조선민족의 진로. 재론》 범우 pp. 29~30.

"요컨대 민족주의가 국가 형성의 원리로서 세계적으로 등장한 것은 19세기 후반 이래 약 1세기의 역사를 가진 것인데, 그 전형적인 외적 민족주의의 특징을 규정한다면 (1) 지배 국가의 압박을 배제하고 정치적으로 자주적인 독립국가를 건설하려는 것이며 (2) 그 정치형태는 광무光武년 동안의 내적 민족주의와 달라서 자유민주주의의 대표 국가인 미국식의 정권 형태를 취하려는 것이다. (3) 후진 사회인만큼 주체적으로 자본주의 체제를 재현하려는 의욕이 사회 해방의 노력보다도 훨씬 더 농후하다. 따라서 계급 대립의 관계를 민족 통일의 개념으로 포섭하려는 것이다. (4) 전통적인 문화를 비판적으로 섭취하기보다는 그 민족 문화의 우수성을 강조하는 것이며, 사회문화의 창건을 기도하기보다는 국수적인 국민 문화를 강화하려는 것이다.[234]

백남운은 민족주의자와 공산주의자는 서로 연대 병존할 수 있으며 그렇게 하는 것이 조선 민족의 당면 과제라면서 양자가 결합할 때 비로소 조선 민족의 미래를 기약할 수 있다는 것이다.[235] 그는 공산주의와 민주주의는 원칙적으로 차이가 있지만 조선사회에서는 (1) 민족해방 (2) 민주주의 (3) 민주 경제에서 공통 요소를 갖고 있기 때문에 "정략상政略上으로도 연합성은 어느 역사적 기간 내에서는 가능하다"고 설명했다.[236]

그는 마르크스주의자로서 조선의 전통적 역사성과 현실의 이데올

234) 앞의 책, p. 46.

235) 그는 "조선의 현 단계에서 사회발전의 정도와 국제정치의 비중을 고려하여 단일성인 '프로 민주형태'나 '자유 민주형태'를 취할 수 없다면 필연적으로 연합성 민주정권의 형태를 취할 수밖에 없다"는 것이다. 앞의 책, p. 56.

236) 여기에 그가 쓴 "정략상"은 정략상政略上의 의미로 이해할 수 있을 것 같다. 앞의 책, p. 60.

로기 접합으로 공존–연대할 수 있다는 것이다. 이 점에서 그는 자신의 정치적 미래를 북한의 김일성에게 의존하는 논리적 연계를 설정할 수 있었다. 그 당시 김일성에게 백남운은 정권 장악을 위한 논리와 미래 이념 설정에 도움을 받을 수 있는 인물이었으며, 또한 중도좌파 지식인을 포섭하는데도 유효하게 활용할 수 있었다. 한국전쟁 직후 박헌영의 조선공산당이 내걸었던 정통 마르크스주의와 친소주의 노선에서 벗어나야 했던 김일성에게는 백남운의 주장을 북한 통치 이념의 한 갈래로 활용할 수 있었다.

백남운은 월북 이후 북한 정권의 최요충부에서 교육과 이념, 선전 선동의 논리화에 힘을 쏟았는데, 특히 그가 주장했던 민족주의와 공산주의의 연합성은 민족주의를 공산주의를 위한 선전 선동의 논리로 활용할 수 있었다. 그에게 민족주의는 민족국가 지향의 이념이나 민족 통합과 발전의 논리 그 이상의 성격, 즉 19세기 이래 조선 민족—이들을 노동자나 농민과는 다른 중산층 또는 상층 부르주아로 설정했다—을 공산주의 체제로 편입시키기 위한 논리적인 성격을 갖고 있었다. 이로 말미암아 백남운의 논리는 "사회 민주주의적이고 민족개량주의적인 성격"을 갖고 있다는 조선공산당의 이재유李載裕로부터 비판을 받을 수밖에 없었다.[237)]

3) 배성룡의 민족주의 중도통합론

배성룡은 한국 민족주의 이론과 운동사에서 특이한 존재였다. 그는 사회주의자로 민족 문제와 계급 문제를 그 나름으로 인식했다. 그는

237) 안재성 (2020)《박헌영 평전》실천문학사 p. 369.

일본학계를 통하여 사회주의 사상을 접했으며 이를 기반으로 식민지 조선의 사회경제를 민족 모순과 계급 모순의 중층적인 현상으로 파악했다. 민족 모순은 일본인 자본가 대 조선 민중의 대립으로 이를 기본 모순으로 설정했다. 계급 모순은 조선인 내부의 부르주아 계급과 노농계급 모두를 일본 자본주의의 피해자로 파악했다. 이 점에서 일본의 침탈을 극복하기 위한 좌우파의 민족 협동전선론을 강하게 주창할 수 있었다. 우익의 민족주의와 좌익의 사회주의가 협동전선을 결성, 일본으로부터 민족해방을 성취해야 한다는 것이다. 그는 이 주장의 연장선 위에서 해방 이후 좌익과 우익의 대립을 극복하고 민족 역량을 결집해서 민족독립과 통일을 이룩해야 하며, 이를 위해 그 스스로 민족 통합의 이론을 앞장서서 모색, 실천했다.

해방 이후 그는 분단 극복을 최우선 과제로 여겼으며, 이를 위해 직접 남북 협상에도 적극 참여했다. 그러나 그는 그 뒤 평양에 잔류하지 않았으며 북한의 김일성과도 연계를 맺지 않고 서울로 돌아와 이전과 같이 김규식과 정치 활동의 궤를 같이했다. 그는 언론인으로서 중요한 시기마다 자신의 주장을 발표했고 좌우파의 중도 통합론을 일관되게 주장했으며 대학에서 강의했다.

연보에 따르면[238] 본관은 성주星州로 경북 성주군 성주면 경산동에서 1896년 10월 28일에 배운홍裵運鴻과 유윤이柳允伊 사이에 차남으로 태어났다. 3살 때 아버지의 별세로 편모 슬하에서 성장했으며, 인근의 성주보통학교를 졸업한 뒤 토지조사국 기사로 3년간 근무했다. 그 뒤 1915년~1919년까지 모교에서 교사로 봉직했으며 1917년에 결혼했다. 이어 일본 도쿄 니혼대학(日本大學) 전문부 사회과로 유학하여

238) 배성룡의 연보는 다음 책에서 자세하게 기록되었기에 여기서는 그 가운데 일부를 발췌하기로 한다. 김기승 (1994) 《한국근현대사회사상사연구》 신서원.

1919년~1923년까지 재학했다. 유족하지 않았던 반촌 출신으로 3.1 운동 이후 급변된 시대 사조에 따라 일본 유학길에 올랐던 그때 일본은 요시노 사쿠조(吉野作造)의 민본주의가 풍미했던 다이쇼 데모크라시의 말기로 민주-민중주의도 주장되고 있었다. 1918년부터 1925년까지 일본에서는 보통선거, 의회정치, 평화를 열망하는 풍조가 퍼져갔다. 특히 민본주의는 점차 인간주의로부터 사회주의적인 성격으로 전환되고 있었다. 당시 조선인 유학생들은 사회주의-마르크스주의에 대한 관심이 높았는데 배성룡도 이런 지식사회의 분위기에 휩쓸려 조선인 유학생 가운데 사회주의자로 활동했던 정재달, 김약수 등과 친교를 맺고 있었다.[239)]

1923년 일본 유학을 마치고 귀국한 뒤에는《조선일보》기자로 활동했으며, 1926년 3월에는 제2차 조선공산당에 입당했다. 그는 제2차 조선공산당 사건으로 검거된 뒤 1928년 9월에 만기 출옥했다. 이때부터 그는 공산당의 주류인 ML파에 참여하지 않았으며 사회주의자로서 독자적인 노선으로 활동했다.[240)]

이어 1929년에는 조선일보 경제부장, 1931년 11월에는 창간된《중앙일보》-《조선중앙일보》의 경제부장, 정치부장, 주필 겸 편집부원으로 근무했다. 1933년 10월에 신문이 정간되자 한때 절필 은둔하기도 했다. 해방된 1945년 9월에는 이극로가 주도했던 전국정치운동자후원회의 교섭위원으로 활동했으며, 권오익權五翼 등과 각당통일기성회]를 조직, 좌우익 정당통합에 힘을 모았다. 1946년 1월에는 이극로, 권오익 등과 함께 통일정권촉성회를 결성해서 우익의 비상국민회의

239) 이 시기에 배성룡이 발표한 글로는 1922년《개벽》에 "인격발전의 도정에 대한 사견"이 있다. 그는 인간은 양심과 주변의 상황에 따른 자유롭게 활동하려는 유기체로 인격과 도덕적 책임 관념을 함께 공유해야 한다고 적고 있다.

240) 김기승, 앞의 책, p. 132.

와 좌익의 민주주의민족전선을 통합하려 했다. 1945년 7월에는 도진호都鎭鎬와 함께 좌우합작촉진회도 결성했다. 1947년 2월《세계일보》 주필 겸 편집국장으로 이극로, 조봉암, 백남규 등과 민족주의독립전선을 결성하고 상임위원 및 기초위원으로 활동했다. 1947년 10월에는 김규식의 민족자주연맹의 정강, 정책기초위원의 일을 맡았다. 1948년 4월 남북협상을 지지하는「문화인 108인 성명」에도 서명했으며 김규식의 제2차 특사 일행으로 평양에서 남북협상에 참여했다. 1950년 이후 동아일보와 사상계 등에 경제 평론을 발표했으며, 대외 의존 체제의 극복과 내포적內包的 공업화를 통한 경제 자립을 주장했고 서울대학교 상과대학에서 동양경제를 강의했다. 그는 오랜 지병으로 1964년 12월 8일 향년 78세로 사망했다.

앞에서 살펴본 그의 생애와 활동은 전반기와 중반기, 후반기로 구분해서 살펴볼 수 있다. 전반기는 1928년 출옥 이전으로 이 기간 그는 좌파의 이념적 주장자로서 민족주의와 사회주의를 연계 또는 접합하기 위한 활동에 전념했다. 중반기는 1928년 출옥에서부터 1945년 8월 15일 해방까지로 조선총독부의 무단통치가 자행되었던 시기였다. 배성용은 조선일보와 중앙일보 등에서 총독 통치의 문제와 농촌 운동에 대한 논설을 다수 발표했다. 후반기는 해방 이후로 그에게는 전환의 시기였다. 그는 이러한 시대의 흐름 속에서 민족 분단을 넘어 민족 통합을 그 어떤 이념보다도 중요한 당면 과제로 여겼다. 그는 남북한 연대와 민족통일의 과제를 중시하면서 이를 위해 활동했다. 해방과 군정기간 그는 남한에서 제 정당 정파의 연대와 남북한 사이의 연합이야말로 동질적인 것으로 생각했다. 친미적인 우파 일부 세력과 친소적인 일부 좌파를 제외한 좌우파의 연대는 먼저 남한에서는 여운형과 김규식 사이에 이루어져야 한다고 생각했다. 그러나 여운형이 1947년

7월 19일 피살로 김규식 중심의 중도 좌파 연대로 추진되었다.

그의 정치적 입지와 지향은 시종일관 중도 좌파 중심의 연대로 나아갔다. 당시 좌파와 우파의 핵심부는 소련과 미국에 연계되어 있었기 때문에 이들을 배격하는 것이 민족적 결단이라고 주장했다. 그는 당시의 정계구도를 좌익, 우익, '좌익비판부대', '우익비판부대', '민족적 기본부대'로 5분했으며 여기서 '민족적 기본부대', '좌익 비판부대', '우익비판부대' 등 중도세력 3파의 연합을 주장했다. 그가 규정한 '민족적 기본부대'는 민족의 자주독립을 최고 과제로 설정하고 좌우익의 편향노선을 비판하면서 좌우 연합 운동을 추진했던 '제3세력'으로, 그 자신이 앞장섰던 민주주의 독립전선이 여기에 해당되었다.[241)]

배성룡은 이러한 관점에서 1948년의 5.10 총선거와 남한 단정을 비판했으며 남북한의 사회주의 통일정부 수립 운동에 매진했다. 그러나 이미 시대의 흐름은 분단체제로 달려가고 있었으며 그가 추구했던 사회주의 통일운동도 현실에서 점점 멀어졌다. 좌우의 대립은 끝내 1950년 북한의 남침으로 한국전쟁이 일어났다. 배성룡은 북한 공산주의자의 침략전쟁을 바라보면서 더는 중도좌파의 연대나 남북협상은 이룩될 수 없음을 절감했다. 이러한 활동에서 벗어나서 북한 공산주의자들을 비판하는 위치로 돌아섰는데, 그러한 모습이 1954년에 출간된《사상과 도의》에서도 나타나고 있다.[242)]

배성룡의 이념과 실천을 민족과 민족운동 그리고 민족주의와 연관시켜서 다음 몇 가지를 지적할 수 있다. 첫째, 그는 민족문제와 민족운동을 사회주의의 지향에 따른 문제로 바라봤으며, 이 문제에 대한

241) 김기승, 앞의 책, p.61.

242) 배성룡의《思想과 道義》는 1955년 崇文社에서 간행되었다. 이 책자는 사실상 그의 마지막 출간 도서로 공산주의에 대한 강한 비판을 담고 있다.

평론가, 행동가로 활동했다. 그는 억압받는 민족의 현실, 즉 제국주의 침탈의 극복이야말로 민족의 진정한 해방이며, 이는 곧 사회주의에 따라 얻어진다고 믿고 있었다. 둘째, 국내적으로나 국제적으로 사회 평등의 실현을 곧 독립과 평화의 길로 여겼으며 이를 위한 제도는 자본주의가 아니라 사회주의라고 믿고 있었다. 셋째, 그는 한때 공산주의에 연계되었지만 곧 여기에서 벗어나서 민족주의와 사회주의의 접합을 미래의 정치제도로 여기면서 이를 이룩하려 했다. 그에게 우파는 친미세력이고 좌파는 친소세력이기 때문에 좌파와 우파에서도 벗어나야 한다는 것이다. 마지막으로 그는 중도 세력의 연대와 주도로 민족적 결속과 발전의 새 시대를 열어야 한다고 강조했으며, 이때 중도는 정치 경제적으로는 사회주의로 믿었다.

뒷날 그는 한국 현대사회에서 국민 계몽을 위해 "사상과 도의"를 강조하는 책자를 간행했는데, 여기에서 그는 국민의 일상이 바른 사상에 터한 일상으로 이어질 때 올바른 생활 정치도 이룩될 수 있다고 단언했다. 배성룡의 이러한 주장을 살펴보면 아쉬운 점도 적지 않다. 무엇보다 그에게 민족, 민족주의에 대한 그 자신의 생각을 이론으로 정착시키지 못했다. 다시 말하면 그에게 민족은 통상적으로 논의되는 바로 그 민족이며 민족주의는 그것의 이데올로기적 주장에 지나지 않았다. 민족주의에 대한 주장이나 논설도 사회주의로 지향을 위한 하나의 수단으로 또는 그 단계적 과정으로 설정했으며, 이를 위한 논설이나 해설 또는 주장을 펼치는 데 힘을 다해야 했다.

4) 좌우파에 매몰된 민족주의

해방 전후 한국의 민족주의는 좌우파의 이데올로기로 활용되었다. 우파는 단정수립의 정당성과 민주주의의 확립을 민족, 또는 민족주의로 합리화했다. 좌파는 민족주의와 공산주의 또는 사회주의와의 접합을 강조했다. 심지어 소비에트 공산주의 체제를 수용하면서도 이를 민족주의라고 주장했다. 민족주의는 한낱 특정 집단이나 정치세력의 주장을 합리화하는 동원 논리로만 활용되었는데 이는 곧 민족주의의 이탈이요 전락이었다.

엄밀한 의미에서 민족주의는 그 자체의 이념과 그것에 따른 정책을 추진하게 된다. 어떤 이데올로기가 민족주의를 넘어서거나 배격하면 그것은 이방異邦에서 새롭게 그 사회로 침투한 논리이거나 이념일 뿐이다. 그러므로 특정 사회에서 새로운 이데올로기가 수용 정착되기 위해서는, 그 사회의 민족주의와 연대하거나 접합되어야 한다. 이렇게 될 때 새롭게 유입된 이데올로기는 그 민족사회를 위한 이데올로기로 전환해서는 기여하게 된다. 이러한 전환이 일어나지 않는다면 그 이데올로기는 민족사회를 위한 이데올로기가 아니라 이데올로기를 위한 민족사회의 전환이라는 역전 현상을 조성하게 되며, 그 민족사회는 그 이데올로기 때문에 심한 혼돈과정을 겪게 된다. 불행하게도 한국의 현대 정치사에서도 좌우파는 그들의 이데올로기를 민족주의와 "억지로" 연계시켜서 좌파 민족주의, 우파 민족주의며, 심지어 중도적 민족주의로 분열시킴으로써 "변용된 민족주의"를 등장시키게 되었다. 흔히 그렇듯이 "변용"은 시대와 사정에 따른 자기식 해석이기 때문에 "원형"에서 점점 빗겨나게 된다.

이념이나 사상도 시대와 형편에 따라 변하기도 하고 변해야 한다.

그러나 여기에는 변해도 괜찮은 영역이 있고 변할 수 없는 본질도 있다. 한국의 현대 민족주의는 처음부터 논리나 이론적인 체계가 상당 부분 결여되었기 때문에 시대와 사정에 따라 각기 자기식으로 논리화되었기에 심한 혼돈과 다양한 주장으로 엮였다. 이러한 성격을 조성한 시대적 흐름과 원인으로는 첫째 정치 지도자나 지식인들이 민족주의는 국민의 민족 감정을 고양시켜서 정치적으로 이용할 수 있는 것이라고 생각했기 때문이다. "우리 민족의 위대한 전통" "민족주의를 바탕으로 통일을 이룩하자."는 등 민족과 민족주의를 정치 구호로 내걸고 이를 선동적으로 사용했다.

둘째, 정치가나 지도자들은 정치적인 어려움에 처하게 되면 그 자신의 선택이나 행동을 "민족적인 결단"이라면서 민족주의를 변명의 논리나 합리화의 명분으로 사용했다. 즉 민족주의자였기에 더 이상 다른 이데올로기를 추종할 수 없을 뿐만 아니라 정치의 현장에서 고통에 직면하게 되었다는 식으로 자신의 어려움을 호소했다. 실제로 대다수 국민의 일상과는 별로 연관이 없는데도 정치가들은 자신의 정치 활동이 민족적인 관점에서 결정된 것이라는 식으로 이 말을 널리 이용했다.

한국 민족주의는 한계적인 성격을 갖고 있었지만 해방을 맞게 되면서 민족주의에 대한 국민의 관심은 한층 고양되었다. 여기에 부응하기 위해서는 민족주의에 대한 이념적이고 이론적인 논리가 깊이 있게 구축되어야 했지만 실제로 민족주의의 이론적인 모색이나 연구는 별로 이루어지지 않았다. 민족주의에 대한 주장은 있었지만 그 내용과 실천의 구체적인 방안은 제시되지 못한 채 정치 집단의 주장과 구호로만 널리 활용되었을 뿐이다.

특히 민족주의를 주장하면서도 민족주의자로 살아가는 정치적 태도나 생활양식은 잘 몰랐기 때문에 상고주의자尙古主義者처럼 단순히 옛것만 본받으려는 경우도 있다. 민족주의의 지향 이념과 그에 따른 실천 양식을 올바르게 접합해야만 비로소 민족주의자의 위치로 올라설 수 있다. 어느 한 시기의 역사를 민족주의의 시대로 설정해서는 그것을 흉내 내는 것은 민족주의와 무관한 복고주의에 불과하며, 맹목적으로 이웃나라를 비난 배격하는 것도 한낱 쇼비니즘(chauvinism)이나 심한 경우 징고이즘(jingoism)일 뿐이다. 해방 전후에도 이런 한계적인 현상도 나타났는데, 그 뒤에도 크게 달라지지 않았다.

몇몇 정치가들은 자신의 집권은 민족주의적인 결단에서 비롯되었다면서 억지로 만든 민족주의적 논리로 자신의 권력 장악을 합리화했다. 이런 현상은 대다수 국민으로 하여금 민족주의라는 말에 비판적인 감정만 갖게 했다. 심지어 이들 지배세력은 국민을 강제로 동원하면서도 이를 민족주의로 합리화했고, 국민을 억압하면서도 이를 민족주의를 위한 불가피한 조치라고 강변했다. 이런 형편에 놓이게 된 국민의 선택은 바로 그 민족주의를 버리는 것이었다. 민족주의를 버린다는 것은, 그것에 걸었던 기대를 내던지는 것이요, 그것을 위해 아낌없이 바쳤던 열정과 헌신을 거두어들인다는 의미다. 그리하여 민족주의는 한없이 필요한 민족으로부터 버림받는 처지로 내몰렸으며, 심지어는 "민족주의의 반역"이라는 표현까지 등장하는 시대를 맞게 되었다.

이런 현상은 그 뒤 다음 두 가지 사실로 점점 더 심화되었다. 하나는 지식인의 민족주의에 대한 이반離反 현상이었다. 다른 하나는 세계화의 충격이었다. 해방 이후 대한민국 정부 수립 그리고 한국전쟁을 거치면서 민족주의는 극도로 피폐해졌다. 그래도 정치가들은 늘 민족주의를 구호처럼 부르짖었다. 그들은 비합법적인 정치적 행동도

걸핏하면 민족과 민족주의로 합리화했으며 사실상 민족과는 무관하고 심지어 민족주의와 정면으로 배치되는 경우에도 그렇게 주장했다. 극심한 부정부패와 민족 구성원에 대한 억압까지도 민족주의로 포장함으로써 대다수 국민은 민족주의를 정치가들의 일상적인 자기 합리화의 논리로 여기게 되었으며 그 때문에 이를 배격하려는 국민의 의지는 한층 강화되었다.[243]

민족주의를 주장하는 사회는 대부분 지난날 서구 식민지였던 후진 국가들인데, 이들 사회에서는 민족주의가 서구 제국주의에 대한 저항 이념으로 활용되었다. 특히 이들 사회의 권위주의적 지배 체제도 그 정당성을 민족주의에서 구축했기 때문이다. 민족주의에 대한 이런 비판적인 분위기는 1950년대~1970년대의 한국사회에서도 나타났으며 그 결과 많은 국민들은 민족주의를 현실에 대한 적실성이 결여된 과거의 논리로 치부하게 되었다.

21세기로 진입하면서 신자유주의에 터한 세계화의 거센 바람도 민족주의를 한층 더 반反시대적인 이념으로 몰아붙였다. 특히 세계화는 자본, 상품, 노동, 이주, 정보, 질병의 전 세계적인 유통을 촉발시켰기 때문에, 개별 민족국가를 기본 단위로 하는 국제질서는 더는 지속될 수 없을 것이며 새로운 재편이 불가피하다고 거세게 주장했다. 국민국가를 대신해서 국제기구가 사실상 주권국가에 영향을 미침으로써 민족주의도 점점 그 기반을 잃게 될 것이라는 논리도 제기되었다. 그

243) 한국정치에서 민주화 이후 민족주의에 대한 몇몇 지식인의 비판적인 논의도 이 시기에 나타났다. 이들 지식인들은 한국전쟁 이후 주로 미국 등 서유럽으로 유학했기 때문에 일본에 유학했던 전전 세대와는 달리 민족주의에 대한 서구의 새로운 이론에도 접할 수 있었다. 이들은 그 시대에 풍미했던 실존주의, 기능주의, 사회구조론 등에 의해서 민족주의를 비판적으로 인식했으며, 그 때문에 민족주의는 과거의 역사에 집착하는 인종주의적인 성격에 매몰되었다고 비판했다. 이는 오늘의 시대적 흐름과는 무관하거나 오히려 역행한다고 생각했다.

러나 이러한 논리는 미국을 비롯해 EU나 중국 같은 강대국가의 주장이었으며 현실 세계는 여전히 지배와 피지배, 주도국가와 종속국가로 이루어진 불평등의 시대임이 분명하다. 이러한 시대성은 국제사회에서 민족주의를 재생시켰을 뿐 아니라 한층 더 강화시키고 있다.

한때 민족주의에 대한 비판적 논의나 분위기는 한국사회에서도 예외는 아니었으며, 어느 면에서는 더욱 거세게 들이닥쳤다. 그러나 이러한 논의는 다만 몇몇 지식인들의 관심사항으로 그 당시 신문이나 잡지 기사로 자주 등장했을 뿐이지 현실은 민족과 민족주의의 차원에서 더한층 심각한 위기감을 안겨주었다. 한반도의 지정학적 위치는 19세기 제국주의 시대처럼 미국과 중국, 일본의 계쟁지역으로 한국인에게는 민족주의적 관심을 고조시키는 계기가 되었다. 100여 년 전의 조선왕조와는 달리 한국은 20세기 중후반부에 기록적인 발전을 이룩했다. 그런데도 주변 강대국의 영향력은 100여 년 전의 그때처럼 작용하고 있음은 한국인으로는 더 이상 받아들일 수 없는 극복의 과제로 남아 있다. 이것에 대한 효과적인 대응책으로 민족주의에서 그 가능성을 모색할 수 있으며, 이는 곧 남북한이 분단을 넘어 하나의 민족으로 일체감을 이룩하는 것에서 시작되어야 한다.

그러나 한반도의 분단 체제는 민족주의적 열정만으로는 곧장 실현할 수 없는 수다한 제약으로 둘러싸여 있다. 가령 한반도의 분단 체제와 남북한의 대결은 어느 면에서는 한국 민족의 민족주의적 열정을 억제 또는 변용시켜서는 남북한의 분단체제를 그대로 수용하게 한다. 심지어 한국의 민족주의는 남북한에서 각기 다른 성격의 이질적인 것으로 변형되었으며, 그 때문에 하나로 귀착할 수 없는 일면도 보여주고 있다. 이렇게 되면 민족주의에 의한 한반도의 통일은 점점 어렵게 될 것이라는 절망감을 갖게 한다.

한국의 민족주의, 특히 남한에서 민족주의는 1970년대 이후 특정 정치세력에 따라 각각 다르게 주장되었다. 집권 세력은 민족주의를 자신들의 권력행사를 합리화하기 위한 논리로 활용했는데, 여기에서 비롯된 한계적인 성격은 민족의 통합에 부정적인 영향을 미치기도 했다. 이승만 대통령 집권 초기의 일민주의라던가 박정희 대통령의 근대화 민족주의 등은 집권 세력의 민족주의의 논리였다. 물론 이들의 논리도 그 시대의 당면 과제에 대한 민족주의적 접근일 수는 있지만, 이들의 주장은 민족 구성원의 합의 과정을 무시한 채 오직 집권자의 교시로만 이루어졌다.

집권 세력의 민족주의에 맞서는 대안적인 논리로 국민의 비판적인 논리도 주창되었다. 이 과정에서 집권 세력의 민족주의는 우파의 이념으로, 여기에 맞섰던 비판적인 논리는 좌파 민족주의로 인식되는 양분 현상을 보여주었다. 1970년대 이후 한국사회에서 이렇게 나눠진 두 갈래의 민족주의적 주장은 특정 정파의 주장으로 여기고 있다. 그 결과 역사 속에서 오래 이어져 온 민족의식의 흐름은 동학농민혁명에서 응집, 표출되었으며 3.1운동을 계기로 민족주의로 주창되었다가 해방과 분단 체제, 그리고 한국전쟁을 거치면서 집권 세력의 정치적 동원 논리로 주장되었다가 1960년 4.19혁명에 와서야 비로소 민주적 민족주의로 정립될 수 있었다.

3. 민족주의의 이데올로기적 변용

해방 이후 한국의 현대정치사를 다음 4단계로 구분할 수 있다.

(1) 제1단계: 대한민국 정부 수립기(1945~1953년)

(2) 제2단계: 전후 복구기(1953~1960년대 초반기)

(3) 제3단계: 산업화 통치기(1960~1970년대)

(4) 제4단계: 정치사회 변동기(1970년대 중반기 이후)

위의 4단계 가운데서 제1단계는 1945년의 해방, 1948년 대한민국 건국, 1950년 한국전쟁 그리고 1953년의 휴전으로 혼돈과 급변의 시대였다. 일본의 식민지 통치에서 벗어나 민족 분단의 아픔 속에도 신생 독립국가로 대한민국이 출범하자마자 북한의 남침에 따른 한국전쟁으로 한국민족사의 비극을 겪게 되었다. 이 전쟁에서 남한은 전사자, 실종자, 부상자를 합치면 98만 7000명이며 민간인 피해자는 140

여만 명으로 총 230여만 명으로 집계되고 있다. 북한의 전사자 부상자는 총 292만여 명이다.[244)]

제2단계는 한국전쟁의 종전에서 1960년 4.19혁명에 이르는 7년 가까운 기간으로, 이 시기는 전후 복구기에 해당되며 파괴의 현장에서 우선적으로 생존의 영역부터 마련해야 했다. 한국의 1960년대~1970년대는 급격한 사회변동의 시기였다. 정치적으로는 대통령 이승만의 장기집권을 위한 부산정치파동에서 사사오입 개헌에 이르기까지 이승만의 권위주의적 통치가 자행되었다. 특히 민족주의의 중요한 계쟁점은 1960년 봄에 일어난 4.19혁명으로, 이는 한국민족주의의 차원에서도 중요한 의미를 지니고 있다. 초대 대통령 이승만의 장기 집권과 집권 여당인 자유당의 권위주의적 통치에 대한 청년 지식인—대학생과 고등학교 학생—들의 분노가 터져 나왔으며 집권세력에 대한 반대 투쟁에 더하여 다음 몇 가지 성격도 들어 있었다. 첫째, 민주주의에 대한 국민적 열망이 담겨 있었다. 둘째, 남북한의 통일된 민족국가의 수립이었다. 셋째, 사람답게 생활할 수 있는 경제 사회적인 여건 확보였다. 넷째, 이승만-이기붕의 집권세력에 대한 국민적 분노였다.

4.19혁명은 한국 정치사에서 "집요한 저류"처럼 이어져 온 피지배세력의 집권자에 대한 분노감은 민주주의에 대한 강한 열망으로 표출되었다. 민족의식은 때로는 민중적 저항으로 표출되었는데, 이것은 근대로 들어오면서 "동학농민혁명 → 3.1운동 → 4.19혁명"으로 전승되고 있었다. 이 과정에서 민족주의의 본류로서 주도세력은 고위 관료, 전통적 지배세력, 지방의 호농, 신흥 부유층인 상공업자가 아니라 이전부터 피지배계급으로 억눌림을 당했던 백성, 즉 민중이 주도했다. 민족의 본류로서 민중이 바랐던 정치는 바로 민주주의였다. 여

244) 유완식, 김태서 (1985) 《북한 30년사》 현대경제일보사. 참조.

기에서 한국의 민족주의는 민중의 정치인 민주주의와 결합할 수 있었다. 한국의 민족주의는 민중의 이념이었고, 따라서 민중의 정치인 민주주의와 민족주의의 일체화는 필연적인 귀결이었다.

4.19혁명이 일어나면서 민족의식의 흐름은 한국 민족주의에 대한 이념적인 체계화를 모색하게 되었다. 여기에서 한국 민족주의의 본류는 민주주의와 접합해서는 그 이념적 지향성을 정립하게 되었다. 한국 민족주의는 오직 민주주의 정치체제에서만 그 지향목표인 자유, 통합, 발전을 이룩할 수 있음을 의미했으며, 이는 곧 민족주의를 기반으로 그 위에다 민주주의를 이룩해야 함을 의미했다. 민족주의의 민주주의의 접합은, 민족주의를 기반으로 그 위에 민주주의 정치를 이룩하자는 민족적 민주주의의 지향이었다.

1) 4월 혁명과 민족적 민주주의

대한민국 정부가 수립된 1948년에서 1960년의 4월 혁명까지 한국의 민족주의는 집권세력의 통치 이데올로기로 주장되고 있었다. 이들 집권세력은 일제 식민지 통치에서 해방에 이어 자주 독립국가 수립의 이념적 기반은 민족주의라고 강조했다. 여기에 더하여 대한민국 존립의 정당성은 국제연합의 승인과 자유 우방과 국교로 확보되었다고 주장했다. 이런 논리는 마치 조선왕조 건국의 정당성을 중국의 명나라로부터 인정받았기 때문이라는 주장과 별반 다르지 않다. 진정한 의미에서 국가의 정당성은 국민적인 지지와 수용에 달려있다. 외국과 외교관계는 차후의 일이다. 정부가 수립된 그 당시 다수의 국민은 사태의 진전을 바라보면서 앞으로의 전개에 관심을 기울이고 있었다.

이런 국민이 대한민국을 "나의 조국"으로 확고하게 받아들이게 된 것은 1950년~1953년의 한국전쟁과 1960년의 4월 혁명이 그 계기가 되었다.

한국전쟁 이전에 국민은 두 차례의 총선거에도 참여했지만 "나의 조국" 대한민국에 대한 뜨거운 애국심은 크게 드러나지 않았다. 그러다가 1950년 한국전쟁에서 북한 정권과 피의 격전을 겪으면서 절대다수의 국민은 대한민국을 "나의 조국"으로 확고하게 받아들이게 되었다. 즉 대한민국은 일제의 식민통치를 극복한 독립국가로 한국인의 민족주의적 신념을 성취한 것에서 이룩된 것이다. 같은 민족인 북한이 모스크바의 사주로 공산주의를 내걸고 동족을 침략하고 학살했던 남침은 더는 용서할 수 없는 민족적 반역이었음을 체험했기 때문이다. 대한민국의 국민은 "공산주의자의 남침으로부터 반드시 지켜야 할 나의 조국 대한민국"을 적극적으로 지지했다.

그러나 이승만 정권은 국민의 이러한 애국심을 그들 집단을 위한 것으로 여겼으며, 특히 이기붕 등 자유당 핵심 간부들은 부정 선거로 영구 집권을 획책했다. 1952년 7월 4일 피난지 부산에서 '발췌 개헌'으로 대통령 직선제 개헌을 단행했으며, 1954년 11월 27일에는 이른바 '사사오입' 개헌으로 "초대 대통령 중임 제한을 폐지"함으로써 이승만의 영구 집권을 획책했다. 이승만-이기붕의 집권 세력은 경찰과 일부 공무원을 동원하여 부정 선거를 자행했으며 경찰국가처럼 국민을 탄압했다. 이승만이 초대 대통령으로 국가를 이끌었으며 북한의 침략에 맞서서 대한민국을 보위한 큰 공로에 대해서는 대다수 국민들도 인정했으며 또한 지지했다. 그러나 이승만 후계자로 이기붕의 등장과 자유당의 권위주의적 정치 행태는 국민들도 수용할 수 없었으며 여기에 맞서려는 국민적 저항이 터져 나왔다.

1950년대 후반부를 지나면서 국민의 정치의식도 크게 고양되었으며, 민주주의에 대한 열망도 한층 증대했다. 그러나 이승만-이기붕의 지배세력은 일부 관료와 군경을 동원해서 민주주의를 열망하는 젊은 세대를 제압했다. 젊은 학생세대와 이승만-이기붕의 경찰 및 자유당 등 관료세력은 격렬하게 대결했으며 이것은 점점 확산되었다. 젊은 청년학생들은 이승만-이기붕의 집권세력 타도를 주창하면서 총궐기했으며, 끝내 이승만-이기붕을 축출하고 민주주의를 회복시켰다. 세습적인 특권적 지배세력의 지속적 영향력도 사실상 종식되었다. 이는 곧 민족주의의 터전 위에 자리 잡은 민주주의에 대한 국민적 열망의 성취였다.

4월 혁명은 1960년 그해 중후반부터 한국 정치의 또 다른 문제를 극복하기 위한 변혁적인 도전으로 나아갔다. 그것은 남북한 분단 체제를 넘어 통일된 민족사회를 이룩하려는 한국 민족주의의 열망의 표출이었다. 젊은 대학생들의 순수한 민족적 열정은 뜨거운 대열을 이루어 경무대로 달려갔듯이, 이번에는 맨몸으로 휴전선을 넘어 북한 동포를 뜨겁게 포옹하려는 민족통일의 열정을 드러냈다. 북한의 공산주의 독재체제가 아무리 잔혹하다 해도 맨몸으로 달려오는 같은 민족의 젊은 형제는 받아들일 것이라는 통일에 대한 감성적인 열망이 대학생들 사이에 들끓고 있었다. "가자 북으로, 오라 남으로!"라는 구호를 외치면서 당장이라도 북으로 달려갈 것 같은 분위기가 젊은 대학생들 사이에서 소용돌이쳤다.

이 시기에 보여준 이러한 성격의 한국 민족주의는 다음의 욕구로 구체화되었다.

(1) 4월 혁명으로 민주주의의 정착=자유 민주주의 → 민족적 민주주의
(2) 분단 체제를 넘어 통일 조국=통일 민족주의 → 민족적 민주주의
(3) 번영된 조국의 경제성장=발전된 경제주의 → 민족적 민주주의
(4) 안정적이고 연대적인 사회=협동적 시민주의 → 민족적 민주주의

특히 (3)의 경제 성장은 4월 혁명의 또 다른 민족적 열망이었다. 1950년대 중후반부터 경제 성장의 조짐이 나타나고 있었지만 이를 더 발전시키기 위해서는 이승만-이기붕 지배 체제의 부정과 부패를 막아야 했기에 젊은 대학생들도 앞장섰으며, 빈곤에서 탈피하고자 경제 발전의 적극적인 추진도 요구했다.

위의 4가지 지향 가치, 즉 자유로운 정치사회를 구현할 수 있는 민주주의, 통일 조국을 위한 민족주의, 빈곤을 극복하기 위한 경제주의야말로 4월 혁명의 기본 이념이자 한국 민족주의의 지향 이념인 민족적 민주주의의 내용이었다. 또한 한국 민족주의가 동학농민운동에서 3.1운동을 거쳐 4월 혁명에 이르러 비로소 하나의 체계적인 지향 이념으로 정립되었음을 의미했다.

그러나 민족적 민주주의는 1961년 5.16 군사쿠데타로 집권한 박정희의 근대화 민족주의의 주창으로 그만 좌초되고 말았다. 당시 박정희 등 집권세력은 근대화 민족주의와 국민국가론적 민족주의를 주장했으며, 여기에 맞섰던 민주화 민중세력은 피지배 민중적인 차원에서 민중적 민족주의를 주장함으로써 결국 민족적 민주주의 세력, 근대화 민족주의 세력, 그리고 민중적 민족주의 세력으로 3분되었다. 통합과 발전의 논리인 민족주의가 집권세력과 민중세력에 따라 이처럼 분열되고 말았다.

2) 박정희의 근대화 민족주의론

박정희朴正熙의 군부 통치는 한국 현대 정치사의 제3단계인 (3) 산업화 통치기로 이는 5.16 군사쿠데타로 시작했다. 이들은 1961년 5월 16일 새벽 "위기에 처한 국가의 운명을 극복하기 위하여" 쿠데타를 일으켰다면서 국가재건최고회의의 이름으로 (1) 반공, (2) 자유 우방과의 유대, (3) 청신한 기풍 진작, (4) 자주 경제의 재건, (5) 공산주의와의 대결, (6) 이 과업 성취 뒤 군 본연의 임무 복귀를 "혁명공약"으로 내걸었다. 그로부터 2년 뒤 대통령 직선제 개헌으로 박정희의 권위주의적 통치가 자행되었다. 박정희는 1963년 12월부터 1979년 10월 26일까지 제 5,6,7,8,9대 대통령으로 국가재건사업을 추진했다. 1968년부터 경부고속도로 개통, 서울 지하철, 새마을 운동, 중화학 공업 건설, 산림녹화 사업, 식량 자급자족 등을 이룩했다. 그러나 3선 개헌 및 유신헌법 등 그의 장기 집권에 맞서서 야당 정치인과 젊은 대학생의 반대 투쟁이 일어났다. 그 대표적인 사례가 1979년 10월 김영삼 의원 제명 파동에 따른 부마항쟁이 일어났으며. 1979년 10월 26일 궁정동에서 중앙정보부장 김재규에 의해 격살당했다.

박정희 18년의 통치 이념은 민족주의와 발전주의로 이는 곧 경제발전으로 직결되었으며 이를 위해 일본과 관계개선에 치중했다. 이때 한일 문제의 중요 사항은 1962년 11월 21일 한국의 중앙정보부장 김종필金鍾泌과 일본 외상 오히라 마사요미(大平正芳)가 합의한 비밀 회담의 메모에서 비롯되었다. 이 메모의 주요 내용은 한국의 대일 청구권 해결 방안에 대한 것으로 일본은 한국에 3억 달러를 무상으로 지불하고, 경제 협력을 명분으로 공공 차관 2억 달러와 상업 차관 1억 달러 이상을 제공하기로 약정한 것이다. 이 합의가 알려지자 한국 국민은 격렬하게 반대하면서 일본이 36년 동안 한국을 강압적으로 침탈한 것을 사과하고 그에 따른 합당한 보상을 하라고 요구했다. 한일 양국 정부는 이것을 경제협력이라는 말로, 그것도 대일 청구권이라는 말로 바꾸다 보니 이것 역시 대다수 국민에게는 더없는 치욕으로 생각되었다. 일본 통치 36년의 민족적 굴종은 물론이고 수많은 사람을 살육했던 그 죄과를 경제 협력이라는 말로 덮어 버리는 것은 또 다른 민족적 굴욕이었다. 이 메모에 분노했던 대학생들은 격렬하게 가두시위를 벌였는데 이는 한국 민족주의의 정통적 계보인 민족-민중의 반일투쟁이었다.

1961년의 집권 초기부터 박정희 군부 세력은 그들 나름의 민족주의를 내 걸고는 권위주의적 통치를 자행했다. 박정희는 민족주의로 근대화를 이룩해서 분단 체제와 약소국가의 위치에서 탈출하겠다고 천명했다. 그가 말한 민족주의는 근대화의 실현이며 이는 곧 경제 부흥을 의미했다. 즉 민족주의를 경제 발전을 위한 이념으로 인식했다. 이는 어느 면에서는 국가주의를 전제로 한 국민 동원의 논리였다. 역사적으로 이어 온 민족의식의 흐름, 즉 외향적 민족의식이나 내향적 민족의식과는 무관한, 그리고 민중 주도의 민족주의와는 다른, 통치세력에 의한 국민 동원을 목표로 한 주장이었다. 이러한 사실을 그의 다음의 저서에서도 찾아볼 수 있다. 《지도자도: 혁명과정에 처하여》, 《우리 민족의 나갈 길》, 《국가와 혁명과 나》[245], 《민족의 저력》과 《민

245) 박정희의 두 번째 저서 《국가와 혁명과 나》에서도 자신의 소회를 밝혀 놓고 있다. 박정희는 "5.16혁명"을 2년여 보내면서 민정 이양을 앞두고 개인적인 느낌을 표명했다. 이 책에서 그는 혁명 2년의 성과를 바탕으로 '제3공화국의 청사진'을 그려 놓았다. 그는 20세기 세계의 혁명 가운데서 성공한 혁명인 일본 메이지유신, 쑨원의 중국혁명, 케말 파샤의 터키혁명, 나세르의 이집트혁명의 공통점은 나라를 다시 일으켰다는 것이고, 그 밖의 수다한 혁명은 실패한 혁명이라고 규정했다. 박정희의 5.16혁명은 "피 흘리지 아니하고 민주주의 원칙을 견지하면서" 수행했던 "이상理想의 혁명"이라고 주장했다.

족중흥의 길》 등 5권이 그것이다.[246)]

이들 책에서 박정희는 스스로 민족주의자로 자처하면서 한국 민족의 미래를 위해 앞장설 것임을 밝히고 있다. 이런 사실은 그의 저서 《우리 민족의 나갈 길》에서도 찾아볼 수 있다. 그는 이 책에서 우리나라의 역사를 비판적으로 바라보면서 이를 망국의 역사, 혼돈의 역사, 실패의 기록이라고 지적했다. 우리 민족은 주체적인 자율성의 결여로 중국을 사대로 섬겼으며 심지어 일본의 지배를 받았던 타율성의 역사였다고 비판했다. 그러므로 이제라도 한국 민족이 주체성을 확립해서 한국 역사의 정신적인 기둥을 되찾아야 하며, 다른 나라 문화의 수입도 비판적으로 선택해서 수용해야 한다고 강조했다.

그는 1961년에 '조국 근대화를 위해 5.16 군사혁명'을 일으켰으며, 이를 국민 혁명으로 성공시켜야 한다는 집념을 갖고 있다고 피력했다. 그는 조국 근대화의 첫 번째 과제는 반봉건적이며 반식민지적인 잔재에서 벗어나는 민족 해방이라며 가난에서 벗어나는 경제 자립이라고 단언했다. 우리 민족은 경제적 영세화와 가난의 고질화에 오래 시달렸기 때문에 여기에서 벗어날 수 없다는 잘못된 관념을 갖고 있다고 비판했다. 그 때문에 민족 자본을 형성할 수 없었고 관권 의존의 기형적인 경제로 근대화의 지체 현상을 겪고 있다는 것이다. 불로소득을 추구하는 양반의 잘못된 경제 관념은 무사 안일주의의 게으른 민족성을 조성시켰다. 그로 인해 민중은 '무표정한 반노예'처럼 체념과 애수 속에서 세월을 허송하는 소극적인 인간으로 변모했으며, 강력한 전제적 지배체제에 억눌려 살았기 때문에 민중 스스로 개혁이

246) 박정희 (1961) 《지도자도: 혁명과정에 처하여》 국가재건최고회의, 박정희 (1962) 《우리 민족의 나갈 길》 동아출판사, 박정희 (1963) 《국가와 혁명과 나》 향문사, 박정희 (1971) 《민족의 저력》, 광명출판사, 박정희 (1978) 《민족중흥의 길》, 광명출판사. 이상 5권은 박정희의 정치적 지향을 밝혀 놓았다.

나 재건에는 희망이 없다고 생각하면서 비과학적인 미신이나 점, 사주 등에 의탁해 살아가고 있다는 것이다. 그러므로 이들 민중을 자각된 존재로 사회적 인간, 생산적인 인간, 노동하는 인간으로 생활하도록 이끌어야 한다고 주장했다.

그는 건전한 민주주의를 이룩하는 일이 절대적인 과제라면서 우리는 지난 16년 동안 외국으로부터 민주주의를 '직수입'했기에 실제 생활 속에 뿌리 내릴 수 없었다고 설명했다. 조선 사회의 중앙 집권적 봉건성이 후대까지도 영향을 미쳤기 때문에 우리는 지난 해방 16년의 역사 속에도 가족 공동체의 '닫혀진 도덕'이 사회관계를 주도하면서 문벌, 파벌 등이 큰 힘을 발휘했던 탓에 근대의 정당도 기운을 잃어 조선 왕조 시대의 붕당과 같은 정당만 등장하고 있다는 것이다. 그 결과 전통적인 지배 형태인 카리스마적인 이승만 독재도 나타났지만 권위주의적 권력에서 벗어나 합리적인 '제도화'를 이루지 못한 채 정당은 붕당이 되었으며 민주정치도 실패했다는 것이다.

그는 근대화를 이룩하기 위한 근대적인 지도 세력을 육성해야 하는데 이를 위해서는 아래로는 농민 대중을 계몽 육성하고, 위로는 혁신적인 인텔리를 민주주의적 지도 세력으로 키우는 일이 시급하다는 것이다. 이는 곧 '민주주의의 한국화'이며 이를 위해서는 근본적인 경제 개혁과 사회 혁명을 이룩해야 한다고 결론짓고 있다.

박정희는 근대화를 위한 민족주의를 주장하면서 그가 이룩하려는 근대화는 외세의 부당한 영향력을 배제하고 국민적 결속으로 정치사회의 일체화一體化를 실현하고 경제성장으로 후진국에서 탈피해 남북한 통일 과업을 완수하고 민족문화를 고양하는 것이라고 밝혀 놓았다. 이를 위해 한국 민족이 본받아야 할 사례로는 독일을 꼽았다. 독일은 2차 대전에 패전했으면서도 "내핍과 절약"으로 오늘의 번영을 이루었음을 지적하고 있다. 그러면서 그도 5.16 이후 독일처럼 발전의 길로 달려 왔다면서 이렇게 주장했다.

"자주와 자립, 번영과 통일의 중흥과업완수中興課業完遂를 다짐하고 나선 70년대의 문턱에서, 나는 우리 민족의 보다 큰 분발과 노력을 촉성하는 뜻에서, 퇴영과 혼돈, 고난과 불행의 연속이었던 근세 1백년의 민족사를 회고하고 한국의 현재와 미래에 대해 나 자신의 평가와 전망을 해 보고자 한다.[247]

그에게 민족의 미래는 새로운 역사의 시작이기 때문에 이 시점에서 민족 성원 모두가 한층 분발해서 민족의 과업인 자주와 통일과 번영의 새 민족사를 이룩하자고 강조했다. 앞으로의 과업은 우리의 전통에다 서양의 문물과 동양의 사상을 융합시켜 '새로운 민족적 자아"를 이룩하는 것이라면서 이를 다음과 같이 밝히고 있다.

"역사에 기록될 우리의 길은 민족의 길이다. 우리는 우리가 이룩한 벅찬 건설의 과정을 통해 우리 민족의 숨은 저력을 스스로 발견했고, 이제는 우리도 남부럽지 않게 잘 살 수 있다는 확신을 갖게 되었다. ……우리는 이제 5천 년 민족사에 축적된 자주와 조화와 창조의 전통을 하나하나 되찾아가고 있다. 우리가 찾는 것은 과거의 영광이 아니라 미래를 위한 지혜이며, 단순한 민족적 특수성이 아니라 세계문화의 형성에 기여할 우리의 고유한 정신과 개성이다. 우리는 우리의 전통에 서양의 문물과 동양의 사상을 융합시켜 새로운 민족의 자아를 이룩해가고 있으며 우리 선인들의 사상과 슬기를 되살려 정신혁명과 인간성장

247) 박정희 (1971)《민족의 저력》광명출판사 p. 24.

의 새 바탕을 일으키고 있다.[248]

그는 이 책 말미에서 우리 민족이 민족중흥을 이룩함으로써 "우리의 자자손손이 이를 자랑할 것이며—민족중흥의 길은 온 국민이 함께 가는 길이며 지금 우리는 모두가 이 창조의 시대에 살고 있다"고 결론지었다.[249]

그러나 박정희의 민주주의는 자유 민주주의적 시민사회와는 무관하며 민주주의의 한국화, 다른 말로 표현한다면 한국적 민주주의로의 지향이었다. 이는 곧 민주주의의 변형이며 또 다른 권위주의로의 회귀로 사실상 자유 민주주의의 종언일 수도 있다. 그는 특별히 동서양의 사상과 문화를 융합하여 새로운 민족적 자아를 실현해야 한다고 강조했다. 이는 19세기 동아시아에서 유행했던 동도서기東道西器나 화혼양제和魂洋才와 같은 개념으로 서로 다른 두 개의 문화가 접합할 경우 대부분 혼돈적인 모습을 보여주는 데도 이를 무시해 버렸다.

이런 문제점을 갖고 있음에도 박정희의 논의는 그 시대 한국인의 국민적 감정에 호소하면서 이것이 그 자신이 오랫동안 집적해 온 정치적 이념임을 주지시켰다. 이들 주장은 그의 권력 점유와 행사를 합리화했던 논리로 활용되었다.

민족주의는 어느 특정 지도자의 사상이 아닌 한 시대를 함께 하는 민족 구성원의 가치관이나 기대 논리에 그 기반을 두어야 한다. 이 점에서 박정희의 민족주의는 군사 쿠데타를 감행했던 그 자신의 행위에 대한 변론의 의미를 갖고 있으며 국민을 자신이 생각한 방향으로 끌고 가려는 의도를 담고 있었다고 할 수 있다.

---

248) 박정희 (1978)《민족중흥의 길》광명출판사 p. 201.

249) 앞의 책, p. 206.

3) 이용희의 저항적 민족주의론

박정희 통치기에 그를 이념적으로 지원했던 이선근李瑄根, 이용희李用熙, 박종홍朴鍾鴻 등도 민족주의를 기반으로 하는 근대적 국민국가론을 주장했다. 이들 가운데 특히 이용희[250]의 민족주의론은 크게 주목받았다. 여기서 이용희의 민족주의론을 살펴보기로 한다. 이용희는 민족주의를 2가지 차원, 즉 수평적으로는 서유럽의 민족주의와 한국의 민족주의를 비교했으며 수직적으로는 한말에서 일제 시기, 해방을 거쳐 1960년대 말까지 한국 민족주의의 흐름을 다루었다. 서유럽에서 민족주의의 역사적 흐름을 살펴보면서 한국의 근 현대사에서 그것의 의미와 성격을 논의했다.

그는 민족과 민족주의는 프랑스 대혁명 이후 근대국가의 활동에 내재된 동력이었다고 전제했다.[251] 근대 국가의 민족주의의 기저에는 '국민이라는 일종의 이념상'이 자리 잡고 있는데, 그것이 구체적으로 누구를 의미하는가에 따라 민족주의의 성격이 달라진다고 설명했다. 부르주아 사회인 서유럽에서는 지배층인 귀족 등 상층과 피지배층인 국민이 모두 민족으로 일체화되어 통합했지만 한국에서는 이와는 다르게 진행됐다고 지적했다. 즉 상층 지배 세력과 하층 평민이 국

250) 이용희(李用熙, 1917-1997)는 3·1운동의 33인인 이갑성李甲成의 차남으로 서울에서 출생했다. 중앙고등보통학교를 나와 연희전문학교 문과를 졸업했다. 1948년 서울대학교 문리과대학 강사로 국제정치학을 연구했으며 1963년 서울대학교에서 법학박사 학위를 받았다. 그의 연구 영역은 국제정치이론으로 '권역이론', '전파이론'의 논리화를 시도했다. 중근동中近東 파견 친선사절 단장, 국제연합(UN) 총회 한국대표, 한국국제정치학회장, 서울대학교 행정대학원장, 대통령 정치담당특별보좌관, 국토통일원 장관, 학술원 회원, 아주대학교 총장, 세종연구소 이사장(1989~1993) 등을 맡았다. 주요저서로는 《국제정치원론》(1956), 《일반국제정치학(상)》(1962), 《한국민족주의》(1977) 등을 비롯해 《한국회화소사》(1972), 《한국회화사론》(1987) 등도 저술했다.

251) 李用熙 저. 盧在鳳 편 (1977) 《韓國民族主義》 瑞文堂 pp. 70~71.

민으로 일체화되지 못했고 서로 분열되었기 때문이다. 이로 말미암아 한국의 민족주의는 다음과 같은 문제점을 갖게 되었다. (1) 한국 민족주의를 떠받치는 기저의 문제 (2) 근대국가 체제와 민족주의의 적실성 문제 (3) 한국 민족주의의 지도성 문제 (4) 한국 민족주의가 가야 할 방향, 특히 통일의 문제가 그것이다.[252]

그는 한국 민족주의의 정치사에서는 민족에 의한 민족사民族史와 왕조사王朝史 사이에 괴리 현상이 나타난다고 주장했다. 여기서 말한 왕조사는 정권사政權史로 공권력을 장악한 지배층의 역사를 의미한다. 이들 왕조의 영고성쇠가 피지배층인 국민의 욕구와 일치한다면 왕조사가 곧 민족사일수도 있다. 그러나 한국사에서는 고려에서 조선 왕조에 이르기까지 왕조는 사대 질서에 복종함으로써 권력 장악과 그 유지에만 급급했다. 백성은 항몽전쟁 40년과 삼별초의 난, 임진왜란, 의병과 게릴라전 등으로 자발적으로 저항하며 민족혼을 불태웠다.

이처럼 왕조의 정권사가 위축과 타율의 추세를 보였다면 민중의 정치사는 그 영역을 한반도를 넘어 대륙으로까지 진출하려는 팽창의 성향도 보여 주었다. 조선왕조 말기에도 민족주의가 태동하려 했지만 권력의 핵심층은 때로는 사대하면서 때로는 민중의 민족주의 태동을 압살했다. 이처럼 왕조사와 민중의 민권사는 일치하기보다는 위화감을 보여주었다. 이러한 여건에서 형성된 한국 민중의 민족사는 (1) 역경에서 닦아진 강인한 생활력 (2) 정권과의 위화감 (3) 민중의 자율성으로 나아갔다.

민중이 주도했던 한국 민족주의의 시기별 특징은 초기에는 외세에 대한 저항으로 나타났다. 일제 시기에는 주권 회복을 위한 투쟁이었고, 해방 이후에는 정치 세력의 분열과 괴리로 민족의 기대와는 달리

252) 앞의 책, p. 76.

분단 체제의 비극으로 귀착되었다. 이처럼 한국 민족주의의 시대적 흐름은 저항적 민족주의에 따른 한국의 근대화 추구로 왜곡되었는데 이는 곧 민족주의의 후퇴라고 말할 수 있다.

이용희는 한말의 동학운동, 의병 항쟁, 독립협회에서도 알 수 있듯이 한국 민족주의 지도세력의 핵심은 서민 대중이었다면서 한국의 민족주의는 민중에 의한 저항 민족주의로 전개되었다고 설명했다. 여기에 더하여 한국 민족주의의 비극은 일제 통치기에 형성된 자본가 계급과 관료들의 비민주적 성격에서 비롯되었으며 이것은 민족주의의 본질에 저해적인 영향을 미쳤다고 주장했다. 즉 대한민국 정부 수립에서 이들이 집권층이 되었기 때문에 정권사와 민족사의 괴리로 한국 민족주의의 일체적 통합성도 천연되었거나 왜곡되는 위기를 맞게 되었다는 것이다.

이용희는 한국 민족주의의 현실적인 어려움과 한계를 다음 몇 가지로 설정했다. 첫째로 한국 사회와 문화와 전근대성은 한국의 민족주의 발전에 저해로 작용했다. 둘째로 국민에게 당장 충족감을 안겨 주려는 집권자들의 과도한 의도가 “가식적인 사이비 군사력, 경제력을 표면적으로 증대”시킴으로써 국민의 민족적 자존감을 높이려 했으며, 이는 곧 우려의 대상이 되고 말았다. 셋째로 “사이비 근대성의 위기”를 논하면서 여론 매체를 통해 서구 사회의 발전을 접하면서 경제 성장만이 제1차적인 과제로 여기게 된 그 시대의 사회 풍조를 크게 우려했다. 넷째로 한국 민족주의의 최대 비극은 타율적인 국토 분단과 이데올로기적인 분열이라고 크게 우려했다.

그는 한국 민족주의에 더 큰 영향력은 한반도 주변의 강대국에서 비롯되었기 때문에 이것에 대한 대응책이 절실하다면서 “타율의 틈바구니에서도 자율로 솟아날 수 있는 길을 찾아야 한다.”고 주장했다.

한반도 주변 강대국의 현상 유지(status quo)정책은 시대에 따라 변모했는데, 한국 민족주의도 여기에 대응해야 한다는 것이다. 한국에서 민족주의가 그 독자성과 자율성을 확보하기 위해서는 강대국 주도의 시대 흐름에 적절하게 대응해야 하며 강대국의 세력균형 정책에 효과적으로 맞설 수 있는 국력의 함양이 절실하다고 지적했다.

결론적으로 그는 한국 민족주의의 기저에 흐르는 민족사적 특징으로 저항과 생활력, 정권에 대한 불신, 자율적인 투쟁력을 들었다. 이것이 한말에서 해방에 이르기까지 저항 민족주의로 표출되었던 이러한 특징은 전형적인 식민지 민족주의의 성격이라고 주장했다. 그는 한국 민족이 지난날의 유산에만 집착한다면 근대국가로의 발전 과정에서 낙오되고 말 것이라면서 더 한층 분발해야 할 필요성을 강조했다.[253)]

4) 송건호의 민중 민족주의론

박정희의 근대화 민족주의는 국민 동원을 위한 "위로부터의 발전"의 논리라는 비판과 군사권위주의 통치로부터 고통 받는 민중을 외면한 지배자의 논리라는 비난을 거세게 받았다. 즉 박정희의 근대화 민족주의론은 '국민 없는 민족주의', '민주주의에서 이탈된 민족주의', '민중의 고통을 외면하는 민족주의'라는 거센 비판을 받게 되었다. 특히 1970년대를 넘어서면서 박정희를 비롯한 집권 세력이 민주주의에서

---

253) 앞의 책 p. 93. 이용희의 민족주의론은 비판적이고 실증적인 논리로 그 시대에 큰 영향력을 미쳤다. 그의 이러한 주장이 박정희의 민족주의론에도 영향을 미친 것으로 설명되며 이들 두 사람의 민족주의의 귀착점은 "위로부터의 발전"을 전제로 한 근대화의 부국강병으로 통일 민족국가로의 지향이었다.

이탈하여 장기 독재 체제로 나아가자 대학생과 지식인, 도시 노동자의 집단적 저항이 터져 나왔다. 그런데도 박정희는 조국 근대화와 민족중흥을 내세우면서 근대화 민족주의의 필연성을 적극 합리화했다.

이 당시 박정희의 지배세력에 맞서서 논리적으로 공격했던 지식인으로는 주로 장준하의《사상계思想界》필진이 그 중심을 이루고 있었다. 여기에는 함석헌咸錫憲, 김성식金成植, 이극찬李克燦, 차기벽車基璧, 양호민梁好民 등이 포함되었으며, 이들의 대부분은 관서지방 출신으로 해방과 한국전쟁을 전후하여 월남했던 자유주의적 지식인이었다. 이들은 박정희의 근대화 민족주의를 신랄하게 비판했다. 박정희의 민족주의론은 (1) 일본 군국주의와 비슷한 국가주의적 논리며 (2) 5.16 쿠데타를 민족적인 것으로 합리화하면서 (3) 의회주의적 민주체제를 부정하는 주장으로 (3) 여기에는 건전한 도시 시민층과 농어촌의 신진 청년들의 참여 욕구를 배제하고 있다고 공박했다.

이러한 논리를 김성식의 다음 글에서도 읽을 수 있다.[254)]

"우리는 독립한 뒤 시민적, 자유적 민족주의를 가져 본 적이 없고 설사 일부 소수인이 가졌다라고 해도 집권자가 교도하는 민족주의에 억압당하고 말았다. 말하자면 과거에 민주적 민족주의가 없고 독재적 민

254) 김성식(金成植, 1908-1986)은 평안남도 평원 출신으로 1919년 향리의 일신학교日新學校와 1924년 평양 숭실학교를 거쳐 1930년 일본 도호쿠학원(東北學院)을 졸업했다. 이어 1935년까지 일본 구주대학(九州大學) 법문학부에서 서양근대사를 연구했다. 숭실학교 교원으로 근무하다 그 학교가 폐교하자 가업에 종사하다가 1945년에 월남했다. 1946년~1973년까지 고려대학교 사학과 교수로 근무했다. 주로 서양 근대사와 민족주의를 연구했으며 1965~1968년까지 정치교수로 해직되었으나 동아일보 등에 정치칼럼을 기고함으로써 "당대의 일류 논객"의 위치를 점하게 되었다. 그가 쓴 저서로는《대학사大學史》,《독일학생운동사》,《역사와 현실》,《역사의 언덕에 서서》,《역사와 우상》등이 있다. 그의 연보는 다음 책 말미에서 읽을 수 있다. 김성식, (1982)《김성식 정치평론: 쓴 소리 곧은 소리》동아일보사 p. 431.

족주의가 있어 왔다. 여기서 우리가 분명히 생각해야 할 것은 아무리 민족주의가 소국의 독립과 분단국의 통일을 위해 불가결한 요소라고 해도 그것이 민주적으로 되지 못하고 통치자의 전유물이 될 때 그 민족주의는 독재정치의 유효적절한 방편이 되기 쉽다는 점이다. 비민족적, 비민주적인 부정부패한 독재자의 최후의 피난처(The last refuge)가 바로 민족주의, 민족주체성이라는 것을 잊어서는 아니 된다. 우리는 히틀러, 도오죠(東條), 김일성에게서 그 실례를 보았다.[255)]

이 시기를 전후로 박정희의 근대화 민족주의에 대한 반대가 젊은 지식인들로부터도 거세게 터져 나왔다. 이 당시 대표적인 비판론자로는 송건호宋建鎬, 리영희李泳禧, 강만길姜萬吉, 김진균金晉均, 백낙청白樂晴 등을 들 수 있다. 이들의 활동 시기는 김종필-오히라 메모로 촉발된 대학생들의 시위 이후였는데 이때부터 이들은 민중 민족주의 또는 노동자 농민 민족주의라는 표현을 사용하면서 변혁적인 민족주의를 주장하게 되었다. 이들은 이전까지 논의된 민족주의는 기존 체제를 합리화하는 일면을 보여주고 있다고 논박하면서 박정희 통치 체제에 전면적으로 저항했다.

이러한 관점에서 민족주의를 고찰했던 송건호[256)]는 한국 민족운동

255) 김성식 (1982) "올바른 한국민족주의"《김성식 정치평론; 쓴 소리 곧은 소리》 동아일보사 p. 371.

256) 송건호(宋建鎬, 1927~2001)는 충청북도 옥천군沃川郡 군북면郡北面에서 출생했으며, 1956년 서울대학교 법과대학 행정학과를 졸업했다. 대학 재학 중에 대한통신의 기자로 활동했으며 1950년대에는 조선일보와 동아일보 등에서 기자와 논설위원을 거쳐 1974년에는 동아일보 편집국장으로 활동했다. 1975년 동아일보에서 기자해직 문제로 사직하고 《씨알의 소리》 편집위원으로 저술활동과 민주화운동에 적극 가담했다. 1980년 김대중 내란음모사건으로 체포되어 2년형을 선고받았으나 그해 풀려났다. 1984년에는 해직기자들과 함께 민주언론운동협의회를 조직했으며 여기에서 월간 《말》을 발행해 군사 독재에서 민주화운동을 보도했다. 1988년에는 《한겨레신문》을 창간, 사장과 회장

은 3.1운동에서 싹텄다고 주장했다.[257] 3.1운동 지도자들은 유림이나 지방의 선비와는 무관했던 중인층이나 상공인 출신으로 한국 최초의 부르주아 민족주의자였다. 이들은 3.1운동 뒤 국내 잔류파와 해외 망명파로 양분되었는데 이들은 민족운동의 지도 세력으로는 여러 면에서 한계가 있었다고 지적했다.

그에 따르면 1920년대부터 항일 운동의 헤게모니는 노동자 농민으로 구성된 민중에게 점차 옮겨졌으며, 8.15 이후에도 전통적 지도층이 대부분 반민족 행위, 다시 말하면 친일적인 행위로 민족주의 지도자로 나설 수 없었다는 것이다. 그러나 그때 한국에 상륙한 주한 미군은 그들의 협력자로 이들 친일 세력을 관직자로 활용했으며, 1948년 대한민국의 이승만 대통령은 미군정에 참여했던 이들을 그대로 등용했고 반민특위도 무력화시켰다는 것이다. 또한 이승만 대통령 재임 초기의 귀속 재산 불하와 농지 개혁은 일제 강점기의 매판 기업과 지주 등 친일 정상배들이 다시 득세하는 경제적 기반이 되었다고 적고 있다.

이렇게 출범한 이승만 정권은 3.15 부정 선거로 급기야 4.19혁명을 불러왔으며, 이는 민주화 운동이자 민족통일 운동으로 발전했지만 5.16 쿠데타로 탄압의 국면에 처하게 되었다. 이 시기에 군사정부의 대일관계에 대한 국민적인 불만은 대학생은 물론이고 노동자 농민들도 반대투쟁에 참여함으로써 민중 운동의 성격을 보여 주었다면서, 송건호는 한국 민족주의의 최종 목표는 민족 통일이라면서 이렇게 주장했다.

이 되었다. 2001년 사망했다. 주요저서로는 《민족지성의 탐구》(1979), 《민중과 민족》(1979), 《한국민족주의의 탐구》(1984), 《분단과 민족》(1986) 등이 있다.

257) 송건호 (1989) 〈분단하의 한국 민족주의〉 《한국 민족주의의 이상과 현실》 대영문화사 p. 25.

"따라서 한국 민족주의를 말할 때 통일 문제를 제외하고는 논의 그 자체가 의미를 잃는다. 바꾸어 말하면 한국 민족주의는 분단이 아닌 통일을 내용으로 하는 민족적 과제로서 파악하지 않으면 안 된다는 것이다. 이승만적 국민주의가 아니라 김구金九의 민족주의로 파악해야 한다는 것이다."[258)]

그는 민족 통일은 오직 전쟁 없는 "공존적 타협"을 통해서만 그 실마리를 찾아야 한다면서 남북한 통일의 과정을 두 단계로 설명하고 있다. 첫 단계는 복합 국가나 연합체를 이룩하는 것이라고 제의했다. 그런 다음에 나라 안의 부정과 부패를 일소해야 통일의 길이 열린다고 주장한다. 다시 말하면, 깨끗한 사회와 맑은 정치는 국민의 절대적인 신임과 지지를 받기 때문에 집권 세력도 여유를 갖고 통일 문제에 임할 수 있다는 것이다. 그러면서 그는 이렇게 결론짓고 있다.

"명심할 점은 우리 민족이 지금 당면한 최대의 과제는 이 땅에 민족 자주성을 확립하는 일이며, 적대적인 남북한 간에 평화적 관계 개선을 실현하는 일인데, 이 절대적인 민족적 과제는 이 땅에 우선 민주화를 실현하는 데서 실현이 가능하다는 것을 깨달아야 하겠다."[259)]

당시 송건호의 민족주의는 민중을 전제로 한 논리로서 그 민중이 통일의 선봉에 나서야만 남북한의 민족 통일도 이룩할 수 있다고 확신했다. 특히 남한에서 먼저 민주화를 이룩해서 자유의 새 세상이 된

258) 여기서 한 가지 문제는 이승만의 국민주의와 김구의 민족주의에 대한 구분이다. 양자의 이념적, 개념적 차이에 대한 논의는 전제하지 않은 채 가치론적으로 구분하고 있기 때문이다. 송건호, 앞의 책, p. 39.

259) 송건호, 앞의 책, p. 49.

다면 남북통일도 쉽게 이룩될 것으로 전망했다. 송건호의 이러한 주장은 다음의 논리로 이어졌다. (1) 민중이 주도하는 민족주의로 나아가야 한다. (2) 민중 주도의 민족주의는 민주주의 정치로 발전을 가져온다. (3) 민중 주도의 민족주의는 북한에서도 수용할 수 있을 것이다. (4) 민중으로부터 민주주의로 그리고 민족 통일의 단계로 전개되어야 한다.

그의 이러한 논리는 남한의 민주화를 위한 주장일 수는 있지만 그 민주화가 곧장 남북한을 하나로 연계시키는 통일의 가교가 될 수 있다는 논의는 현실성을 배제한 이상적인 주장에 불과하다는 비판에서 벗어날 수 없었다. 즉 남한에서 민주화가 이루어진다고 여기에 상응해서 북한도 자유화로 나아갈 것이라는 인식은 지나치게 낙관론적 주장이라는 비판을 받기도 했다. 그럼에도 그가 강조했던 남북한 통일의 점진적인 접근, 즉 국가 연합체에 대한 주장은 많은 젊은 세대로부터 지지를 받았으며 그 뒤 통일 논의에서도 그 나름의 영향력을 미치기도 했다.

4. 고착된 민족주의를 넘어서

1960년대부터 1970년대까지는 박정희 중심의 군부 세력의 근대화 민족주의가 경제 발전과 국위 선양의 기치를 매달고는 군부 권위주의 시대를 주도하였다. 그 시대의 지배 이데올로기인 근대화 민족주의는 1970년대 민주화 운동에 따라 대학생과 비판적 지식인으로부터 전면적으로 비판 배격되었다.

특히 박정희의 근대화 민족주의의 논리는 그 주장과 실천 사이에 심한 괴리 현상을 빚고 있었다. 박정희는 군사 권위주의를 자행하면서도 이를 한국 민족주의의 전개과정에서 불가피한 현상으로 논리화했다. 그의 주장은 그 자신의 통치를 변명하고 합리화하는 반시대적인 것임은 분명하다. 이런 사실을 전제하면서 그의 핵심적인 논리를 살펴보기로 하자.

그는 민족주의가 추구하는 부국강병의 이념을 그 시대의 한국사회에 적용시키면 "위로부터의 발전"은 불가피한 과제로서 정치의 효율성과 목표를 달성할 수 있는 현실적인 선택이라고 주장했다. 권위주의적인 정치의 불기피한 시대성을 강조하면서 그 시대 한국사회를 위한 효율적 정치제도인 한국적 민주주의는 과도기적이며 불가피한 것이라고 주장했다. 또한 한국에서 민주주의도 민족주의도 시대적 요청에 부응하기 위해 민족주의를 본으로 삼고 그것을 위한 정치제도로 민주주의를 종으로 삼아야 한다고 논리화했으며, 여기에서 군사권위주의 체제도 불가피한 과정이었다는 식으로 그 자신의 통치를 합리화했다.

박정희의 군사권위주의 통치를 뒷받침했던 근대화 민족주의는 군부집권세력의 통치논리였다. 이는 군부 집권 세력이 주장했던 민족주의와 민주주의를 접합시킴으로써 동학농민혁명과 3.1운동, 그리고 4.19혁명으로 이어지는 정통 한국 민족주의의 흐름을 변용시킨 것이다. 당시 군부의 근대화 민족주의는 이승만 정권의 일민주의의 성격도 포함하고 있었다. 박정희 통치기의 민족주의는 결국 한국 민족주의를 두 갈래로 갈라놓았다. 하나는 앞에서 말한 국가 주도의 근대화 민족주의인 국가 민족주의였고, 다른 하나는 여기에 맞서는 노동자, 농민, 대학생 등 청년 지식인의 민족주의로, 이는 곧 민중을 위한 변혁 이념, 즉 좌파 지향의 민중 민족주의였다.

1) 분단체제 통합의 논리

1970~80년대의 한국 민족주의의 인식 논리를 다음 도표로 비교해 볼 수 있다.

〈표 6〉 1950~70**년대 민족주의의 인식 논리**

	근대화 민족주의	민중 민족주의
역사적 기원	1919년 3.1운동 전후	4.19혁명에서 6.3 항쟁 전후
주도 세력	개화–척사파, 계몽된 중산층	청년 학생, 노동자, 농민
지향 가치	산업화와 복지, 통일 실현	인권 보장, 평등 사회 구현
대외 관계	미, 일 등 자유 우방과의 연대	주변 국가와의 우호 관계
대북 정책	북진 통일에서 남북 협상으로	남북 연합의 연방제
대표적 주창자	안호상, 이선근, 이용희 등	장준하, 문익환, 송건호 등

근대화 민족주의는 한국의 근대화를 이끌었던 전통적 지배층과 그 뒤 등장한 중산층이 주도하는 민족국가 발전의 논리로 시작되었다. 이는 한국사회에서 집권세력의 민족주의적 인식 논리로 산업화를 통해 선진국을 이룩하면 민주주의도 자연스럽게 이루어질 것이라고 믿고 있었다. 한국이 남북통일의 문제에서 주도권을 행사하게 되면 북한 주민을 공산주의 체제로부터 해방시킬 수 있을 것으로 믿고 있었다. 근대화 민족주의도 1990년대 초까지는 북진통일을 주장했지만 그 뒤 남북한 당국자 회담으로 통일문제를 해결해야 한다고 강조하였다.

한편 민중 민족주의의 주도세력은 "참여적–비판적"인 지식인, 청년 학생, 노동자, 농민으로 이들은 집권세력에 맞서는 저항 논리로 민주화와 민중 민족주의를 주창했다. 이들은 그 시대의 민족주의는 민주주의와 함께 병진해야 한다고 주장했다. 당시 집권 체제에 맞서 투쟁했던 대학생과 노동자 농민의 시위 군중들의 민주화 구호에는 민족주의가 함께 주창되었다. 민주화 투쟁기에 민주주의와 민족주의의 접합은 민족주의에 대한 기대감에서 비롯되었다. 그러면서도 민족주의는 이념으로나 일상적 실천으로는 구체화하지 못한 채 여전히 이전의 상태에 그대로 머물러 있었다.

그 뒤 1970~80년대를 넘어서면서 민주화는 정치적으로 그 나름의 실천적 효과를 거두었지만 민족주의는 여전히 방치된 상태에 놓여 있었다. 어느 면에서는 민주화에 대한 높은 관심과 제도적 실현 때문에 민족주의는 상대적으로 뒤로 밀쳐지게 되었으며, 20세기 강대국 주도의 국제 정치는 민족주의를 과거의 유물처럼 여기는 시대 사조를 퍼뜨렸다. 세계 곳곳에서 민족주의의 정치적 문제, 민족 통합의 문제, 민족 발전과 자주화를 위해 함성과 포성이 터지고 있는데도 이들 문제는 묘하게도 점점 외면당하고 있다. 그러나 이러한 문제를 조금 더 깊이 있게 살펴보면 이들 국제문제에서는 민족 문제가 핵심을 이루고 있음을 쉽사리 발견할 수 있게 된다.

이러한 시대사의 흐름을 전제로 한국 민족주의의 150여 년을 되돌아보면 민족주의의 이념에 따라 깊이 있는 논의나 정책을 제대로 추진했던 때가 없었음을 발견할 수 있다. 지금도 민족주의에 대한 논의는 대부분 비판과 배격이 주도하고 있다. 국제 사회에서는 아직도 강대국의 패권주의에 따른 지배와 영향력 행사가 그대로 지속되고 있고 그들의 제국주의적 경제 침탈도 여전히 이어져 세계의 약소국이나 중진국의 민족주의적 결속과 대응이 더없이 필요한 시대인데도 오히려 이들 국가의 민족주의적 대응을 비판 배격하는 것을 지식인의 의무처럼 여기고 있다.

근대화 민족주의와 민중 민족주의의 경쟁적 지배 구도를 보완하여 합일적인 민족주의 구도로 통합시키는 일도 중요한데도 일부 지식인들은 여전히 이를 무시하거나 외면하는 모습을 보여주고 있다.

한국 민족주의도 더 현실적이고 체계적인 이념으로 재정립해서는 민족 사회의 당면 문제에 대한 정확한 인식과 그것을 극복할 수 있는 민족주의의 통합 방안을 제시해야 한다. 그래야만 다른 이데올로기와의 접합은 물론이고 정책적인 실천도 이룩할 수 있다. 민족주의를 기본으로 진보와 보수, 우파와 좌파가 함께 어울릴 때 비로소 민족주의의 정상적인 기능도 기대할 수 있을 것이다. 그러나 반대로 민족주의가 좌우파 대결의 계쟁점이 되거나 갈등의 폭만 넓힌다면 민족주의는 그 존재 의미마저 상실하게 될 것이다.

아무리 뛰어난 이념이나 사상도 시대나 형편에 따라 항상 새롭게 되새기고 고쳐야 한다. 그 과정에서 주장과 주장 사이에 충돌도 일어날 수 있고, 어느 한편의 승리와 다른 편의 패배로 끝맺을 수도 있다. 극히 예외적이지만 서로 다른 주장은 끝내 어울리지 못한 채 양편 모두 폐기처분당할 수 있는데 이런 과정은 이념이나 사상이 지닌 숙명이다. 이제 한국의 민족주의도 수많은 주장과 지향으로 치열한 논박을 거쳐야 한다. 이런 일은 이미 오래전에 마무리되어야 했고 지금은 민족주의에 대한 기본적인 사실에 합치된 논리를 제시할 수 있어야 한다.

흔히 그렇듯이 민족주의의 통합을 위한 논의에도 몇 가지 전제가 따른다. 바로 '우리 민족'과 '실천적 지향'이 그것이다. 대부분의 사상이나 이념이 그렇지만 민족주의는 한층 '우리'라는 사실을 중시한다. 여기서 '우리'라는 것이 집단주의나 전체주의를 의미하는 것은 아니다. 일정 지역을 중심으로 일상적인 생활을 하면서 나와 남이 어울려 '우리'라는 집단을 이룰 때 그 '우리' 속에는 나와 함께 다른 사람이라는 존재, 즉 남의 욕구도 포함되어야 한다. 이는 곧 '우리' 속에 포함된 "나와 너"의 존재는 결코 무시될 수 없는 실체라는 뜻이다. 나와 너의 존재를 인정하면서 이를 '우리'라는 관념으로 결속시키는 것이야말로 민족주의 논의의 기본 전제일 수 있다. '나와 너'의 존재가 '우리'라는 집단으로 합쳐지는 것은 그 집단이 '함께 하는 집단', 즉 공동체의 구성원이라는 믿음 때문이다.[260] 그렇다고 혈연만으로 우리를 설정하는 것은 지난날의 낡은 논리일 뿐이다. 이 땅에 함께 살면서 민족이라는 공유된 이념 체계를 받아들이고 실천한다면 의당 민족 구성원으로 함께 연대할 수 있고 또 해야 한다. 오늘의 민족은 특정 이념을 향유하면서 함께 생활하는 민족 공동체의 구성원으로 이해할 수 있다.

민족주의는 그 민족이 놓인 시대성과 여건에 따라 각기 다른 논리를 주장할 수도 있지만 공통된 성격, 즉 민족주의의 이념인 자주독립, 연대와 통합, 그리고 평화와 발전에 대한 인식에서는 함께 할 수 있어야 한다. 앞에서 전제한 민족주의의 이념을 당장 그 모두를 동시에 실천한다는 것은 어려운 일이다. 이들 가운데 당장 어느 것을 더 중시할 것인가는 그 민족의 시대와 여건에 따라 다를 수 있다. 어떤 민족사회에서는 연대와 통합을 먼저 이룩하고 이어 자주 독립국가를 수립해서는 평화와 발전으로 나아가기도 했다. 이처럼 민족주의의 발전 도정은 각 나라마다 다를 수 있다. 그러나 가장 중시하는 것은 자주 독립인데 이를 이룩하는 방법이나 과정은 각 나라마다 형편에 따라 차이를 보여 주었다.

지난날 서유럽의 근대사는 민족주의의 이름으로 남의 나라를 침탈했던 제국주의의 아픈 역사를 갖고 있다. 서구 제국주의의 침략으로 고통 받았던 비 서구사회에서는 그들 자신의 민족주의로 이 어려움과 고통을 극복하려 했다. 이처럼 한 편에서는 민족주의는 제국주의로

260) 오늘의 국제사회에서는 민족주의를 단순히 혈연적인 역사적 실체로만 여길 수도 없다. 21세기로 넘어서면서 민족주의도 일정 지역과 그 지역에 장기간 함께 거주하는 집단이 공통된 이념과 생활 관습을 공유할 때 이를 민족으로 여기는 광의적인 인식도 주장되고 있다. 이점에 대해서는 다음 책을 참고할 수 있다. 진덕규 (1999) 《글로벌리제이션, 그리고 선택: 국민국가의 미래》 학문과 사상사 제4장 참조.

변모했고 다른 한편에서는 민족주의가 반제국주의적 투쟁을 민족의 목표로 삼기도 했다. 이는 곧 민족주의는 보편적 논리이면서도 시대와 형편에 따라 나라마다 그 나름의 독특한 논리나 지향을 추구해 왔음을 의미한다. 심지어는 같은 나라에서도 집단이나 지역에 따라 자신들의 특수 상황을 주장하는 논리로 민족주의를 내세우기도 했다.

자기 나라의 독자성과 자율성을 지키려는 민족주의의 이념은 민족의 존립과 발전을 위해 역사적으로 나눠진 민족부터 통합하는 것이 우선적인 과제다. 민족 통합의 과정은 한동안 그 민족에게 새로운 부담과 어려움을 가져다줄 수도 있다. 그러나 그 모든 어려움을 받아들이면서도 민족 통합은 이룩해야 한다. 그렇게 해야만 민족국가로서 발전적인 미래를 이룩할 수 있게 된다. 분열된 민족국가로는 강대국의 제국주의 침탈에서 벗어날 수 없다. 그 침탈은 국력을 쇠약하게 하고 자주국가로써 위치조차도 위협받게 하기 때문에 나눠진 민족사회는 반드시 통합되어야 한다.

2) 민족 공존의 통합 민족주의

한반도의 남북에서 빚어지거나 또는 한국사회 내부에서 전개되는 서로 다른 민족주의의 지향 이념도 쉽사리 목도할 수 있다. 한편에서는 세계화의 물결과 함께 민족 사회의 통합을 추구하는가 하면, 다른 한편에서는 민족주의를 획일화된 정치 이데올로기로 비난 배격한다. 이처럼 서로 다른 주장의 민족주의도 이제는 함께하는 민족주의로 합일화되어야 한다. 그렇게 하지 않는 한 분단된 민족의 통합은 이론적으로도 현실적으로도 요원할 뿐이다. 남북한의 민족주의를 합일화하기 위한 논리로 민족 공존과 연대를 위한 통합 민족주의를 설정할 수 있다.

오늘 남북한의 분단체제 70여 년은 민족의 일체감에서 점점 벗어나 각 체제의 독자성과 개별성을 강화하고 있다. 이 상태가 지속된다면 같은 민족으로 공유하는 영역이나 내용은 점점 감소되고 말 것이다. 민족으로서의 공존, 협력의 영역을 넓힘으로써 남북한이 하나의 민족임을 절감하고 이를 민족문제 해결의 출발점으로 받아들여야 한다. 하나의 민족은 바로 한 핏줄, 한 형제로 어떤 경우에도 나눠질 수 없고 헤어질 수 없다는 강고한 민족적 연대 의식의 표현이다. 하나의 민족사회]를 위한 이념적 실천적 논리가 바로 통합 민족주의이다.

남북한이 통합 민족주의를 강화하기 위해 다음 몇 가지 사항을 시급히 실천해야 할 것이다.

(1) 같은 민족으로 남북한이 공유했던 역사적 사례나 영역을 찾아 이를 발전시켜야 한다.
(2) 정치와 직접 연계되지 않은 영역이나 분야에서 남북한 민간인의 교류 협력을 강화한다.
(3) 남북한 분단 체제는 서로를 비난 비판하는 정치적 선동이나 체제 선전을 일절 자제한다.
(4) 민간 차원이나 영역에서 상호 지원 협력 체제를 제도화하고 이를 적극 활성화 한다.

통합 민족주의의 궁극적 목표는 나눠진 민족을 하나로 합치는 것이기 때문에 남과 북은 동족同族으로 함께 했던 민족사를 공유하기 위한 과업의 수행으로 하나의 민족사회로 정착해야 한다. 이를 위해 정치, 사회, 문화 등 생활사에서 어제와 오늘 그리고 내일을 전망하는 실증적인 과제를 밝히고 이를 실현함으로써 남북한의 민족적 공유 의식과 연대감을 강화해야 한다. 통합 민족주의에서는 남과 북이 서로를 같은 민족으로 받아들이는 하나의 민족사회라는 관계 개념부터 이루어야 한다. 지금은 나뉘어 살지만 하나로 합쳐진 민족, 즉 하나의 민족사회를 이루기 위해서는 새로운 세계를 이룩하는 것에 그 의미를 두어야 한다.

통합 민족주의와 하나의 민족사회의 연계

〔통합 민족주의〕→
정치: 공존적 화해 정치
경제: 협력 상생의 경제
사회: 복지와 연대의 사회
문화: 다원적 민족 문화
국제: 평화와 협력의 세계
〔하나의 민족사회〕→
발전적 민족국가
선도적 세계국가
반폭력적 평화국가

통합 민족주의는 나눠진 민족을 하나로 합치는 것이기 때문에 정치적으로는 분단체제로 나눠진 남북한이 서로 공존하면서 화해의 정치로 나아가야 한다. 경제적으로도 분단된 남북한은 하나의 경제권을 이룩할 수 있어야 하는데, 이는 나눠진 두 체제가 경제적으로 협력하는 상생의 경제관계로 나아가야 함을 의미한다. 사회적으로도 몇 가지 특정 영역에서는 공통된 복지와 연대의 사회관계를 단계적으로 이룩해야 한다. 특정 분야의 의료나, 유아원의 지원 등이 행해져야 한다. 이데올로기의 차이에서 비롯되는 문화의 이질화도 막아야 한다. 서로의 특정 문화를 인정하고 함께 공유할 수 있는 영역을 확대함으로써 민족문화로 발전할 수 있어야 한다. 국제 관계에서도 남북한이 상대방을 배제하고 봉쇄하려는 의도에서 추진하는 정책에서 벗어나 평화 공존으로 이행할 수 있어야 한다. 이들 영역에서 새로운 정책적 지향은 남북한을 민족통합으로 귀착하게 하며 나아가 하나의 민족사회로 자리잡게 할 것이다.

통합 민족주의로 하나의 민족사회를 실천하게 되면 비로소 발전적인 민족국가도 기대할 수 있을 것이며, 평화와 발전을 앞장서서 이룩할 수 있을 것이다. 통합 민족주의의 여러 정책으로 분단된 남북한이 하나의 민족사회로의 결집은 남북한이 민족주의를 바탕으로 공동체적 국민국가로 나아가고 있음을 의미한다. 여기서 논의하는 공동체는 혈연 중심 그 이상의 개념으로 일정 지역 안에 거주하는 주민들이 서로 신뢰와 친밀감을 갖고 합의된 목표를 추구할 때 이를 공동체적 국민국가로 규정할 수 있게 된다.[261]

남북한의 민족 공동체 개념은 오늘의 분단된 정치 체제 위에다 공동체를 설정함으로써 사실상 분단체제를 합쳐서 하나의 통합된 공동체 국가로의 지향을 의미한다. 이 일은 우선 남북한의 시민단체들이 연대해서 함께 활동할 수 있어야 한다. 남북한의 민간단체들이 비정치적 영역에서 협의하고 실행함으로써 민족적 연대감을 강화하고 남북한의 정치 체제를 통합시키는 계기를 조성해야 한다. 하나의 민족사회를 위한 공동체의 종국적인 지향은 체제도 국가도 하나로 합치는 것이다. 이를 위해 내딛는 발걸음은 공동체를 위한 민족주의가 부르주아 민주주의나 프롤레타리아 사회주의의 어느 한 체제로의 귀착이 아닌, 그것을 합치고 넘어서는 제3의 도정道程으로 나아갈 수 있음을 보여줄 수 있어야 한다.

261) 여기서 의미하는 공동체는 자유주의적 개념으로 19세기에 발흥했던 전체주의나 권위주의적인 것과는 달리 개인의 자발성과 창의성을 기본으로 구성원 사이에 합의된 목표의 추구에 그 의미를 두고 있다. 이런 성격의 공동체의 개념에 대해서는 다음 책을 참고할 것. G. 델란티 지음, 차남희 박경미 김희강 옮김 (2010) 《공동체》 A-북스.

3) 한국 민족주의의 5대 과제

지난날 몇 차례의 세계대전은 민족국가의 쟁패전으로, "민족주의의 광기狂氣" 그 자체였다. 그 때문에 민족주의는 전쟁을 불러오는 요인이라면서 한때는 이를 배격하는 논리가 주장되기도 했다. 아직도 민족주의의 배타성이 국제사회에서 개별 국가와의 공존을 배격하는 요인이라는 비판을 받을 때도 있다. 물론 이런 주장에는 일면의 타당성도 있고 그렇지 않을 수도 있다. 국제사회에서 특정 강대국의 독점적인 지배체제가 구축되는 상황에서는 개별국가의 민족주의는 위협을 받게 된다. 여기에서 민족주의는 주권국가 사이의 평등한 관계 설정을 우선적으로 추구하는 이념으로 작동하게 된다.

특정 민족이 동일한 혈족으로, 종교로, 문화로 하나의 민족국가를 일구려고 노력하는 그 민족의 민족국가와 민족주의도 그 나름의 의미를 부여받아야 한다. 민족은 '원초적인 귀속 감정'으로, 돌아가 안기고 싶은 어머니의 품과 같다. 그러나 최근에는 민족주의의 퇴조를 말하면서 민족도 민족주의도 종언을 맞게 될 것이라는 주장도 있다. 이는 하나의 주장일 수도 있고 기대 사항일 수도 있다. 특히 글로벌리제이션과 소통 기술의 발달, 단일적인 국제 시장의 등장, 노동과 상품의 세계적인 유통을 전제로 하면서 이런 주장을 내놓기도 한다. 그러나 이는 강대국을 중심으로 한 국제 질서의 재편이거나 강화를 위한 논리일 뿐이다. 그러나 이러한 논리에서 소외되거나, 배척된 인종이나 민족도 적지 않은데, 이런 불평등이 존재하는 한 민족주의는 그 영향력을 행사할 수밖에 없다. 결국 민족주의의 소멸은 몇몇 민족이나 국가—주로 초강대국에는 기대 사항일 수도 있지만 대다수 국가나 민족에게는 현실 사항이 될 수 없다.

최근에는 한국사회에서도 민족주의의 종언을 말하면서 민족주의를 '역사적으로 왜곡되었거나 과장된 이념'이라는 비판이 나온다. 그렇게 비판할 수도 있다. 한국의 근 현대사만 봐도 열강의 침탈, 식민지로의 전락 또 다른 외세의 한반도 점령, 분단 체제의 수립, 북한의 남침 등을 생각하면 당장이라도 그 '민족'을 '우리'로부터 분리하고 싶기도 한다. 그러나 이런 상황은 올바른 민족주의를 설정해서 추구하지 못했기 때문에 빚어진 현상일 수도 있다. 분명한 것은 적실성을 지닌 민족주의가 그 역할을 제대로 수행했다면 이런 논의는 나오지 않았을 것이다.

한국의 정치사회에 적실성을 지닌 민족주의가 있었다면 남북 분단에다 이데올로기의 치열한 대립, 격심한 계급 갈등, 심각한 지역 대결 및 그 밖의 온갖 갈등 구조도 화해 조정을 통해 통합사회를 이룩했을 수도 있다. 즉 자본주의가 민족주의를 기반으로 삼았거나 사회주의가 민족주의의 바탕에서 이룩되었다면 오늘과 같은 남북한의 이데올로기 대결도 극복할 수 있었을 것이다. 이 점에서 이제 한국의 민족주의는 자본주의와 사회주의를 연대 또는 접합하게 하는 제3의 도정으로 나가야 한다. 그 길을 정상적으로 넘어서게 되면 비로소 국가주의적인 시대로부터 국민의 시대로, 또한 민중의 시대를 넘어 건실한 자유 시민의 시대로 다가설 수 있을 것이다. 한국 민족주의가 나아가야 할 도정은 다음의 요건을 이룩하는 것인데 이것이야말로 한국 민족주의의 5대 과제라 해도 좋을 것이다.

1. 정치 체제의 공공성 확립: 한국의 민족주의는 정치적으로는 보수–진보의 대결을 넘어 경쟁과 연대를 이룩할 수 있는 공공성부터 확립해야 한다. 이를 기반으로 하여 국제사회에서도 주권국가

로서 민족적 자주권을 주체적으로 행사할 수 있어야 한다.

2. 민족경제의 국제적 발전: 한국의 민족주의는 경제적으로 독점적인 특정 세력의 지배 구조에서 벗어나 건실한 기업과 상공업자들도 적극 참여하는 공존-발전의 자주적 경제권의 보장으로 최선진국 대열에 참여할 수 있어야 한다.
3. 민족 문화의 고양: 한국의 민족주의는 전통적인 민족 문화를 세계적인 보편 문화로 발전하는 계기를 마련함으로써 문화 강국으로 올라설 수 있어야 한다. 특히 인의예지仁義禮智의 전통적 민족문화를 가치로운 생활 문화로 자리잡게 해야 한다.
4. 국제정치의 평화주의: 한국의 민족주의는 국제 사회에서도 평화 확립을 위해 앞장서는 민족 국가로서 역할을 수행함으로써 갈등과 대결, 그리고 전쟁의 악순환을 되풀이하는 오늘의 국제정치를 평화와 연대와 협력의 국제 사회로 정착할 수 있도록 크게 기여해야 한다.
5. 통일 민족주의의 실현: 한국 민족주의의 최대 과제인 남북한의 분단 체제를 반드시 극복해야 한다. 이를 위해 남북한이 함께 받아들일 수 있는 민족 통합의 방법을 찾아내고 이를 충실하게 실천할 수 있어야 한다. 한반도의 남북 관계는 이기고 지는 대결의 관계가 아닌 함께 이기고 함께 누릴 수 있는 민족통합이어야 한다. 민족통일이야말로 한국 민족주의의 존재 이유라고 해도 좋을 것이다.

한국 민족주의의 최대 과제의 하나는 남북한 통일 문제다. 남북한의 통일, 또는 통합을 위해서는 다음의 논의는 현실성도 없고 바람직하지도 않다. 그것은 한반도의 남북통일은 가장 중요한 민족적 요구이기 때문에 수단과 방법을 가리지 말고 이룩해야 한다거나 피 흘리는 방안, 즉 전쟁도 통일을 위한 불가피한 대가의 지불이라는 식의 논리는 더는 수용할 수 없는 주장일 뿐이다. 심지어 통일을 안 해도 남북으로 나뉘진 상태지만 그냥 “독자적으로 살 수 있다면 그것도 괜찮다.”라는 논의도 있다. 또한 통일 이후 북한을 위해 지불해야 할 통일비용을 생각하면 지금처럼 지내는 것도 괜찮다는 논리도 없지 않다. 그러나 이러한 주장에 쉽게 동의할 수 없는 것은 남북한은 같은 민족이고, 우리는 우리 민족의 의사와 무관하게 강대국의 의도에 따라 분단되었으며 여기에서 비롯된 민족적 고통은 시간이 갈수록 가중되고 있다는 사실이다. 이런 사실을 고려한다면 민족통일은 이제 더 이상 미룰 수 없는 긴박한 현실적 과제임이 분명하다.

남북한의 어느 한 체제가 다른 체제를 흡수 통일하는 것도 현실적으로는 기대할 수 없다. 그렇다고 남북이 분단된 상태를 그대로 방치하는 것도 민족과 민족주의를 외면하는 일이다. 길은 오직 하나다. 남북이 서로를 같은 민족으로 받아들이고 공존 공영할 때 비로소 민족통일도 이루어질 수 있다. 사실 오늘의 남북 관계를 생각하면 이런 생각도 잠꼬대로 들릴 수도 있다. 그래도 인내하고 견디면서 남북한의 화해 공존의 길을 찾아야 하고 그것을 실천해야 한다. 하나로 된 조국의 미래에 대한 지향을 한순간도 놓칠 수는 없는 일이다. 이 과제야말로 한국 민족사의 중요한 해결책으로 반드시 실현되어야 한다.

물론 이런 논의에 대한 반론도 만만치 않을 것이다. 북한을 지원하면 북한은 이를 통해 군비를 강화해서 남한을 위협했던 종전의 수법을 되풀이할지도 모른다고 반박할 수도 있다. 그러나 북한의 이러한 위협에 대해서는 북한을 엄격하게 비판, 제압하면서 그런 도발로는 대한민국이 달라지기보다는 오히려 강한 결속을 이룩하게 된다는 것을 깨닫게 해야 한다. 북한도 남북한의 공존과 연대를 받아들이게 하고 서로의 자발적인 의사와 선택으로 민족통일의 길로 나아갈 수 있게 해야 한다. 그것은 "지금 당장 통일"하려는 열망에서는 빗겨난, 두 체제의 평화로운 공존일 수도 있고 화해 협력으로 나아가려는 "조용한 움직임"일 수도 있다. 그러나 이러한 과정이 길고도 지루해도 남북한은 같은 민족이기에 함께 견뎌내야 할 의무임을 알아야 한다.

남북한의 관계는 이제는 더 이상 체제 경쟁이나 대결에서 벗어난 서로의 협력과 연대의 관계임을 깊이 인식해야 한다. 남북한 관계를 함께 이기고 지는 운명적인 연대관계임을 북한도 깨닫게 해야 한다. 서로 손잡아야 하고 그러다 끝내 하나가 될 수 있어야 한다. 물론 그 과정에는 다음의 전제 조건을 충족시킬 수 있어야 한다. 그 하나는 이러한 대북정책에는 전 국민적인 합의가 사전에 이룩되어야 한다. 아무리 좋은 정책이라도 국민적인 합의가 이룩되지 않는다면 실시할 수 없다. 대북관계, 특히 통일문제는 집권 세력이나 특정 집단의 전유물이 아니다. 특히 남북한 집권자들의 "비밀거래 식의 협상"은 어떤 명분으로도 수용될 수 없다. 국민 모두의 참여와 합의에 따라 통일 문제를 접근해야 한다. 또 다른 하나는 국제사회의 동의와 지지가 전제되어야 한다. 이웃나라나 강대국이 훼방 놓고 이런저런 간섭도 있을 수 있다. 이를 막기 위해서라도 이들 국가의 이해를 구하고 동의를 얻는 것이 필요하다. 이런 두 가지 사실을 전제로 행해지는 통일 정책이야말로 민족통일의 효과적인 접근일 수 있다.

오늘 한반도를 둘러싼 주변 국가와의 관계를 민족주의적인 관점에서 어떻게 대응할 것인가도 체계적으로 마련해야 한다. 한반도의 지정학적 위치에서 북으로는 거대한 중국과 러시아가 인접해 있고 바다 건너 일본과 미국이 있다. 한국과 이들 인접국과 지난날의 역사는 평화와 공존보다는 침탈과 저항으로 이어졌다. 이 점에서 한국의 민족주의는 무엇보다도 먼저 대외관계에서 자주 독립의 기치를 내걸고 주권국가다움을 보여 주어야 한다. 나라의 힘으로 국가를 지켜야 하고 자기 나라다운 사회에다 독자적인 민족문화를 이룩해서는 당당하게 강대국의 침탈적인 행동에 맞서서 그 부당함을 설파하고 힘으로도 대응할 수 있어야 한다.

이런 전제에서 먼저 중국을 생각하면, 역사적으로 한중 관계는 한국인에게는 치욕감이 들 때가 많은 것도 사실이다. 아직도 그 중국이 '한반도' 문제에 대해 큰 목소리로 발언하고 있다. 겉으로는 남북한 양 체제를 대등하게 대우한다면서 북한을 은밀하게 지원하고 남한과도 우호관계를 맺고 그들의 경제적 실리를 취하는 데 역점을 두고 있다. 그밖에 한반도 주변의 강대국으로 그들의 우월적 위치를 지속적으로 확보하려 한다. 일본도 겉으로는 선린 관계를 주장하지만 속으로는 이전에 조선을 지배했던 잘못된 습성을 여전히 간직하고 있다. 미국도 자국의 안보와 세계 영향력 행사의 일환으로 그리고 한국의 안전에 대한 요청을 내세워 그들의 군대를 한국에 주둔시키고 있다. 이제 한국은 이들 국가에 대해 민족국가로서 주체성을 보여 주어야 한다. 강군強軍을 위한 정병주의精兵主義를 바탕으로 확고한 자주국방을 이룩해야 한다. 어느 강대국도 넘볼 수 없는 강군과 최신 병기로 무장한 자주국방체제로 굳건하게 자리 잡아야 한다. 그렇게 되어야 사대 종속의 500년 역사를 털어낼 수 있으며 오랜 아픔 속에 참고 견디었던 약소국, 분단국의 비참한 역사도 쓸어내는, 진실된 의미의 자주독립 국가를 이룩할 수 있을 것이다.

이제 한국의 민족주의는 통일을 실현하기 위해 주변국가와도 진지하게 대응할 수 있는 이념과 논리, 그리고 정책을 체계적으로 구축할 수 있어야 한다. 물론 이것은 대단히 어렵고 힘든 과제지만 이 문제를 해결할 방안을 찾아야 한다. 아직까지 그렇게 하지 못했던 것은 한국의 민족주의자들 특히 민족주의 지식인의 책임일 수도 있다. 한국 민족주의는 해방 이후 지금까지 이념적인 발전도 새로운 논리도 체계적이고도 실천적으로 활용할 수 있게 설정하지 못한 것도 사실이다. "발전 없는 정체된 상태"야말로 한국 민족주의의 현실 모습이자 그 한계이다. 더 심각한 사실은 한국 민족주의에 대한 대내외 인사들의 비판은 점점 비난의 차원으로 옮아가고 있으며 심지어 민족주의를 인종주의자의 쇼비니즘으로 몰아붙이기도 한다. 마치 민족주의를 필요로 하는 나라에서 민족주의를 비난하고 배격하는 것이 탁월한 지적 주장인 것처럼 여기는 희한한 모습도 쉽사리 찾아볼 수 있다.

한국 민족주의를 반시대적인 논리라고 매도하고 배격하는 데는 다음 몇 가지 사실에서 그 의미를 찾아볼 수 있다. 첫째, 민족주의에 대한 학문적인 논의는 대부분 서구 강대국에서 행해진 것을 중심으로 삼고 논의하고 있다. 그 때문에 한국의 민족사에서 과거로부터 전승되어 온 민족적인 또는 민족의식의 흐름을 반실증적인 것으로 몰아서는 이를 배격한다.

둘째, 민족주의를 과거에 대한 맹목적인 미화논리로 치부해 버리는 비판적인 인식이 지식사회에 중심을 이루고 있다. 민족주의는 오늘의 문제와 미래를 위한 지향 이념이자 논리인데도 지난날의 역사적 사실을 더 높여서 민족적 자긍심을 갖게 하는 것으로만 여겼으며 또한 여기에 치중했던 경우가 주도적이었다.

셋째, 민족주의와 민주주의를 서로 대립적인 개념으로 여기거나 또는 민족주의를 반민주적인 논리로 여겼기 때문에 그것을 사회의 특권층이나 중상층을 위한 이념으로 치부하기도 했다. 실제로는 민주주의도 민족주의를 기반으로 삼아야만 제 땅에 뿌리 내릴 수 있기 때문에, 민족주의는 중산층이나 하층뿐만 아니라 모두를 위한 국민적 이데올로기인데도 그런 식으로 평가 받았다.

분명한 사실은 오늘 한국의 민족주의는 논리적으로 정체되었거나 변용됨으로서 많은 사람들로부터 경원시되고 있다. 여기에서 벗어나 우리시대의 사람들이 이를 기꺼이 받아들이고 그것에 따라 일상생활이 실용적이고 실천적이라야 비로소 민족주의가 기반적인 이념으로 자리 잡게 될 것이고 그렇게 될 때라야 한국도 민족국가다운 미래를 기약할 수 있을 것이다.

5. 결론: 민족주의자의 길

이 책 제III부에서는 한국에서 민족주의 이데올로기의 의미와 성격에 대해 살펴보았다. 이는 한국 민족주의가 시기적으로는 해방 전후로부터 1980년대 초반까지 어떻게 주장되었으며 정치운동으로 어떻게 전개되었는지를 살펴본 것이다.

해방을 맞으면서 한국의 정치 지형은 좌우파의 격렬한 이념 논쟁으로 시종되었다. 우파는 서구 민주주의를 받아들이려 했으며 좌파는 공산주의를 실시하려 했다. 항상 그렇듯이 대부분의 신생 독립 국가에서는 민족주의의 깃발 아래 하나로 뭉쳐 반反제국주의와 반反식민주의로 투쟁했으며 그 성과로 독립을 쟁취했다. 그 과정에는 급진적인 좌파와 보수적인 우파도 있었지만 이들은 모두 그 나라의 민족주의를 기반으로 그 테두리 안에서 정치 활동을 전개했다. 따라서 좌파와 우파 사이에서 빚어졌던 대립과 경쟁도 그 나라의 민족주의를 바탕으로 서로 연대할 수도 있었다.

그러나 대부분 신생 국가의 이러한 성격과는 달리 한국의 좌우파는 해방 이후 민족주의에서 빗겨나 서로를 배격했으며 결국 분단체제로 달려갔다. 민족주의도 있었고 민족주의로 독립만세를 불렀으며 민족주의에 대한 열정으로 독립 국가를 기원했는데도 왜 현실 정치에서는 그 민족주의는 뒤로 밀리고 말았을까? 이것에 대한 대답으로는 다음 두 가지를 생각해 볼 수 있다. 하나는 해방 이후 남과 북에서 권력을 장악한 통치 세력은 민족주의와는 무관했거나 미국과 소련에 편승했던 정치 집단이었다. 겉으로는 신생 독립국가로서 민족주의를 정치 구호로 내걸었지만 그 이념에는 관심을 두지 않았다. 다른 하나는 민족주의를 정치적 선전 선동 구호로 여겼을 뿐 그것의 정책화에는 무지했기 때문에 민족주의는 이론도 내용도 없는 정치적 선전 구호로만 활용되었을 뿐이다.

민족주의에 대한 이러한 인식은 정당이나 지식인에 따라 각기 자기식으로 민족주의를 해석하고 주장했다. 진보적인 지식인은 민족주의를 조국의 해방과 계급투쟁의 이념으로 활용했으며, 국가주의적 지식인은 민족주의의 의미를 국가 건설과 발전에 두었다. 그 결과 민족주의는 민족 구성체의 '연대적 감정'이라는 기본적인 성격과도 무관하게 한낱 선전 선동의 구호로만 여겨졌으며, 기껏해야 반일 감정을 고조시키는 논리로 활용되었다.

민족주의를 정치적인 선전 구호로 사용했던 것도 일제 통치기 중후반부터였다. 그때까지만 해도 몇몇 민족주의자들에 따라 그 이념과 논리가 본격적으로 탐구되기도 했다. 가령 조소앙의 삼균주의를 비롯해서 안창호, 안재홍, 손진태 등의 신민족주의론도 민족 해방의 논리로 주장되었다. 그러나 일제 식민지 통치 체제에서 민족운동은 극심하게 탄압받았으며 그 때문에 민족주의의 실천적 지향은 그 뿌리를 내리는 데 어려움을 겪게 되었다.

그렇게 된 데에는 조선왕조 말기 독립협회 등 개화파 세력의 민중 계몽운동도 영향을 미쳤다. 이들이 추구했던 민중 계몽운동은 근대사회로의 발전에 중점을 두었고 일본 등 외국의 근대화를 따라가는 데 힘을 모았다. 그 때문에 침탈하는 외세를 배격하고 왕조의 전근대적 지배 체제를 무너뜨리고 사회 변혁을 이룩하려는 "혁명적 민족주의의 길"과는 달리 민족 계몽론자의 길로 나아갔다. 또 다른 하나는 1920년대 이후 노동자와 농민층으로 파고들었던 공산주의 운동도 민족주의의 전개에 어려움을 던져 주었다. 당시 독서회, 야학회, 노동 청년회 등의 이름으로 전개되었던 공산주의자들의 지방 조직 활동은 농촌과 중소도시의 청년층과 노동자 등 다수를 그들 진영으로 합류하게 했다. 이들은 공산주의 이외의 주장, 특히 민족주의는 '부르주아 이데올로기' 또는 '회고적인 논리'라고 비판, 배격했다.

이런 시대에도 민족주의에 대한 논의는 일부 우파 민족주의자와 소수의 중도 좌파 지식인이 주도했다. 이들 중도 좌파 지식인들은 민족주의와 공산주의의 협력을 주장했지만 속으로는 공산주의를 위해 민족주의를 활용하는 데에 더 큰 의미를 부여했다. 그러나 우파 지식인들은 좌파가 주장하는 사유 재산제의 폐지 등 몇몇 문제를 비판하면서도 좌파와의 '공생적'인 협력관계에는 관심을 두지 않았다.

1945년 8월 이후에도 미국에서 들어온 민주주의와 소련에서 유입된 공산주의가 한국의 정치사회를 주도했다. 그 결과 민족주의는 '버림받은 존재'처럼 뒤로 밀리고 말았다. 한국의 현대 정치사에서 민족주의는 한 번도 제대로 실행된 적도 없었고, 민족적인 열정을 민족주의 정책으로 결집시키지도 못했다. 단일 민족으로 오랜 역사를 가졌던 한국 민족은 왜 일본의 침략과 점령에 맞서서 투쟁과 저항으로 국권을 되찾지 못했을까? 그 해답은 지극히 자명하다. 한국의 민족주의는 그렇게 할 수 있을 정도로 이론적이고 정책적인 수준에 이르지 못했을 뿐 아니라 민족투쟁의 전열을 이루어 투쟁하지도 못했기 때문이다. 당시 대다수 국민은 민족주의의 소중함을 절감하지 못했다. 민족주의에 대한 국민적 인식과 실천에서 한계는 그 뒤 한국 민족사회에 어려움을 가져다주었으며, 심지어 이를 증폭시키기까지 했다.

비록 민족주의를 주장해도 그것에 따른 실천 생활에 대해서는 별다른 조치가 없었기 때문에 민족주의를 말하면서도 실제 생활은 그것과 연관이 없거나 심한 경우에는 이중적이고 대립적이었다. “민족주의자로 생활한다는 것”에 대한 국민적 합의와 실천이 정치 문화로 정착되어야 했다. 민족주의자로 나라 사랑의 책임과 의무를 이행하는 것이 민족국가 시민으로서의 실천적인 강령인데도 그런 것에는 별다른 관심을 두지 않았다. 한때의 감정만으로 이웃나라를 충동적으로 비난 배격하는 것을 민족주의적이라고 말할 수 없다. 이웃나라 사람들을 감복시킴으로써 그들 스스로 한국의 우방이 되도록 만들어야 한다. 지난날 그들이 저지른 죄과를 갚는 길은 그들 스스로 잘못을 뼈저리게 뉘우치게 하는 데에서 찾을 수 있게 해야 한다.

이제 여기서 내려야 할 최종적인 결론은 분명하다. 한국에서는 올바른 민족주의를 마련해서 나라 사람들로 하여금 그 민족주의를 ‘우리의 이데올로기’로 받아들이게 하는 일이 급선무다. 현실적인 문제, 특히 분단체제나 남북한의 갈등 등은 한국 민족주의의 한계에서 빚어졌음도 깊이 깨달아야 한다. 이들 문제의 해결책도 민족주의 차원에서 접근해야 한다. 그리고 여기에서 얻어진 것을 중심으로 정책적인 효과를 얻을 수 있게 활용할 수 있어야 한다. 나라 사람들이 민족주의자로 올바르게 살 수 있는 기반과 실천 방안도 마련해야 할 것이다.

한국의 민족주의를 지난날의 '찬란했던 역사'라는 인식을 뛰어넘어 오늘의 현대사를 민족주의의 관점에서 냉철하게 바라볼 수 있도록 객관적인 인식과 논리로 정립해야 한다. 먼 옛날 민족사의 빛나는 이야기만으로는 오늘과 내일의 민족문제를 해결할 수도 없고, 바른 길을 마련하는 데에도 도움이 되지 않는다. 물론 먼 옛날의 역사가 오늘을 일깨우는 깨달음의 기록일 수는 있다. 민족적 결단과 행동도 어제로부터 오늘로 이어진 민족문제의 해결책에서 비롯된 것일 때 비로소 그 나름이 의미를 갖게 될 것이다.

한국 민족주의에서 유의해야 할 것은 한국 민족의 미래를 위한 논리적이면서도 체계적인 설계도를 찾기가 힘들다는 사실이다. 세계로 뻗어가는 대한민국의 미래에 대한 민족주의적 논의도 이루어지지 않고 있다. 동북아의 반도국가, 그것도 분단된 민족국가에서 벗어나 미래로 세계로 뻗어나갈 민족 발전의 구체적인 청사진을 마련해야 한다. 통일된 민족국가도 실현해야 하고 한국 민족의 영향권도 세계적으로 펼칠 수 있어야 한다. 동아시아에 붙어 있는 반도국가에서 떨어져 나와 남진정책도 과감하게 전개해야 한다. 그러기 위해서는 타이완, 베트남을 비롯해 인도네시아반도와 인도, 중동을 거쳐 아프리카로 유럽으로 적극적으로 펼쳐 나아갈 수 있어야 한다. 그리고 말레이시아 필리핀, 오스트레일리아와 뉴질랜드, 남아메리카 등도 포용해야 한다. 이 두 갈래로 뻗어남이야말로 1880년 황쭌셴의 《조선책략》을 뒤집는 것, 즉 21세기의 "신한국전략"으로 "친중국, 결일본, 연미국"이 아니라 "중국과는 대등하게, 일본과는 당당하게 경쟁하면서 미국을 이용해 전 세계로 뻗어 나가야 한다." 이렇게 함으로써 제국주의적 강대국의 시대를 종식시키고 민족주의의 신세계 질서 재편의 선두 주자가 될 수 있다.

한 가지 덧붙이고 싶은 것은 오늘 이 땅에 살고 있는 모두는 민족이 걸어 온 고난의 여정을 정확하게 알아야 하고, 민족이 당했던 수많은 외침外侵에서 비롯된 역사의 분노를 가슴 깊이 새기면서 그 시절 조상의 분노에 찬 함성을 들을 수 있어야 한다. 지난날에 대한 지나친 미화나 과장이 아니라—아무리 비참한 것일지라도—객관적인 증언에 귀 기울여야 한다. 도시의 거리를 옛 조상의 이름으로 명명하고 특정인의 기념관이나 기념탑을 수없이 세운다 해도 고통 받았던 식민지 시대의 아픔은 해소될 수 없다. 지난날의 아픈 역사를 정확하게 평가하고 그것의 영향과 왜 그런 일이 생겼는지, 그 때문에 겪게 된 민족의 고통이 어떠했는지도 가감 없이 알아야 한다. 역사의 고통을 딛고 일어나는 민족적 결단과 실천이 더없이 중요할 뿐이다.

역사에 대한 평가는 그 시대 참여자나 목격자의 객관성이 결여된 과장된 주장이나 특정 문중의 치부책 같은 기록만으로는 민족사를 바르게 자리매김할 수 없다. 더 많은 실증적인 연구 과정을 거쳐야 한다. 올바른 민족의 역사는 물론이고 민족주의 정치사의 비극적인 역사도 가감 없이 받아들여야 한다. 지난날의 잘못을 변명하기 위해 특정 이데올로기로 설명하는 것도 피해야 한다. 스스로의 자각과 선택으로 한국 민족주의자의 길을 걷게 해야만 민족의 미래도 기대할 수 있다. 민족주의자의 길은 힘써 자기 능력을 개발하고 함양하며, 이웃과 협동 전진함으로써 자유의 풍요로운 민족적 시민 공동체를 이룩하는 데 앞장서야 한다. 이것이야말로 오랫동안 한국 민족주의의 지향 이념으로 자리 잡아 온 자주와 독립, 통합과 번영, 자유와 평등으로 달려가는 세찬 발걸음일 수 있다.

참고문헌

Edwards, Michael (2020) *Civil Society*, Polity.
Gat Azar with Yakobson Alexander (2013) *Nations: The Long History and Deep Roots of Political Ethnicity and Nationalism*, Cambridge University Press. 이 책의 번역본은 다음의 책자로 간행되었음. 아자 가트, 알렉산더 야콥손 지음, 유나영 옮김 (2020)《민족; 정치적 종족성과 민족주의, 그 오랜 역사와 깊은 뿌리》교유서가.
Hazony, Yoram (2018) *The Virtue of Nationalim*, Basic Books.
Tamir, Yael (1993) *Liberal Nationalism*, Princeton University Press.
고야스 노부쿠니 지음 송석원 옮김 (2011)《일본 내셔널리즘 해부》그린비.
금인숙, 조창희 (2012)〈아시아의 새로운 드라마 : 지속 가능한 지구공동체의 형성기반〉《아시아연구》15 (3).
기무라 칸, 김세덕 옮김 (2007)《조선/한국의 내셔널리즘과 소국의식: 조공국에서 국민국가로》산처럼.
김기승 (1994)《한국근현대사회사상사연구》신서원.
김동노 (2012)〈민족주의의 다원화와 이념 갈등〉《동방학지》제159집.
김명섭 (2016)〈조선과 한국 : 두 지정학적 관념의 연속과 분화〉《한국정치연구》25집 1호, 서울대한국정치연구소.
김성식 (1982)《김성식 정치평론: 쓴 소리 곧은 소리》동아일보사.
김영작 (2006)《한국 내셔널리즘 전개와 글로벌리즘》백산서당.
김정훈 (2020)《한국인의 에너지, 민족주의; 종족에서 시민으로》피어나.
마쓰다 토시히코 지음, 이종민 이형식 김현 옮김 (2020)《일본의 조선 식민지 지배와 경찰》경인문화사.
白凡金九先生全集編纂委員會 編 (1999)《白凡金九全集》제5권 대한매일신보사.
비롤리, 마우리지오 지음, 박의경 역 (2020)《나라사랑을 말하다; 애국주의와 민족주의》전남대학교출판문화원.
박용규 (2009)〈1920년대 중반(1924~1927)의 신문과 민족운동; 민족주의 좌파의 활동을 중심으로〉《언론과학연구》제9권 4호.
박정희 (1961)《지도자도; 혁명과정에 처하여》국가재건최고회의.
박정희 (1962)《우리 민족의 나갈 길》동아출판사.
박정희 (1963)《국가와 혁명과 나》향문사.
박정희 (1971)《민족의 저력》, 광명출판사.
박정희 (1978)《민족중흥의 길》, 광명출판사.
박호성 (1997)《남북한 민족주의 비교연구; '한반도 민족주의'를 위하여》당대.
빠르타 짯떼르지 지음, 이광수 옮김 (2013)《민족주의 사상과 식민지 세계》그린비.
백남운 지음, 심우성 옮김 (2004)《조선사회경제사, 부록 조선민족의 진로》동문선.
백남운 (2007)《조선민족의 진로. 재론》범우.

배성룡 (1955)《思想과 道義》崇文社.
손진태 (1948)〈우리 민족의 걸어 온 길〉, 김정인 편집 (2008)《우리 민족의 걸어 온 길》범우.
孫晉泰 (1988)《韓國民族史概論》乙酉文化社.
《孫晉泰先生全集 1》太學社 1981.
《孫晉泰先生全集 II》太學社 1981.
송건호 (1989)〈분단하의 한국 민족주의〉《한국 민족주의의 이상과 현실》대영문화사.
송남헌 (1976)《해방30년사》성문각.
식민지/근대초극 연구회 기획, 홍종욱 엮음 (2017)《식민지 지식인의 근대 초극론》서울대출판문화원.
심지연 (1990)《미소공동위원회》청계연구소.
柳珍山 (1972)《해뜨는 地平線; 柳珍山 政界 回顧錄》한얼문고.
안재성 (2020)《박헌영 평전》실천문학사.
오구마 에이지 지음, 조성은 옮김 (2019)《민주와 애국; 전후 일본의 내셔널리즘과 공공성》돌베개.
오노데라 시로 지음, 김하림 옮김 (2020)《중국 내셔널리즘; 민족과 애국의 근현대사》산지니.
유병용 편 (1997)《한국근대사와 민족주의》집문당.
이동현 (1990)《한국신탁통치연구》평민사.
이선근 (1989)《민족의 이념과 진로》휘문출판사.
이선민 (2008)《민족주의, 이제는 버려야 하나》삼성경제연구소.
이영호 (2020)《동학, 천도교와 기독교의 갈등과 연대, 1893-1919》푸른역사.
李用熙 저, 盧在鳳 편 (1977)《韓國民族主義》瑞文堂.
이윤갑 (2019)《한국 근대 지역사회 변동과 민족운동; 경상도 상주의 근대 전환기 100년사》지식산업사.
이택선 (2020)《취약국가 대한민국의 탄생; 국가건설의 시대 1945~1950》미지북스.
존리 지음, 임수진 옮김 (2020)《현대인족; 인종, 인종주의, 민족주의, 종족, 정체성에 관해》소명출판.
정병준 (2005)《우남 이승만 연구》역사비평사.
진덕규 (1999)《글로벌리제이션, 그리고 선택; 국민국가의 미래》학문과 사상사.
진덕규 (2010)〈한국민족주의의 이념적 전개와 그 지향에 대하여〉《국제학술교류보고서》제1집, 대한민국학술원.
진덕규 (2015)〈미군정기 한국의 정치세력 형성과 정치변동〉《한국의 정치 70년》한국학중앙연구원.
천관우 (1975)《한국사의 재발견》일조각.
최광식 (2003)〈손진태의 생애와 학문 활동-새로운 자료를 중심으로-〉《남창 손진태의 역사민속학 연구》민속원. 참고.

최광식 엮음 (2012) 《남창 손진태 선생 유고집, 우리나라 역사와 민속》 지식산업사.
함규진 (2016) 〈사회개혁의 배경이념으로서의 민족주의〉 《한국철학논집》 제45집.
홍선이 (2018) 〈손진태 신민족주의론의 '좌우합작적' '민주주의적' 성격에 대한 재검토〉 《역사교육연구》 32.
홍태영 (2018) 〈국민국가 건설과 민족주의적 통치성; 박정희 시대와 남한에서 국민국가 건설〉 《한국정치연구》 제27집 제1호.

찾아보기

ㄴ

ㅁ

ㅂ

ㅅ

ㅇ

ㅊ

ㅋ

ㅌ

ㅍ

ㅎ